2008

CHINA POPULATION AND EMPLOYMENT STATISTICS YEARBOOK

中国人口和就业统计年鉴

蒋正華题

国家统计局人口和就业统计司　编

COMPILED BY
Department of Population and Employment Statistics
National Bureau of Statistics of China

中国统计出版社
China Statistics Press

（京）新登字 041 号

图书在版编目（CIP）数据

中国人口和就业统计年鉴.2008 / 国家统计局人口和就业统计司编.
—北京：中国统计出版社，2008. 9

ISBN 978-7-5037-5535-4

Ⅰ.中…
Ⅱ.国…
Ⅲ.①人口调查 – 统计资料 – 中国 – 2007 – 年鉴
②就业 – 统计资料 – 中国 – 2007– 年鉴
Ⅳ.C924.25-54　D669.2–54

中国版本图书馆 CIP 数据核字（2008）第 136305 号

中国人口和就业统计年鉴—2008

作　　者 / 国家统计局人口和就业统计司
责任编辑 / 郭　栋　吴　珊
封面设计 / 艺编广告 • 杨　超
出版发行 / 中国统计出版社
通信地址 / 北京市西城区月坛南街 57 号
邮政编码 / 100826
办公地址 / 北京市丰台区西三环南路甲 6 号
网　　址 / www.stats.gov.cn/tjshujia
电　　话 / 邮购 (010) 63376907　书店 (010) 68783172
印　　刷 / 河北天普润印刷厂
经　　销 / 新华书店
开　　本 / 890×1240 毫米 1/16
字　　数 / 824 千字
印　　张 / 25.75
印　　数 / 1-1500 册
版　　别 / 2008 年 9 月第 1 版
版　　次 / 2008 年 9 月第 1 次印刷
书　　号 / ISBN 978-7-5037-5535-4/F·2760
定　　价 / 220.00 元

《中国人口和就业统计年鉴—2008》编委会和编辑工作人员

编委会

顾　　问：马建堂

主　　任：张为民

副 主 任：冯乃林　赵云城　李希如　孟庆普

编　　委：（以姓氏笔画为序）

于弘文　肖　宁　张志斌　李金德

孟灿文　武　洁　崔红艳

编辑工作人员

编　　辑：（以姓氏笔画为序）

权少伟　肖　宁　严伏林　吴　珊

李慧民　徐　岚　梁尔卫

责任编辑：郭　栋　吴　珊

CHINA POPULATION AND EMPLOYMENT STATISTICS YEARBOOK-2008 EDITORIAL BOARD AND STAFF

编辑说明

一、《中国人口和就业统计年鉴—2008》是一部以全面反映我国人口和就业状况为主的资料性年刊，收集了全国和各省、自治区、直辖市人口就业统计的主要数据，同时附录了世界部分国家和地区的相关数据。

二、本年鉴由国家统计局人口和就业统计司负责编辑整理，并得到公安部治安管理局、国家人口和计划生育委员会发展规划司等单位的大力支持和协助。

三、本年鉴内容分为八部分：（一）综合数据；（二）2007 年全国人口变动情况抽样调查数据；（三）2007 年劳动力抽样调查主要数据；（四）2007 年城镇单位就业人员统计数据；（五）2007 年全国户籍统计人口数据；（六）2007 年全国计划生育统计人口数据；（七）世界部分国家及地区人口和就业统计数据；（八）2007 年人口变动和劳动力调查制度说明及主要统计指标解释。

四、2007 年全国人口变动和劳动力调查的调查时点为 2007 年 11 月 1 日零时。该调查以全国为总体，以各省、自治区、直辖市为次总体，采用分层、多阶段、整群概率比例抽样方法，在全国 31 个省、自治区、直辖市抽取了 1894 个县(市、区)、3430 个乡(镇、街道)、11789 个调查小区中的 119 万人。经加权后汇总，2007 年全国人口出生率为 12.10‰，死亡率为 6.93‰，自然增长率为 5.17‰。按此推算，2007 年末全国总人口为 132129 万人，出生人口为 1594 万人，死亡人口为 913 万人，净增人口为 681 万人。本年鉴第二部分各表中的绝对数为样本数（表 2-1、表 2-2 除外），全国抽样比为 0.900‰。

五、本年鉴中收集的 2007 年全国人口变动情况抽样调查数据（第二部分）和 2007 年全国户籍统计人口数据（第五部分），由于统计方法和口径的不同，可能不完全一致，请用户在使用时加以注意。

六、本年鉴涉及的全国性统计数据，均未包括香港、澳门特别行政区和台湾省数据。

七、符号使用说明：

年鉴各表中的“空格”表示该项统计指标数据不足本表最小单位数、数据不详或无该项数据。

八、本年鉴在资料的整理和编排方面难免存在不足和疏误，敬请用户指正。

PREFACE

I. *China Population and Employment Statistics Yearbook 2008* is an annual statistical publication, which contains data on basic condition of population and employment in 2007 as well as for the previous years for the whole nation and 31 provinces, autonomous regions and municipalities directly under the Central Government. It also includes the relevant data of some other countries and territories in the world.

II. The yearbook is compiled by the Department of Population and Employment Statistics of the National Bureau of Statistics of China, and assisted by the Public Order Bureau of the Ministry of Public Security and the Department of Development and Planning of the National Population and Family Planning Commission of China.

III. The yearbook contains the following eight chapters: 1.General Survey; 2.Data from 2007 National Sample Survey on Population Changes; 3.Main Data from 2007 Labor Force Survey; 4. Data from Statistics on Employment in Urban Units in 2007; 5.Data from Household Registration in 2007; 6.Data from Family Planning Statistics in 2007; 7.Population and Employment Data of Selected Countries and Territories of the World; 8.Explanatory Notes on Main Statistical Indicators.

IV. The reference time of 2007 National Sample Survey on Population Changes and Labor Force was at zero hour on November 1 in 2007. The sample survey adopted multi-stage systematic PPES cluster sampling scheme, taking the whole nation as the population and each province, autonomous region or municipality as sub-population. A total of 1.19 million people were selected from 11789 survey districts in 3430 townships (towns or street committees) in 1894 counties (cities or districts) of the 31 provinces, autonomous regions and municipalities. The weighted estimation procedure suggested that the birth rate was 12.10 per thousand, the death rate was 6.93 per thousand and the natural growth rate was 5.17 per thousand for China in 2007. Based on these rates, it was further estimated that China had a total population of 1321.29 million at the end of 2007, with 15.94 million births, 9.13 million deaths and a net increase of 6.81 million people during the year. The most of tabulations in Chapter Two were sample data (except table 2-1 and table 2-2). The sampling fraction for the nation was 0.900 per thousand.

V. The population data of Chapter Two in the yearbook are from 2007 National Sample Survey on Population Changes, and those of Chapter Five are from the household registration, which use different definitions and data collection methods. Users should notice that the data under the same or similar heading in these two chapters may be different.

VI. The national data in the yearbook do not include that of Hong Kong Special Administrative Region, Macao Special Administrative Region and Taiwan Province.

VII. Notations used in the yearbook:

(blank space) indicates that the figure is not large enough to be measured with the smallest unit in the table,or data are unknown or are not available.

VIII. We welcome comments and suggestions from users with regard to deficiencies and mistakes in data editing and compilation.

目 录

CONTENTS

第一部分 综合数据
Chapter One: General Survey

第二部分　2007 年全国人口变动情况抽样调查数据
Chapter Two: Data from 2007 National Sample Survey on Population Changes

第四部分 2007 年城镇单位就业人员统计数据
Chapter Four: Data from Statistics on Employment in Urban Units in 2007

第五部分 2007 年全国户籍统计人口数据
Chapter Five: Data from Household Registration in 2007

第六部分　2007 年全国计划生育统计人口数据
Chapter Six: Data from Family Planning Statistics in 2007

第七部分　世界部分国家及地区人口和就业统计数据
Chapter Seven: Population and Employment Data of Selected Countries and Territories of the World

一、世界部分国家人口和就业统计数据
I. Population and Employment Data of Selected Countries of the World

二、香港特别行政区人口和就业统计数据

II. Population and Employment Data of Hong Kong Special Administrative Region

三、澳门特别行政区人口和就业统计数据

III. Population and Employment Data of Macao Special Administrative Region

第一部分
Chapter One

综合数据
General Survey

1-1 各地区人口数

单位：万人

地 区	Region	1990	1991	1992	1993	1994	1995	1996	1997
全 国	**National Total**	**114333**	**115823**	**117171**	**118517**	**119850**	**121121**	**122389**	**123626**
北 京	Beijing	1086	1094	1102	1112	1125	1251	1259	1240
天 津	Tianjin	884	909	920	928	935	942	948	953
河 北	Hebei	6159	6220	6275	6334	6388	6437	6484	6525
山 西	Shanxi	2899	2942	2979	3012	3045	3077	3109	3141
内蒙古	Inner Mongolia	2163	2184	2207	2232	2260	2284	2307	2326
辽 宁	Liaoning	3967	3990	4016	4042	4067	4092	4116	4138
吉 林	Jilin	2483	2509	2532	2555	2574	2592	2610	2628
黑龙江	Heilongjiang	3543	3575	3608	3640	3672	3701	3728	3751
上 海	Shanghai	1337	1340	1345	1349	1356	1415	1419	1457
江 苏	Jiangsu	6767	6844	6911	6967	7021	7066	7110	7148
浙 江	Zhejiang	4168	4202	4236	4266	4294	4319	4343	4435
安 徽	Anhui	5675	5761	5834	5897	5955	6013	6070	6127
福 建	Fujian	3037	3079	3116	3150	3183	3237	3261	3282
江 西	Jiangxi	3810	3865	3913	3966	4015	4063	4105	4150
山 东	Shandong	8493	8570	8610	8642	8671	8705	8738	8785
河 南	Henan	8649	8763	8862	8946	9027	9100	9172	9243
湖 北	Hubei	5439	5512	5580	5653	5719	5772	5825	5873
湖 南	Hunan	6128	6209	6267	6311	6355	6392	6428	6465
广 东	Guangdong	6346	6439	6525	6607	6689	6868	6961	7051
广 西	Guangxi	4261	4324	4380	4438	4493	4543	4589	4633
海 南	Hainan	663	674	686	701	711	724	734	743
重 庆	Chongqing								3042
四 川	Sichuan	10804	10897	10998	11104	11214	11325	11430	8430
贵 州	Guizhou	3268	3315	3361	3409	3458	3508	3555	3606
云 南	Yunnan	3731	3782	3832	3885	3939	3990	4042	4094
西 藏	Tibet	222	226	228	232	236	240	244	248
陕 西	Shaanxi	3316	3363	3405	3443	3481	3514	3543	3570
甘 肃	Gansu	2255	2285	2314	2345	2378	2438	2467	2494
青 海	Qinghai	448	454	461	467	474	481	488	496
宁 夏	Ningxia	470	480	487	495	504	513	521	530
新 疆	Xinjiang	1529	1555	1581	1605	1632	1661	1689	1718

注：1.本表数据均为年末人口数。
2.全国人口数中未包括香港、澳门特别行政区和台湾省的人口。
3.全国人口数中包括中国人民解放军现役军人，分地区人口数中未包括。

Total Population by Region

(10000 persons)

1998	1999	2000	2001	2002	2003	2004	2005	2006	2007
124761	**125786**	**126743**	**127627**	**128453**	**129227**	**129988**	**130756**	**131448**	**132129**
1246	1257	1357	1383	1423	1456	1493	1538	1581	1633
957	959	1001	1004	1007	1011	1024	1043	1075	1115
6569	6614	6674	6699	6735	6769	6809	6851	6898	6943
3172	3204	3248	3272	3294	3314	3335	3355	3375	3393
2345	2362	2372	2377	2379	2380	2384	2386	2397	2405
4157	4171	4184	4194	4203	4210	4217	4221	4271	4298
2644	2658	2682	2691	2699	2704	2709	2716	2723	2730
3773	3792	3807	3811	3813	3815	3817	3820	3823	3824
1464	1474	1641	1614	1625	1711	1742	1778	1815	1858
7182	7213	7327	7355	7381	7406	7433	7475	7550	7625
4456	4475	4596	4613	4647	4680	4720	4898	4980	5060
6184	6237	6286	6328	6338	6410	6461	6120	6110	6118
3299	3316	3410	3440	3466	3488	3511	3535	3558	3581
4191	4231	4149	4186	4222	4254	4284	4311	4339	4368
8838	8883	8998	9041	9082	9125	9180	9248	9309	9367
9315	9387	9488	9555	9613	9667	9717	9380	9392	9360
5907	5938	5960	5975	5988	6002	6016	5710	5693	5699
6502	6532	6562	6596	6629	6663	6698	6326	6342	6355
7143	7270	7707	7783	7859	7954	8304	9194	9304	9449
4675	4713	4750	4788	4822	4857	4889	4660	4719	4768
753	762	789	796	803	811	818	828	836	845
3060	3075	3092	3097	3107	3130	3122	2798	2808	2816
8493	8550	8602	8640	8673	8700	8725	8212	8169	8127
3658	3710	3756	3799	3837	3870	3904	3730	3757	3762
4144	4192	4241	4287	4333	4376	4415	4450	4483	4514
252	256	258	263	267	270	274	277	281	284
3596	3618	3644	3659	3674	3690	3705	3720	3735	3748
2519	2543	2557	2575	2593	2603	2619	2594	2606	2617
503	510	517	523	529	534	539	543	548	552
538	543	554	563	572	580	588	596	604	610
1747	1774	1849	1876	1905	1934	1963	2010	2050	2095

Note: a) Data in this table are the year-end population.

b) The national total population does not include the population of Hong kong SAR, Macao SAR and Taiwan Province.

c) The millitary personnel of Chinese People's Liberation Army are included in the national total population, but are not included in the population by region.

1-2 按性别分人口数
Population by Sex

单位: 万人 (10000 persons)

年 份 Year	总人口(年末) Total Population (year-end)	男 Male		女 Female	
		人口数 Population	比重(%) Proportion	人口数 Population	比重(%) Proportion
1952	57482	29833	51.90	27649	48.10
1957	64653	33469	51.77	31184	48.23
1962	67295	34517	51.29	32778	48.71
1965	72538	37128	51.18	35410	48.82
1970	82992	42686	51.43	40306	48.57
1971	85229	43819	51.41	41410	48.59
1972	87177	44813	51.40	42364	48.60
1973	89211	45876	51.42	43335	48.58
1974	90859	46727	51.43	44132	48.57
1975	92420	47564	51.47	44856	48.53
1976	93717	48257	51.49	45460	48.51
1977	94974	48908	51.50	46066	48.50
1978	96259	49567	51.49	46692	48.51
1979	97542	50192	51.46	47350	48.54
1980	98705	50785	51.45	47920	48.55
1981	100072	51519	51.48	48553	48.52
1982	101654	52352	51.50	49302	48.50
1983	103008	53152	51.60	49856	48.40
1984	104357	53848	51.60	50509	48.40
1985	105851	54725	51.70	51126	48.30
1986	107507	55581	51.70	51926	48.30
1987	109300	56290	51.50	53010	48.50
1988	111026	57201	51.52	53825	48.48
1989	112704	58099	51.55	54605	48.45
1990	114333	58904	51.52	55429	48.48
1991	115823	59466	51.34	56357	48.66
1992	117171	59811	51.05	57360	48.95
1993	118517	60472	51.02	58045	48.98
1994	119850	61246	51.10	58604	48.90
1995	121121	61808	51.03	59313	48.97
1996	122389	62200	50.82	60189	49.18
1997	123626	63131	51.07	60495	48.93
1998	124761	63940	51.25	60821	48.75
1999	125786	64692	51.43	61094	48.57
2000	126743	65437	51.63	61306	48.37
2001	127627	65672	51.46	61955	48.54
2002	128453	66115	51.47	62338	48.53
2003	129227	66556	51.50	62671	48.50
2004	129988	66976	51.52	63012	48.48
2005	130756	67375	51.53	63381	48.47
2006	131448	67728	51.52	63720	48.48
2007	132129	68048	51.50	64081	48.50

注：1.本表各年人口数中包括中国人民解放军现役军人，但未包括香港、澳门特别行政区和台湾省的人口。
2.1982年以前的数据为户籍统计数,其余年份的数据为当年人口抽样调查或人口普查结果的推算数。1982—1989年数据根据1990年人口普查结果有所调整,1990-2000年数据根据2000年人口普查结果有所调整(下表同)。

Note:a) Data in this table include the military personnel of Chinese People's Liberation Army, but do not include the population of Hong Kong SAR, Macao SAR and Taiwan Province.

b) Data before 1982 were taken from the statistics of household Registration, others were estimated on the annual national sample surveys on population or the national population censuses. Data in 1982-1989 were adjusted on the basis of the 1990 National Population Census. Data in 1990-2000 are adjusted on the basis of the 2000 National Population Censuses.The same applies to the table following.

1-3 按城乡分人口数
Population by Urban and Rural Residence

单位: 万人 (10000 persons)

年 份 Year	总人口(年末) Total Population (year-end)	城 镇 Urban		乡 村 Rural	
		人口数 Population	比重(%) Proportion	人口数 Population	比重(%) Proportion
1952	57482	7163	12.46	50319	87.54
1957	64653	9949	15.39	54704	84.61
1962	67295	11659	17.33	55636	82.67
1965	72538	13045	17.98	59493	82.02
1970	82992	14424	17.38	68568	82.62
1971	85229	14711	17.26	70518	82.74
1972	87177	14935	17.13	72242	82.87
1973	89211	15345	17.20	73866	82.80
1974	90859	15595	17.16	75264	82.84
1975	92420	16030	17.34	76390	82.66
1976	93717	16341	17.44	77376	82.56
1977	94974	16669	17.55	78305	82.45
1978	96259	17245	17.92	79014	82.08
1979	97542	18495	18.96	79047	81.04
1980	98705	19140	19.39	79565	80.61
1981	100072	20171	20.16	79901	79.84
1982	101654	21480	21.13	80174	78.87
1983	103008	22274	21.62	80734	78.38
1984	104357	24017	23.01	80340	76.99
1985	105851	25094	23.71	80757	76.29
1986	107507	26366	24.52	81141	75.48
1987	109300	27674	25.32	81626	74.68
1988	111026	28661	25.81	82365	74.19
1989	112704	29540	26.21	83164	73.79
1990	114333	30195	26.41	84138	73.59
1991	115823	31203	26.94	84620	73.06
1992	117171	32175	27.46	84996	72.54
1993	118517	33173	27.99	85344	72.01
1994	119850	34169	28.51	85681	71.49
1995	121121	35174	29.04	85947	70.96
1996	122389	37304	30.48	85085	69.52
1997	123626	39449	31.91	84177	68.09
1998	124761	41608	33.35	83153	66.65
1999	125786	43748	34.78	82038	65.22
2000	126743	45906	36.22	80837	63.78
2001	127627	48064	37.66	79563	62.34
2002	128453	50212	39.09	78241	60.91
2003	129227	52376	40.53	76851	59.47
2004	129988	54283	41.76	75705	58.24
2005	130756	56212	42.99	74544	57.01
2006	131448	57706	43.90	73742	56.10
2007	132129	59379	44.94	72750	55.06

注：按城乡分人口数中现役军人全部计入城镇人口。
Note: The military personnel of Chinese People's Liberation Army are classified as urban population in the item of population by residence.

1-4 人口出生率、死亡率和自然增长率

Birth Rate, Death Rate and Natural Growth Rate of Population

单位：‰ (‰)

年 份 Year	出生率 Birth Rate	死亡率 Death Rate	自然增长率 Natural Growth Rate
1978	18.25	6.25	12.00
1979	17.82	6.21	11.61
1980	18.21	6.34	11.87
1981	20.91	6.36	14.55
1982	22.28	6.60	15.68
1983	20.19	6.90	13.29
1984	19.90	6.82	13.08
1985	21.04	6.78	14.26
1986	22.43	6.86	15.57
1987	23.33	6.72	16.61
1988	22.37	6.64	15.73
1989	21.58	6.54	15.04
1990	21.06	6.67	14.39
1991	19.68	6.70	12.98
1992	18.24	6.64	11.60
1993	18.09	6.64	11.45
1994	17.70	6.49	11.21
1995	17.12	6.57	10.55
1996	16.98	6.56	10.42
1997	16.57	6.51	10.06
1998	15.64	6.50	9.14
1999	14.64	6.46	8.18
2000	14.03	6.45	7.58
2001	13.38	6.43	6.95
2002	12.86	6.41	6.45
2003	12.41	6.40	6.01
2004	12.29	6.42	5.87
2005	12.40	6.51	5.89
2006	12.09	6.81	5.28
2007	12.10	6.93	5.17

1-5 各地区人口出生率、死亡率和自然增长率

Birth Rate, Death Rate and Natural Growth Rate of Population by Region

单位：‰ (‰)

地 区	Region	1990 出生率 Birth Rate	1990 死亡率 Death Rate	1990 自然增长率 Natural Growth Rate	1991 出生率 Birth Rate	1991 死亡率 Death Rate	1991 自然增长率 Natural Growth Rate	1992 出生率 Birth Rate	1992 死亡率 Death Rate	1992 自然增长率 Natural Growth Rate
全 国	**National Total**	**21.06**	**6.67**	**14.39**	**19.68**	**6.70**	**12.98**	**18.24**	**6.64**	**11.60**
北 京	Beijing	13.01	5.81	7.20	8.03	5.82	2.21	9.22	6.11	3.11
天 津	Tianjin	15.61	5.78	9.83	11.94	5.78	6.16	12.50	6.00	6.50
河 北	Hebei	20.46	6.82	13.64	16.59	6.75	9.84	15.33	6.43	8.90
山 西	Shanxi	22.54	6.56	15.98	21.56	6.87	14.69	19.59	6.94	12.65
内蒙古	Inner Mongolia	21.19	7.21	13.98	16.77	6.97	9.80	17.07	6.73	10.34
辽 宁	Liaoning	16.30	6.59	9.71	12.10	6.64	5.46	12.57	6.11	6.46
吉 林	Jilin	19.49	6.56	12.93	17.09	6.84	10.25	15.74	6.57	9.17
黑龙江	Heilongjiang	18.11	6.35	11.76	15.89	5.70	10.19	16.25	6.12	10.13
上 海	Shanghai	10.31	6.64	3.67	7.68	7.01	0.67	7.28	6.74	0.54
江 苏	Jiangsu	20.54	6.53	14.01	17.05	6.50	10.55	15.71	6.76	8.95
浙 江	Zhejiang	15.33	6.31	9.02	14.48	6.39	8.09	14.72	6.57	8.15
安 徽	Anhui	24.47	6.25	18.22	21.19	6.06	15.13	18.76	6.14	12.62
福 建	Fujian	24.44	6.71	17.73	20.03	6.26	13.77	18.18	6.02	12.16
江 西	Jiangxi	24.59	7.54	17.05	21.20	7.13	14.07	19.53	7.07	12.46
山 东	Shandong	18.21	6.96	11.25	15.40	6.54	8.86	11.43	6.88	4.55
河 南	Henan	24.92	6.52	18.40	19.78	6.63	13.15	18.13	6.99	11.14
湖 北	Hubei	21.60	7.30	14.30	20.70	7.36	13.34	19.05	6.87	12.18
湖 南	Hunan	23.93	7.23	16.70	20.50	7.30	13.20	16.70	7.30	9.40
广 东	Guangdong	22.26	5.76	16.50	20.54	5.95	14.59	19.31	6.17	13.14
广 西	Guangxi	20.20	6.60	13.60	21.89	7.24	14.65	20.19	7.28	12.91
海 南	Hainan	24.86	6.26	18.60	22.97	5.97	17.00	21.31	6.07	15.24
重 庆	Chongqing									
四 川	Sichuan	19.11	7.66	11.45	15.82	7.29	8.53	16.27	7.03	9.24
贵 州	Guizhou	23.09	7.90	15.19	22.42	8.11	14.31	22.40	8.52	13.88
云 南	Yunnan	23.60	7.92	15.68	21.80	8.10	13.70	21.00	8.00	13.00
西 藏	Tibet	23.98	7.55	16.43	23.53	7.40	16.13	23.63	8.09	15.54
陕 西	Shaanxi	23.48	6.52	16.96	19.82	6.51	13.31	18.85	6.57	12.28
甘 肃	Gansu	20.68	6.20	14.48	19.38	6.05	13.33	19.37	6.64	12.73
青 海	Qinghai	24.34	7.47	16.87	23.37	8.35	15.02	22.54	8.14	14.40
宁 夏	Ningxia	24.34	5.52	18.82	21.96	5.13	16.83	20.11	5.36	14.75
新 疆	Xinjiang	26.44	7.82	18.62	24.45	7.86	16.59	22.80	7.84	14.96

1-5 续表 1 continued

单位：‰ (‰)

地 区	Region	1993 出生率 Birth Rate	1993 死亡率 Death Rate	1993 自然增长率 Natural Growth Rate	1994 出生率 Birth Rate	1994 死亡率 Death Rate	1994 自然增长率 Natural Growth Rate	1995 出生率 Birth Rate	1995 死亡率 Death Rate	1995 自然增长率 Natural Growth Rate
全 国	**National Total**	**18.09**	**6.64**	**11.45**	**17.70**	**6.49**	**11.21**	**17.12**	**6.57**	**10.55**
北 京	Beijing	9.35	6.16	3.19	8.96	5.76	3.20	7.92	5.12	2.80
天 津	Tianjin	10.71	6.20	4.51	10.98	6.19	4.79	10.23	6.23	4.00
河 北	Hebei	15.43	6.11	9.32	14.93	6.50	8.43	13.93	6.32	7.61
山 西	Shanxi	17.48	6.36	11.12	17.46	6.70	10.76	16.60	6.12	10.48
内蒙古	Inner Mongolia	18.48	6.83	11.65	18.98	6.50	12.48	17.23	6.70	10.53
辽 宁	Liaoning	12.43	6.11	6.32	12.26	6.03	6.23	12.17	6.15	6.02
吉 林	Jilin	15.28	6.31	8.97	14.11	6.35	7.76	12.90	6.09	6.81
黑龙江	Heilongjiang	15.90	5.52	10.38	15.15	5.47	9.68	13.23	5.33	7.90
上 海	Shanghai	6.50	7.30	-0.80	5.80	7.00	-1.20	5.75	7.05	-1.30
江 苏	Jiangsu	13.97	6.61	7.36	13.78	6.86	6.92	12.32	6.56	5.76
浙 江	Zhejiang	13.61	6.58	7.03	13.24	6.60	6.64	12.66	6.75	5.91
安 徽	Anhui	17.18	6.51	10.67	16.70	6.86	9.84	16.07	6.41	9.66
福 建	Fujian	16.72	5.62	11.10	16.24	5.95	10.29	15.20	5.90	9.30
江 西	Jiangxi	20.33	6.89	13.44	19.38	7.00	12.38	18.94	7.28	11.66
山 东	Shandong	10.47	6.76	3.71	9.69	6.67	3.02	9.82	6.47	3.35
河 南	Henan	15.87	6.11	9.76	15.36	6.34	9.02	14.41	6.28	8.13
湖 北	Hubei	20.04	6.93	13.11	18.17	6.68	11.49	16.18	6.91	9.27
湖 南	Hunan	14.08	7.13	6.95	13.88	7.03	6.85	13.02	7.15	5.87
广 东	Guangdong	18.34	5.84	12.50	18.20	5.78	12.42	18.10	5.70	12.40
广 西	Guangxi	19.58	6.35	13.23	18.84	6.60	12.24	17.54	6.53	11.01
海 南	Hainan	20.81	5.26	15.55	20.77	6.29	14.48	20.12	5.61	14.51
重 庆	Chongqing									
四 川	Sichuan	16.77	7.21	9.56	16.93	6.99	9.94	17.08	7.21	9.87
贵 州	Guizhou	22.60	8.50	14.10	22.92	8.14	14.78	21.86	7.60	14.26
云 南	Yunnan	22.00	8.10	13.90	21.80	8.00	13.80	20.75	8.03	12.72
西 藏	Tibet	26.68	7.60	19.08	25.64	8.71	16.93	24.90	8.80	16.10
陕 西	Shaanxi	17.63	6.55	11.08	17.59	6.60	10.99	15.93	6.57	9.36
甘 肃	Gansu	20.16	6.84	13.32	20.82	6.84	13.98	20.65	6.49	14.16
青 海	Qinghai	20.50	8.26	12.24	22.06	6.82	15.24	22.01	6.89	15.12
宁 夏	Ningxia	19.43	5.36	14.07	19.67	6.02	13.65	19.28	5.49	13.79
新 疆	Xinjiang	21.53	7.68	13.85	20.82	7.43	13.39	18.90	6.45	12.45

1-5 续表 2 continued

单位：‰ (‰)

地 区	Region	1996 出生率 Birth Rate	1996 死亡率 Death Rate	1996 自然增长率 Natural Growth Rate	1997 出生率 Birth Rate	1997 死亡率 Death Rate	1997 自然增长率 Natural Growth Rate	1998 出生率 Birth Rate	1998 死亡率 Death Rate	1998 自然增长率 Natural Growth Rate
全 国	**National Total**	**16.98**	**6.56**	**10.42**	**16.57**	**6.51**	**10.06**	**15.64**	**6.50**	**9.14**
北 京	Beijing	8.02	5.34	2.68	7.91	6.02	1.89	6.00	5.30	0.70
天 津	Tianjin	10.09	6.53	3.56	9.98	6.95	3.03	9.89	6.49	3.40
河 北	Hebei	13.85	6.55	7.30	13.11	6.82	6.29	13.01	6.18	6.83
山 西	Shanxi	16.59	6.25	10.34	16.18	6.06	10.12	16.09	6.17	9.92
内蒙古	Inner Mongolia	16.09	6.43	9.66	15.21	6.96	8.25	14.40	6.17	8.23
辽 宁	Liaoning	12.15	6.19	5.96	11.78	6.38	5.40	11.39	6.81	4.58
吉 林	Jilin	12.53	5.60	6.93	12.22	5.42	6.80	11.81	5.76	6.05
黑龙江	Heilongjiang	12.40	5.05	7.35	12.02	5.17	6.85	11.68	5.32	6.36
上 海	Shanghai	5.60	7.00	-1.40	5.50	6.80	-1.30	5.20	7.00	-1.80
江 苏	Jiangsu	12.11	6.58	5.53	11.43	6.84	4.59	10.97	6.84	4.13
浙 江	Zhejiang	12.09	6.58	5.51	11.41	6.48	4.93	11.15	6.33	4.82
安 徽	Anhui	16.00	6.50	9.50	15.80	6.50	9.30	15.74	6.54	9.20
福 建	Fujian	13.22	5.94	7.28	12.41	6.09	6.32	11.53	6.20	5.33
江 西	Jiangxi	17.53	7.02	10.51	17.43	6.56	10.87	16.85	7.05	9.80
山 东	Shandong	10.60	6.76	3.84	11.28	6.65	4.63	11.58	6.12	5.46
河 南	Henan	14.28	6.44	7.84	13.97	6.30	7.67	14.17	6.37	7.80
湖 北	Hubei	16.08	6.93	9.15	14.81	6.69	8.12	12.58	6.70	5.88
湖 南	Hunan	12.81	7.20	5.61	12.59	6.99	5.60	12.31	7.10	5.21
广 东	Guangdong	18.05	6.09	11.96	16.90	5.40	11.50	16.51	5.61	10.90
广 西	Guangxi	16.83	6.82	10.01	15.93	6.40	9.53	15.87	6.86	9.01
海 南	Hainan	20.08	5.88	14.20	19.18	5.62	13.56	18.48	5.56	12.92
重 庆	Chongqing				13.60	7.36	6.24	13.19	7.68	5.51
四 川	Sichuan	16.68	7.35	9.33	15.75	7.00	8.75	14.62	7.14	7.48
贵 州	Guizhou	22.05	7.69	14.36	22.15	7.67	14.48	22.02	7.76	14.26
云 南	Yunnan	20.87	7.94	12.93	20.82	7.91	12.91	20.01	7.91	12.10
西 藏	Tibet	24.70	8.50	16.20	23.90	7.90	16.00	23.70	7.80	15.90
陕 西	Shaanxi	14.99	6.51	8.48	13.91	6.29	7.62	13.56	6.43	7.13
甘 肃	Gansu	18.43	6.64	11.79	17.22	6.20	11.02	16.45	6.41	10.04
青 海	Qinghai	21.89	7.20	14.69	21.80	6.95	14.85	21.26	6.78	14.48
宁 夏	Ningxia	19.03	5.25	13.78	18.90	5.43	13.47	18.19	5.11	13.08
新 疆	Xinjiang	19.45	6.60	12.85	19.66	6.55	13.11	19.74	6.93	12.81

1-5 续表 3 continued

单位：‰ (‰)

地 区	Region	1999 出生率 Birth Rate	1999 死亡率 Death Rate	1999 自然增长率 Natural Growth Rate	2001 出生率 Birth Rate	2001 死亡率 Death Rate	2001 自然增长率 Natural Growth Rate	2002 出生率 Birth Rate	2002 死亡率 Death Rate	2002 自然增长率 Natural Growth Rate
全 国	**National Total**	**14.64**	**6.46**	**8.18**	**13.38**	**6.43**	**6.95**	**12.86**	**6.41**	**6.45**
北 京	Beijing	6.50	5.60	0.90	6.10	5.30	0.80	6.60	5.70	0.90
天 津	Tianjin	9.68	6.73	2.95	7.58	5.94	1.64	7.49	6.04	1.45
河 北	Hebei	12.99	6.26	6.73	11.16	6.18	4.98	11.53	6.25	5.28
山 西	Shanxi	15.93	6.07	9.86	13.06	5.90	7.16	12.86	6.14	6.72
内蒙古	Inner Mongolia	13.32	6.08	7.24	10.77	5.79	4.98	9.60	5.92	3.68
辽 宁	Liaoning	10.38	7.05	3.33	7.74	6.10	1.64	7.38	6.04	1.34
吉 林	Jilin	10.68	5.45	5.23	8.76	5.38	3.38	8.30	5.11	3.19
黑龙江	Heilongjiang	10.55	5.49	5.06	8.48	5.49	2.99	7.98	5.44	2.54
上 海	Shanghai	5.40	6.50	-1.10	5.02	5.97	-0.95	5.41	5.95	-0.54
江 苏	Jiangsu	10.50	6.94	3.56	9.03	6.62	2.41	9.17	6.99	2.18
浙 江	Zhejiang	10.64	6.35	4.29	10.02	6.25	3.77	9.98	6.19	3.79
安 徽	Anhui	15.10	6.50	8.60	12.46	5.85	6.61	11.20	5.17	6.03
福 建	Fujian	11.06	5.85	5.21	11.56	5.52	6.04	11.35	5.57	5.78
江 西	Jiangxi	16.51	7.02	9.49	15.44	6.06	9.38	14.74	6.02	8.72
山 东	Shandong	11.08	6.27	4.81	11.12	6.24	4.88	11.17	6.62	4.55
河 南	Henan	14.07	6.35	7.72	13.20	6.26	6.94	12.41	6.38	6.03
湖 北	Hubei	11.57	6.37	5.20	8.51	6.07	2.44	8.38	6.17	2.21
湖 南	Hunan	11.72	7.12	4.60	11.80	6.72	5.08	11.56	6.70	4.86
广 东	Guangdong	15.32	5.40	9.92	13.95	5.12	8.83	13.29	5.08	8.21
广 西	Guangxi	14.96	6.93	8.03	13.80	6.07	7.73	13.30	6.30	7.00
海 南	Hainan	17.26	5.23	12.03	15.23	5.76	9.47	15.20	5.72	9.48
重 庆	Chongqing	11.90	6.94	4.96	9.70	6.90	2.80	9.36	6.08	3.28
四 川	Sichuan	13.80	7.02	6.78	11.16	6.79	4.37	10.44	6.55	3.89
贵 州	Guizhou	21.92	7.68	14.24	18.56	7.23	11.33	17.96	7.21	10.75
云 南	Yunnan	19.48	7.82	11.66	18.51	7.57	10.94	17.90	7.30	10.60
西 藏	Tibet	23.20	7.40	15.80	18.60	6.50	12.10	18.83	6.07	12.76
陕 西	Shaanxi	12.51	6.38	6.13	10.50	6.34	4.16	10.48	6.36	4.12
甘 肃	Gansu	15.61	6.44	9.17	13.58	6.43	7.15	13.16	6.45	6.71
青 海	Qinghai	20.68	6.78	13.90	19.06	6.44	12.62	18.05	6.35	11.70
宁 夏	Ningxia	17.97	5.65	12.32	16.55	4.84	11.71	16.42	4.86	11.56
新 疆	Xinjiang	18.76	6.96	11.80	16.82	5.69	11.13	16.30	5.43	10.87

1-5 续表 4 continued

单位：‰ (‰)

地区	Region	2003 出生率 Birth Rate	2003 死亡率 Death Rate	2003 自然增长率 Natural Growth Rate	2004 出生率 Birth Rate	2004 死亡率 Death Rate	2004 自然增长率 Natural Growth Rate	2005 出生率 Birth Rate	2005 死亡率 Death Rate	2005 自然增长率 Natural Growth Rate
全 国	**National Total**	**12.41**	**6.40**	**6.01**	**12.29**	**6.42**	**5.87**	**12.40**	**6.51**	**5.89**
北 京	Beijing	5.10	5.20	-0.10	6.10	5.40	0.70	6.29	5.20	1.09
天 津	Tianjin	7.14	6.04	1.10	7.31	5.97	1.34	7.44	6.01	1.43
河 北	Hebei	11.43	6.27	5.16	11.98	6.19	5.79	12.84	6.75	6.09
山 西	Shanxi	12.26	6.04	6.22	12.36	6.11	6.25	12.02	6.00	6.02
内蒙古	Inner Mongolia	9.24	6.17	3.07	9.53	5.98	3.55	10.08	5.46	4.62
辽 宁	Liaoning	6.90	5.83	1.07	6.51	5.60	0.91	7.01	6.04	0.97
吉 林	Jilin	7.25	5.64	1.61	7.39	5.63	1.76	7.89	5.32	2.57
黑龙江	Heilongjiang	7.48	5.45	2.03	7.27	5.45	1.82	7.87	5.20	2.67
上 海	Shanghai	4.85	6.20	-1.35	6.00	6.00	0.00	7.04	6.08	0.96
江 苏	Jiangsu	9.04	7.03	2.01	9.45	7.20	2.25	9.24	7.03	2.21
浙 江	Zhejiang	9.66	6.38	3.28	10.71	5.76	4.95	11.10	6.08	5.02
安 徽	Anhui	11.15	5.20	5.95	11.62	5.50	6.12	12.43	6.23	6.20
福 建	Fujian	11.43	5.58	5.85	11.58	5.62	5.96	11.60	5.62	5.98
江 西	Jiangxi	14.07	5.98	8.09	13.61	5.99	7.62	13.79	5.96	7.83
山 东	Shandong	11.42	6.64	4.78	12.50	6.49	6.01	12.14	6.31	5.83
河 南	Henan	12.10	6.46	5.64	11.67	6.47	5.20	11.55	6.30	5.25
湖 北	Hubei	8.26	5.94	2.32	8.43	6.03	2.40	8.74	5.69	3.05
湖 南	Hunan	11.82	6.87	4.95	11.89	6.80	5.09	11.90	6.75	5.15
广 东	Guangdong	13.66	5.31	8.35	13.13	5.12	8.01	11.70	4.68	7.02
广 西	Guangxi	13.86	6.57	7.29	13.32	6.12	7.20	14.26	6.09	8.16
海 南	Hainan	14.68	5.52	9.16	14.77	5.79	8.98	14.65	5.72	8.93
重 庆	Chongqing	9.89	7.20	2.69	9.45	6.60	2.85	9.40	6.40	3.00
四 川	Sichuan	9.18	6.06	3.12	9.05	6.27	2.78	9.70	6.80	2.90
贵 州	Guizhou	15.91	6.87	9.04	15.08	6.35	8.73	14.59	7.21	7.38
云 南	Yunnan	17.00	7.20	9.80	15.60	6.60	9.00	14.72	6.75	7.97
西 藏	Tibet	17.40	6.30	11.10	17.40	6.20	11.20	17.94	7.15	10.79
陕 西	Shaanxi	10.67	6.38	4.29	10.59	6.33	4.26	10.02	6.01	4.01
甘 肃	Gansu	12.58	6.46	6.12	12.43	6.52	5.91	12.59	6.57	6.02
青 海	Qinghai	16.94	6.09	10.85	16.32	6.45	9.87	15.70	6.21	9.49
宁 夏	Ningxia	15.68	4.73	10.95	15.97	4.79	11.18	15.93	4.95	10.98
新 疆	Xinjiang	16.01	5.23	10.78	16.00	5.09	10.91	16.42	5.04	11.38

1-5 续表 5 continued

单位：‰ (‰)

地 区	Region	2006 出生率 Birth Rate	2006 死亡率 Death Rate	2006 自然增长率 Natural Growth Rate	2007 出生率 Birth Rate	2007 死亡率 Death Rate	2007 自然增长率 Natural Growth Rate
全 国	**National Total**	**12.09**	**6.81**	**5.28**	**12.10**	**6.93**	**5.17**
北 京	Beijing	6.26	4.97	1.29	8.32	4.92	3.40
天 津	Tianjin	7.67	6.07	1.60	7.91	5.86	2.05
河 北	Hebei	12.82	6.59	6.23	13.33	6.78	6.55
山 西	Shanxi	11.48	5.73	5.75	11.30	5.97	5.33
内蒙古	Inner Mongolia	9.87	5.91	3.96	10.21	5.73	4.48
辽 宁	Liaoning	6.40	5.30	1.10	6.89	5.36	1.53
吉 林	Jilin	7.67	5.00	2.67	7.55	5.05	2.50
黑龙江	Heilongjiang	7.57	5.18	2.39	7.88	5.39	2.49
上 海	Shanghai	7.47	5.89	1.58	9.07	6.03	3.04
江 苏	Jiangsu	9.36	7.08	2.28	9.37	7.07	2.30
浙 江	Zhejiang	10.29	5.42	4.87	10.38	5.57	4.81
安 徽	Anhui	12.60	6.30	6.30	12.75	6.40	6.35
福 建	Fujian	12.00	5.75	6.25	11.90	5.90	6.00
江 西	Jiangxi	13.80	6.01	7.79	13.86	5.99	7.87
山 东	Shandong	11.60	6.10	5.50	11.11	6.11	5.00
河 南	Henan	11.59	6.27	5.32	11.26	6.32	4.94
湖 北	Hubei	9.08	5.95	3.13	9.19	5.96	3.23
湖 南	Hunan	11.92	6.73	5.19	11.96	6.71	5.25
广 东	Guangdong	11.78	4.49	7.29	11.96	4.66	7.30
广 西	Guangxi	14.44	6.10	8.34	14.19	5.99	8.20
海 南	Hainan	14.59	5.73	8.86	14.62	5.71	8.91
重 庆	Chongqing	9.90	6.50	3.40	10.10	6.30	3.80
四 川	Sichuan	9.14	6.28	2.86	9.21	6.29	2.92
贵 州	Guizhou	13.97	6.71	7.26	13.28	6.60	6.68
云 南	Yunnan	13.20	6.30	6.90	13.08	6.22	6.86
西 藏	Tibet	17.40	5.70	11.70	16.40	5.10	11.30
陕 西	Shaanxi	10.19	6.15	4.04	10.21	6.16	4.05
甘 肃	Gansu	12.86	6.62	6.24	13.14	6.65	6.49
青 海	Qinghai	15.24	6.27	8.97	14.93	6.13	8.80
宁 夏	Ningxia	15.53	4.84	10.69	14.80	5.04	9.76
新 疆	Xinjiang	15.79	5.03	10.76	16.79	5.01	11.78

1-6 五次全国人口普查人口基本情况

Basic Statistics on National Population Census in 1953, 1964, 1982, 1990 and 2000

指标	Item	1953	1964	1982	1990	2000
总人口（万人）	**Total Population (10000 persons)**	**59435**	**69458**	**100818**	**113368**	**126583**
男	Male	30799	35652	51944	58495	65355
女	Female	28636	33806	48874	54873	61228
性别比（以女性为100）	Sex Ratio (female=100)	107.56	105.46	106.30	106.60	106.74
家庭户规模（人/户）	**Average Family Household Size (person/household)**	**4.33**	**4.43**	**4.41**	**3.96**	**3.44**
各年龄组人口（%）	**Population by Age Group (%)**					
0-14岁	0-14	36.28	40.69	33.59	27.69	22.89
15-64岁	15-64	59.31	55.75	61.50	66.74	70.15
65岁及以上	65 and Over	4.41	3.56	4.91	5.57	6.96
民族人口	**Population by Ethnicity**					
汉族（万人）	Han (10000 persons)	54728	65456	94088	104248	115940
占总人口比重（%）	Percentage to Total Population (%)	93.94	94.24	93.32	91.96	91.59
少数民族（万人）	Ethnic Minorities (10000 persons)	3532	4002	6730	9120	10643
占总人口比重（%）	Percentage to Total Population (%)	6.06	5.76	6.68	8.04	8.41
每十万人拥有的各种受教育程度人口（人）	**Population with Various Education Attainments Per 100 000 Persons (person)**					
大专及以上	Junior College and Above		416	615	1422	3611
高中和中专	Senior Secondary School and Technical Secondary School		1319	6779	8039	11146
初中	Junior Secondary School		4680	17892	23344	33961
小学	Primary School		28330	35237	37057	35701
文盲人口及文盲率	**Illiterate Population and Illiterate Rate**					
文盲人口（万人）	Illiterate Population (10000 persons)		23327	22996	18003	8507
文盲率（%）	Illiterate Rate (%)		33.58	22.81	15.88	6.72
城乡人口（万人）	**Population by Residence (10000 persons)**					
城镇人口	Urban Population	7726	12710	21082	29971	45844
乡村人口	Rural Population	50534	56748	79736	83397	80739
平均预期寿命（岁）	**Life Expectancy (year old)**			**67.77***	**68.55**	**71.40**
男	Male			66.28*	66.84	69.63
女	Female			69.27*	70.47	73.33

注：1.本表未包括香港、澳门特别行政区及台湾省数据。
2.历次普查总人口数据包括中国人民解放军现役军人。在城乡人口中，中国人民解放军现役军人列为城镇人口统计。
3.1953年总人口数据中包括了间接调查人口，而民族人口、城乡人口中未包括。
4.1964年文盲人口为13岁及以上不识字人口，1982、1990、2000年文盲人口为15岁及以上不识字或识字很少的人。
5.表中"*"号表示为1981年数据。

Note:a) Data in this table do not include the population of Hong Kong SAR, Macao SAR and Taiwan Province.
b) Total population from the five national population censuses includes the military personnel. Military personnel is listed as urban population in population by residence.
c) Total population of 1953 National Population Census includes the population from indirect survey, but this is not included in the ethnic minority population and the urban/rural population.
d) Illiterate population of 1964 National Population Census referred to the population aged 13 and over who are unable to read. Illiterate population of 1982, 1990 and 2000 National Population Censuses referred to the population aged 15 and over who are unable or have difficulty to read.
e) Data with '*' in this table are of 1981.

1-7 各地区人口平均预期寿命
Population Life Expectancy by Region

单位：岁 (year old)

地 区	Region	1990年预期寿命 Life Expectancy in 1990	男 Male	女 Female	2000年预期寿命 Life Expectancy in 2000	男 Male	女 Female
全 国	**National Total**	**68.55**	**66.84**	**70.47**	**71.40**	**69.63**	**73.33**
北 京	Beijing	72.86	71.07	74.93	76.10	74.33	78.01
天 津	Tianjin	72.32	71.03	73.73	74.91	73.31	76.63
河 北	Hebei	70.35	68.47	72.53	72.54	70.68	74.57
山 西	Shanxi	68.97	67.33	70.93	71.65	69.96	73.57
内蒙古	Inner Mongolia	65.68	64.47	67.22	69.87	68.29	71.79
辽 宁	Liaoning	70.22	68.72	71.94	73.34	71.51	75.36
吉 林	Jilin	67.95	66.65	69.49	73.10	71.38	75.04
黑龙江	Heilongjiang	66.97	65.50	68.73	72.37	70.39	74.66
上 海	Shanghai	74.90	72.77	77.02	78.14	76.22	80.04
江 苏	Jiangsu	71.37	69.26	73.57	73.91	71.69	76.23
浙 江	Zhejiang	71.78	69.66	74.24	74.70	72.50	77.21
安 徽	Anhui	69.48	67.75	71.36	71.85	70.18	73.59
福 建	Fujian	68.57	66.49	70.93	72.55	70.30	75.07
江 西	Jiangxi	66.11	64.87	67.49	68.95	68.37	69.32
山 东	Shandong	70.57	68.64	72.67	73.92	71.70	76.26
河 南	Henan	70.15	67.96	72.55	71.54	69.67	73.41
湖 北	Hubei	67.25	65.51	69.23	71.08	69.31	73.02
湖 南	Hunan	66.93	65.41	68.70	70.66	69.05	72.47
广 东	Guangdong	72.52	69.71	75.43	73.27	70.79	75.93
广 西	Guangxi	68.72	67.17	70.34	71.29	69.07	73.75
海 南	Hainan	70.01	66.93	73.28	72.92	70.66	75.26
重 庆	Chongqing				71.73	69.84	73.89
四 川	Sichuan	66.33	65.06	67.70	71.20	69.25	73.39
贵 州	Guizhou	64.29	63.04	65.63	65.96	64.54	67.57
云 南	Yunnan	63.49	62.08	64.98	65.49	64.24	66.89
西 藏	Tibet	59.64	57.64	61.57	64.37	62.52	66.15
陕 西	Shaanxi	67.40	66.23	68.79	70.07	68.92	71.30
甘 肃	Gansu	67.24	66.35	68.25	67.47	66.77	68.26
青 海	Qinghai	60.57	59.29	61.96	66.03	64.55	67.70
宁 夏	Ningxia	66.94	65.95	68.05	70.17	68.71	71.84
新 疆	Xinjiang	62.59	61.95	63.26	67.41	65.98	69.14

注：2000年各省人口平均预期寿命是根据各省1990年以来人口变动调查公布的死亡率对2000年人口普查死亡数据修正后计算的。

Note: Life expectancy in 2000 by region is calculated form the death data of 2000 National Popualation Census, further adjusted by the mortality rates from the annual national sample surveys on population changes since 1990.

1-8 全国历年人口密度

Population Density

单位：万人 (10000 persons)

年 份 Year	总人口 Population	人口密度(人/平方公里) Population Density (person/sq.km)	年 份 Year	总人口 Population	人口密度(人/平方公里) Population Density (person/sq.km)
1949	54167	56	1979	97542	102
1950	55196	57	1980	98705	103
1951	56300	59	1981	100072	104
1952	57482	60	1982	101654	106
1953	58796	61	1983	103008	107
1954	60266	63	1984	104357	109
1955	61465	64	1985	105851	110
1956	62828	65	1986	107507	112
1957	64653	67	1987	109300	114
1958	65994	69	1988	111026	116
1959	67207	70	1989	112704	117
1960	66207	69	1990	114333	119
1961	65859	69	1991	115823	121
1962	67295	70	1992	117171	122
1963	69172	72	1993	118517	123
1964	70499	73	1994	119850	125
1965	72538	76	1995	121121	126
1966	74542	78	1996	122389	127
1967	76368	80	1997	123626	129
1968	78534	82	1998	124761	130
1969	80671	84	1999	125786	131
1970	82992	86	2000	126743	132
1971	85229	89	2001	127627	133
1972	87177	91	2002	128453	134
1973	89211	93	2003	129227	135
1974	90859	95	2004	129988	135
1975	92420	96	2005	130756	136
1976	93717	98	2006	131448	137
1977	94974	99	2007	132129	138
1978	96259	100			

1-9 全国劳动统计主要指标
Main Indicators of National Labor Statistics

指　　标	Item	2006	2007	2007年比上年增长% Increase Rate (2006=100)
总人口(万人)	**Total Population (10000 persons)**	**131448**	**132129**	**0.5**
16岁以上人口(万人)	**Population Aged 16 and Over (10000 persons)**	**103506**	**104585**	**1.0**
经济活动人口(万人)	**Economically Active Population (10000 persons)**	**78244**	**78645**	**0.5**
全国就业人员年末人数(万人)	**Number of Employed Persons at Year-end (10000 persons)**	**76400**	**76990**	**0.8**
城镇就业人员(万人)	**Urban Employed Persons (10000 persons)**	**28310**	**29350**	**3.7**
单位就业人员(万人)	**Unit Employed Persons (10000 persons)**	**11713.2**	**12024.0**	**2.7**
国有单位	State-owned Units	6430.5	6424.0	-0.1
集体单位	Collective-owned Units	763.6	718.0	-6.0
其他单位	Units of Other Types of Ownership	4519.1	4882.0	8.0
在岗职工(万人)	**Number of Staff and Workers (10000 persons)**	**11160.6**	**11427.0**	**2.4**
国有单位	State-owned Units	6170.5	6148.0	-0.4
集体单位	Collective-owned Units	726.0	684.0	-5.8
其他单位	Units of Other Types of Ownership	4264.1	4595.0	7.8
城镇私营和个体就业人员(万人)	**Employed Persons in Urban Private Enterprises and Self-employed Individuals (10000 persons)**	**6967.0**	**7891.0**	**13.3**
乡村就业人员(万人)	**Rural Employed persons (10000 persons)**	**48090**	**47640**	**-0.9**
城镇单位就业人员劳动报酬(亿元)	**Earning of Employed Persons in Urban Units (100 million yuan)**	**24262.3**	**29471.5**	**21.5**
国有单位	State-owned Units	13920.6	16689.1	19.9
集体单位	Collective-owned Units	983.8	1108.1	12.6
其他单位	Units of Other Types of Ownership	9357.9	11674.3	24.8
职工工资总额(亿元)	**Total Wages Bill of Staff and Workers (100 million yuan)**	**23265.9**	**28244.0**	**21.4**
国有单位	State-owned Units	13600.1	16291.4	19.8
集体单位	Collective-owned Units	944.9	1064.6	12.7
其他单位	Units of Other Types of Ownership	8720.8	10888.0	24.9
城镇单位就业人员平均劳动报酬(元)	**Average Earning of Employed Persons in Urban Units (yuan)**	**20856**	**24721**	**18.5**
国有单位	State-owned Units	21706	26100	20.2
集体单位	Collective-owned Units	12866	15444	20.0
其他单位	Units of Other Types of Ownership	21004	24271	15.6
职工平均工资(元)	**Average Wage of Staff and Workers (yuan)**	**21001**	**24932**	**18.7**
国有单位	State-owned Units	22112	26620	20.4
集体单位	Collective-owned Units	13014	15595	19.8
其他单位	Units of Other Types of Ownership	20755	24058	15.9
城镇登记失业人员年末人数(万人)	**Number of Registered Unemployed Persons in Urban Areas (10000 persons)**	**847**	**830**	**-2.0**
非经济活动人口(万人)	**Noneconomically Active Population (10000 persons)**	**25262**	**25940**	**2.7**

注:职工及职工工资总额为在岗职工相关资料(下表同)。
Note: Staff and workers and their total wages are on-post staff and workers figures. The same applies to the tables following.

1-10 分城乡就业人员年末人数
Number of Employed Persons at Year-end in Urban and Rural Areas

单位: 万人 (10000 persons)

年 份 Year	就业人员 Total Number of Employed Persons	城 镇 Urban		乡 村 Rural	
		就业人员 Employed Persons	比重 (%) Proportion	就业人员 Employed Persons	比重 (%) Proportion
1952	20729	2486	12.0	18243	88.0
1953	21364	2754	12.9	18610	87.1
1954	21832	2744	12.6	19088	87.4
1955	22328	2802	12.5	19526	87.5
1956	23018	2993	13.0	20025	87.0
1957	23771	3205	13.5	20566	86.5
1958	26600	5300	19.9	21300	80.1
1959	26173	5389	20.6	20784	79.4
1960	25880	6119	23.6	19761	76.4
1961	25590	5336	20.9	20254	79.1
1962	25910	4537	17.5	21373	82.5
1963	26640	4603	17.3	22037	82.7
1964	27736	4828	17.4	22908	82.6
1965	28670	5136	17.9	23534	82.1
1966	29805	5354	18.0	24451	82.0
1967	30814	5446	17.7	25368	82.3
1968	31915	5630	17.6	26285	82.4
1969	33225	5825	17.5	27400	82.5
1970	34432	6312	18.3	28120	81.7
1971	35620	6868	19.3	28752	80.7
1972	35854	7200	20.1	28654	79.9
1973	36652	7388	20.2	29264	79.8
1974	37369	7687	20.6	29682	79.4
1975	38168	8222	21.5	29946	78.5
1976	38834	8692	22.4	30142	77.6
1977	39377	9127	23.2	30250	76.8
1978	40152	9514	23.7	30638	76.3
1979	41024	9999	24.4	31025	75.6
1980	42361	10525	24.8	31836	75.2
1981	43725	11053	25.3	32672	74.7
1982	45295	11428	25.2	33867	74.8
1983	46436	11746	25.3	34690	74.7
1984	48197	12229	25.4	35968	74.6
1985	49873	12808	25.7	37065	74.3
1986	51282	13292	25.9	37990	74.1
1987	52783	13783	26.1	39000	73.9
1988	54334	14267	26.3	40067	73.7
1989	55329	14390	26.0	40939	74.0
1990	64749	17041	26.3	47708	73.7
1991	65491	17465	26.7	48026	73.3
1992	66152	17861	27.0	48291	73.0
1993	66808	18262	27.3	48546	72.7
1994	67455	18653	27.7	48802	72.3
1995	68065	19040	28.0	49025	72.0
1996	68950	19922	28.9	49028	71.1
1997	69820	20781	29.8	49039	70.2
1998	70637	21616	30.6	49021	69.4
1999	71394	22412	31.4	48982	68.6
2000	72085	23151	32.1	48934	67.9
2001	73025	23940	32.8	49085	67.2
2002	73740	24780	33.6	48960	66.4
2003	74432	25639	34.4	48793	65.6
2004	75200	26476	35.2	48724	64.8
2005	75825	27331	36.0	48494	64.0
2006	76400	28310	37.1	48090	62.9
2007	76990	29350	38.1	47640	61.9

注：1990年至2000年,就业人员总计、城镇和乡村就业人员小计资料根据第五次全国人口普查资料重新调整,2001年及以后资料根据人口变动抽样调查资料推算(下表同)。

Note: From 1990 to 2000, the total employed persons and the sub-total of employed persons in urban and rural areas have been adjusted in accordance with the data obtained from 2000 Population Census. Figures after 2001 are calculated according to the National Sample Survey on Population Changes. The same applies to the table following.

1-11 分产业就业人员年末人数
Number of Employed Persons at Year-end by Three Strata Industries

单位: 万人 (10000 persons)

年 份 Year	就业人员合计 Total Number of Employed Persons	第一产业 Primary Industry 就业人员 Employed Persons	比重 (%) Proportion	第二产业 Secondary Industry 就业人员 Employed Persons	比重 (%) Proportion	第三产业 Tertiary Industry 就业人员 Employed Persons	比重 (%) Proportion
1952	20729	17317	83.5	1531	7.4	1881	9.1
1953	21364	17747	83.1	1715	8.0	1902	8.9
1954	21832	18151	83.1	1882	8.6	1799	8.3
1955	22328	18592	83.3	1913	8.6	1823	8.1
1956	23018	18544	80.6	2468	10.7	2006	8.7
1957	23771	19309	81.2	2142	9.0	2320	9.8
1958	26600	15490	58.2	7076	26.6	4034	15.2
1959	26173	16271	62.2	5402	20.6	4500	17.2
1960	25880	17016	65.7	4112	15.9	4752	18.4
1961	25590	19747	77.2	2856	11.2	2987	11.6
1962	25910	21276	82.1	2059	8.0	2575	9.9
1963	26640	21966	82.5	2038	7.6	2636	9.9
1964	27736	22801	82.2	2183	7.9	2752	9.9
1965	28670	23396	81.6	2408	8.4	2866	10.0
1966	29805	24297	81.5	2600	8.7	2908	9.8
1967	30814	25165	81.7	2661	8.6	2988	9.7
1968	31915	26063	81.7	2743	8.6	3109	9.7
1969	33225	27117	81.6	3030	9.1	3078	9.3
1970	34432	27811	80.8	3518	10.2	3103	9.0
1971	35620	28397	79.7	3990	11.2	3233	9.1
1972	35854	28283	78.9	4276	11.9	3295	9.2
1973	36652	28857	78.7	4492	12.3	3303	9.0
1974	37369	29218	78.2	4712	12.6	3439	9.2
1975	38168	29456	77.2	5152	13.5	3560	9.3
1976	38834	29443	75.8	5611	14.5	3780	9.7
1977	39377	29340	74.5	5831	14.8	4206	10.7
1978	40152	28318	70.5	6945	17.3	4890	12.2
1979	41024	28634	69.8	7214	17.6	5177	12.6
1980	42361	29122	68.7	7707	18.2	5532	13.1
1981	43725	29777	68.1	8003	18.3	5945	13.6
1982	45295	30859	68.1	8346	18.4	6090	13.5
1983	46436	31151	67.1	8679	18.7	6606	14.2
1984	48197	30868	64.0	9590	19.9	7739	16.1
1985	49873	31130	62.4	10384	20.8	8359	16.8
1986	51282	31254	60.9	11216	21.9	8811	17.2
1987	52783	31663	60.0	11726	22.2	9395	17.8
1988	54334	32249	59.3	12152	22.4	9933	18.3
1989	55329	33225	60.1	11976	21.6	10129	18.3
1990	64749	38914	60.1	13856	21.4	11979	18.5
1991	65491	39098	59.7	14015	21.4	12378	18.9
1992	66152	38699	58.5	14355	21.7	13098	19.8
1993	66808	37680	56.4	14965	22.4	14163	21.2
1994	67455	36628	54.3	15312	22.7	15515	23.0
1995	68065	35530	52.2	15655	23.0	16880	24.8
1996	68950	34820	50.5	16203	23.5	17927	26.0
1997	69820	34840	49.9	16547	23.7	18432	26.4
1998	70637	35177	49.8	16600	23.5	18860	26.7
1999	71394	35768	50.1	16421	23.0	19205	26.9
2000	72085	36043	50.0	16219	22.5	19823	27.5
2001	73025	36513	50.0	16284	22.3	20228	27.7
2002	73740	36870	50.0	15780	21.4	21090	28.6
2003	74432	36546	49.1	16077	21.6	21809	29.3
2004	75200	35269	46.9	16920	22.5	23011	30.6
2005	75825	33970	44.8	18084	23.8	23771	31.4
2006	76400	32561	42.6	19225	25.2	24614	32.2
2007	76990	31444	40.8	20629	26.8	24917	32.4

1-12 城镇登记失业人数及失业率(年末登记数)
Registered Unemployed Persons and Registered Unemployment Rate in Urban Areas (year-end)

年 份 Year	城镇登记失业人数 (万人) Registered Unemployed Persons in Urban Areas (10000 persons)	比上年增长 (%) Increase over Preceeding year (%)	城镇登记失业率 (%) Registered Unemployment Rate in Urban Areas (%)
1978	530.0		5.3
1979	567.6	7.1	5.4
1980	541.5	-4.6	4.9
1981	439.5	-18.8	3.8
1982	379.4	-13.7	3.2
1983	271.4	-28.5	2.3
1984	235.7	-13.2	1.9
1985	238.5	1.2	1.8
1986	264.4	10.9	2.0
1987	276.6	4.6	2.0
1988	296.2	7.1	2.0
1989	377.9	27.6	2.6
1990	383.2	1.4	2.5
1991	352.2	-8.1	2.3
1992	363.9	3.3	2.3
1993	420.1	15.4	2.6
1994	476.4	13.4	2.8
1995	519.6	9.1	2.9
1996	552.8	6.3	3.0
1997	576.8	4.3	3.1
1998	571.0	-1.0	3.1
1999	575.0	0.7	3.1
2000	595.0	3.5	3.1
2001	681.0	14.4	3.6
2002	770.0	13.1	4.0
2003	800.0	3.9	4.3
2004	827.0	3.4	4.2
2005	839.0	1.5	4.2
2006	847.0	1.0	4.1
2007	830.0	-2.0	4.0

1-13 分地区城镇登记失业人员数(年末登记数)

Registered Unemployed Persons in Urban Areas by Region (year-end)

单位：万人 (10000 persons)

地 区	Region	2000	2001	2002	2003	2004	2005	2006	2007
北 京	Beijing	3.3	5.2	6.0	7.0	6.5	10.6	10.4	10.6
天 津	Tianjin	10.5	11.4	12.9	12.0	11.8	11.7	11.7	15.0
河 北	Hebei	17.4	19.5	22.2	25.7	28.0	27.8	28.7	29.3
山 西	Shanxi	9.7	12.2	14.5	13.1	13.7	14.3	15.6	16.1
内蒙古	Inner Mongolia	12.6	14.5	16.3	17.6	18.5	17.7	18.0	18.5
辽 宁	Liaoning	41.2	55.5	75.6	72.0	70.1	60.4	54.1	44.5
吉 林	Jilin	23.0	20.2	23.8	28.4	28.2	27.6	26.3	23.9
黑龙江	Heilongjiang	25.3	35.5	41.6	35.0	32.9	31.3	31.2	31.5
上 海	Shanghai	20.1	25.7	28.8	30.1	27.4	27.5	27.8	26.7
江 苏	Jiangsu	30.4	36.1	42.2	41.8	42.9	41.6	40.4	39.3
浙 江	Zhejiang	21.8	24.0	27.7	28.3	30.1	29.0	29.1	28.6
安 徽	Anhui	16.5	19.9	22.6	25.1	26.1	27.8	28.2	27.2
福 建	Fujian	9.1	13.2	15.0	14.6	14.5	14.9	15.1	14.9
江 西	Jiangxi	16.7	17.3	17.8	21.6	22.4	22.8	25.3	24.3
山 东	Shandong	37.5	35.4	39.7	41.3	42.3	42.9	43.7	43.5
河 南	Henan	21.4	23.1	25.4	26.3	31.2	33.0	35.4	33.1
湖 北	Hubei	36.6	42.2	44.7	49.3	49.4	52.6	52.6	54.1
湖 南	Hunan	27.6	30.3	30.4	37.1	43.0	41.9	43.3	44.4
广 东	Guangdong	30.2	34.5	36.5	35.5	35.9	34.5	36.2	36.2
广 西	Guangxi	11.3	14.2	14.7	14.9	17.8	18.5	20.0	18.5
海 南	Hainan	3.7	3.8	4.0	3.6	4.7	5.1	5.2	5.4
重 庆	Chongqing	10.1	13.7	16.2	16.2	16.8	16.9	15.4	14.1
四 川	Sichuan	30.8	31.9	33.8	33.1	33.3	34.3	36.1	34.5
贵 州	Guizhou	10.2	11.1	11.1	11.2	11.6	12.1	12.1	12.1
云 南	Yunnan	6.8	8.0	9.8	12.1	11.9	13.0	13.8	14.0
西 藏	Tibet	1.0		1.3		1.2			
陕 西	Shaanxi	11.4	14.0	13.5	13.9	18.5	21.5	21.5	21.0
甘 肃	Gansu	7.4	7.4	8.7	9.3	9.5	9.3	9.7	9.5
青 海	Qinghai	1.8	2.4	2.9	3.1	3.5	3.6	3.7	3.7
宁 夏	Ningxia	3.8	3.7	3.5	3.8	4.1	4.4	4.2	4.4
新 疆	Xinjiang	11.0	9.7	9.9	9.9	13.3	11.1	11.6	11.7

1-14 分地区城镇登记失业率(年末登记数)

Registered Unemployment Rate in Urban Areas by Region (year-end)

单位：% (%)

地 区	Region	2000	2001	2002	2003	2004	2005	2006	2007
北 京	Beijing	0.8	1.2	1.4	1.4	1.3	2.1	2.0	1.8
天 津	Tianjin	3.2	3.6	3.9	3.8	3.8	3.7	3.6	3.6
河 北	Hebei	2.8	3.2	3.6	3.9	4.0	3.9	3.8	3.8
山 西	Shanxi	2.2	2.6	3.4	3.0	3.1	3.0	3.2	3.2
内蒙古	Inner Mongolia	3.3	3.7	4.1	4.5	4.6	4.3	4.1	4.0
辽 宁	Liaoning	3.7	3.2	6.5	6.5	6.5	5.6	5.1	4.3
吉 林	Jilin	3.7	3.1	3.6	4.3	4.2	4.2	4.2	3.9
黑龙江	Heilongjiang	3.3	4.7	4.9	4.2	4.5	4.4	4.3	4.3
上 海	Shanghai	3.5		4.8	4.9	4.5		4.4	4.2
江 苏	Jiangsu	3.2	3.6	4.2	4.1	3.8	3.6	3.4	3.2
浙 江	Zhejiang	3.5	3.7	4.2	4.2	4.1	3.7	3.5	3.3
安 徽	Anhui	3.3	3.7	4.0	4.1	4.2	4.4	4.2	4.1
福 建	Fujian	2.6	3.8	4.2	4.1	4.0	4.0	3.9	3.9
江 西	Jiangxi	2.9	3.3	3.4	3.6	3.6	3.5	3.6	3.4
山 东	Shandong	3.2	3.3	3.6	3.6	3.4	3.3	3.3	3.2
河 南	Henan	2.6	2.8	2.9	3.1	3.4	3.5	3.5	3.4
湖 北	Hubei	3.5	4.0	4.3	4.3	4.2	4.3	4.2	4.2
湖 南	Hunan	3.7	4.0	4.0	4.5	4.4	4.3	4.3	4.3
广 东	Guangdong	2.5	2.9	3.1	2.9	2.7	2.6	2.6	2.5
广 西	Guangxi	3.2	3.5	3.7	3.6	4.1	4.2	4.1	3.8
海 南	Hainan	3.2	3.4	3.1	3.4	3.4	3.6	3.6	3.5
重 庆	Chongqing	3.5	3.9	4.1	4.1	4.1	4.1	4.0	4.0
四 川	Sichuan	4.0	4.3	4.5	4.4	4.4	4.6	4.5	4.2
贵 州	Guizhou	3.8	4.0	4.1	4.0	4.1	4.2	4.1	4.0
云 南	Yunnan	2.6	3.3	4.0	4.1	4.3	4.2	4.3	4.2
西 藏	Tibet	4.1		4.9		4.0			
陕 西	Shaanxi	2.7	3.2	3.3	3.5	3.8	4.2	4.0	4.0
甘 肃	Gansu	2.7	2.8	3.2	3.4	3.4	3.3	3.6	3.3
青 海	Qinghai	2.4	3.5	3.6	3.8	3.9	3.9	3.9	3.8
宁 夏	Ningxia	4.6	4.4	4.4	4.4	4.5	4.5	4.3	4.3
新 疆	Xinjiang	3.8	3.7	3.7	3.5	3.5	3.9	3.9	3.9

1-15 分行业城镇单位就业人员年末人数
Employed Persons at Year-end in Urban Units by Sector

单位:万人 (10000 persons)

行业	Sector	2003	2004	2005	2006	2007
合计	**Total**	**10969.7**	**11098.9**	**11404.0**	**11713.2**	**12024.4**
农、林、牧、渔业	Agriculture,Forestry,Animal Husbandry and Fishery	484.5	466.1	446.3	435.2	426.3
采矿业	Mining	488.3	500.7	509.2	529.7	535.0
制造业	Manufacturing	2980.5	3050.8	3210.9	3351.6	3465.4
电力、燃气及水的生产和供应业	Production and Distribution of Electricity,Gas and Water	297.6	300.6	299.9	302.5	303.4
建筑业	Construction	833.7	841.0	926.6	988.7	1050.8
交通运输、仓储和邮政业	Transport,Storage and Post	636.5	631.8	613.9	612.7	623.1
信息传输、计算机服务和软件业	Information Transmission, Computer Service and Software	116.8	123.7	130.1	138.2	150.2
批发和零售业	Wholesale and Retail Trades	628.1	586.7	544.0	515.7	506.9
住宿和餐饮业	Hotels and Catering Services	172.1	177.1	181.2	183.9	185.8
金融业	Financial Intermediation	353.3	356.0	359.3	367.4	389.7
房地产业	Real Estate	120.2	133.4	146.5	153.9	166.5
租赁和商务服务业	Leasing and Business Services	183.5	194.4	218.5	236.7	247.2
科学研究、技术服务和地质勘查业	Scientific Research,Technical Services and Geological Prospecting	221.9	222.1	227.7	235.5	243.4
水利、环境和公共设施管理业	Management of Water Conservancy, Environment and Public Facilities	172.5	176.1	180.4	187.0	193.5
居民服务和其他服务业	Services to Households and Other Services	52.8	54.2	53.9	56.6	57.4
教育	Education	1442.8	1466.8	1483.2	1504.4	1520.9
卫生、社会保障和社会福利业	Health,Social Securities and Social Welfare	485.8	494.7	508.9	525.4	542.8
文化、体育和娱乐业	Culture, Sports and Entertainment	127.8	123.4	122.5	122.4	125.0
公共管理和社会组织	Public Management and Social Organization	1171.0	1199.0	1240.8	1265.6	1291.2

1-16 分登记注册类型城镇单位就业人员年末人数
Employed Persons at Year-end in Urban Units by Registration Status

单位:万人 (10000 persons)

年份 Year	合计 Total	国有单位 State-owned Units	城镇集体单位 Urban Collective-owned Units	其他单位 Units of Other Types of Ownership
1994	15258.5	11213.9	3285.4	759.2
1995	15300.8	11260.5	3146.7	893.6
1996	15221.1	11243.6	3015.8	961.7
1997	15036.2	11044.2	2882.7	1109.4
1998	12695.7	9058.1	1963.2	1674.5
1999	12130.2	8572.1	1711.8	1846.3
2000	11612.5	8101.9	1499.3	2011.3
2001	11165.8	7639.9	1291.0	2234.9
2002	10985.2	7162.9	1122.0	2700.3
2003	10969.7	6875.6	999.9	3094.3
2004	11098.9	6709.9	897.2	3491.8
2005	11404.0	6488.2	809.9	4105.9
2006	11713.2	6430.5	763.6	4519.1
2007	12024.4	6423.5	718.4	4882.4

1-17 分行业城镇单位女性就业人员年末人数

Female Employed Persons at Year-end in Urban Units by Sector

单位:万人 (10000 persons)

行 业	Sector	2003	2004	2005	2006	2007
合 计	**Total**	**4156.1**	**4227.3**	**4324.6**	**4445.7**	**4540.3**
农、林、牧、渔业	Agriculture,Forestry,Animal Husbandry and Fishery	176.1	172.3	165.7	163.5	157.3
采矿业	Mining	119.7	117.1	113.0	115.0	109.7
制造业	Manufacturing	1292.7	1329.8	1397.5	1464.0	1495.0
电力、燃气及水的生产和供应业	Production and Distribution of Electricity,Gas and Water	92.7	93.1	91.3	91.3	90.7
建筑业	Construction	128.4	129.3	134.2	138.1	142.4
交通运输、仓储和邮政业	Transport,Storage and Post	182.5	177.6	171.0	164.7	169.3
信息传输、计算机服务和软件业	Information Transmission, Computer Service and Software	42.1	45.2	48.7	52.4	58.5
批发和零售业	Wholesale and Retail Trades	280.3	260.2	242.3	230.3	228.8
住宿和餐饮业	Hotels and Catering Services	95.0	97.8	98.9	99.5	100.8
金融业	Financial Intermediation	164.5	170.5	172.0	178.6	192.9
房地产业	Real Estate	40.4	44.9	48.3	50.8	56.0
租赁和商务服务业	Leasing and Business Services	62.7	65.6	74.0	78.0	82.1
科学研究、技术服务和地质勘查业	Scientific Research,Technical Services and Geological Prospecting	70.7	70.3	71.6	74.9	75.6
水利、环境和公共设施管理业	Management of Water Conservancy, Environment and Public Facilities	68.8	70.7	73.5	76.6	79.2
居民服务和其他服务业	Services to Households and Other Services	22.2	24.1	21.6	21.9	22.1
教 育	Education	672.8	696.7	713.2	733.8	747.7
卫生、社会保障和社会福利业	Health,Social Securities and Social Welfare	284.5	292.2	300.9	312.9	324.1
文化、体育和娱乐业	Culture, Sports and Entertainment	51.9	50.3	50.1	50.7	52.1
公共管理和社会组织	Public Management and Social Organization	308.1	319.6	336.9	348.6	356.0

1-18 分登记注册类型城镇单位女性就业人员年末人数

Female Employed Persons at Year-end in Urban Units by Registration Status

单位:万人 (10000 persons)

年 份 Year	合 计 Total	国有单位 State-owned Units	城镇集体单位 Urban Collective-owned Units	其他单位 Units of Other Types of Ownership
1994	5799.1	3982.5	1451.1	364.5
1995	5889.0	4059.0	1399.0	431.0
1996	5883.3	4088.3	1337.8	457.3
1997	5824.8	4030.2	1271.0	523.6
1999	4613.4	3128.0	702.8	782.7
2000	4411.3	2952.5	605.8	853.0
2001	4225.7	2788.2	509.9	927.5
2002	4156.2	2627.7	436.9	1091.5
2003	4156.1	2529.6	383.9	1242.6
2004	4227.3	2480.7	336.7	1410.0
2005	4324.6	2399.3	299.1	1626.2
2006	4445.7	2386.9	277.7	1781.1
2007	4540.3	2383.0	254.5	1902.8

1-19 分地区城镇单位使用的农村劳动力年末人数

Rural Employed Persons at Year-end in Urban Units by Region

单位：万人 (10000 persons)

地 区	Region	2000	2001	2002	2003	2004	2005	2006	2007
合 计	**Total**	**897.05**	**903.88**	**1002.35**	**1143.18**	**1318.60**	**1523.11**	**1735.28**	**1900.06**
北 京	Beijing	54.28	61.28	83.16	78.43	81.94	88.75	85.91	97.90
天 津	Tianjin	9.64	10.20	9.41	7.69	12.28	14.67	15.89	19.14
河 北	Hebei	42.78	40.16	39.20	39.23	40.64	42.70	44.56	43.90
山 西	Shanxi	26.60	26.43	28.28	27.00	29.34	27.76	32.24	35.08
内蒙古	Inner Mongolia	8.15	7.36	7.09	8.63	8.88	12.09	12.79	12.82
辽 宁	Liaoning	23.98	28.66	29.48	33.48	43.24	42.89	46.95	46.96
吉 林	Jilin	6.45	5.64	5.63	5.47	5.49	6.05	8.47	8.19
黑龙江	Heilongjiang	8.69	8.20	8.93	9.38	8.54	9.77	11.40	12.28
上 海	Shanghai	18.58	19.27	21.26	39.16	43.81	45.54	48.62	62.49
江 苏	Jiangsu	54.00	46.27	48.38	55.58	66.13	82.33	117.58	132.88
浙 江	Zhejiang	65.45	64.75	70.48	87.44	130.33	172.85	217.58	242.78
安 徽	Anhui	20.17	21.74	26.76	26.63	25.52	25.47	28.80	29.95
福 建	Fujian	72.73	80.00	89.42	107.62	131.92	152.34	172.31	184.77
江 西	Jiangxi	12.10	13.58	14.54	17.11	19.95	23.20	26.83	35.59
山 东	Shandong	71.27	74.31	74.79	83.84	92.65	132.60	144.68	146.66
河 南	Henan	47.70	48.42	54.19	56.91	59.00	61.08	73.86	75.02
湖 北	Hubei	22.75	21.78	26.16	34.32	44.15	51.02	61.86	56.17
湖 南	Hunan	24.05	20.88	27.91	33.32	35.39	47.80	48.73	54.09
广 东	Guangdong	136.08	129.29	147.98	170.94	206.44	230.59	257.58	285.38
广 西	Guangxi	17.45	16.11	19.07	21.16	24.65	27.54	29.67	31.68
海 南	Hainan	3.14	3.17	3.42	3.80	4.14	4.55	5.35	4.51
重 庆	Chongqing	16.26	18.55	21.95	29.22	32.49	33.00	38.27	40.14
四 川	Sichuan	46.75	49.44	58.81	68.92	71.91	79.45	88.07	99.56
贵 州	Guizhou	14.09	16.50	16.46	17.90	20.53	26.23	25.55	27.35
云 南	Yunnan	26.03	24.40	21.26	25.73	25.64	27.99	35.52	57.65
西 藏	Tibet	0.76	0.93	0.90	1.19	1.11	0.90	1.05	0.78
陕 西	Shaanxi	14.17	13.86	13.83	14.96	18.52	17.89	19.26	21.05
甘 肃	Gansu	10.19	10.87	10.73	13.53	11.55	11.47	12.44	11.48
青 海	Qinghai	2.02	1.78	1.51	1.68	1.71	1.60	1.28	2.11
宁 夏	Ningxia	3.35	3.54	3.94	5.45	5.12	5.08	4.42	4.19
新 疆	Xinjiang	17.37	16.53	17.45	17.43	15.60	17.91	17.76	17.53

1-20 分地区城镇单位使用的农村劳动力年末人数(国有单位)

Rural Employed Persons at Year-end in Urban Units by Region (State-owned Units)

单位：万人 (10000 persons)

地 区	Region	2000	2001	2002	2003	2004	2005	2006	2007
合 计	**Total**	**341.08**	**327.27**	**298.82**	**290.62**	**300.12**	**288.66**	**298.95**	**309.99**
北 京	Beijing	24.25	24.27	24.65	17.50	17.24	17.96	15.54	19.63
天 津	Tianjin	2.48	3.22	2.29	1.12	2.31	2.48	3.06	3.46
河 北	Hebei	21.33	18.86	15.95	13.90	12.86	12.63	13.14	11.56
山 西	Shanxi	16.48	15.59	14.18	13.65	13.90	13.15	15.24	13.88
内蒙古	Inner Mongolia	3.38	3.29	2.78	3.30	2.50	2.50	2.96	2.85
辽 宁	Liaoning	11.81	17.05	15.15	14.28	19.17	17.64	19.23	19.44
吉 林	Jilin	3.53	2.80	2.67	2.25	2.26	1.96	3.05	1.97
黑龙江	Heilongjiang	3.42	3.10	2.77	3.17	1.74	1.67	2.22	3.07
上 海	Shanghai	7.49	7.20	6.36	6.69	6.65	7.24	7.13	7.80
江 苏	Jiangsu	17.23	14.41	11.28	10.01	7.48	7.67	8.58	9.22
浙 江	Zhejiang	11.50	10.49	9.85	9.14	10.87	10.65	11.58	12.55
安 徽	Anhui	9.09	7.74	8.02	6.37	6.78	6.65	5.42	5.62
福 建	Fujian	8.36	8.11	7.63	9.51	11.06	12.04	12.70	12.58
江 西	Jiangxi	6.71	7.31	7.64	7.20	7.81	7.89	8.14	10.93
山 东	Shandong	27.28	26.68	18.33	21.43	22.64	15.20	15.41	15.45
河 南	Henan	18.95	21.08	18.47	14.61	15.75	13.32	14.34	13.74
湖 北	Hubei	12.17	10.45	8.92	10.16	11.65	11.51	13.18	12.59
湖 南	Hunan	15.15	12.43	17.00	19.72	17.43	15.19	11.63	11.13
广 东	Guangdong	25.80	22.89	21.36	22.05	24.53	26.69	28.84	27.42
广 西	Guangxi	9.44	8.35	7.99	7.71	9.23	8.35	8.56	10.33
海 南	Hainan	1.64	1.58	1.52	1.85	1.92	2.03	2.59	1.83
重 庆	Chongqing	5.65	5.45	5.12	5.68	5.27	5.13	7.26	7.56
四 川	Sichuan	21.66	21.69	20.32	21.45	20.22	19.74	22.61	27.86
贵 州	Guizhou	8.74	10.55	9.66	8.69	9.48	11.23	10.41	12.81
云 南	Yunnan	16.18	14.54	12.07	12.45	11.51	11.56	11.64	10.85
西 藏	Tibet	0.52	0.61	0.77	0.98	0.86	0.59	0.79	0.51
陕 西	Shaanxi	9.24	8.07	7.31	7.34	9.37	8.68	7.85	8.43
甘 肃	Gansu	5.77	6.01	5.42	5.78	5.80	5.48	4.44	3.76
青 海	Qinghai	1.34	1.07	0.85	0.80	0.92	0.57	0.53	0.69
宁 夏	Ningxia	1.45	1.69	1.84	1.95	1.68	1.41	1.02	0.86
新 疆	Xinjiang	13.03	10.66	10.67	9.87	9.22	9.84	9.84	9.63

1-21 分地区城镇单位使用的农村劳动力年末人数(城镇集体单位)

Rural Employed Persons at Year-end in Urban Units by Region (Urban Collective-owned Units)

单位: 万人 (10000 persons)

地区	Region	2000	2001	2002	2003	2004	2005	2006	2007
合计	**Total**	**200.96**	**177.98**	**168.99**	**163.78**	**159.54**	**146.50**	**151.76**	**144.57**
北京	Beijing	12.29	13.53	11.97	9.27	9.19	8.54	6.43	5.96
天津	Tianjin	1.36	0.70	0.83	0.48	0.60	0.61	0.58	0.52
河北	Hebei	12.08	11.09	9.55	8.92	8.63	7.30	6.47	6.27
山西	Shanxi	5.55	4.93	7.77	5.28	5.38	3.29	4.37	3.83
内蒙古	Inner Mongolia	1.31	1.28	0.80	0.61	0.52	0.71	0.78	0.48
辽宁	Liaoning	3.59	2.99	3.05	3.40	3.77	3.15	3.20	2.82
吉林	Jilin	1.17	1.03	0.76	0.72	0.75	0.76	0.59	0.41
黑龙江	Heilongjiang	3.43	3.29	3.40	2.85	2.91	3.14	3.04	3.05
上海	Shanghai	2.81	2.51	2.53	2.55	2.28	1.34	1.51	1.53
江苏	Jiangsu	14.83	10.35	7.57	5.76	5.31	5.00	5.21	5.58
浙江	Zhejiang	15.34	10.99	10.26	10.11	13.95	11.66	10.48	9.97
安徽	Anhui	6.73	8.10	7.07	6.95	5.67	4.63	4.58	3.96
福建	Fujian	8.04	7.14	7.54	7.30	6.11	5.52	5.75	6.42
江西	Jiangxi	3.53	3.20	2.95	3.58	3.44	3.89	4.12	4.97
山东	Shandong	12.54	10.96	8.52	10.21	10.05	11.56	11.02	11.32
河南	Henan	16.44	14.77	12.65	10.63	9.07	9.29	10.46	11.36
湖北	Hubei	6.70	5.38	6.76	7.76	9.28	9.02	10.45	7.31
湖南	Hunan	6.46	4.48	4.74	5.21	6.21	6.90	8.88	9.21
广东	Guangdong	25.49	23.25	23.10	22.61	21.51	19.63	22.01	19.28
广西	Guangxi	3.91	3.50	4.14	5.49	5.17	4.30	4.62	4.38
海南	Hainan	0.45	0.53	0.46	0.43	0.43	0.42	0.64	0.64
重庆	Chongqing	5.46	4.95	4.43	4.58	4.32	3.35	3.21	3.23
四川	Sichuan	13.94	12.84	13.73	13.66	11.99	11.04	11.29	10.92
贵州	Guizhou	3.53	3.33	3.60	3.60	3.45	2.53	2.18	1.86
云南	Yunnan	4.06	3.62	2.80	3.16	2.81	2.71	4.64	4.31
西藏	Tibet	0.23	0.30	0.08	0.12	0.20	0.22	0.06	0.06
陕西	Shaanxi	3.10	2.81	2.90	2.52	2.09	2.22	2.81	2.62
甘肃	Gansu	3.15	3.22	2.90	3.63	2.78	2.12	1.37	1.29
青海	Qinghai	0.55	0.51	0.32	0.22	0.18	0.25	0.11	0.32
宁夏	Ningxia	0.62	0.51	0.60	0.53	0.42	0.31	0.23	0.11
新疆	Xinjiang	2.27	1.92	1.22	1.64	1.08	1.08	0.67	0.58

1-22 分地区城镇单位使用的农村劳动力年末人数(其他单位)

Rural Employed Persons at Year-end in Urban Units by Region (Units of Other Types of Ownership)

单位：万人 (10000 persons)

地 区	Region	2000	2001	2002	2003	2004	2005	2006	2007
合 计	**Total**	**355.01**	**398.63**	**534.54**	**688.77**	**858.93**	**1087.95**	**1284.57**	**1445.50**
北 京	Beijing	17.74	23.48	46.54	51.66	55.50	62.24	63.93	72.31
天 津	Tianjin	5.81	6.29	6.29	6.09	9.38	11.59	12.25	15.16
河 北	Hebei	9.37	10.22	13.70	16.41	19.15	22.77	24.95	26.07
山 西	Shanxi	4.57	5.91	6.33	8.06	10.05	11.32	12.63	17.37
内蒙古	Inner Mongolia	3.46	2.78	3.52	4.72	5.86	8.87	9.04	9.48
辽 宁	Liaoning	8.58	8.61	11.28	15.80	20.30	22.10	24.52	24.70
吉 林	Jilin	1.76	1.81	2.20	2.50	2.48	3.33	4.83	5.81
黑龙江	Heilongjiang	1.84	1.82	2.76	3.36	3.89	4.97	6.13	6.16
上 海	Shanghai	8.28	9.56	12.37	29.92	34.88	36.96	39.98	53.16
江 苏	Jiangsu	21.94	21.51	29.54	39.81	53.34	69.66	103.80	118.08
浙 江	Zhejiang	38.61	43.27	50.36	68.18	105.51	150.54	195.52	220.27
安 徽	Anhui	4.35	5.89	11.67	13.32	13.07	14.19	18.80	20.37
福 建	Fujian	56.32	64.75	74.24	90.81	114.74	134.79	153.85	165.77
江 西	Jiangxi	1.87	3.07	3.95	6.33	8.71	11.42	14.57	19.69
山 东	Shandong	31.45	36.67	47.94	52.21	59.96	105.84	118.25	119.89
河 南	Henan	12.30	12.58	23.08	31.67	34.18	38.47	49.07	49.92
湖 北	Hubei	3.88	5.94	10.48	16.39	23.23	30.49	38.24	36.27
湖 南	Hunan	2.44	3.97	6.17	8.39	11.76	25.71	28.23	33.75
广 东	Guangdong	84.79	83.14	103.52	126.29	160.40	184.26	206.73	238.68
广 西	Guangxi	4.11	4.26	6.95	7.96	10.25	14.88	16.49	16.97
海 南	Hainan	1.05	1.06	1.44	1.52	1.79	2.10	2.12	2.04
重 庆	Chongqing	5.15	8.14	12.39	18.97	22.90	24.53	27.79	29.35
四 川	Sichuan	11.16	14.91	24.75	33.81	39.70	48.66	54.17	60.78
贵 州	Guizhou	1.81	2.62	3.20	5.61	7.60	12.46	12.97	12.67
云 南	Yunnan	5.79	6.24	6.39	10.11	11.32	13.72	19.23	42.50
西 藏	Tibet		0.01	0.05	0.09	0.04	0.09	0.21	0.20
陕 西	Shaanxi	1.83	2.98	3.62	5.10	7.06	6.99	8.60	10.00
甘 肃	Gansu	1.28	1.64	2.41	4.12	2.97	3.88	6.64	6.42
青 海	Qinghai	0.12	0.20	0.35	0.66	0.61	0.78	0.64	1.10
宁 夏	Ningxia	1.28	1.34	1.50	2.98	3.01	3.36	3.16	3.22
新 疆	Xinjiang	2.07	3.95	5.56	5.92	5.30	6.99	7.24	7.32

1-23 分行业城镇单位使用的农村劳动力年末人数
Rural Employed Persons at Year-end in Urban Units by Sector

单位:人 (person)

行　业	Sector	2003	2004	2005	2006	2007
合　计	**Total**	**11431773**	**13185972**	**15231102**	**17352775**	**19000562**
农、林、牧、渔业	Agriculture,Forestry,Animal Husbandry and Fishery	412318	441791	417400	434369	451006
采矿业	Mining	475036	553959	642144	793540	777239
制造业	Manufacturing	5458555	6797493	8235387	9492469	10373987
电力、燃气及水的生产和供应业	Production and Distribution of Electricity,Gas and Water	123018	107244	116411	127682	134365
建筑业	Construction	2904030	2974683	3281486	3778394	4241637
交通运输、仓储和邮政业	Transport,Storage and Post	258284	263474	290053	327749	339235
信息传输、计算机服务和软件业	Information Transmission, Computer Service and Software	26790	35683	35024	37482	44534
批发和零售业	Wholesale and Retail Trades	246567	282837	316683	345985	388785
住宿和餐饮业	Hotels and Catering Services	264025	327016	356464	379384	425968
金融业	Financial Intermediation	102658	109700	103275	112441	126733
房地产业	Real Estate	117951	154995	182916	222889	257970
租赁和商务服务业	Leasing and Business Services	213074	254866	335335	322725	431968
科学研究、技术服务和地质勘查业	Scientific Research,Technical Service and Geological Prospecting	36099	53336	49643	54691	62671
水利、环境和公共设施管理业	Management of Water Conservancy, Environment and Public Facilities	152949	167331	190384	213223	227621
居民服务和其他服务业	Services to Households and Other Services	43730	59168	67793	73145	87941
教　育	Education	279880	278663	274738	264090	261684
卫生、社会保障和社会福利业	Health,Social Securities and Social Welfare	89105	90542	93209	102698	104224
文化、体育和娱乐业	Culture, Sports and Entertainment	33031	38242	37779	42059	47643
公共管理和社会组织	Public Management and Social Organization	194673	194949	204978	227760	215351

1-24 分登记注册类型职工平均工资及指数
Average Wage of Staff and Workers and Related Indices by Status of Registration

年 份 Year	平均工资(元) Average Wage (yuan)	国有单位 State-owned Units	城镇集体单位 Urban Collective-owned Units	其他单位 Units of Other Types of Ownership	指数(以上年为100) Indices (preceding year=100)	国有单位 State-owned Units	城镇集体单位 Urban Collective-owned Units	其他单位 Units of Other Types of Ownership
1952	445	446	348					
1957	624	637	571		103.8	104.4	104.4	
1962	551	592	405		108.0	110.2	106.6	
1965	590	652	398		100.7	98.6	111.2	
1970	561	609	405		97.6	98.5	92.3	
1971	560	597	429		99.8	98.0	105.9	
1972	588	622	465		105.0	104.2	108.4	
1973	587	614	489		99.8	98.7	105.2	
1974	584	622	441		99.5	101.3	90.2	
1975	580	613	453		99.3	98.6	102.7	
1976	575	605	464		99.1	98.7	102.4	
1977	576	602	478		100.2	99.5	103.0	
1978	615	644	506		106.8	107.0	105.9	
1979	668	705	542		108.6	109.5	107.1	
1980	762	803	623		114.1	113.9	114.9	
1981	772	812	642		101.3	101.1	103.0	
1982	798	836	671		103.4	103.0	104.5	
1983	826	865	698		103.5	103.5	104.0	
1984	974	1034	811	1048	117.9	119.5	116.2	
1985	1148	1213	967	1436	117.9	117.3	119.2	137.0
1986	1329	1414	1092	1629	115.8	116.6	112.9	113.4
1987	1459	1546	1207	1879	109.8	109.3	110.5	115.3
1988	1747	1853	1426	2382	119.7	119.9	118.1	126.8
1989	1935	2055	1557	2707	110.8	110.9	109.2	113.6
1990	2140	2284	1681	2987	110.6	111.1	108.0	110.3
1991	2340	2477	1866	3468	109.3	108.5	111.0	116.1
1992	2711	2878	2109	3966	115.9	116.2	113.0	114.4
1993	3371	3532	2592	4966	124.3	122.7	122.9	125.2
1994	4538	4797	3245	6302	134.6	135.8	125.2	126.9
1995	5500	5625	3931	7463	121.2	117.3	121.1	118.4
1996	6210	6280	4302	8261	112.9	111.6	109.4	110.7
1997	6470	6747	4512	8789	104.2	107.4	104.9	106.4
1998	7479	7668	5331	8972	106.6	106.1	102.5	97.7
1999	8346	8543	5774	9829	111.6	111.4	108.3	109.6
2000	9371	9552	6262	10984	112.3	111.8	108.5	111.8
2001	10870	11178	6867	12140	116.0	117.0	109.7	110.5
2002	12422	12869	7667	13212	114.3	115.1	111.6	108.8
2003	14040	14577	8678	14574	113.0	113.3	113.2	110.3
2004	16024	16729	9814	16259	114.1	114.8	113.1	111.6
2005	18364	19313	11283	18244	114.6	115.4	115.0	112.2
2006	21001	22112	13014	20755	114.4	114.5	115.3	113.8
2007	24932	26620	15595	24058	118.7	120.4	119.8	115.9

1-25 分登记注册类型职工平均实际工资指数
Average Real Wage Indices of Staff and Workers by Status of Registration

年 份 Year	平均实际工资指数(1978年=100) Average Real Wage Indices (year of 1978=100)	国有单位 State-owned Units	城镇集体单位 Urban Collective-owned Units	其他单位 Units of Other Types of Ownership	平均实际工资指数(上年=100) Average Real Wage Indices (preceding year=100)	国有单位 State-owned Units	城镇集体单位 Urban Collective-owned Units	其他单位 Units of Other Types of Ownership
1978	100.0	100.0	100.0		106.0	106.2	105.1	
1979	106.6	107.5	105.1		106.6	107.4	105.1	
1980	113.2	113.9	112.4		106.1	106.0	106.9	
1981	111.9	112.4	113.1		98.8	98.7	100.5	
1982	113.4	113.5	115.9		101.3	100.9	102.5	
1983	115.1	115.1	118.2		101.5	101.4	102.0	
1984	132.1	133.9	133.7	100.0	114.8	116.4	113.1	
1985	139.0	140.4	142.4	122.5	105.3	104.8	106.6	122.5
1986	150.4	152.9	150.3	129.8	108.2	108.9	105.5	106.0
1987	151.9	153.7	152.7	137.6	100.9	100.5	101.6	106.0
1988	150.7	152.6	149.5	144.6	99.2	99.3	97.9	105.0
1989	143.5	145.6	140.4	141.3	95.2	95.4	93.9	97.7
1990	156.7	159.8	149.6	153.9	109.2	109.7	106.6	108.9
1991	162.9	164.6	157.9	170.0	104.0	103.2	105.6	110.5
1992	173.8	176.2	164.3	179.0	106.7	107.0	104.1	105.3
1993	186.1	186.2	173.9	193.0	107.1	105.7	105.9	107.9
1994	200.4	202.3	174.3	196.0	107.7	108.7	100.2	101.5
1995	208.0	203.1	180.8	198.7	103.8	100.4	103.7	101.4
1996	215.9	208.4	181.8	202.1	103.8	102.6	100.6	101.7
1997	218.3	217.1	185.0	208.6	101.1	104.2	101.7	103.2
1998	234.0	231.6	190.7	205.1	107.2	106.7	103.1	98.3
1999	264.6	261.4	209.2	227.8	113.1	112.9	109.7	111.0
2000	294.7	289.9	225.2	252.6	111.4	110.9	107.6	110.9
2001	339.5	336.8	245.3	277.2	115.2	116.2	108.9	109.7
2002	391.9	391.6	276.6	304.6	115.5	116.3	112.7	109.9
2003	438.9	439.7	310.3	333.0	112.0	112.3	112.2	109.3
2004	484.8	488.7	339.7	359.8	110.5	111.1	109.5	108.0
2005	546.9	555.3	384.4	397.3	112.8	113.6	113.2	110.4
2006	616.2	626.4	436.8	445.3	112.7	112.8	113.6	112.1
2007	699.9	721.7	500.6	493.9	113.6	115.2	114.6	110.9

1-26 分行业职工平均工资
Average Wage of Staff and Workers by Sector

单位:元 (yuan)

行　业	Sector	2003	2004	2005	2006	2007
合　计	**Total**	**14040**	**16024**	**18364**	**21001**	**24932**
农、林、牧、渔业	Agriculture, Forestry, Animal Husbandry and Fishery	6969	7611	8309	9430	11086
采矿业	Mining	13682	16874	20626	24335	28377
制造业	Manufacturing	12496	14033	15757	17966	20884
电力、燃气及水的生产和供应业	Production and Distribution of Electricity, Gas and Water	18752	21805	25073	28765	33809
建筑业	Construction	11478	12770	14338	16406	18758
交通运输、仓储和邮政业	Transport, Storage and Post	15973	18381	21352	24623	28434
信息传输、计算机服务和软件业	Information Transmission, Computer Service and Software	32244	34988	40558	44763	49225
批发和零售业	Wholesale and Retail Trades	10939	12923	15241	17736	20888
住宿和餐饮业	Hotels and Catering Services	11083	12535	13857	15206	17041
金融业	Financial Intermediation	22457	26982	32228	39280	49435
房地产业	Real Estate	17182	18712	20581	22578	26425
租赁和商务服务业	Leasing and Business Services	16501	18131	20992	23648	26965
科学研究、技术服务和地质勘查业	Scientific Research, Technical Service and Geological Prospecting	20636	23593	27434	31909	38879
水利、环境和公共设施管理业	Management of Water Conservancy, Environment and Public Facilities	12095	13336	14753	16140	19064
居民服务和其他服务业	Services to Households and Other Services	12900	14152	16642	18935	21550
教　育	Education	14399	16277	18470	21134	26162
卫生、社会保障和社会福利业	Health, Social Securities and Social Welfare	16352	18617	21048	23898	28258
文化、体育和娱乐业	Culture, Sports and Entertainment	17268	20730	22885	26126	30662
公共管理和社会组织	Public Management and Social Organization	15533	17609	20505	22883	28171

1-27 分地区职工平均工资
Average Wage of Staff and Workers by Region

地 区	Region	2000	2001	2002	2003	2004	2005	2006	2007
全 国	**National Total**	**9371**	**10870**	**12422**	**14040**	**16024**	**18364**	**21101**	**24932**
北 京	Beijing	16350	19155	21852	25312	29674	34191	40117	46507
天 津	Tianjin	12480	14308	16258	18648	21754	25271	28682	34938
河 北	Hebei	7781	8730	10032	11189	12925	14707	16590	19911
山 西	Shanxi	6918	8122	9357	10729	12943	15645	18300	21525
内蒙古	Inner Mongolia	6974	8250	9683	11279	13324	15985	18469	21884
辽 宁	Liaoning	8811	10145	11659	13008	14921	17331	19624	23202
吉 林	Jilin	7924	8771	9990	11081	12431	14409	16583	20513
黑龙江	Heilongjiang	7835	8910	9926	11038	12557	14458	16505	19386
上 海	Shanghai	18531	21781	23959	27304	30085	34345	41188	49310
江 苏	Jiangsu	10299	11842	13509	15712	18202	20957	23782	27374
浙 江	Zhejiang	13076	16385	18785	21367	23506	25896	27820	31086
安 徽	Anhui	6989	7908	9296	10581	12928	15334	17949	22180
福 建	Fujian	10584	12013	13306	14310	15603	17146	19318	22283
江 西	Jiangxi	7014	8026	9262	10521	11860	13688	15590	18400
山 东	Shandong	8772	10008	11374	12567	14332	16614	19228	22844
河 南	Henan	6930	7916	9174	10749	12114	14282	16981	20935
湖 北	Hubei	7565	8619	9611	10692	11855	14419	16048	19818
湖 南	Hunan	8128	9623	10967	12221	13928	15659	17850	21534
广 东	Guangdong	13823	15682	17814	19986	22116	23959	26186	29443
广 西	Guangxi	7651	9075	10774	11953	13579	15461	18064	21898
海 南	Hainan	7408	8321	9480	10397	12652	14417	15890	19357
重 庆	Chongqing	8020	9523	10960	12425	14357	16630	19215	23098
四 川	Sichuan	8323	9934	11183	12441	14063	15826	17852	21312
贵 州	Guizhou	7468	8991	9810	11037	12431	14344	16815	20668
云 南	Yunnan	9231	10537	11987	12870	14581	16140	18711	20481
西 藏	Tibet	14976	19144	24766	26931	30873	28950	31518	46098
陕 西	Shaanxi	7804	9120	10351	11461	13024	14796	16918	21296
甘 肃	Gansu	8560	9949	11147	12307	13623	14939	17246	20987
青 海	Qinghai	10050	12906	14472	15356	17229	19084	22679	26166
宁 夏	Ningxia	8590	10442	11640	12981	14620	17211	21239	26210
新 疆	Xinjiang	8717	10278	11605	13255	14484	15558	17819	21434

1-28 国内生产总值及构成
Gross Domestic Product and Its Composition

单位：亿元 (100 million yuan)

年份 Year	国内生产总值 Gross Domestic Product	第一产业 Primary Industry		第二产业 Secondary Industry		第三产业 Tertiary Industry		人均国内生产总值 (元/人) Per Capita GDP (yuan/person)
		绝对数 Value	比重 (%) Proportion	绝对数 Value	比重 (%) Proportion	绝对数 Value	比重 (%) Proportion	
1978	3645.2	1027.5	28.2	1745.2	47.9	872.5	23.9	381
1979	4062.6	1270.2	31.3	1913.5	47.1	878.9	21.6	419
1980	4545.6	1371.6	30.2	2192.0	48.2	982.0	21.6	463
1981	4891.6	1559.5	31.9	2255.5	46.1	1076.6	22.0	492
1982	5323.4	1777.4	33.4	2383.0	44.8	1163.0	21.8	528
1983	5962.7	1978.4	33.2	2646.2	44.4	1338.1	22.4	583
1984	7208.1	2316.1	32.1	3105.7	43.1	1786.3	24.8	695
1985	9016.0	2564.4	28.4	3866.6	42.9	2585.0	28.7	858
1986	10275.2	2788.7	27.2	4492.7	43.7	2993.8	29.1	963
1987	12058.6	3233.0	26.8	5251.6	43.6	3574.0	29.6	1112
1988	15042.8	3865.4	25.7	6587.2	43.8	4590.3	30.5	1366
1989	16992.3	4265.9	25.1	7278.0	42.8	5448.4	32.1	1519
1990	18667.8	5062.0	27.1	7717.4	41.3	5888.4	31.6	1644
1991	21781.5	5342.2	24.5	9102.2	41.8	7337.1	33.7	1893
1992	26923.5	5866.6	21.8	11699.5	43.4	9357.4	34.8	2311
1993	35333.9	6963.8	19.7	16454.4	46.6	11915.7	33.7	2998
1994	48197.9	9572.7	19.8	22445.4	46.6	16179.8	33.6	4044
1995	60793.7	12135.8	19.9	28679.5	47.2	19978.5	32.9	5046
1996	71176.6	14015.4	19.7	33835.0	47.5	23326.2	32.8	5846
1997	78973.0	14441.9	18.3	37543.0	47.5	26988.1	34.2	6420
1998	84402.3	14817.6	17.6	39004.2	46.2	30580.5	36.2	6796
1999	89677.1	14770.0	16.5	41033.6	45.8	33873.4	37.7	7159
2000	99214.6	14944.7	15.1	45555.9	45.9	38714.0	39.0	7858
2001	109655.2	15781.3	14.4	49512.3	45.1	44361.6	40.5	8622
2002	120332.7	16537.0	13.7	53896.8	44.8	49898.9	41.5	9398
2003	135822.8	17381.7	12.8	62436.3	46.0	56004.7	41.2	10542
2004	159878.3	21412.7	13.4	73904.3	46.2	64561.3	40.4	12336
2005	183217.5	22420.0	12.2	87364.6	47.7	73432.9	40.1	14053
2006	211923.5	24040.0	11.3	103162.0	48.7	84721.4	40.0	16165
2007	249529.9	28095.0	11.3	121381.3	48.6	100053.5	40.1	18934

注：本表按当年价格计算。
Note: Data in this table are calculated at current prices.

1-29 国内生产总值指数

Indices of Gross Domestic Product

(上年=100) (Preceding Year=100)

年 份 Year	国内生产总值 Gross Domestic Product	第一产业 Primary Industry	第二产业 Secondary Industry	第三产业 Tertiary Industry	人均国内生产总值 Per Capita GDP
1978	111.7	104.1	115.0	113.8	110.2
1979	107.6	106.1	108.2	107.9	106.1
1980	107.8	98.5	113.6	106.0	106.5
1981	105.2	107.0	101.9	110.4	103.9
1982	109.1	111.5	105.6	113.0	107.5
1983	110.9	108.3	110.4	115.2	109.3
1984	115.2	112.9	114.5	119.3	113.7
1985	113.5	101.8	118.6	118.2	111.9
1986	108.8	103.3	110.2	112.0	107.2
1987	111.6	104.7	113.7	114.4	109.8
1988	111.3	102.5	114.5	113.2	109.5
1989	104.1	103.1	103.8	105.4	102.5
1990	103.8	107.3	103.2	102.3	102.3
1991	109.2	102.4	113.9	108.9	107.7
1992	114.2	104.7	121.2	112.4	112.8
1993	114.0	104.7	119.9	112.2	112.7
1994	113.1	104.0	118.4	111.1	111.8
1995	110.9	105.0	113.9	109.8	109.7
1996	110.0	105.1	112.1	109.4	108.9
1997	109.3	103.5	110.5	110.7	108.2
1998	107.8	103.5	108.9	108.4	106.8
1999	107.6	102.8	108.1	109.3	106.7
2000	108.4	102.4	109.4	109.7	107.6
2001	108.3	102.8	108.4	110.3	107.5
2002	109.1	102.9	109.8	110.4	108.4
2003	110.0	102.5	112.7	109.5	109.3
2004	110.1	106.3	111.1	110.1	109.4
2005	110.4	105.2	111.7	110.5	109.8
2006	111.6	105.0	113.0	112.1	111.0
2007	111.9	103.7	113.4	112.6	111.4

注：本表按可比价格计算。
Note: Data in this table are calculated at constant prices.

第二部分

Chapter Two

2007年全国人口变动情况抽样调查数据

Data from 2007 National Sample Survey on Population Changes

2-1 各地区人口数及人口自然变动情况

Total Population and Natural Changes by Region

地 区	Region	出生率 Birth Rate (‰)	死亡率 Death Rate (‰)	自然增长率 Natural Growth Rate (‰)	总人口(年末)(万人) Total Population (year-end) (10000 persons)
全 国	**National Total**	**12.10**	**6.93**	**5.17**	**132129**
北 京	Beijing	8.32	4.92	3.40	1633
天 津	Tianjin	7.91	5.86	2.05	1115
河 北	Hebei	13.33	6.78	6.55	6943
山 西	Shanxi	11.30	5.97	5.33	3393
内蒙古	Inner Mongolia	10.21	5.73	4.48	2405
辽 宁	Liaoning	6.89	5.36	1.53	4298
吉 林	Jilin	7.55	5.05	2.50	2730
黑龙江	Heilongjiang	7.88	5.39	2.49	3824
上 海	Shanghai	9.07	6.03	3.04	1858
江 苏	Jiangsu	9.37	7.07	2.30	7625
浙 江	Zhejiang	10.38	5.57	4.81	5060
安 徽	Anhui	12.75	6.40	6.35	6118
福 建	Fujian	11.90	5.90	6.00	3581
江 西	Jiangxi	13.86	5.99	7.87	4368
山 东	Shandong	11.11	6.11	5.00	9367
河 南	Henan	11.26	6.32	4.94	9360
湖 北	Hubei	9.19	5.96	3.23	5699
湖 南	Hunan	11.96	6.71	5.25	6355
广 东	Guangdong	11.96	4.66	7.30	9449
广 西	Guangxi	14.19	5.99	8.20	4768
海 南	Hainan	14.62	5.71	8.91	845
重 庆	Chongqing	10.10	6.30	3.80	2816
四 川	Sichuan	9.21	6.29	2.92	8127
贵 州	Guizhou	13.28	6.60	6.68	3762
云 南	Yunnan	13.08	6.22	6.86	4514
西 藏	Tibet	16.40	5.10	11.30	284
陕 西	Shaanxi	10.21	6.16	4.05	3748
甘 肃	Gansu	13.14	6.65	6.49	2617
青 海	Qinghai	14.93	6.13	8.80	552
宁 夏	Ningxia	14.80	5.04	9.76	610
新 疆	Xinjiang	16.79	5.01	11.78	2095

注：1.本表数据根据2007年人口变动情况抽样调查数据推算。
2.全国总人口包括现役军人数，分地区数字中未包括；全国总人口未包括香港、澳门特别行政区和台湾省的人口数据。
3.全国总人口根据2007年人口变动情况抽样误差和调查误差进行了修正，分地区人口未做修正。

Note:a) Data in this table are estimates from the 2007 National Sample Survey on Population Changes.
b) The military personnel were included in the national total population, but were not included in the population by region. The national total population does not include the population of Hong Kong SAR, Macao SAR and Taiwan Province.
c) The national total population were adjusted on the basis of sampling errors and survey errors from the 2007 National Sample Survey on Population Changes. Similar adjustments were not made to regional figures.

2-2 各地区人口的城乡构成

Population by Urban and Rural Residence and Region

单位：万人 (10000 persons)

地区	Region	总人口（年末） Total Population (year-end)	城镇人口 Urban Population		乡村人口 Rural Population	
			人口数 Population	比重（%） Proportion	人口数 Population	比重（%） Proportion
全国	**National Total**	**132129**	**59379**	**44.94**	**72750**	**55.06**
北京	Beijing	1633	1380	84.50	253	15.50
天津	Tianjin	1115	851	76.31	264	23.69
河北	Hebei	6943	2795	40.25	4148	59.75
山西	Shanxi	3393	1494	44.03	1899	55.97
内蒙古	Inner Mongolia	2405	1206	50.15	1199	49.85
辽宁	Liaoning	4298	2544	59.20	1754	40.80
吉林	Jilin	2730	1451	53.16	1279	46.84
黑龙江	Heilongjiang	3824	2061	53.90	1763	46.10
上海	Shanghai	1858	1648	88.70	210	11.30
江苏	Jiangsu	7625	4057	53.20	3569	46.80
浙江	Zhejiang	5060	2894	57.20	2166	42.80
安徽	Anhui	6118	2368	38.70	3750	61.30
福建	Fujian	3581	1744	48.70	1837	51.30
江西	Jiangxi	4368	1738	39.80	2630	60.20
山东	Shandong	9367	4379	46.75	4988	53.25
河南	Henan	9360	3214	34.34	6146	65.66
湖北	Hubei	5699	2525	44.30	3174	55.70
湖南	Hunan	6355	2571	40.45	3784	59.55
广东	Guangdong	9449	5966	63.14	3483	36.86
广西	Guangxi	4768	1728	36.24	3040	63.76
海南	Hainan	845	399	47.20	446	52.80
重庆	Chongqing	2816	1361	48.34	1455	51.66
四川	Sichuan	8127	2893	35.60	5234	64.40
贵州	Guizhou	3762	1062	28.24	2700	71.76
云南	Yunnan	4514	1426	31.60	3088	68.40
西藏	Tibet	284	80	28.30	204	71.70
陕西	Shaanxi	3748	1522	40.62	2226	59.38
甘肃	Gansu	2617	827	31.59	1790	68.41
青海	Qinghai	552	221	40.07	331	59.93
宁夏	Ningxia	610	269	44.02	341	55.98
新疆	Xinjiang	2095	820	39.15	1275	60.85

注：本表数据根据2007年人口变动情况抽样调查数据推算。

a) Data in the table are estimates from the 2007 National Sample Survey on Population Changes.

2-3 全国分年龄、性别的人口数
Population by Age and Sex

单位：人、% (person,%)

年 龄 Age	人口数 Population 合计 Total	男 Male	女 Female	占总人口比重 Percentage to Total Population 合计 Total	男 Male	女 Female	性别比 (女=100) Sex Ratio (Famale=100)
总计 Total	**1188739**	**602740**	**585999**	**100.00**	**50.70**	**49.30**	**102.86**
0-4	**59996**	**33163**	**26833**	**5.05**	**2.79**	**2.26**	**123.59**
0	12520	6967	5553	1.05	0.59	0.47	125.48
1	11212	6216	4996	0.94	0.52	0.42	124.40
2	12097	6763	5334	1.02	0.57	0.45	126.79
3	12398	6790	5608	1.04	0.57	0.47	121.07
4	11770	6428	5342	0.99	0.54	0.45	120.32
5-9	**68202**	**37275**	**30927**	**5.74**	**3.14**	**2.60**	**120.53**
5	12706	6913	5793	1.07	0.58	0.49	119.32
6	13335	7201	6134	1.12	0.61	0.52	117.39
7	13882	7674	6207	1.17	0.65	0.52	123.63
8	13487	7336	6150	1.13	0.62	0.52	119.28
9	14793	8151	6642	1.24	0.69	0.56	122.73
10-14	**84278**	**45342**	**38936**	**7.09**	**3.81**	**3.28**	**116.45**
10	15294	8337	6957	1.29	0.70	0.59	119.84
11	16066	8658	7408	1.35	0.73	0.62	116.87
12	17176	9267	7909	1.44	0.78	0.67	117.16
13	17038	9164	7874	1.43	0.77	0.66	116.38
14	18704	9916	8787	1.57	0.83	0.74	112.85
15-19	**98916**	**52436**	**46481**	**8.32**	**4.41**	**3.91**	**112.81**
15	18656	10142	8513	1.57	0.85	0.72	119.14
16	18758	9997	8761	1.58	0.84	0.74	114.11
17	22826	12248	10578	1.92	1.03	0.89	115.79
18	20616	10732	9883	1.73	0.90	0.83	108.59
19	18061	9316	8745	1.52	0.78	0.74	106.52
20-24	**78601**	**38520**	**40081**	**6.61**	**3.24**	**3.37**	**96.10**
20	18804	9519	9285	1.58	0.80	0.78	102.51
21	16432	7961	8471	1.38	0.67	0.71	93.99
22	14326	6961	7365	1.21	0.59	0.62	94.52
23	14468	6962	7507	1.22	0.59	0.63	92.74
24	14570	7117	7454	1.23	0.60	0.63	95.48
25-29	**76755**	**37245**	**39510**	**6.46**	**3.13**	**3.32**	**94.27**
25	16570	8024	8546	1.39	0.68	0.72	93.90
26	14848	7105	7743	1.25	0.60	0.65	91.76
27	14723	7238	7485	1.24	0.61	0.63	96.70
28	15430	7522	7908	1.30	0.63	0.67	95.12
29	15183	7355	7828	1.28	0.62	0.66	93.95

注：由于各地区数据采用加权汇总的方法，全国人口变动情况抽样调查样本数据合计与各分项相加略有误差(以下表同)。

Note: Because data by region are calculated by the method of weighted sum, total data of the national sample survey on population changes is not equal to the sum of each item. The same applies to the tables following.

2-3 续表 1 continued

单位：人、% (person,%)

年 龄 Age	人口数 Population 合计 Total	男 Male	女 Female	占总人口比重 Percentage to Total Population 合计 Total	男 Male	女 Female	性别比 (女=100) Sex Ratio (Famale=100)
30-34	**86753**	**42623**	**44130**	**7.30**	**3.59**	**3.71**	**96.59**
30	14726	7291	7435	1.24	0.61	0.63	98.07
31	16390	8074	8316	1.38	0.68	0.70	97.09
32	17157	8487	8670	1.44	0.71	0.73	97.88
33	18706	9207	9499	1.57	0.77	0.80	96.93
34	19775	9564	10211	1.66	0.80	0.86	93.67
35-39	**115391**	**57121**	**58270**	**9.71**	**4.81**	**4.90**	**98.03**
35	21126	10529	10597	1.78	0.89	0.89	99.36
36	22098	10977	11120	1.86	0.92	0.94	98.72
37	24494	12029	12464	2.06	1.01	1.05	96.51
38	22835	11264	11571	1.92	0.95	0.97	97.35
39	24839	12321	12518	2.09	1.04	1.05	98.42
40-44	**115847**	**57649**	**58198**	**9.75**	**4.85**	**4.90**	**99.06**
40	20435	10231	10204	1.72	0.86	0.86	100.27
41	23014	11357	11657	1.94	0.96	0.98	97.42
42	23466	11668	11798	1.97	0.98	0.99	98.90
43	22745	11303	11442	1.91	0.95	0.96	98.78
44	26188	13091	13097	2.20	1.10	1.10	99.95
45-49	**76085**	**37944**	**38140**	**6.40**	**3.19**	**3.21**	**99.49**
45	20121	9936	10185	1.69	0.84	0.86	97.56
46	11228	5485	5743	0.94	0.46	0.48	95.52
47	12916	6495	6421	1.09	0.55	0.54	101.16
48	14439	7276	7163	1.21	0.61	0.60	101.58
49	17382	8752	8629	1.46	0.74	0.73	101.42
50-54	**92481**	**46624**	**45858**	**7.78**	**3.92**	**3.86**	**101.67**
50	19694	10020	9675	1.66	0.84	0.81	103.56
51	17736	8887	8849	1.49	0.75	0.74	100.43
52	18960	9427	9533	1.59	0.79	0.80	98.89
53	18882	9514	9368	1.59	0.80	0.79	101.56
54	17208	8776	8432	1.45	0.74	0.71	104.07
55-59	**73224**	**36982**	**36243**	**6.16**	**3.11**	**3.05**	**102.04**
55	17802	8919	8883	1.50	0.75	0.75	100.41
56	14804	7392	7412	1.25	0.62	0.62	99.72
57	14654	7500	7154	1.23	0.63	0.60	104.83
58	13902	7072	6830	1.17	0.59	0.57	103.55
59	12063	6099	5964	1.01	0.51	0.50	102.27
60-64	**50998**	**25948**	**25050**	**4.29**	**2.18**	**2.11**	**103.58**
60	12283	6282	6001	1.03	0.53	0.50	104.68
61	10767	5493	5275	0.91	0.46	0.44	104.13
62	9910	4921	4990	0.83	0.41	0.42	98.62
63	9411	4809	4602	0.79	0.40	0.39	104.48
64	8626	4444	4182	0.73	0.37	0.35	106.26

2-3 续表 2 continued

单位：人、%　　　　(person,%)

年　龄 Age	人口数 Population 合计 Total	男 Male	女 Female	占总人口比重 Percentage to Total Population 合计 Total	男 Male	女 Female	性别比（女=100）Sex Ratio (Famale=100)
65-69	**39849**	**20296**	**19554**	**3.35**	**1.71**	**1.64**	**103.79**
65	8462	4296	4166	0.71	0.36	0.35	103.13
66	8378	4217	4161	0.70	0.35	0.35	101.36
67	8300	4260	4041	0.70	0.36	0.34	105.42
68	6933	3536	3397	0.58	0.30	0.29	104.11
69	7776	3986	3790	0.65	0.34	0.32	105.19
70-74	**33236**	**16385**	**16851**	**2.80**	**1.38**	**1.42**	**97.24**
70	7427	3747	3680	0.62	0.32	0.31	101.82
71	6948	3475	3473	0.58	0.29	0.29	100.04
72	6694	3326	3368	0.56	0.28	0.28	98.74
73	5958	2824	3134	0.50	0.24	0.26	90.12
74	6209	3014	3195	0.52	0.25	0.27	94.31
75-79	**20985**	**10070**	**10915**	**1.77**	**0.85**	**0.92**	**92.26**
75	4999	2399	2600	0.42	0.20	0.22	92.26
76	4528	2265	2263	0.38	0.19	0.19	100.08
77	4622	2223	2399	0.39	0.19	0.20	92.64
78	3329	1534	1795	0.28	0.13	0.15	85.48
79	3507	1649	1858	0.30	0.14	0.16	88.79
80-84	**11302**	**4951**	**6352**	**0.95**	**0.42**	**0.53**	**77.95**
80	3206	1414	1792	0.27	0.12	0.15	78.89
81	2434	1059	1375	0.20	0.09	0.12	77.05
82	2137	956	1181	0.18	0.08	0.10	80.92
83	1965	854	1111	0.17	0.07	0.09	76.91
84	1561	668	893	0.13	0.06	0.08	74.81
85-89	**4436**	**1760**	**2676**	**0.37**	**0.15**	**0.23**	**65.79**
85	1328	567	761	0.11	0.05	0.06	74.44
86	1134	444	689	0.10	0.04	0.06	64.45
87	922	369	553	0.08	0.03	0.05	66.82
88	585	234	351	0.05	0.02	0.03	66.58
89	467	146	321	0.04	0.01	0.03	45.54
90-94	**1123**	**332**	**791**	**0.09**	**0.03**	**0.07**	**41.97**
90	377	120	258	0.03	0.01	0.02	46.52
91	270	83	187	0.02	0.01	0.02	44.31
92	196	45	150	0.02		0.01	30.22
93	164	46	118	0.01		0.01	38.54
94	116	38	78	0.01		0.01	49.15
95+	**280**	**75**	**206**	**0.02**	**0.01**	**0.02**	**36.22**

2-4 全国城市分年龄、性别的人口数

City Population by Age and Sex

单位：人、%　　(person,%)

年龄 Age	人口数 Population			占总人口比重 Percentage to Total Population			性别比 (女=100) Sex Ratio (Famale=100)
	合计 Total	男 Male	女 Female	合计 Total	男 Male	女 Female	
总计 Total	**290841**	**144370**	**146471**	**100.00**	**49.64**	**50.36**	**98.57**
0-4	**10992**	**5792**	**5201**	**3.78**	**1.99**	**1.79**	**111.36**
0	2406	1248	1159	0.83	0.43	0.40	107.69
1	2120	1119	1000	0.73	0.38	0.34	111.91
2	2222	1193	1028	0.76	0.41	0.35	116.05
3	2257	1182	1075	0.78	0.41	0.37	109.98
4	1988	1049	939	0.68	0.36	0.32	111.74
5-9	**12542**	**6776**	**5765**	**4.31**	**2.33**	**1.98**	**117.54**
5	2415	1313	1102	0.83	0.45	0.38	119.1
6	2460	1286	1174	0.85	0.44	0.40	109.5
7	2586	1389	1197	0.89	0.48	0.41	115.97
8	2432	1324	1107	0.84	0.46	0.38	119.55
9	2650	1465	1184	0.91	0.50	0.41	123.75
10-14	**14840**	**7815**	**7024**	**5.10**	**2.69**	**2.42**	**111.26**
10	2675	1459	1216	0.92	0.50	0.42	119.9
11	2975	1501	1473	1.02	0.52	0.51	101.9
12	2964	1595	1369	1.02	0.55	0.47	116.46
13	3073	1607	1466	1.06	0.55	0.50	109.59
14	3153	1654	1499	1.08	0.57	0.52	110.31
15-19	**21848**	**11092**	**10757**	**7.51**	**3.81**	**3.70**	**103.11**
15	3273	1799	1473	1.13	0.62	0.51	122.12
16	3490	1865	1625	1.20	0.64	0.56	114.76
17	4640	2401	2239	1.60	0.83	0.77	107.26
18	5219	2519	2700	1.79	0.87	0.93	93.32
19	5226	2507	2720	1.80	0.86	0.94	92.17
20-24	**24248**	**11372**	**12876**	**8.34**	**3.91**	**4.43**	**88.32**
20	5642	2683	2959	1.94	0.92	1.02	90.68
21	5157	2353	2805	1.77	0.81	0.96	83.88
22	4424	2071	2353	1.52	0.71	0.81	88.03
23	4443	2117	2326	1.53	0.73	0.80	91.02
24	4582	2148	2434	1.58	0.74	0.84	88.26
25-29	**23815**	**11251**	**12564**	**8.19**	**3.87**	**4.32**	**89.55**
25	5294	2522	2771	1.82	0.87	0.95	91.02
26	4648	2114	2534	1.60	0.73	0.87	83.43
27	4396	2107	2289	1.51	0.72	0.79	92.04
28	4748	2263	2485	1.63	0.78	0.85	91.06
29	4729	2245	2485	1.63	0.77	0.85	90.34

2-4 续表 1 continued

单位：人、% (person,%)

年 龄 Age	人口数 Population			占总人口比重 Percentage to Total Population			性别比 (女=100)
	合计 Total	男 Male	女 Female	合计 Total	男 Male	女 Female	Sex Ratio (Famale=100)
30-34	**25291**	**12396**	**12894**	**8.70**	**4.26**	**4.43**	**96.14**
30	4543	2279	2264	1.56	0.78	0.78	100.65
31	4828	2316	2512	1.66	0.80	0.86	92.22
32	5101	2491	2610	1.75	0.86	0.90	95.44
33	5202	2564	2637	1.79	0.88	0.91	97.23
34	5617	2746	2871	1.93	0.94	0.99	95.65
35-39	**30375**	**15191**	**15183**	**10.44**	**5.22**	**5.22**	**100.05**
35	5804	2969	2836	2.00	1.02	0.98	104.68
36	5916	2883	3033	2.03	0.99	1.04	95.07
37	6339	3130	3209	2.18	1.08	1.10	97.53
38	6015	3066	2950	2.07	1.05	1.01	103.93
39	6300	3144	3156	2.17	1.08	1.09	99.61
40-44	**28543**	**14387**	**14156**	**9.81**	**4.95**	**4.87**	**101.63**
40	4663	2308	2355	1.60	0.79	0.81	98.04
41	5346	2617	2729	1.84	0.90	0.94	95.9
42	5674	2837	2837	1.95	0.98	0.98	99.99
43	5753	2971	2781	1.98	1.02	0.96	106.83
44	7108	3654	3454	2.44	1.26	1.19	105.78
45-49	**20526**	**10378**	**10148**	**7.06**	**3.57**	**3.49**	**102.26**
45	5050	2543	2507	1.74	0.87	0.86	101.45
46	3073	1549	1524	1.06	0.53	0.52	101.63
47	3621	1822	1799	1.25	0.63	0.62	101.29
48	4230	2126	2105	1.45	0.73	0.72	101
49	4552	2338	2214	1.56	0.80	0.76	105.62
50-54	**22408**	**11101**	**11308**	**7.70**	**3.82**	**3.89**	**98.17**
50	4958	2484	2474	1.70	0.85	0.85	100.43
51	4376	2189	2187	1.50	0.75	0.75	100.11
52	4584	2234	2349	1.58	0.77	0.81	95.09
53	4504	2219	2285	1.55	0.76	0.79	97.15
54	3987	1974	2013	1.37	0.68	0.69	98.04
55-59	**16630**	**8103**	**8527**	**5.72**	**2.79**	**2.93**	**95.03**
55	3969	1940	2029	1.36	0.67	0.70	95.62
56	3488	1704	1784	1.20	0.59	0.61	95.51
57	3300	1615	1686	1.13	0.56	0.58	95.79
58	3184	1551	1633	1.09	0.53	0.56	94.94
59	2689	1294	1395	0.92	0.44	0.48	92.72
60-64	**11354**	**5642**	**5712**	**3.90**	**1.94**	**1.96**	**98.76**
60	2745	1392	1353	0.94	0.48	0.47	102.93
61	2416	1221	1195	0.83	0.42	0.41	102.14
62	2191	1068	1122	0.75	0.37	0.39	95.17
63	2027	987	1040	0.70	0.34	0.36	94.88
64	1975	973	1002	0.68	0.33	0.34	97.16

2-4 续表 2 continued

单位：人、%　　(person,%)

年龄 Age	人口数 Population			占总人口比重 Percentage to Total Population			性别比 (女=100) Sex Ratio (Famale=100)
	合计 Total	男 Male	女 Female	合计 Total	男 Male	女 Female	
65-69	**9678**	**4580**	**5098**	**3.33**	**1.57**	**1.75**	**89.85**
65	1926	911	1015	0.66	0.31	0.35	89.78
66	2014	968	1046	0.69	0.33	0.36	92.57
67	2060	965	1095	0.71	0.33	0.38	88.14
68	1795	856	939	0.62	0.29	0.32	91.18
69	1883	880	1003	0.65	0.30	0.34	87.69
70-74	**8546**	**4129**	**4417**	**2.94**	**1.42**	**1.52**	**93.47**
70	1945	929	1016	0.67	0.32	0.35	91.39
71	1778	870	908	0.61	0.30	0.31	95.78
72	1722	822	899	0.59	0.28	0.31	91.44
73	1522	738	785	0.52	0.25	0.27	93.98
74	1579	771	809	0.54	0.26	0.28	95.25
75-79	**5191**	**2566**	**2625**	**1.78**	**0.88**	**0.90**	**97.77**
75	1276	614	663	0.44	0.21	0.23	92.6
76	1133	593	540	0.39	0.20	0.19	109.84
77	1132	571	560	0.39	0.20	0.19	101.98
78	821	368	453	0.28	0.13	0.16	81.18
79	828	420	408	0.28	0.14	0.14	102.82
80-84	**2728**	**1246**	**1483**	**0.94**	**0.43**	**0.51**	**83.99**
80	733	317	417	0.25	0.11	0.14	75.97
81	617	285	333	0.21	0.10	0.11	85.51
82	534	261	273	0.18	0.09	0.09	95.34
83	438	203	235	0.15	0.07	0.08	86.61
84	406	180	225	0.14	0.06	0.08	80.06
85-89	**985**	**434**	**551**	**0.34**	**0.15**	**0.19**	**78.8**
85	308	135	173	0.11	0.05	0.06	78.13
86	265	129	137	0.09	0.04	0.05	94.18
87	199	84	115	0.07	0.03	0.04	73.04
88	125	55	70	0.04	0.02	0.02	78.4
89	87	31	56	0.03	0.01	0.02	55.64
90-94	**246**	**100**	**146**	**0.08**	**0.03**	**0.05**	**68.48**
90	89	38	51	0.03	0.01	0.02	74.73
91	45	22	24	0.02	0.01	0.01	91.12
92	45	16	29	0.02	0.01	0.01	55.51
93	39	15	24	0.01	0.01	0.01	62.52
94	27	9	18	0.01		0.01	50.08
95+	**53**	**19**	**34**	**0.02**	**0.01**	**0.01**	**57.17**

2-5 全国镇分年龄、性别的人口数
Town Population by Age and Sex

单位：人、% (person,%)

年 龄 Age	人口数 Population			占总人口比重 Percentage to Total Population			性别比 (女=100) Sex Ratio (Famale=100)
	合计 Total	男 Male	女 Female	合计 Total	男 Male	女 Female	
总计 Total	**240375**	**122126**	**118249**	**100.00**	**50.81**	**49.19**	**103.28**
0-4	**11864**	**6552**	**5312**	**4.94**	**2.73**	**2.21**	**123.35**
0	2433	1375	1057	1.01	0.57	0.44	130.07
1	2256	1262	994	0.94	0.52	0.41	126.90
2	2399	1294	1105	1.00	0.54	0.46	117.14
3	2386	1304	1083	0.99	0.54	0.45	120.42
4	2390	1317	1073	0.99	0.55	0.45	122.77
5-9	**13717**	**7543**	**6174**	**5.71**	**3.14**	**2.57**	**122.18**
5	2479	1344	1135	1.03	0.56	0.47	118.38
6	2691	1481	1210	1.12	0.62	0.50	122.35
7	2814	1556	1258	1.17	0.65	0.52	123.71
8	2726	1484	1242	1.13	0.62	0.52	119.41
9	3008	1679	1328	1.25	0.70	0.55	126.43
10-14	**17216**	**9326**	**7890**	**7.16**	**3.88**	**3.28**	**118.19**
10	3184	1749	1435	1.32	0.73	0.60	121.92
11	3193	1757	1435	1.33	0.73	0.60	122.45
12	3512	1896	1616	1.46	0.79	0.67	117.32
13	3466	1874	1591	1.44	0.78	0.66	117.77
14	3862	2049	1813	1.61	0.85	0.75	113.01
15-19	**20335**	**11239**	**9096**	**8.46**	**4.68**	**3.78**	**123.55**
15	3869	2120	1749	1.61	0.88	0.73	121.23
16	3846	2118	1728	1.60	0.88	0.72	122.60
17	4818	2676	2142	2.00	1.11	0.89	124.88
18	4230	2372	1858	1.76	0.99	0.77	127.62
19	3572	1953	1619	1.49	0.81	0.67	120.64
20-24	**15114**	**7525**	**7589**	**6.29**	**3.13**	**3.16**	**99.15**
20	3562	1887	1675	1.48	0.78	0.70	112.63
21	3098	1525	1573	1.29	0.63	0.65	96.93
22	2667	1323	1344	1.11	0.55	0.56	98.39
23	2820	1329	1491	1.17	0.55	0.62	89.13
24	2967	1461	1506	1.23	0.61	0.63	97.07
25-29	**15973**	**7786**	**8187**	**6.65**	**3.24**	**3.41**	**95.10**
25	3400	1641	1760	1.41	0.68	0.73	93.24
26	3027	1429	1598	1.26	0.59	0.66	89.45
27	3054	1528	1526	1.27	0.64	0.64	100.09
28	3277	1621	1655	1.36	0.67	0.69	97.93
29	3215	1567	1648	1.34	0.65	0.69	95.11

2-5 续表 1 continued

单位：人、%　　　　(person,%)

年　龄 Age	人口数 Population			占总人口比重 Percentage to Total Population			性别比 (女=100) Sex Ratio (Famale=100)
	合计 Total	男 Male	女 Female	合计 Total	男 Male	女 Female	
30-34	**18791**	**9139**	**9652**	**7.82**	**3.80**	**4.02**	**94.69**
30	3092	1462	1630	1.29	0.61	0.68	89.71
31	3596	1792	1804	1.50	0.75	0.75	99.32
32	3681	1833	1848	1.53	0.76	0.77	99.15
33	4143	2000	2143	1.72	0.83	0.89	93.31
34	4279	2053	2226	1.78	0.85	0.93	92.19
35-39	**25139**	**12467**	**12672**	**10.46**	**5.19**	**5.27**	**98.39**
35	4579	2203	2376	1.90	0.92	0.99	92.74
36	4877	2470	2406	2.03	1.03	1.00	102.65
37	5421	2705	2716	2.26	1.13	1.13	99.58
38	4880	2379	2501	2.03	0.99	1.04	95.11
39	5383	2710	2672	2.24	1.13	1.11	101.43
40-44	**24701**	**12260**	**12442**	**10.28**	**5.10**	**5.18**	**98.54**
40	4318	2186	2131	1.80	0.91	0.89	102.59
41	4863	2379	2484	2.02	0.99	1.03	95.78
42	5036	2525	2512	2.10	1.05	1.04	100.52
43	4904	2429	2475	2.04	1.01	1.03	98.13
44	5580	2740	2840	2.32	1.14	1.18	96.50
45-49	**15012**	**7439**	**7574**	**6.25**	**3.09**	**3.15**	**98.22**
45	4036	2020	2016	1.68	0.84	0.84	100.19
46	2228	1086	1142	0.93	0.45	0.48	95.08
47	2501	1233	1267	1.04	0.51	0.53	97.33
48	2813	1408	1405	1.17	0.59	0.58	100.21
49	3435	1692	1743	1.43	0.70	0.73	97.05
50-54	**17995**	**9069**	**8926**	**7.49**	**3.77**	**3.71**	**101.60**
50	3942	2061	1881	1.64	0.86	0.78	109.57
51	3421	1699	1721	1.42	0.71	0.72	98.73
52	3684	1785	1898	1.53	0.74	0.79	94.07
53	3670	1832	1838	1.53	0.76	0.76	99.68
54	3279	1691	1588	1.36	0.70	0.66	106.48
55-59	**14065**	**7031**	**7034**	**5.85**	**2.93**	**2.93**	**99.96**
55	3499	1735	1763	1.46	0.72	0.73	98.42
56	2802	1387	1416	1.17	0.58	0.59	97.94
57	2785	1434	1351	1.16	0.60	0.56	106.18
58	2657	1339	1318	1.11	0.56	0.55	101.59
59	2322	1136	1186	0.97	0.47	0.49	95.75
60-64	**9901**	**4918**	**4983**	**4.12**	**2.05**	**2.07**	**98.71**
60	2293	1154	1139	0.95	0.48	0.47	101.25
61	2096	1049	1046	0.87	0.44	0.44	100.29
62	1976	956	1020	0.82	0.40	0.42	93.69
63	1835	913	922	0.76	0.38	0.38	98.99
64	1701	847	855	0.71	0.35	0.36	99.08

2-5 续表 2 continued

单位：人、% (person,%)

年 龄 Age	人口数 Population 合计 Total	男 Male	女 Female	占总人口比重 Percentage to Total Population 合计 Total	男 Male	女 Female	性别比 (女=100) Sex Ratio (Famale=100)
65-69	**7505**	**3795**	**3709**	**3.12**	**1.58**	**1.54**	**102.31**
65	1621	840	780	0.67	0.35	0.32	107.72
66	1534	744	790	0.64	0.31	0.33	94.23
67	1580	803	777	0.66	0.33	0.32	103.45
68	1250	633	617	0.52	0.26	0.26	102.67
69	1520	774	746	0.63	0.32	0.31	103.74
70-74	**5974**	**2917**	**3057**	**2.49**	**1.21**	**1.27**	**95.40**
70	1335	685	650	0.56	0.29	0.27	105.43
71	1300	652	648	0.54	0.27	0.27	100.52
72	1192	577	615	0.50	0.24	0.26	93.83
73	1033	467	566	0.43	0.19	0.24	82.58
74	1113	535	578	0.46	0.22	0.24	92.63
75-79	**3796**	**1767**	**2029**	**1.58**	**0.74**	**0.84**	**87.11**
75	841	394	447	0.35	0.16	0.19	88.14
76	846	398	448	0.35	0.17	0.19	88.95
77	813	400	414	0.34	0.17	0.17	96.61
78	631	281	349	0.26	0.12	0.15	80.55
79	665	294	371	0.28	0.12	0.15	79.24
80-84	**2062**	**916**	**1146**	**0.86**	**0.38**	**0.48**	**79.92**
80	620	290	329	0.26	0.12	0.14	88.12
81	447	197	250	0.19	0.08	0.10	78.61
82	351	159	192	0.15	0.07	0.08	82.67
83	374	140	234	0.16	0.06	0.10	59.69
84	271	130	140	0.11	0.05	0.06	92.99
85-89	**891**	**360**	**531**	**0.37**	**0.15**	**0.22**	**67.72**
85	251	110	141	0.10	0.05	0.06	77.65
86	221	89	133	0.09	0.04	0.06	66.75
87	193	88	105	0.08	0.04	0.04	84.15
88	125	44	81	0.05	0.02	0.03	53.75
89	101	30	72	0.04	0.01	0.03	41.77
90-94	**279**	**61**	**217**	**0.12**	**0.03**	**0.09**	**28.32**
90	100	24	76	0.04	0.01	0.03	31.37
91	69	15	54	0.03	0.01	0.02	28.49
92	57	9	48	0.02		0.02	18.92
93	28	6	22	0.01		0.01	25.74
94	25	8	18	0.01		0.01	43.41
95+	**43**	**16**	**28**	**0.02**	**0.01**	**0.01**	**56.44**

2-6 全国乡村分年龄、性别的人口数

Rural Population by Age and Sex

单位：人、%　　(person,%)

年　龄 Age	人口数 Population			占总人口比重 Percentage to Total Population			性别比 (女=100) Sex Ratio (Famale=100)
	合计 Total	男 Male	女 Female	合计 Total	男 Male	女 Female	
总计 Total	**657523**	**336243**	**321280**	**100.00**	**51.14**	**48.86**	**104.66**
0-4	**37140**	**20820**	**16320**	**5.65**	**3.17**	**2.48**	**127.57**
0	7681	4344	3337	1.17	0.66	0.51	130.19
1	6836	3835	3002	1.04	0.58	0.46	127.74
2	7476	4275	3201	1.14	0.65	0.49	133.58
3	7755	4304	3451	1.18	0.65	0.52	124.72
4	7392	4062	3330	1.12	0.62	0.51	121.96
5-9	**41943**	**22956**	**18988**	**6.38**	**3.49**	**2.89**	**120.90**
5	7812	4256	3556	1.19	0.65	0.54	119.68
6	8185	4435	3750	1.24	0.67	0.57	118.26
7	8482	4730	3752	1.29	0.72	0.57	126.06
8	8329	4529	3800	1.27	0.69	0.58	119.17
9	9135	5006	4129	1.39	0.76	0.63	121.25
10-14	**52222**	**28200**	**24021**	**7.94**	**4.29**	**3.65**	**117.40**
10	9435	5129	4306	1.43	0.78	0.65	119.12
11	9899	5399	4500	1.51	0.82	0.68	119.99
12	10700	5776	4924	1.63	0.88	0.75	117.30
13	10500	5683	4817	1.60	0.86	0.73	117.98
14	11688	6213	5475	1.78	0.94	0.83	113.48
15-19	**56733**	**30106**	**26628**	**8.63**	**4.58**	**4.05**	**113.06**
15	11515	6223	5291	1.75	0.95	0.80	117.61
16	11422	6014	5408	1.74	0.91	0.82	111.20
17	13368	7171	6197	2.03	1.09	0.94	115.73
18	11166	5841	5325	1.70	0.89	0.81	109.70
19	9262	4856	4407	1.41	0.74	0.67	110.19
20-24	**39238**	**19623**	**19615**	**5.97**	**2.98**	**2.98**	**100.04**
20	9600	4949	4651	1.46	0.75	0.71	106.40
21	8176	4084	4093	1.24	0.62	0.62	99.78
22	7235	3567	3668	1.10	0.54	0.56	97.26
23	7206	3516	3690	1.10	0.53	0.56	95.28
24	7021	3507	3514	1.07	0.53	0.53	99.80
25-29	**36967**	**18208**	**18759**	**5.62**	**2.77**	**2.85**	**97.06**
25	7876	3861	4015	1.20	0.59	0.61	96.18
26	7174	3562	3612	1.09	0.54	0.55	98.64
27	7273	3603	3669	1.11	0.55	0.56	98.21
28	7405	3638	3768	1.13	0.55	0.57	96.56
29	7239	3543	3696	1.10	0.54	0.56	95.86

2-6 续表 1 continued

单位：人、% (person,%)

年 龄 Age	人口数 Population			占总人口比重 Percentage to Total Population			性别比 (女=100) Sex Ratio (Famale=100)
	合计 Total	男 Male	女 Female	合计 Total	男 Male	女 Female	
30-34	**42672**	**21088**	**21584**	**6.49**	**3.21**	**3.28**	**97.70**
30	7091	3550	3541	1.08	0.54	0.54	100.27
31	7967	3966	4000	1.21	0.60	0.61	99.15
32	8375	4163	4212	1.27	0.63	0.64	98.85
33	9361	4643	4718	1.42	0.71	0.72	98.40
34	9878	4765	5113	1.50	0.72	0.78	93.20
35-39	**59877**	**29462**	**30415**	**9.11**	**4.48**	**4.63**	**96.87**
35	10743	5357	5385	1.63	0.81	0.82	99.49
36	11305	5624	5681	1.72	0.86	0.86	98.99
37	12733	6194	6539	1.94	0.94	0.99	94.73
38	11939	5819	6120	1.82	0.89	0.93	95.09
39	13157	6467	6690	2.00	0.98	1.02	96.67
40-44	**62602**	**31002**	**31600**	**9.52**	**4.72**	**4.81**	**98.11**
40	11454	5736	5718	1.74	0.87	0.87	100.32
41	12805	6361	6444	1.95	0.97	0.98	98.70
42	12756	6307	6449	1.94	0.96	0.98	97.79
43	12088	5902	6186	1.84	0.90	0.94	95.42
44	13500	6697	6803	2.05	1.02	1.03	98.44
45-49	**40546**	**20128**	**20418**	**6.17**	**3.06**	**3.11**	**98.58**
45	11036	5374	5662	1.68	0.82	0.86	94.91
46	5926	2850	3076	0.90	0.43	0.47	92.65
47	6794	3439	3354	1.03	0.52	0.51	102.53
48	7395	3742	3653	1.12	0.57	0.56	102.44
49	9395	4722	4673	1.43	0.72	0.71	101.06
50-54	**52078**	**26454**	**25624**	**7.92**	**4.02**	**3.90**	**103.24**
50	10795	5474	5320	1.64	0.83	0.81	102.90
51	9939	4998	4941	1.51	0.76	0.75	101.16
52	10693	5408	5286	1.63	0.82	0.80	102.31
53	10708	5463	5245	1.63	0.83	0.80	104.14
54	9943	5111	4831	1.51	0.78	0.73	105.79
55-59	**42529**	**21847**	**20681**	**6.47**	**3.32**	**3.15**	**105.64**
55	10334	5243	5090	1.57	0.80	0.77	103.00
56	8514	4301	4213	1.29	0.65	0.64	102.11
57	8568	4451	4117	1.30	0.68	0.63	108.09
58	8061	4183	3878	1.23	0.64	0.59	107.84
59	7052	3669	3382	1.07	0.56	0.51	108.49
60-64	**29743**	**15388**	**14355**	**4.52**	**2.34**	**2.18**	**107.19**
60	7245	3736	3509	1.10	0.57	0.53	106.46
61	6255	3222	3033	0.95	0.49	0.46	106.23
62	5744	2897	2847	0.87	0.44	0.43	101.75
63	5549	2909	2640	0.84	0.44	0.40	110.19
64	4950	2624	2326	0.75	0.40	0.35	112.82

2-6 续表 2 continued

单位：人、% (person,%)

年 龄 Age	人口数 Population			占总人口比重 Percentage to Total Population			性别比 (女=100) Sex Ratio (Famale=100)
	合计 Total	男 Male	女 Female	合计 Total	男 Male	女 Female	
65-69	**22667**	**11920**	**10747**	**3.45**	**1.81**	**1.63**	**110.92**
65	4915	2544	2371	0.75	0.39	0.36	107.34
66	4831	2505	2325	0.73	0.38	0.35	107.73
67	4660	2491	2169	0.71	0.38	0.33	114.84
68	3888	2047	1841	0.59	0.31	0.28	111.19
69	4373	2332	2040	0.67	0.35	0.31	114.32
70-74	**18716**	**9340**	**9376**	**2.85**	**1.42**	**1.43**	**99.61**
70	4147	2133	2014	0.63	0.32	0.31	105.92
71	3870	1953	1917	0.59	0.30	0.29	101.89
72	3780	1926	1854	0.57	0.29	0.28	103.92
73	3402	1619	1783	0.52	0.25	0.27	90.81
74	3516	1708	1809	0.53	0.26	0.28	94.43
75-79	**11997**	**5736**	**6261**	**1.82**	**0.87**	**0.95**	**91.62**
75	2881	1391	1490	0.44	0.21	0.23	93.36
76	2549	1274	1275	0.39	0.19	0.19	99.85
77	2677	1252	1425	0.41	0.19	0.22	87.82
78	1878	885	992	0.29	0.13	0.15	89.18
79	2013	935	1078	0.31	0.14	0.16	86.77
80-84	**6512**	**2789**	**3722**	**0.99**	**0.42**	**0.57**	**74.93**
80	1853	807	1046	0.28	0.12	0.16	77.15
81	1370	578	792	0.21	0.09	0.12	72.99
82	1251	536	715	0.19	0.08	0.11	74.93
83	1153	511	642	0.18	0.08	0.10	79.65
84	884	357	527	0.13	0.05	0.08	67.72
85-89	**2560**	**966**	**1593**	**0.39**	**0.15**	**0.24**	**60.65**
85	769	322	447	0.12	0.05	0.07	72.00
86	647	227	420	0.10	0.03	0.06	54.06
87	531	197	333	0.08	0.03	0.05	59.23
88	335	135	200	0.05	0.02	0.03	67.65
89	279	85	194	0.04	0.01	0.03	44.02
90-94	**598**	**170**	**428**	**0.09**	**0.03**	**0.07**	**39.84**
90	189	58	131	0.03	0.01	0.02	44.31
91	156	46	110	0.02	0.01	0.02	41.90
92	93	20	73	0.01		0.01	27.50
93	97	25	72	0.01		0.01	34.52
94	64	22	42	0.01		0.01	51.15
95+	**184**	**39**	**144**	**0.03**	**0.01**	**0.02**	**27.38**

2-7 各地区人口年龄构成和抚养比

Age Composition and Dependency Ratio of Population by Region

地 区	Region	人口数 (人) Population (person)				总抚养比 (%) Gross Dependency Ratio (%)		
			0-14岁 Aged 0-14	15-64岁 Aged 15-64	65岁及以上 Aged 65 and Over		少儿抚养比 Children Dependency Ratio	老年抚养比 Old Dependency Ratio
全 国	**National Total**	**1188739**	**212476**	**865052**	**111212**	**37.42**	**24.56**	**12.86**
北 京	Beijing	14554	1401	11669	1484	24.72	12.01	12.72
天 津	Tianjin	9896	1123	7699	1074	28.54	14.59	13.95
河 北	Hebei	63501	10639	47235	5626	34.44	22.52	11.91
山 西	Shanxi	31069	6068	22733	2268	36.67	26.69	9.98
内蒙古	Inner Mongolia	22066	3462	16802	1802	31.33	20.61	10.73
辽 宁	Liaoning	39317	4984	30152	4181	30.40	16.53	13.87
吉 林	Jilin	25067	3286	19573	2208	28.07	16.79	11.28
黑龙江	Heilongjiang	35193	4630	27417	3147	28.36	16.89	11.48
上 海	Shanghai	16708	1331	12997	2381	28.56	10.24	18.32
江 苏	Jiangsu	69503	9911	51841	7751	34.07	19.12	14.95
浙 江	Zhejiang	45844	6721	34249	4874	33.86	19.62	14.23
安 徽	Anhui	56247	11738	38600	5908	45.72	30.41	15.31
福 建	Fujian	32754	5767	23686	3301	38.28	24.35	13.94
江 西	Jiangxi	39945	9047	27323	3574	46.19	33.11	13.08
山 东	Shandong	85696	13206	64140	8350	33.61	20.59	13.02
河 南	Henan	86460	17613	62300	6546	38.78	28.27	10.51
湖 北	Hubei	52408	8230	38998	5179	34.39	21.10	13.28
湖 南	Hunan	58382	9796	42556	6031	37.19	23.02	14.17
广 东	Guangdong	85649	16386	62959	6305	36.04	26.03	10.01
广 西	Guangxi	43442	9517	29934	3991	45.12	31.79	13.33
海 南	Hainan	7696	1643	5371	682	43.29	30.59	12.70
重 庆	Chongqing	25850	4892	17937	3020	44.11	27.27	16.84
四 川	Sichuan	75201	14392	52547	8261	43.11	27.39	15.72
贵 州	Guizhou	34587	9416	22302	2870	55.09	42.22	12.87
云 南	Yunnan	41269	9297	28898	3074	42.81	32.17	10.64
西 藏	Tibet	2587	562	1853	172	39.57	30.31	9.26
陕 西	Shaanxi	34383	5968	25101	3313	36.98	23.78	13.20
甘 肃	Gansu	23990	4967	17146	1877	39.92	28.97	10.94
青 海	Qinghai	5045	1131	3584	329	40.74	31.55	9.19
宁 夏	Ningxia	5560	1305	3908	347	42.26	33.39	8.88
新 疆	Xinjiang	18872	4047	13540	1285	39.38	29.89	9.49

2-8 各地区城市人口年龄构成和抚养比

Age Composition and Dependency Ratio of City Population by Region

地区	Region	人口数(人) Population (person)	0-14岁 Aged 0-14	15-64岁 Aged 15-64	65岁及以上 Aged 65 and Over	总抚养比(%) Gross Dependency Ratio (%)	少儿抚养比 Children Dependency Ratio	老年抚养比 Old Dependency Ratio
全国	**National Total**	**290841**	**38374**	**225039**	**27428**	**29.24**	**17.05**	**12.19**
北京	Beijing	11645	1079	9362	1203	24.38	11.53	12.85
天津	Tianjin	6374	546	5014	814	27.12	10.88	16.24
河北	Hebei	11165	1750	8236	1179	35.56	21.24	14.32
山西	Shanxi	7418	1204	5672	542	30.77	21.22	9.55
内蒙古	Inner Mongolia	6371	944	4912	515	29.70	19.21	10.49
辽宁	Liaoning	17361	1826	13466	2069	28.92	13.56	15.36
吉林	Jilin	9000	954	7094	952	26.86	13.45	13.41
黑龙江	Heilongjiang	12467	1374	9775	1319	27.55	14.05	13.49
上海	Shanghai	13333	1020	10403	1910	28.17	9.80	18.36
江苏	Jiangsu	23851	2831	18839	2181	26.61	15.03	11.58
浙江	Zhejiang	11740	1551	9015	1174	30.23	17.21	13.02
安徽	Anhui	7082	1053	5334	695	32.77	19.74	13.03
福建	Fujian	7032	974	5464	594	28.70	17.83	10.87
江西	Jiangxi	6206	992	4626	588	34.15	21.45	12.71
山东	Shandong	16701	2174	12862	1665	29.85	16.90	12.95
河南	Henan	14931	2603	11344	983	31.62	22.95	8.67
湖北	Hubei	12153	1482	9380	1291	29.57	15.80	13.76
湖南	Hunan	10803	1406	8358	1039	29.26	16.83	12.43
广东	Guangdong	34626	5017	27749	1860	24.78	18.08	6.70
广西	Guangxi	5531	826	4261	444	29.80	19.38	10.42
海南	Hainan	1549	261	1170	118	32.41	22.28	10.13
重庆	Chongqing	4793	664	3620	509	32.41	18.35	14.07
四川	Sichuan	10260	1563	7783	914	31.82	20.08	11.74
贵州	Guizhou	3382	599	2464	319	37.29	24.33	12.96
云南	Yunnan	5586	823	4318	445	29.35	19.05	10.30
西藏	Tibet	374	52	292	30	28.26	17.94	10.32
陕西	Shaanxi	6994	895	5228	870	33.77	17.13	16.64
甘肃	Gansu	4322	630	3228	463	33.88	19.53	14.36
青海	Qinghai	959	145	722	92	32.78	20.05	12.74
宁夏	Ningxia	1312	222	980	110	33.85	22.63	11.22
新疆	Xinjiang	5521	912	4069	540	35.69	22.42	13.27

2-9 各地区镇人口年龄构成和抚养比

Age Composition and Dependency Ratio of Town Population by Region

地 区	Region	人口数 (人) Population (person)	0-14岁 Aged 0-14	15-64岁 Aged 15-64	65岁及以上 Aged 65 and Over	总抚养比 (%) Gross Dependency Ratio (%)	少儿抚养比 Children Dependency Ratio	老年抚养比 Old Dependency Ratio
全 国	**National Total**	**240375**	**42797**	**177028**	**20551**	**35.78**	**24.18**	**11.61**
北 京	Beijing	629	63	523	43	20.24	12.01	8.23
天 津	Tianjin	1120	180	863	77	29.77	20.84	8.93
河 北	Hebei	13245	2250	9927	1067	33.42	22.67	10.75
山 西	Shanxi	5945	1229	4335	381	37.14	28.36	8.79
内蒙古	Inner Mongolia	4362	737	3295	330	32.38	22.38	10.01
辽 宁	Liaoning	5832	757	4505	570	29.46	16.81	12.65
吉 林	Jilin	4278	600	3315	363	29.07	18.11	10.95
黑龙江	Heilongjiang	6361	827	4870	665	30.62	16.97	13.65
上 海	Shanghai	1487	133	1182	172	25.82	11.26	14.56
江 苏	Jiangsu	12221	1792	9159	1270	33.43	19.56	13.86
浙 江	Zhejiang	14162	2125	10783	1254	31.34	19.71	11.63
安 徽	Anhui	13786	2746	9816	1224	40.44	27.97	12.47
福 建	Fujian	8690	1588	6286	815	38.24	25.27	12.97
江 西	Jiangxi	9245	2053	6453	740	43.27	31.81	11.46
山 东	Shandong	22805	3679	17078	2047	33.53	21.54	11.99
河 南	Henan	13143	2449	9637	1057	36.38	25.41	10.97
湖 北	Hubei	10801	1809	8154	839	32.47	22.18	10.28
湖 南	Hunan	11797	1919	8772	1106	34.48	21.88	12.61
广 东	Guangdong	19333	3780	14065	1488	37.45	26.87	10.58
广 西	Guangxi	9517	1920	6820	777	39.55	28.15	11.40
海 南	Hainan	1999	412	1406	181	42.19	29.29	12.89
重 庆	Chongqing	7279	1233	5303	742	37.25	23.26	13.99
四 川	Sichuan	15534	2710	11451	1373	35.66	23.67	11.99
贵 州	Guizhou	6116	1516	4181	419	46.28	36.26	10.02
云 南	Yunnan	7001	1580	4911	510	42.57	32.18	10.39
西 藏	Tibet	356	75	259	21	37.11	29.02	8.09
陕 西	Shaanxi	6457	1192	4736	529	36.34	25.17	11.17
甘 肃	Gansu	3137	623	2265	249	38.49	27.51	10.98
青 海	Qinghai	1022	215	751	57	36.17	28.64	7.53
宁 夏	Ningxia	1079	245	776	58	39.09	31.64	7.46
新 疆	Xinjiang	1639	358	1153	128	42.17	31.03	11.13

2-10 各地区乡村人口年龄构成和抚养比

Age Composition and Dependency Ratio of Rural Population by Region

地 区	Region	人口数(人) Population (person)	0-14岁 Aged 0-14	15-64岁 Aged 15-64	65岁及以上 Aged 65 and Over	总抚养比(%) Gross Dependency Ratio (%)	少儿抚养比 Children Dependency Ratio	老年抚养比 Old Dependency Ratio
全 国	**National Total**	**657523**	**131305**	**462985**	**63233**	**42.02**	**28.36**	**13.66**
北 京	Beijing	2281	259	1784	238	27.85	14.50	13.35
天 津	Tianjin	2402	397	1821	183	31.86	21.81	10.05
河 北	Hebei	39091	6639	29072	3380	34.46	22.84	11.63
山 西	Shanxi	17706	3635	12726	1345	39.14	28.57	10.57
内蒙古	Inner Mongolia	11333	1781	8595	957	31.86	20.72	11.14
辽 宁	Liaoning	16124	2400	12181	1542	32.37	19.70	12.66
吉 林	Jilin	11789	1731	9164	894	28.64	18.89	9.75
黑龙江	Heilongjiang	16365	2430	12772	1163	28.13	19.02	9.10
上 海	Shanghai	1888	178	1412	299	33.72	12.58	21.15
江 苏	Jiangsu	33431	5288	23843	4299	40.21	22.18	18.03
浙 江	Zhejiang	19942	3045	14451	2446	37.99	21.07	16.93
安 徽	Anhui	35379	7939	23450	3990	50.87	33.86	17.01
福 建	Fujian	17032	3204	11936	1892	42.70	26.84	15.85
江 西	Jiangxi	24494	6002	16245	2247	50.78	36.95	13.83
山 东	Shandong	46190	7352	34201	4637	35.06	21.50	13.56
河 南	Henan	58386	12561	41319	4506	41.31	30.40	10.91
湖 北	Hubei	29453	4939	21464	3050	37.22	23.01	14.21
湖 南	Hunan	35783	6470	25426	3886	40.73	25.45	15.28
广 东	Guangdong	31690	7589	21144	2957	49.88	35.89	13.99
广 西	Guangxi	28393	6771	18853	2769	50.60	35.91	14.69
海 南	Hainan	4148	971	2795	382	48.41	34.73	13.68
重 庆	Chongqing	13778	2995	9014	1769	52.84	33.22	19.62
四 川	Sichuan	49407	10120	33313	5974	48.31	30.38	17.93
贵 州	Guizhou	25090	7301	15657	2131	60.24	46.63	13.61
云 南	Yunnan	28682	6894	19669	2119	45.82	35.05	10.78
西 藏	Tibet	1857	434	1302	120	42.59	33.34	9.25
陕 西	Shaanxi	20932	3881	15137	1914	38.28	25.64	12.65
甘 肃	Gansu	16531	3714	11653	1164	41.86	31.87	9.99
青 海	Qinghai	3064	771	2112	181	45.09	36.52	8.56
宁 夏	Ningxia	3169	838	2153	179	47.23	38.91	8.32
新 疆	Xinjiang	11712	2777	8318	617	40.80	33.38	7.41

2-11 各地区户数、人口数、性别比和平均家庭户规模

地区	Region	户数(户) Number of Households (households)	家庭户 Family Household	集体户 Collective Household	人口数(人) Population (person)	男 Male	女 Female	性别比(女=100) Sex Ratio (Female=100)
全国	**National Total**	**373387**	**367260**	**6127**	**1188739**	**602740**	**585999**	**102.86**
北京	Beijing	5388	4978	410	14554	7243	7311	99.06
天津	Tianjin	3253	3197	56	9896	4956	4940	100.32
河北	Hebei	19233	19188	45	63501	32330	31171	103.72
山西	Shanxi	9173	9106	67	31069	15829	15240	103.87
内蒙古	Inner Mongolia	7441	7387	54	22066	11201	10865	103.08
辽宁	Liaoning	13479	13383	96	39317	19778	19539	101.22
吉林	Jilin	8218	8191	27	25067	12697	12370	102.64
黑龙江	Heilongjiang	12038	12014	24	35193	17781	17412	102.12
上海	Shanghai	6281	6112	169	16708	8325	8384	99.29
江苏	Jiangsu	23043	22575	468	69503	33967	35536	95.59
浙江	Zhejiang	16015	15528	487	45844	23447	22397	104.68
安徽	Anhui	18460	18393	67	56247	28463	27783	102.45
福建	Fujian	10445	10174	271	32754	16463	16291	101.05
江西	Jiangxi	11688	11635	53	39945	20425	19519	104.64
山东	Shandong	29049	28746	303	85696	43033	42662	100.87
河南	Henan	25413	25389	24	86460	44047	42412	103.85
湖北	Hubei	16802	16487	315	52408	26640	25767	103.39
湖南	Hunan	18413	18220	193	58382	30075	28307	106.25
广东	Guangdong	24792	22254	2538	85649	43606	42043	103.72
广西	Guangxi	12082	12021	61	43442	22617	20824	108.61
海南	Hainan	1992	1952	40	7696	4030	3666	109.95
重庆	Chongqing	8883	8816	67	25850	13088	12762	102.56
四川	Sichuan	24827	24750	77	75201	37813	37388	101.14
贵州	Guizhou	9763	9741	22	34587	17888	16699	107.12
云南	Yunnan	11279	11169	110	41269	21266	20003	106.32
西藏	Tibet	550	550		2587	1270	1317	96.40
陕西	Shaanxi	10654	10602	52	34383	17324	17059	101.55
甘肃	Gansu	6496	6494	2	23990	12162	11828	102.82
青海	Qinghai	1381	1371	10	5045	2556	2488	102.74
宁夏	Ningxia	1525	1520	5	5560	2822	2738	103.08
新疆	Xinjiang	5332	5317	15	18872	9597	9275	103.47

Households, Population, Sex Ratio and Household Size by Region

家庭户人口数 (人) Family Household Population (person)	男 Male	女 Female	性别比 (女=100) Sex Ratio (Female=100)	集体户人口数 (人) Collective Household Population (person)	男 Male	女 Female	性别比 (女=100) Sex Ratio (Female=100)	平均家庭户规模 (人/户) Average Family Size (person/household)
1164248	**589487**	**574761**	**102.56**	**24491**	**13252**	**11239**	**117.92**	**3.17**
13216	6560	6656	98.56	1338	682	656	104.08	2.65
9602	4785	4817	99.33	295	171	123	139.04	3.00
63385	32272	31113	103.73	116	57	58	98.34	3.30
30601	15594	15007	103.91	468	235	233	101.10	3.36
21867	11155	10712	104.13	199	46	153	29.92	2.96
38923	19563	19361	101.04	394	215	179	120.44	2.91
24936	12599	12337	102.12	131	98	33	293.03	3.04
35108	17708	17400	101.77	85	73	12	614.29	2.92
16178	8009	8169	98.05	530	315	215	146.56	2.65
67397	33007	34389	95.98	2106	960	1146	83.72	2.99
44173	22354	21820	102.45	1671	1093	578	189.19	2.84
55931	28436	27495	103.42	316	27	289	9.50	3.04
31581	15778	15803	99.84	1173	684	488	140.19	3.10
39795	20324	19471	104.38	149	102	48	212.54	3.42
84557	42256	42300	99.90	1139	777	362	214.79	2.94
86347	43978	42369	103.80	112	69	43	160.94	3.40
50972	25937	25035	103.60	1436	703	732	96.02	3.09
57785	29627	28158	105.22	598	448	150	299.77	3.17
75458	38262	37196	102.86	10191	5344	4847	110.26	3.39
42980	22322	20658	108.06	462	295	166	177.32	3.58
7511	3927	3583	109.59	185	103	82	125.52	3.85
25669	12995	12673	102.54	181	93	88	105.32	2.91
74924	37654	37270	101.03	277	159	118	134.92	3.03
34521	17852	16669	107.10	66	36	30	120.41	3.54
40767	21002	19765	106.26	502	264	238	111.15	3.65
2587	1270	1317	96.40					4.70
34130	17194	16936	101.52	253	130	123	105.67	3.22
23980	12159	11820	102.87	10	2	8	28.81	3.69
5003	2531	2472	102.41	42	25	17	151.56	3.65
5539	2810	2730	102.94	21	12	8	147.94	3.64
18827	9567	9259	103.33	45	29	16	188.29	3.54

2-12 各地区城市户数、人口数、性别比和平均家庭户规模

地区	Region	户数 (户) Number of Households (households)	家庭户 Family Household	集体户 Collective Household	人口数 (人) Population (person)	男 Male	女 Female	性别比 (女=100) Sex Ratio (Female=100)
全国	**National Total**	**98329**	**93969**	**4360**	**290841**	**144370**	**146471**	**98.57**
北京	Beijing	4411	4047	364	11645	5738	5907	97.13
天津	Tianjin	2218	2167	51	6374	3138	3236	96.96
河北	Hebei	3610	3567	43	11165	5475	5690	96.22
山西	Shanxi	2288	2222	66	7418	3710	3708	100.07
内蒙古	Inner Mongolia	2349	2303	46	6371	3121	3250	96.02
辽宁	Liaoning	6381	6322	59	17361	8588	8773	97.89
吉林	Jilin	3191	3169	22	9000	4482	4518	99.20
黑龙江	Heilongjiang	4736	4728	8	12467	6211	6256	99.28
上海	Shanghai	5030	4892	138	13333	6630	6703	98.91
江苏	Jiangsu	7660	7289	371	23851	11548	12303	93.87
浙江	Zhejiang	4226	3992	234	11740	6001	5739	104.57
安徽	Anhui	2406	2352	54	7082	3417	3665	93.21
福建	Fujian	2305	2164	141	7032	3383	3649	92.72
江西	Jiangxi	1961	1945	16	6206	3111	3095	100.53
山东	Shandong	5827	5656	171	16701	8286	8415	98.47
河南	Henan	4534	4521	13	14931	7499	7431	100.91
湖北	Hubei	3910	3661	249	12153	5951	6202	95.95
湖南	Hunan	3595	3459	136	10803	5495	5308	103.52
广东	Guangdong	10933	9134	1799	34626	17357	17269	100.51
广西	Guangxi	1683	1634	49	5531	2831	2700	104.86
海南	Hainan	435	410	25	1549	781	768	101.76
重庆	Chongqing	1661	1615	46	4793	2386	2408	99.09
四川	Sichuan	3364	3297	67	10260	5066	5194	97.55
贵州	Guizhou	1140	1126	14	3382	1687	1695	99.56
云南	Yunnan	1792	1686	106	5586	2784	2802	99.35
西藏	Tibet	127	127		374	159	215	74.05
陕西	Shaanxi	2333	2285	48	6994	3486	3508	99.37
甘肃	Gansu	1477	1475	2	4322	2165	2157	100.37
青海	Qinghai	358	351	7	959	476	482	98.74
宁夏	Ningxia	465	461	4	1312	654	658	99.45
新疆	Xinjiang	1924	1910	14	5521	2753	2768	99.48

Households, Population, Sex Ratio and Household Size of Cities by Region

家庭户人口数 (人) Family Household Population (person)	男 Male	女 Female	性别比 (女=100) Sex Ratio (Female=100)	集体户人口数 (人) Collective Household Population (person)	男 Male	女 Female	性别比 (女=100) Sex Ratio (Female=100)	平均家庭户规模 (人/户) Average Family Size (person/household)
273531	**135887**	**137644**	**98.72**	**17310**	**8484**	**8826**	**96.12**	**2.91**
10436	5152	5284	97.49	1208	586	623	94.03	2.58
6104	2991	3113	96.08	270	147	123	119.33	2.82
11051	5419	5632	96.23	114	55	58	95.24	3.10
6952	3477	3475	100.07	466	233	233	100.00	3.13
6207	3095	3112	99.44	164	26	138	18.85	2.70
17213	8499	8714	97.54	149	89	60	149.12	2.72
8886	4395	4491	97.86	114	87	27	321.95	2.80
12443	6198	6244	99.26	25	13	12	107.14	2.63
12914	6383	6531	97.72	419	248	171	144.41	2.64
22093	10851	11242	96.52	1758	697	1060	65.74	3.03
10924	5439	5485	99.17	816	562	254	221.12	2.74
6800	3412	3388	100.71	281	4	277	1.54	2.89
6462	3160	3302	95.71	570	223	347	64.25	2.99
6152	3075	3077	99.93	53	36	17	206.25	3.16
16037	7950	8087	98.30	664	336	327	102.69	2.84
14883	7469	7414	100.74	47	30	17	177.78	3.29
10931	5407	5524	97.88	1222	544	678	80.24	2.99
10378	5140	5238	98.13	425	355	70	506.67	3.00
27700	13981	13719	101.91	6926	3376	3550	95.09	3.03
5212	2668	2544	104.90	319	163	156	104.20	3.19
1446	739	707	104.53	103	42	61	69.45	3.53
4683	2331	2352	99.14	110	54	56	96.97	2.90
10033	4937	5095	96.89	227	129	98	131.58	3.04
3346	1670	1676	99.61	36	18	19	95.00	2.97
5098	2530	2568	98.52	488	254	234	108.38	3.02
374	159	215	74.05					2.95
6751	3362	3389	99.22	243	124	119	103.54	2.95
4313	2164	2149	100.69	9	1	8	14.29	2.92
935	462	473	97.54	24	15	9	162.16	2.66
1294	644	650	99.10	18	10	8	128.81	2.81
5478	2725	2753	98.99	43	28	15	190.32	2.87

2-13 各地区镇的户数、人口数、性别比和平均家庭户规模

地 区	Region	户 数 (户) Number of Households (households)	家庭户 Family Household	集体户 Collective Household	人口数 (人) Population (person)	男 Male	女 Female	性别比 (女=100) Sex Ratio (Female=100)
全 国	**National Total**	**75444**	**74419**	**1025**	**240375**	**122126**	**118249**	**103.28**
北 京	Beijing	226	194	32	629	328	301	109.16
天 津	Tianjin	330	330		1120	570	550	103.71
河 北	Hebei	3884	3884		13245	6751	6493	103.97
山 西	Shanxi	1788	1787	1	5945	2992	2953	101.30
内蒙古	Inner Mongolia	1491	1484	7	4362	2191	2171	100.89
辽 宁	Liaoning	1957	1922	35	5832	2921	2911	100.36
吉 林	Jilin	1404	1400	4	4278	2148	2130	100.87
黑龙江	Heilongjiang	2278	2262	16	6361	3222	3139	102.63
上 海	Shanghai	536	520	16	1487	752	735	102.30
江 苏	Jiangsu	4098	4065	33	12221	6065	6156	98.51
浙 江	Zhejiang	4938	4746	192	14162	7251	6911	104.92
安 徽	Anhui	4505	4495	10	13786	6978	6808	102.51
福 建	Fujian	2677	2632	45	8690	4377	4313	101.48
江 西	Jiangxi	2652	2624	28	9245	4746	4499	105.50
山 东	Shandong	7623	7517	106	22805	11601	11203	103.55
河 南	Henan	3758	3758		13143	6808	6335	107.46
湖 北	Hubei	3543	3480	63	10801	5481	5320	103.04
湖 南	Hunan	3684	3629	55	11797	6032	5764	104.65
广 东	Guangdong	5595	5268	327	19333	10093	9240	109.22
广 西	Guangxi	2557	2548	9	9517	4930	4587	107.47
海 南	Hainan	506	491	15	1999	1052	947	111.14
重 庆	Chongqing	2533	2517	16	7279	3643	3636	100.19
四 川	Sichuan	5047	5044	3	15534	7606	7928	95.94
贵 州	Guizhou	1770	1764	6	6116	3125	2990	104.51
云 南	Yunnan	2054	2054		7001	3539	3463	102.19
西 藏	Tibet	74	74		356	170	186	91.62
陕 西	Shaanxi	1978	1975	3	6457	3286	3171	103.63
甘 肃	Gansu	835	835		3137	1582	1554	101.79
青 海	Qinghai	320	317	3	1022	516	506	101.99
宁 夏	Ningxia	302	301	1	1079	546	534	102.22
新 疆	Xinjiang	503	503		1639	824	815	101.18

Households, Population, Sex Ratio and Household Size of Towns by Region

家庭户人口数 (人) Family Household Population (person)	男 Male	女 Female	性别比 (女=100) Sex Ratio (Female=100)	集体户人口数 (人) Collective Household Population (person)	男 Male	女 Female	性别比 (女=100) Sex Ratio (Female=100)	平均家庭户规模 (人/户) Average Family Size (person/ household)
236577	**119532**	**117046**	**102.12**	**3798**	**2595**	**1203**	**215.62**	**3.18**
547	272	275	98.77	81	56	25	223.08	2.82
1120	570	550	103.64					3.39
13245	6751	6493	103.97					3.41
5943	2989	2953	101.22	3	3			3.33
4330	2174	2156	100.84	32	16	15	107.41	2.92
5596	2802	2794	100.30	236	119	117	101.79	2.91
4267	2141	2126	100.71	11	7	4	183.33	3.05
6301	3161	3139	100.71	61	61			2.79
1433	719	714	100.63	54	33	21	159.46	2.76
12141	6017	6124	98.26	80	47	33	145.00	2.99
13555	6898	6657	103.62	607	353	254	139.04	2.86
13756	6960	6796	102.40	30	18	11	162.50	3.06
8468	4223	4245	99.47	222	154	68	227.14	3.22
9193	4701	4492	104.63	52	46	7	700.00	3.50
22400	11214	11186	100.25	405	387	18	2200.00	2.98
13143	6808	6335	107.46					3.50
10594	5327	5267	101.13	207	155	53	293.48	3.04
11627	5942	5685	104.52	170	90	79	113.73	3.20
18102	9285	8818	105.29	1231	808	423	191.21	3.44
9380	4802	4578	104.91	137	127	9	1385.71	3.68
1917	992	926	107.14	82	61	21	285.42	3.90
7226	3620	3606	100.38	52	23	30	77.14	2.87
15527	7603	7925	95.94	7	3	3	100.00	3.08
6096	3113	2983	104.37	20	12	7	162.50	3.46
7001	3539	3463	102.19					3.41
356	170	186	91.62					4.81
6450	3280	3170	103.46	7	6	1	600.00	3.27
3137	1582	1554	101.79					3.76
1012	510	502	101.52	10	6	4	164.52	3.19
1077	544	533	102.10	2	1	1	225.00	3.58
1639	824	815	101.18					3.26

2-14 各地区乡村户数、人口数、性别比和平均家庭户规模

地 区	Region	户 数 (户) Number of Households (households)	家庭户 Family Household	集体户 Collective Household	人口数 (人) Population (person)	男 Male	女 Female	性别比 (女=100) Sex Ratio (Female=100)
全 国	**National Total**	**199613**	**198871**	**742**	**657523**	**336243**	**321280**	**104.66**
北 京	Beijing	750	737	13	2281	1177	1104	106.64
天 津	Tianjin	705	701	4	2402	1248	1154	108.13
河 北	Hebei	11739	11737	2	39091	20103	18988	105.88
山 西	Shanxi	5097	5097		17706	9127	8579	106.40
内蒙古	Inner Mongolia	3601	3600	1	11333	5889	5444	108.18
辽 宁	Liaoning	5142	5139	3	16124	8269	7855	105.26
吉 林	Jilin	3623	3622	1	11789	6067	5722	106.01
黑龙江	Heilongjiang	5024	5024		16365	8348	8017	104.13
上 海	Shanghai	715	700	15	1888	942	946	99.65
江 苏	Jiangsu	11286	11222	64	33431	16354	17077	95.77
浙 江	Zhejiang	6850	6789	61	19942	10195	9748	104.59
安 徽	Anhui	11549	11546	3	35379	18069	17310	104.38
福 建	Fujian	5463	5377	86	17032	8702	8329	104.48
江 西	Jiangxi	7074	7066	8	24494	12568	11926	105.39
山 东	Shandong	15600	15573	27	46190	23146	23044	100.44
河 南	Henan	17121	17110	11	58386	29740	28646	103.82
湖 北	Hubei	9349	9346	3	29453	15208	14245	106.76
湖 南	Hunan	11135	11132	3	35783	18548	17235	107.62
广 东	Guangdong	8263	7852	411	31690	16156	15534	104.01
广 西	Guangxi	7843	7840	3	28393	14856	13537	109.74
海 南	Hainan	1051	1050	1	4148	2197	1951	112.60
重 庆	Chongqing	4690	4685	5	13778	7060	6718	105.09
四 川	Sichuan	16415	16409	6	49407	25140	24267	103.60
贵 州	Guizhou	6853	6851	2	25090	13076	12014	108.84
云 南	Yunnan	7433	7429	4	28682	14944	13738	108.78
西 藏	Tibet	350	350		1857	940	917	102.61
陕 西	Shaanxi	6343	6342	1	20932	10552	10380	101.66
甘 肃	Gansu	4185	4184	1	16531	8414	8117	103.66
青 海	Qinghai	704	703	1	3064	1564	1500	104.27
宁 夏	Ningxia	758	757	1	3169	1623	1547	104.92
新 疆	Xinjiang	2904	2903	1	11712	6019	5692	105.75

Households, Population, Sex Ratio and Household Size of Rural Areas by Region

家庭户人口数（人）Family Household Population (person)	男 Male	女 Female	性别比（女=100）Sex Ratio (Female=100)	集体户人口数（人）Collective Household Population (person)	男 Male	女 Female	性别比（女=100）Sex Ratio (Female=100)	平均家庭户规模（人/户）Average Family Size (person/household)
654140	**334069**	**320071**	**104.37**	**3383**	**2174**	**1209**	**179.80**	**3.29**
2232	1136	1096	103.67	48	41	8	531.25	3.03
2378	1224	1154	106.06	24	24			3.39
39089	20102	18988	105.87	2	2			3.33
17706	9127	8579	106.40					3.47
11330	5886	5444	108.12	3	3			3.15
16115	8261	7853	105.20	9	7	2	350.00	3.14
11783	6063	5720	105.99	6	4	2	150.00	3.25
16365	8348	8017	104.13					3.26
1831	908	923	98.39	57	34	23	150.91	2.62
33162	16139	17023	94.81	268	215	53	404.00	2.96
19694	10016	9678	103.50	248	178	70	255.56	2.90
35374	18064	17310	104.35	5	5			3.06
16651	8395	8256	101.68	381	307	73	418.95	3.10
24450	12548	11902	105.43	44	20	24	84.62	3.46
46120	23092	23027	100.28	70	54	17	320.00	2.96
58321	29701	28620	103.78	65	39	26	150.00	3.41
29447	15203	14244	106.74	6	4	1	300.00	3.15
35780	18545	17235	107.60	3	3			3.21
29655	14996	14659	102.29	2035	1161	874	132.73	3.78
28387	14851	13536	109.71	6	5	1	500.00	3.62
4148	2197	1951	112.59	1			200.00	3.95
13759	7044	6715	104.89	18	16	3	600.00	2.94
49364	25114	24250	103.56	43	26	16	162.50	3.01
25079	13069	12010	108.82	10	6	4	160.00	3.66
28668	14934	13735	108.73	14	10	3	300.00	3.86
1857	940	917	102.61					5.31
20930	10552	10378	101.68	3		3		3.30
16530	8413	8117	103.65	1	1			3.95
3056	1559	1496	104.24	9	5	4	115.63	4.35
3168	1621	1546	104.84	2	1		600.00	4.18
11710	6018	5692	105.74	2	1	1	150.00	4.03

2-15 各地区按家庭户规模分的户数

Family Households by Size and Region

单位：户 (household)

地 区	Region	家庭户户数 Number of Family Households	一人户 One Person	二人户 Two Persons	三人户 Three Persons	四人户 Four Persons	五人户 Five Persons	六人户 Six Persons	七人户 Seven Persons	八人户 Eight Persons	九人户 Nine Persons	十人及以上户 Ten Persons and Over
全 国	**National Total**	**367260**	**32850**	**89708**	**111498**	**76715**	**37141**	**13763**	**3588**	**1274**	**413**	**310**
北 京	Beijing	4978	744	1567	1792	530	260	67	13	4		1
天 津	Tianjin	3197	236	779	1360	471	286	50	12	3	1	
河 北	Hebei	19188	1399	4482	5139	4827	2128	947	190	55	13	8
山 西	Shanxi	9106	650	1812	2674	2330	1041	469	94	24	7	6
内蒙古	Inner Mongolia	7387	515	2068	2835	1337	461	141	25	4	1	
辽 宁	Liaoning	13383	1091	3881	5199	1899	1051	221	32	7	1	
吉 林	Jilin	8191	486	2236	3158	1360	715	186	39	8	3	1
黑龙江	Heilongjiang	12014	895	3630	4574	1667	997	201	35	13	2	1
上 海	Shanghai	6112	913	1885	2311	579	339	61	16	5	1	2
江 苏	Jiangsu	22575	2536	6176	7134	3589	2380	564	126	54	10	5
浙 江	Zhejiang	15528	2062	4507	4909	2398	1233	348	46	18	4	2
安 徽	Anhui	18393	1816	4827	5568	4067	1432	502	143	29	8	2
福 建	Fujian	10174	1289	2406	2852	1999	1077	402	94	29	14	10
江 西	Jiangxi	11635	733	2387	3374	2783	1565	522	161	72	22	18
山 东	Shandong	28746	2684	8136	9797	5362	2052	564	109	32	9	2
河 南	Henan	25389	1651	4933	6875	7427	2972	1203	230	79	21	
湖 北	Hubei	16487	1273	4313	5465	3396	1400	485	86	53	10	6
湖 南	Hunan	18220	1500	4469	5469	4145	1790	631	139	53	16	9
广 东	Guangdong	22254	2776	4809	4941	4525	2749	1470	585	250	66	83
广 西	Guangxi	12021	750	2116	3130	3305	1636	690	222	100	39	33
海 南	Hainan	1952	109	290	425	531	330	167	60	25	6	9
重 庆	Chongqing	8816	1085	2535	2573	1677	690	194	37	20	4	2
四 川	Sichuan	24750	2599	6604	7449	5024	2105	731	175	40	17	6
贵 州	Guizhou	9741	714	1867	2401	2434	1359	622	221	72	34	16
云 南	Yunnan	11169	616	1872	2723	3116	1739	808	192	59	28	15
西 藏	Tibet	550	37	55	84	111	94	60	42	27	21	19
陕 西	Shaanxi	10602	807	2508	3297	2313	1084	460	96	26	4	6
甘 肃	Gansu	6494	361	1045	1645	1732	970	511	149	45	20	15
青 海	Qinghai	1371	104	238	368	307	188	90	39	18	9	11
宁 夏	Ningxia	1520	65	285	442	330	221	121	38	11	5	3
新 疆	Xinjiang	5317	352	994	1537	1147	798	275	139	39	16	20

2-16　各地区城市按家庭户规模分的户数

Family Households of Cities by Size and Region

单位: 户　　　　(household)

地　区	Region	家庭户户数 Number of Family Households	一人户 One Person	二人户 Two Persons	三人户 Three Persons	四人户 Four Persons	五人户 Five Persons	六人户 Six Persons	七人户 Seven Persons	八人户 Eight Persons	九人户 Nine Persons	十人及以上户 Ten Persons and Over
全　国	**National Total**	**93969**	**9691**	**24825**	**36959**	**13233**	**6553**	**1891**	**492**	**199**	**76**	**50**
北　京	Beijing	4047	646	1313	1496	365	171	44	8	3		1
天　津	Tianjin	2167	196	579	1015	215	139	15	6	2		
河　北	Hebei	3567	283	931	1240	617	327	122	26	15	3	1
山　西	Shanxi	2222	126	471	998	357	193	58	11	6	2	1
内蒙古	Inner Mongolia	2303	221	663	1103	245	59	7	4	1		
辽　宁	Liaoning	6322	632	1969	2727	594	329	58	8	3	1	
吉　林	Jilin	3169	252	936	1419	347	183	23	7	1	1	
黑龙江	Heilongjiang	4728	484	1653	1957	421	185	25	3			
上　海	Shanghai	4892	734	1440	1954	474	230	43	11	5	1	2
江　苏	Jiangsu	7289	745	1751	2800	933	782	203	34	28	10	3
浙　江	Zhejiang	3992	558	1094	1569	465	252	43	7	5		1
安　徽	Anhui	2352	219	620	969	347	156	27	11	1	1	
福　建	Fujian	2164	326	477	724	339	200	66	18	6	6	3
江　西	Jiangxi	1945	104	468	799	288	201	56	17	5	2	3
山　东	Shandong	5656	500	1662	2370	660	357	81	21	4	2	
河　南	Henan	4521	211	827	1816	1051	409	156	30	13	8	
湖　北	Hubei	3661	297	921	1525	565	245	71	14	16	3	5
湖　南	Hunan	3459	280	776	1548	519	235	76	12	8	3	2
广　东	Guangdong	9134	1421	2203	2442	1686	799	378	146	30	16	12
广　西	Guangxi	1634	121	303	676	339	125	45	11	7	1	7
海　南	Hainan	410	25	64	132	106	51	19	6	4	1	1
重　庆	Chongqing	1615	195	442	553	253	125	32	8	5	2	
四　川	Sichuan	3297	246	814	1280	623	229	76	12	12	5	
贵　州	Guizhou	1126	128	278	430	175	71	23	10	4	2	6
云　南	Yunnan	1686	148	396	670	285	132	44	5	4	1	
西　藏	Tibet	127	23	28	32	25	13	2	2			
陕　西	Shaanxi	2285	176	589	988	326	139	43	16	3	2	1
甘　肃	Gansu	1475	128	373	621	239	85	19	9	2	1	
青　海	Qinghai	351	48	108	138	38	13	3	1	1		
宁　夏	Ningxia	461	36	130	219	51	19	4	1	1		
新　疆	Xinjiang	1910	184	546	749	286	98	28	14	4	1	1

2-17 各地区镇按家庭户规模分的户数

Family Households of Towns by Size and Region

单位：户 (household)

地 区	Region	家庭户户数 Number of Family Households	一人户 One Person	二人户 Two Persons	三人户 Three Persons	四人户 Four Persons	五人户 Five Persons	六人户 Six Persons	七人户 Seven Persons	八人户 Eight Persons	九人户 Nine Persons	十人及以上户 Ten Persons and Over
全 国	**National Total**	**74419**	**6139**	**18140**	**23239**	**15538**	**7608**	**2678**	**683**	**257**	**72**	**67**
北 京	Beijing	194	26	58	60	31	15	1	2			
天 津	Tianjin	330	14	63	109	84	48	10	2			
河 北	Hebei	3884	246	832	1063	939	508	232	55	6	1	1
山 西	Shanxi	1787	109	354	576	467	181	78	15	4	1	1
内蒙古	Inner Mongolia	1484	94	402	637	255	78	15	3			
辽 宁	Liaoning	1922	122	598	758	244	174	24	2			
吉 林	Jilin	1400	86	386	538	206	144	33	5	2		
黑龙江	Heilongjiang	2262	176	746	936	228	149	22	4	1		
上 海	Shanghai	520	64	192	153	47	50	11	2	1	1	
江 苏	Jiangsu	4065	409	1208	1213	671	437	95	21	11		
浙 江	Zhejiang	4746	560	1484	1476	720	361	119	17	6	2	1
安 徽	Anhui	4495	372	1128	1568	934	318	134	36	4	1	
福 建	Fujian	2632	242	590	805	550	300	106	24	9	3	3
江 西	Jiangxi	2624	125	504	773	683	350	112	48	18	7	4
山 东	Shandong	7517	662	2058	2523	1554	542	137	28	7	5	
河 南	Henan	3758	241	635	998	1123	488	222	36	13	2	
湖 北	Hubei	3480	243	945	1264	629	293	76	15	14	2	
湖 南	Hunan	3629	238	843	1145	924	341	114	17	5	2	2
广 东	Guangdong	5268	678	1152	1068	1038	701	374	137	79	9	33
广 西	Guangxi	2548	120	410	691	689	399	141	50	26	14	8
海 南	Hainan	491	25	75	95	144	82	42	15	9	1	3
重 庆	Chongqing	2517	321	738	783	407	193	54	14	5	1	2
四 川	Sichuan	5044	428	1208	1714	1105	449	107	29	2		2
贵 州	Guizhou	1764	141	281	540	445	219	91	29	10	7	1
云 南	Yunnan	2054	132	450	526	528	277	110	17	7	5	1
西 藏	Tibet	74		5	9	20	18	11	5	2	1	1
陕 西	Shaanxi	1975	121	442	668	418	211	89	19	3	2	
甘 肃	Gansu	835	47	122	202	224	141	72	18	6	2	2
青 海	Qinghai	317	34	68	103	63	30	12	4	2	1	1
宁 夏	Ningxia	301	13	57	92	71	39	19	7	2	1	1
新 疆	Xinjiang	503	51	104	152	98	69	19	6	2		1

2-18 各地区乡村按家庭户规模分的户数

Family Households of Rural Areas by Size and Region

单位：户 (household)

地 区	Region	家庭户户数 Number of Family Households	一人户 One Person	二人户 Two Persons	三人户 Three Persons	四人户 Four Persons	五人户 Five Persons	六人户 Six Persons	七人户 Seven Persons	八人户 Eight Persons	九人户 Nine Persons	十人及以上户 Ten Persons and Over
全 国	**National Total**	**198871**	**17020**	**46744**	**51300**	**47945**	**22981**	**9193**	**2413**	**818**	**264**	**193**
北 京	Beijing	737	73	196	236	134	74	21	4			
天 津	Tianjin	701	27	137	235	173	99	25	5			
河 北	Hebei	11737	870	2718	2836	3270	1293	593	109	34	9	5
山 西	Shanxi	5097	415	987	1099	1506	667	333	68	13	4	4
内蒙古	Inner Mongolia	3600	200	1003	1096	836	324	119	18	3	1	
辽 宁	Liaoning	5139	337	1314	1714	1061	548	140	22	4		
吉 林	Jilin	3622	147	914	1201	808	388	130	27	5	1	1
黑龙江	Heilongjiang	5024	236	1230	1681	1018	663	154	28	12	2	1
上 海	Shanghai	700	115	253	204	58	59	7	3			
江 苏	Jiangsu	11222	1383	3217	3121	1986	1161	266	70	15		2
浙 江	Zhejiang	6789	945	1929	1864	1214	620	186	22	7	2	
安 徽	Anhui	11546	1225	3079	3031	2786	957	341	97	23	5	2
福 建	Fujian	5377	721	1339	1323	1110	577	230	52	15	5	5
江 西	Jiangxi	7066	505	1414	1802	1811	1014	354	96	48	13	10
山 东	Shandong	15573	1522	4416	4904	3147	1152	346	60	22	2	2
河 南	Henan	17110	1199	3471	4060	5253	2075	824	164	52	11	
湖 北	Hubei	9346	733	2447	2677	2202	861	339	57	23	4	1
湖 南	Hunan	11132	982	2851	2776	2703	1214	441	109	40	11	6
广 东	Guangdong	7852	677	1454	1431	1801	1249	718	302	141	41	39
广 西	Guangxi	7840	510	1403	1763	2277	1112	505	162	67	24	19
海 南	Hainan	1050	59	151	197	281	196	107	39	12	4	5
重 庆	Chongqing	4685	569	1355	1237	1017	372	108	14	10	2	
四 川	Sichuan	16409	1924	4582	4454	3296	1426	549	134	26	12	4
贵 州	Guizhou	6851	445	1307	1431	1814	1070	507	182	58	26	10
云 南	Yunnan	7429	336	1025	1527	2302	1330	654	170	49	21	14
西 藏	Tibet	350	13	21	42	66	63	46	35	25	20	18
陕 西	Shaanxi	6342	510	1476	1640	1569	733	328	61	19		5
甘 肃	Gansu	4184	187	550	823	1269	744	421	122	38	17	13
青 海	Qinghai	703	22	62	127	206	145	75	34	15	7	10
宁 夏	Ningxia	757	17	97	131	208	163	98	30	8	4	2
新 疆	Xinjiang	2903	116	343	636	763	631	228	119	33	15	17

2-19 各地区家庭户类别

Family Households by Type and Region

单位：户 (household)

地 区	Region	家庭户户数 Number of Family Households	一代户 One Generation	二代户 Two Generations	三代户 Three Generations	四代户 Four Generations	五代户 Five Generations
全 国	**National Total**	**367260**	**105166**	**195601**	**64319**	**2173**	**1**
北 京	Beijing	4978	2088	2322	559	9	
天 津	Tianjin	3197	868	1803	515	11	
河 北	Hebei	19188	5305	10447	3326	110	
山 西	Shanxi	9106	2205	5463	1384	53	1
内蒙古	Inner Mongolia	7387	2356	4174	832	26	
辽 宁	Liaoning	13383	4331	7055	1951	46	
吉 林	Jilin	8191	2368	4426	1371	27	
黑龙江	Heilongjiang	12014	4003	6267	1696	48	
上 海	Shanghai	6112	2461	2824	802	26	
江 苏	Jiangsu	22575	7165	10588	4573	250	
浙 江	Zhejiang	15528	5930	7252	2253	93	
安 徽	Anhui	18393	5607	9960	2744	82	
福 建	Fujian	10174	3203	5053	1837	81	
江 西	Jiangxi	11635	2591	6376	2591	77	
山 东	Shandong	28746	9632	15619	3392	104	
河 南	Henan	25389	5503	14919	4797	170	
湖 北	Hubei	16487	4628	8695	3055	110	
湖 南	Hunan	18220	4927	9744	3458	92	
广 东	Guangdong	22254	7130	10909	4077	138	
广 西	Guangxi	12021	2411	6996	2533	81	
海 南	Hainan	1952	346	1180	416	9	
重 庆	Chongqing	8816	2975	4235	1564	42	
四 川	Sichuan	24750	7207	12468	4917	157	
贵 州	Guizhou	9741	2230	5629	1822	60	
云 南	Yunnan	11169	2052	6412	2588	117	
西 藏	Tibet	550	72	288	182	9	
陕 西	Shaanxi	10602	2682	5629	2212	79	
甘 肃	Gansu	6494	1160	3613	1675	46	
青 海	Qinghai	1371	290	749	321	11	
宁 夏	Ningxia	1520	310	942	261	7	
新 疆	Xinjiang	5317	1126	3567	619	4	

2-20 各地区城市家庭户类别

Family Households of Cities by Type and Region

单位：户 (household)

地 区	Region	家庭户户数 Number of Family Households	一代户 One Generation	二代户 Two Generations	三代户 Three Generations	四代户 Four Generations	五代户 Five Generations
全 国	**National Total**	**93969**	**30324**	**50674**	**12701**	**271**	
北 京	Beijing	4047	1760	1887	397	3	
天 津	Tianjin	2167	653	1211	297	6	
河 北	Hebei	3567	1074	1926	558	10	
山 西	Shanxi	2222	527	1417	271	8	
内蒙古	Inner Mongolia	2303	800	1364	137	3	
辽 宁	Liaoning	6322	2186	3394	734	7	
吉 林	Jilin	3169	1002	1777	387	3	
黑龙江	Heilongjiang	4728	1871	2434	418	5	
上 海	Shanghai	4892	1873	2393	617	8	
江 苏	Jiangsu	7289	2170	3680	1373	65	
浙 江	Zhejiang	3992	1474	2026	485	7	
安 徽	Anhui	2352	732	1354	266		
福 建	Fujian	2164	735	1068	353	9	
江 西	Jiangxi	1945	504	1088	348	5	
山 东	Shandong	5656	1968	3079	597	12	
河 南	Henan	4521	855	2884	757	24	
湖 北	Hubei	3661	1014	2038	595	15	
湖 南	Hunan	3459	906	2039	508	6	
广 东	Guangdong	9134	3506	4344	1251	33	
广 西	Guangxi	1634	368	1012	252	1	
海 南	Hainan	410	76	258	74	2	
重 庆	Chongqing	1615	535	772	302	6	
四 川	Sichuan	3297	909	1807	571	10	
贵 州	Guizhou	1126	348	627	150	1	
云 南	Yunnan	1686	488	924	266	9	
西 藏	Tibet	127	38	71	17		
陕 西	Shaanxi	2285	639	1300	339	7	
甘 肃	Gansu	1475	420	872	182	1	
青 海	Qinghai	351	136	182	33		
宁 夏	Ningxia	461	146	287	28	1	
新 疆	Xinjiang	1910	611	1159	140		

2-21 各地区镇家庭户类别

Family Households of Towns by Type and Region

单位：户 (household)

地 区	Region	家庭户户数 Number of Family Households	一代户 One Generation	二代户 Two Generations	三代户 Three Generations	四代户 Four Generations	五代户 Five Generations
全 国	**National Total**	**74419**	**21133**	**40239**	**12665**	**382**	
北 京	Beijing	194	79	86	29		
天 津	Tianjin	330	70	189	70	1	
河 北	Hebei	3884	985	2130	742	26	
山 西	Shanxi	1787	422	1128	227	9	
内蒙古	Inner Mongolia	1484	456	888	138	2	
辽 宁	Liaoning	1922	658	1000	260	4	
吉 林	Jilin	1400	411	755	230	4	
黑龙江	Heilongjiang	2262	814	1197	247	3	
上 海	Shanghai	520	240	186	83	11	
江 苏	Jiangsu	4065	1350	1834	841	39	
浙 江	Zhejiang	4746	1893	2264	563	26	
安 徽	Anhui	4495	1292	2577	608	18	
福 建	Fujian	2632	720	1415	474	23	
江 西	Jiangxi	2624	515	1504	592	13	
山 东	Shandong	7517	2405	4204	885	23	
河 南	Henan	3758	744	2244	752	19	
湖 北	Hubei	3480	1006	1883	575	16	
湖 南	Hunan	3629	885	2068	664	12	
广 东	Guangdong	5268	1739	2461	1040	28	
广 西	Guangxi	2548	453	1471	598	26	
海 南	Hainan	491	88	286	115	3	
重 庆	Chongqing	2517	876	1229	403	9	
四 川	Sichuan	5044	1306	2659	1060	19	
贵 州	Guizhou	1764	363	1078	312	11	
云 南	Yunnan	2054	477	1196	370	10	
西 藏	Tibet	74	5	39	29	1	
陕 西	Shaanxi	1975	447	1112	402	14	
甘 肃	Gansu	835	142	459	229	5	
青 海	Qinghai	317	88	178	50	2	
宁 夏	Ningxia	301	64	193	43	1	
新 疆	Xinjiang	503	141	328	35		

2-22 各地区乡村家庭户类别

Family Households of Rural Areas by Type and Region

单位：户 (household)

地 区	Region	家庭户户数 Number of Family Households	一代户 One Generation	二代户 Two Generations	三代户 Three Generations	四代户 Four Generations	五代户 Five Generations
全 国	**National Total**	**198871**	**53709**	**104688**	**38954**	**1520**	**1**
北 京	Beijing	737	249	349	133	6	
天 津	Tianjin	701	145	403	148	4	
河 北	Hebei	11737	3246	6391	2026	74	
山 西	Shanxi	5097	1256	2918	886	36	1
内蒙古	Inner Mongolia	3600	1100	1922	557	21	
辽 宁	Liaoning	5139	1488	2661	956	34	
吉 林	Jilin	3622	954	1894	754	19	
黑龙江	Heilongjiang	5024	1318	2635	1031	40	
上 海	Shanghai	700	347	245	102	7	
江 苏	Jiangsu	11222	3645	5073	2359	145	
浙 江	Zhejiang	6789	2562	2962	1205	60	
安 徽	Anhui	11546	3584	6029	1870	64	
福 建	Fujian	5377	1748	2570	1010	49	
江 西	Jiangxi	7066	1572	3784	1651	59	
山 东	Shandong	15573	5259	8336	1910	69	
河 南	Henan	17110	3904	9791	3289	127	
湖 北	Hubei	9346	2608	4773	1885	79	
湖 南	Hunan	11132	3136	5637	2287	73	
广 东	Guangdong	7852	1885	4104	1785	77	
广 西	Guangxi	7840	1591	4513	1683	53	
海 南	Hainan	1050	183	636	227	4	
重 庆	Chongqing	4685	1565	2233	859	27	
四 川	Sichuan	16409	4993	8002	3286	128	
贵 州	Guizhou	6851	1519	3924	1361	48	
云 南	Yunnan	7429	1086	4293	1953	97	
西 藏	Tibet	350	29	177	136	8	
陕 西	Shaanxi	6342	1597	3217	1471	58	
甘 肃	Gansu	4184	598	2282	1264	39	
青 海	Qinghai	703	66	390	238	9	
宁 夏	Ningxia	757	101	462	190	5	
新 疆	Xinjiang	2903	374	2081	444	4	

2-23 全国家庭户人数和户主的年龄、性别构成
Population of Family Households, Age and Sex Composition of the Household Head

年龄 Age	家庭户人口数 Population of Family Household (person)	男 Male	女 Female	户主数 Number of Household Head (person)	男 Male	女 Female	户主率 Household Head Rate (%)	男 Male	女 Female
总计 Total	**1164248**	**589487**	**574761**	**367256**	**304891**	**62365**	**31.54**	**51.72**	**10.85**
14岁以下	**212179**	**115586**	**96593**	**2695**	**1489**	**1207**	**1.27**	**1.29**	**1.25**
15-19	**93042**	**49417**	**43625**	**2395**	**1423**	**972**	**2.57**	**2.88**	**2.23**
15	18407	9920	8487	433	234	199	2.35	2.36	2.34
16	18287	9680	8607	439	252	187	2.40	2.61	2.17
17	21722	11616	10106	532	326	206	2.45	2.80	2.04
18	18767	9859	8908	477	304	173	2.54	3.08	1.95
19	15859	8342	7517	514	307	207	3.24	3.68	2.75
20-24	**69134**	**33840**	**35294**	**4891**	**3495**	**1395**	**7.07**	**10.33**	**3.95**
20	16104	8224	7880	584	365	219	3.63	4.44	2.78
21	14066	6844	7221	644	409	235	4.58	5.97	3.25
22	12610	6136	6474	885	619	266	7.02	10.09	4.11
23	13056	6228	6828	1231	926	305	9.43	14.87	4.47
24	13298	6407	6891	1547	1176	371	11.63	18.36	5.38
25-29	**73390**	**35286**	**38104**	**15083**	**12263**	**2821**	**20.55**	**34.75**	**7.40**
25	15550	7464	8086	2159	1676	483	13.88	22.46	5.97
26	14114	6699	7415	2442	1935	506	17.30	28.89	6.83
27	14132	6864	7267	3027	2506	521	21.42	36.51	7.17
28	14894	7197	7696	3533	2900	633	23.72	40.29	8.23
29	14700	7061	7639	3923	3246	677	26.69	45.96	8.87
30-34	**84887**	**41463**	**43424**	**29871**	**24925**	**4946**	**35.19**	**60.11**	**11.39**
30	14371	7077	7294	4212	3519	693	29.31	49.72	9.50
31	15959	7793	8166	5217	4301	916	32.69	55.19	11.22
32	16777	8222	8556	5891	4893	998	35.12	59.52	11.67
33	18371	9016	9354	6969	5856	1112	37.93	64.95	11.89
34	19409	9354	10054	7582	6355	1227	39.07	67.94	12.20
35-39	**113804**	**56179**	**57625**	**51321**	**43481**	**7840**	**45.10**	**77.40**	**13.61**
35	20820	10342	10478	8773	7391	1382	42.14	71.47	13.19
36	21786	10799	10987	9487	8019	1468	43.55	74.26	13.36
37	24172	11840	12332	10783	9119	1664	44.61	77.02	13.49
38	22539	11071	11468	10515	8919	1595	46.65	80.56	13.91
39	24487	12126	12360	11763	10032	1731	48.04	82.73	14.01

2-23 续表 continued

年　龄 Age	家庭户人口数 Population of Family Household (person)	男 Male	女 Female	户主数 Number of Household Head (person)	男 Male	女 Female	户主率 Household Head Rate (%)	男 Male	女 Female
40-44	**114805**	**57037**	**57768**	**57423**	**49415**	**8008**	**50.02**	**86.64**	**13.86**
40	20196	10103	10093	10005	8540	1465	49.54	84.53	14.51
41	22800	11248	11552	11304	9717	1588	49.58	86.38	13.74
42	23250	11530	11719	11623	9978	1644	49.99	86.54	14.03
43	22550	11177	11373	11366	9788	1579	50.41	87.57	13.88
44	26009	12979	13030	13125	11392	1732	50.46	87.78	13.29
45-49	**75706**	**37700**	**38007**	**38704**	**33634**	**5070**	**51.12**	**89.22**	**13.34**
45	19990	9855	10135	10157	8792	1365	50.81	89.21	13.47
46	11168	5451	5717	5545	4791	754	49.65	87.89	13.19
47	12869	6464	6405	6702	5860	842	52.08	90.66	13.15
48	14365	7225	7140	7254	6341	913	50.50	87.76	12.79
49	17315	8704	8610	9046	7851	1195	52.24	90.20	13.88
50-54	**92159**	**46384**	**45775**	**48492**	**42077**	**6414**	**52.62**	**90.72**	**14.01**
50	19608	9954	9654	10332	9060	1273	52.69	91.02	13.18
51	17669	8833	8836	9211	7993	1218	52.13	90.48	13.78
52	18907	9386	9522	9860	8503	1357	52.15	90.60	14.25
53	18820	9468	9352	9996	8645	1352	53.11	91.30	14.45
54	17155	8743	8412	9093	7877	1216	53.00	90.10	14.45
55-59	**73113**	**36887**	**36226**	**38251**	**32656**	**5594**	**52.32**	**88.53**	**15.44**
55	17775	8900	8875	9316	8010	1306	52.41	90.00	14.71
56	14781	7374	7407	7768	6603	1166	52.56	89.55	15.74
57	14628	7476	7152	7628	6580	1048	52.15	88.02	14.65
58	13883	7055	6828	7205	6116	1089	51.90	86.70	15.95
59	12046	6083	5963	6333	5347	986	52.57	87.90	16.54
60-64	**50947**	**25906**	**25041**	**26317**	**21720**	**4597**	**51.66**	**83.84**	**18.36**
60	12269	6270	5999	6366	5341	1025	51.89	85.19	17.08
61	10760	5488	5272	5543	4612	931	51.51	84.04	17.65
62	9899	4909	4989	4973	4065	908	50.24	82.80	18.19
63	9405	4806	4599	4941	4055	886	52.54	84.38	19.26
64	8614	4433	4181	4494	3646	848	52.18	82.26	20.28
65+	**111082**	**53803**	**57279**	**51813**	**38313**	**13500**	**46.64**	**71.21**	**23.57**

2-24 各地区分性别、受教育程度的人口

Population by Sex, Educational Attainment and Region

单位：人 (person)

地 区	Region	6岁及以上人口 Population Aged 6 and Over	男 Male	女 Female	未上过学 No Schooling	男 Male	女 Female	小 学 Primary School	男 Male	女 Female
全 国	**National Total**	**1116037**	**562664**	**553373**	**89448**	**24528**	**64920**	**354873**	**169833**	**185041**
北 京	Beijing	13984	6951	7033	490	115	375	1850	863	987
天 津	Tianjin	9517	4756	4762	457	122	334	1789	840	949
河 北	Hebei	59018	29906	29112	3674	983	2691	17772	8369	9402
山 西	Shanxi	29277	14897	14379	1191	343	848	7743	3662	4082
内蒙古	Inner Mongolia	20920	10582	10338	1669	520	1149	6249	2936	3313
辽 宁	Liaoning	37666	18914	18751	1519	417	1102	9818	4661	5156
吉 林	Jilin	23898	12078	11819	1133	359	773	6576	3111	3466
黑龙江	Heilongjiang	33610	16953	16657	1527	445	1082	8995	4118	4877
上 海	Shanghai	16199	8052	8147	701	128	573	2326	1044	1283
江 苏	jiangsu	65988	31982	34006	5296	1230	4067	18943	8503	10439
浙 江	Zhejiang	43378	22101	21277	4172	1055	3117	14599	7305	7294
安 徽	Anhui	52212	26049	26163	7815	2200	5615	16923	8228	8695
福 建	Fujian	30699	15349	15350	3231	682	2548	11328	5264	6063
江 西	Jiangxi	36534	18428	18106	2429	567	1863	13306	6118	7188
山 东	Shandong	80466	40137	40328	6477	1589	4888	22941	10144	12797
河 南	Henan	80045	40425	39620	5969	1741	4228	21676	10287	11388
湖 北	Hubei	49735	25209	24527	4152	1125	3026	14433	6863	7570
湖 南	Hunan	54867	28088	26779	2996	819	2176	17783	8536	9247
广 东	Guangdong	80650	40888	39762	3330	701	2629	23909	10940	12969
广 西	Guangxi	40026	20747	19279	2241	601	1639	14229	6841	7387
海 南	Hainan	7139	3719	3421	550	135	415	1996	949	1047
重 庆	Chongqing	24352	12282	12070	1785	508	1277	9846	4930	4916
四 川	Sichuan	70787	35415	35372	7039	2053	4986	29681	14971	14710
贵 州	Guizhou	31909	16345	15564	4512	1257	3255	14127	7220	6907
云 南	Yunnan	38261	19658	18602	5467	1725	3741	18081	9418	8663
西 藏	Tibet	2401	1178	1223	827	321	506	1164	628	536
陕 西	Shaanxi	32678	16365	16314	2737	803	1934	9414	4443	4971
甘 肃	Gansu	22562	11386	11175	3866	1238	2627	7765	3846	3920
青 海	Qinghai	4679	2368	2311	781	246	535	1784	919	865
宁 夏	Ningxia	5117	2584	2533	617	180	436	1679	818	861
新 疆	Xinjiang	17464	8871	8593	801	318	484	6149	3056	3093

2-24 续表 continued

单位：人 (person)

地 区	Region	初 中 Junior Secondary School	男 Male	女 Female	高 中 Senior Secondary School	男 Male	女 Female	大专及以上 College and Higher Level	男 Male	女 Female
全 国	**National Total**	**448897**	**242231**	**206667**	**149635**	**85386**	**64249**	**73184**	**40687**	**32497**
北 京	Beijing	4225	2241	1984	3207	1593	1614	4213	2140	2072
天 津	Tianjin	3546	1893	1653	2227	1134	1094	1498	765	732
河 北	Hebei	28441	15400	13041	6678	3869	2809	2454	1285	1169
山 西	Shanxi	13997	7441	6556	4241	2393	1848	2105	1059	1046
内蒙古	Inner Mongolia	8315	4620	3695	3128	1728	1400	1560	777	783
辽 宁	Liaoning	17137	8944	8192	5427	2890	2537	3765	2002	1764
吉 林	Jilin	10382	5524	4858	4017	2070	1947	1790	1014	775
黑龙江	Heilongjiang	15766	8440	7326	5170	2771	2399	2151	1179	974
上 海	Shanghai	5490	2804	2686	4223	2170	2053	3457	1907	1552
江 苏	jiangsu	26528	13595	12933	9866	5730	4136	5355	2925	2431
浙 江	Zhejiang	15389	8489	6900	5490	3095	2394	3727	2156	1571
安 徽	Anhui	20393	11533	8859	5028	2981	2046	2054	1107	947
福 建	Fujian	10268	5899	4369	4132	2480	1652	1741	1023	717
江 西	Jiangxi	12901	7046	5855	5261	3070	2190	2638	1628	1010
山 东	Shandong	35648	19166	16482	10747	6387	4360	4652	2851	1801
河 南	Henan	38945	20520	18424	10219	6058	4161	3237	1818	1419
湖 北	Hubei	19226	10563	8662	7866	4538	3328	4057	2119	1940
湖 南	Hunan	22447	11990	10457	8258	4694	3564	3384	2050	1335
广 东	Guangdong	35053	18351	16701	13151	7977	5174	5207	2918	2288
广 西	Guangxi	17658	9816	7842	4293	2597	1696	1606	891	714
海 南	Hainan	3150	1701	1449	996	659	337	447	274	173
重 庆	Chongqing	9094	4836	4258	2707	1496	1211	918	512	407
四 川	Sichuan	24094	12823	11272	7071	3895	3177	2901	1674	1227
贵 州	Guizhou	9921	5896	4025	2324	1366	958	1026	607	419
云 南	Yunnan	10533	6232	4301	2640	1439	1202	1540	845	695
西 藏	Tibet	311	177	134	70	38	32	29	14	15
陕 西	Shaanxi	12804	6799	6005	5199	2890	2309	2525	1431	1093
甘 肃	Gansu	7277	4113	3164	2790	1673	1117	864	517	348
青 海	Qinghai	1269	738	531	514	280	235	331	185	145
宁 夏	Ningxia	1803	1011	792	637	357	281	380	217	163
新 疆	Xinjiang	6888	3630	3258	2057	1070	987	1567	796	771

2-25 各地区城市分性别、受教育程度的人口

City Population by Sex, Educational Attainment and Region

单位：人 (person)

地 区	Region	6岁及以上人口 Population Aged 6 and Over	男 Male	女 Female	未上过学 No Schooling	男 Male	女 Female	小 学 Primary School	男 Male	女 Female
全 国	**National Total**	**277433**	**137266**	**140167**	**9073**	**1970**	**7102**	**48924**	**22200**	**26724**
北 京	Beijing	11186	5504	5682	297	49	248	1256	586	670
天 津	Tianjin	6189	3043	3146	229	53	176	736	326	410
河 北	Hebei	10448	5114	5333	404	87	316	2259	1049	1210
山 西	Shanxi	7061	3514	3547	184	38	146	1104	523	581
内蒙古	Inner Mongolia	6074	2963	3111	185	50	135	1043	452	591
辽 宁	Liaoning	16793	8288	8505	429	98	331	2361	1072	1289
吉 林	Jilin	8723	4334	4389	224	61	163	1102	492	611
黑龙江	Heilongjiang	12051	6002	6048	388	95	292	1881	847	1034
上 海	Shanghai	12953	6427	6526	353	61	292	1413	575	838
江 苏	Jiangsu	22877	11025	11853	874	151	723	4453	1933	2520
浙 江	Zhejiang	11170	5688	5482	565	131	434	2394	1136	1258
安 徽	Anhui	6728	3226	3502	372	102	270	1302	595	706
福 建	Fujian	6657	3177	3480	328	52	275	1474	617	857
江 西	Jiangxi	5872	2930	2942	125	24	101	1064	480	583
山 东	Shandong	15900	7839	8061	465	76	389	2600	1102	1498
河 南	Henan	13885	6942	6943	486	98	388	2554	1192	1362
湖 北	Hubei	11690	5708	5982	412	78	335	1758	784	975
湖 南	Hunan	10316	5246	5070	181	44	137	1520	654	866
广 东	Guangdong	32776	16361	16415	706	142	564	6306	2856	3450
广 西	Guangxi	5234	2676	2558	121	30	91	982	471	511
海 南	Hainan	1464	734	730	49	10	39	241	116	125
重 庆	Chongqing	4586	2271	2315	172	51	121	1255	606	650
四 川	Sichuan	9744	4818	4925	322	72	250	2389	1156	1232
贵 州	Guizhou	3193	1584	1609	135	26	109	771	370	400
云 南	Yunnan	5297	2627	2670	266	67	199	1295	611	684
西 藏	Tibet	359	152	207	117	38	80	129	61	68
陕 西	Shaanxi	6694	3323	3371	194	49	146	961	442	518
甘 肃	Gansu	4131	2071	2060	249	68	181	791	363	428
青 海	Qinghai	912	453	460	30	7	23	173	79	94
宁 夏	Ningxia	1238	618	620	45	10	36	215	99	115
新 疆	Xinjiang	5234	2609	2624	167	54	113	1143	552	591

2-25 续表 continued

单位：人 (person)

地 区	Region	初 中 Junior Secondary School	男 Male	女 Female	高 中 Senior Secondary School	男 Male	女 Female	大专及以上 College and Higher Level	男 Male	女 Female
全 国	**National Total**	**97826**	**48652**	**49174**	**68550**	**35937**	**32613**	**53061**	**28507**	**24552**
北 京	Beijing	2944	1526	1418	2650	1305	1345	4039	2038	2000
天 津	Tianjin	1885	990	895	1882	929	953	1457	744	713
河 北	Hebei	3881	1985	1895	2138	1059	1079	1766	933	832
山 西	Shanxi	2506	1264	1241	1787	966	821	1480	724	756
内蒙古	Inner Mongolia	2262	1185	1077	1547	783	764	1038	493	545
辽 宁	Liaoning	6780	3367	3413	4074	2083	1990	3151	1667	1483
吉 林	Jilin	3080	1517	1563	2768	1387	1381	1548	877	670
黑龙江	Heilongjiang	5238	2718	2520	2968	1503	1465	1577	839	738
上 海	Shanghai	4113	2051	2061	3783	1924	1859	3292	1815	1475
江 苏	Jiangsu	8122	3981	4140	5070	2680	2389	4359	2280	2079
浙 江	Zhejiang	3674	1884	1789	2174	1130	1043	2364	1407	958
安 徽	Anhui	2474	1232	1242	1505	826	679	1075	470	603
福 建	Fujian	2279	1105	1175	1563	845	718	1013	557	455
江 西	Jiangxi	1792	846	947	1656	854	801	1235	725	509
山 东	Shandong	5598	2730	2868	4063	2116	1947	3174	1815	1359
河 南	Henan	5438	2765	2673	3276	1726	1550	2130	1161	969
湖 北	Hubei	3225	1597	1628	3318	1820	1497	2977	1429	1547
湖 南	Hunan	3279	1570	1709	2939	1511	1428	2397	1468	931
广 东	Guangdong	14077	6724	7353	7652	4428	3225	4035	2212	1823
广 西	Guangxi	1670	884	787	1480	797	683	981	494	486
海 南	Hainan	516	236	280	380	220	160	277	152	125
重 庆	Chongqing	1696	859	837	947	482	465	516	273	242
四 川	Sichuan	3180	1563	1618	2235	1139	1096	1618	888	730
贵 州	Guizhou	1058	543	516	728	369	358	502	275	227
云 南	Yunnan	1589	825	764	1018	518	500	1129	605	523
西 藏	Tibet	74	33	40	24	12	12	15	7	8
陕 西	Shaanxi	1862	873	988	2102	1075	1027	1575	884	691
甘 肃	Gansu	1329	670	659	1101	576	525	661	393	268
青 海	Qinghai	315	163	152	212	103	109	183	101	82
宁 夏	Ningxia	417	206	211	303	157	146	258	146	112
新 疆	Xinjiang	1475	758	716	1207	613	594	1241	632	611

2-26 各地区镇分性别、受教育程度的人口

Town Population by Sex, Educational Attainment and Region

单位：人 (person)

地 区	Region	6岁及以上人口 Population Aged 6 and Over	男 Male	女 Female	未上过学 No Schooling	男 Male	女 Female	小 学 Primary School	男 Male	女 Female
全 国	**National Total**	**226033**	**114231**	**111802**	**15504**	**3852**	**11652**	**66456**	**31330**	**35125**
北 京	Beijing	605	318	287	34	11	24	96	45	51
天 津	Tianjin	1061	536	525	69	22	47	331	161	171
河 北	Hebei	12321	6224	6097	715	165	549	3643	1736	1908
山 西	Shanxi	5581	2810	2771	169	43	127	1203	567	636
内蒙古	Inner Mongolia	4114	2059	2055	283	81	202	1052	487	564
辽 宁	Liaoning	5601	2815	2786	214	66	149	1578	738	840
吉 林	Jilin	4078	2043	2036	194	57	137	1081	507	574
黑龙江	Heilongjiang	6110	3087	3022	240	66	174	1245	568	677
上 海	Shanghai	1431	723	707	121	24	98	364	185	179
江 苏	Jiangsu	11555	5670	5885	969	229	740	3430	1602	1828
浙 江	Zhejiang	13381	6833	6548	1144	270	873	4510	2253	2258
安 徽	Anhui	12848	6414	6434	1666	435	1231	3746	1767	1980
福 建	Fujian	8178	4100	4078	749	140	610	2886	1297	1589
江 西	Jiangxi	8501	4316	4185	507	113	395	2792	1298	1494
山 东	Shandong	21389	10851	10538	1780	428	1352	5683	2575	3107
河 南	Henan	12256	6314	5941	917	252	665	2692	1368	1324
湖 北	Hubei	10229	5176	5053	606	125	481	2456	1154	1302
湖 南	Hunan	11160	5665	5495	530	136	394	2941	1368	1573
广 东	Guangdong	18251	9461	8790	666	132	534	5869	2642	3227
广 西	Guangxi	8866	4580	4285	344	66	278	2737	1294	1443
海 南	Hainan	1865	976	889	142	35	107	470	224	246
重 庆	Chongqing	6874	3429	3446	376	98	277	2249	1075	1174
四 川	Sichuan	14758	7224	7534	914	250	664	4975	2354	2621
贵 州	Guizhou	5651	2859	2792	437	102	335	1981	934	1047
云 南	Yunnan	6536	3293	3243	603	162	441	2827	1397	1430
西 藏	Tibet	329	157	173	92	30	62	177	92	85
陕 西	Shaanxi	6101	3073	3028	379	111	268	1441	671	771
甘 肃	Gansu	2944	1485	1458	346	110	236	933	446	487
青 海	Qinghai	956	483	473	107	28	79	277	142	136
宁 夏	Ningxia	995	501	494	107	31	76	276	133	142
新 疆	Xinjiang	1512	758	754	82	35	47	512	252	260

2-26 续表 continued

单位：人 (person)

地 区	Region	初 中 Junior Secondary School	男 Male	女 Female	高 中 Senior Secondary School	男 Male	女 Female	大专及以上 College and Higher Level	男 Male	女 Female
全 国	**National Total**	**97102**	**51463**	**45639**	**33482**	**19463**	**14020**	**13489**	**8124**	**5366**
北 京	Beijing	298	163	135	118	65	54	58	34	24
天 津	Tianjin	520	277	243	124	68	56	17	8	9
河 北	Hebei	6148	3294	2854	1512	888	624	303	141	160
山 西	Shanxi	2664	1368	1296	1059	580	479	485	252	233
内蒙古	Inner Mongolia	1644	874	770	775	424	352	359	193	167
辽 宁	Liaoning	2928	1527	1400	484	273	211	396	210	186
吉 林	Jilin	2028	1060	967	629	336	293	147	82	65
黑龙江	Heilongjiang	2924	1507	1418	1262	692	570	438	254	184
上 海	Shanghai	635	342	293	223	122	100	87	50	38
江 苏	Jiangsu	5220	2646	2574	1524	944	579	413	249	164
浙 江	Zhejiang	4959	2749	2210	1738	1000	738	1030	561	469
安 徽	Anhui	5088	2803	2285	1619	934	685	729	477	252
福 建	Fujian	2741	1560	1180	1255	761	494	546	342	204
江 西	Jiangxi	3040	1615	1426	1417	821	596	743	469	274
山 东	Shandong	9904	5200	4704	2917	1848	1069	1106	800	307
河 南	Henan	6154	3231	2924	1904	1121	784	588	343	245
湖 北	Hubei	4414	2314	2100	1972	1078	894	781	505	276
湖 南	Hunan	4808	2497	2311	2168	1244	924	714	421	293
广 东	Guangdong	8282	4530	3752	2614	1641	973	819	515	304
广 西	Guangxi	3984	2117	1867	1303	789	513	498	315	183
海 南	Hainan	802	410	392	305	204	101	146	103	41
重 庆	Chongqing	2942	1507	1435	987	562	426	319	186	133
四 川	Sichuan	5751	2884	2867	2192	1181	1012	926	555	370
贵 州	Guizhou	2114	1176	937	737	409	329	382	237	145
云 南	Yunnan	2206	1238	968	614	331	283	286	165	121
西 藏	Tibet	42	25	17	13	8	5	4	2	2
陕 西	Shaanxi	2432	1248	1184	1143	646	496	707	397	309
甘 肃	Gansu	1172	642	530	378	224	154	115	63	52
青 海	Qinghai	276	151	125	172	93	79	124	69	55
宁 夏	Ningxia	370	200	170	145	81	64	97	55	42
新 疆	Xinjiang	613	310	303	180	97	83	124	64	59

2-27 各地区乡村分性别、受教育程度的人口

Rural Population by Sex, Educational Attainment and Region

单位：人 (person)

地 区	Region	6岁及以上人口 Population Aged 6 and Over	男 Male	女 Female	未上过学 No Schooling	男 Male	女 Female	小 学 Primary School	男 Male	女 Female
全 国	**National Total**	**612571**	**311167**	**301403**	**64872**	**18706**	**46166**	**239494**	**116303**	**123191**
北 京	Beijing	2193	1129	1064	158	55	103	498	231	266
天 津	Tianjin	2268	1177	1091	159	47	111	722	353	368
河 北	Hebei	36250	18568	17682	2555	731	1825	11869	5585	6285
山 西	Shanxi	16635	8574	8062	837	262	575	5436	2572	2864
内蒙古	Inner Mongolia	10732	5560	5172	1201	389	813	4154	1996	2157
辽 宁	Liaoning	15272	7812	7460	875	253	623	5879	2851	3028
吉 林	Jilin	11096	5701	5395	715	242	473	4393	2112	2281
黑龙江	Heilongjiang	15449	7863	7586	899	283	615	5870	2703	3167
上 海	Shanghai	1815	902	913	226	43	183	549	283	266
江 苏	Jiangsu	31556	15287	16269	3454	850	2604	11060	4968	6091
浙 江	Zhejiang	18827	9579	9247	2464	654	1810	7694	3916	3779
安 徽	Anhui	32636	16409	16227	5777	1663	4114	11874	5866	6009
福 建	Fujian	15864	8072	7791	2154	490	1663	6967	3350	3617
江 西	Jiangxi	22162	11183	10979	1797	430	1367	9450	4340	5110
山 东	Shandong	43177	21447	21730	4232	1085	3147	14658	6466	8192
河 南	Henan	53904	27169	26735	4566	1391	3175	16430	7727	8702
湖 北	Hubei	27816	14325	13491	3133	923	2211	10219	4926	5293
湖 南	Hunan	33392	17178	16214	2285	640	1645	13322	6514	6808
广 东	Guangdong	29623	15066	14557	1958	427	1531	11734	5442	6292
广 西	Guangxi	25926	13490	12436	1776	506	1270	10510	5077	5433
海 南	Hainan	3811	2009	1802	359	91	268	1285	610	676
重 庆	Chongqing	12892	6583	6309	1238	359	879	6341	3250	3092
四 川	Sichuan	46286	23373	22913	5804	1731	4072	22318	11461	10857
贵 州	Guizhou	23065	11902	11163	3939	1129	2811	11375	5915	5460
云 南	Yunnan	26428	13739	12690	4598	1496	3102	13959	7410	6549
西 藏	Tibet	1713	870	843	618	254	364	858	475	383
陕 西	Shaanxi	19884	9969	9915	2164	643	1521	7012	3330	3682
甘 肃	Gansu	15487	7831	7657	3271	1060	2211	6042	3037	3005
青 海	Qinghai	2810	1432	1378	644	211	432	1334	698	635
宁 夏	Ningxia	2884	1466	1418	464	140	325	1189	586	603
新 疆	Xinjiang	10718	5504	5214	552	229	323	4495	2252	2242

2-27 续表 continued

单位：人 (person)

地 区	Region	初 中 Junior Secondary School	男 Male	女 Female	高 中 Senior Secondary School	男 Male	女 Female	大专及以上 College and Higher Level	男 Male	女 Female
全 国	**National Total**	**253969**	**142116**	**111853**	**47603**	**29987**	**17616**	**6634**	**4057**	**2577**
北 京	Beijing	982	551	431	439	224	216	116	67	48
天 津	Tianjin	1141	626	515	222	137	85	25	13	12
河 北	Hebei	18412	10120	8292	3027	1922	1105	386	210	176
山 西	Shanxi	8827	4809	4018	1395	848	547	140	84	57
内蒙古	Inner Mongolia	4410	2562	1848	806	522	284	163	91	70
辽 宁	Liaoning	7430	4050	3379	869	533	336	219	124	95
吉 林	Jilin	5274	2947	2328	619	346	273	95	54	40
黑龙江	Heilongjiang	7604	4215	3388	940	576	364	137	86	51
上 海	Shanghai	742	411	332	217	124	93	80	41	39
江 苏	Jiangsu	13186	6967	6219	3273	2105	1168	583	396	188
浙 江	Zhejiang	6757	3856	2901	1578	965	613	333	188	145
安 徽	Anhui	12830	7499	5332	1904	1222	682	251	160	90
福 建	Fujian	5247	3233	2014	1314	874	439	181	125	57
江 西	Jiangxi	8068	4585	3482	2188	1395	793	659	433	227
山 东	Shandong	20146	11235	8911	3767	2423	1344	373	237	135
河 南	Henan	27352	14524	12828	5039	3212	1827	518	315	203
湖 北	Hubei	11587	6653	4935	2577	1640	937	299	183	115
湖 南	Hunan	14360	7923	6437	3151	1938	1212	274	162	113
广 东	Guangdong	12695	7098	5597	2885	1908	977	352	191	161
广 西	Guangxi	12003	6815	5188	1510	1010	500	127	83	44
海 南	Hainan	1833	1055	777	310	235	75	24	17	6
重 庆	Chongqing	4456	2470	1986	773	452	321	84	53	31
四 川	Sichuan	15163	8376	6787	2644	1575	1069	357	230	128
贵 州	Guizhou	6749	4177	2572	860	588	271	142	93	48
云 南	Yunnan	6738	4169	2569	1009	590	419	124	74	51
西 藏	Tibet	195	119	76	33	18	15	9	5	5
陕 西	Shaanxi	8510	4678	3833	1954	1168	786	244	150	94
甘 肃	Gansu	4776	2800	1975	1311	873	437	88	60	28
青 海	Qinghai	678	423	254	131	84	47	24	15	10
宁 夏	Ningxia	1016	605	411	189	119	70	26	17	9
新 疆	Xinjiang	4801	2562	2238	669	359	310	202	101	100

2-28 各地区分性别的15岁及以上文盲人口
Illiterate Population Aged 15 and Over by Sex and Region

地 区	Region	15岁及以上人口(人) Population Aged 15 and Over (person)	男 Male	女 Female	文盲人口(人) Illiterate Population (person)	男 Male	女 Female	文盲人口占15岁及以上人口的比重(%) % to Total Aged 15 and Over (%)	男 Male	女 Female
全 国	**National Total**	**976263**	**486960**	**489304**	**82044**	**21180**	**60865**	**8.40**	**4.35**	**12.44**
北 京	Beijing	13153	6509	6645	440	99	341	3.34	1.52	5.13
天 津	Tianjin	8773	4359	4414	338	75	263	3.85	1.72	5.95
河 北	Hebei	52862	26507	26355	3303	800	2504	6.25	3.02	9.50
山 西	Shanxi	25001	12684	12317	1066	289	777	4.26	2.28	6.31
内蒙古	Inner Mongolia	18604	9374	9230	1532	456	1076	8.23	4.86	11.65
辽 宁	Liaoning	34334	17168	17165	1289	320	969	3.76	1.86	5.65
吉 林	Jilin	21781	10984	10797	992	291	701	4.55	2.65	6.49
黑龙江	Heilongjiang	30563	15366	15197	1333	366	967	4.36	2.38	6.36
上 海	Shanghai	15378	7611	7767	621	106	515	4.04	1.40	6.63
江 苏	Jiangsu	59592	28460	31131	4883	1040	3843	8.19	3.66	12.35
浙 江	Zhejiang	39123	19823	19300	3960	961	3000	10.12	4.85	15.54
安 徽	Anhui	44509	21805	22704	7489	2035	5454	16.83	9.33	24.02
福 建	Fujian	26987	13309	13678	3022	601	2421	11.20	4.52	17.70
江 西	Jiangxi	30897	15243	15655	2225	459	1767	7.20	3.01	11.29
山 东	Shandong	72490	35954	36535	5950	1388	4562	8.21	3.86	12.49
河 南	Henan	68846	34050	34797	5449	1496	3953	7.91	4.39	11.36
湖 北	Hubei	44177	22140	22037	3843	1022	2821	8.70	4.62	12.80
湖 南	Hunan	48587	24657	23930	2601	637	1964	5.35	2.58	8.21
广 东	Guangdong	69264	34726	34538	2850	513	2338	4.12	1.48	6.77
广 西	Guangxi	33925	17406	16519	1976	456	1520	5.82	2.62	9.20
海 南	Hainan	6053	3111	2941	517	116	401	8.54	3.74	13.62
重 庆	Chongqing	20957	10445	10512	1677	452	1225	8.00	4.33	11.65
四 川	Sichuan	60809	30125	30684	6461	1784	4677	10.62	5.92	15.24
贵 州	Guizhou	25171	12705	12466	4177	1072	3105	16.59	8.44	24.91
云 南	Yunnan	31972	16278	15694	5158	1590	3569	16.13	9.77	22.74
西 藏	Tibet	2025	985	1040	745	279	466	36.77	28.32	44.77
陕 西	Shaanxi	28415	14068	14347	2525	713	1813	8.89	5.07	12.64
甘 肃	Gansu	19023	9503	9519	3677	1145	2532	19.33	12.04	26.60
青 海	Qinghai	3914	1966	1947	720	216	505	18.40	10.97	25.91
宁 夏	Ningxia	4255	2137	2118	587	167	420	13.80	7.82	19.83
新 疆	Xinjiang	14825	7501	7324	637	238	399	4.29	3.17	5.45

2-29 各地区城市分性别的15岁及以上文盲人口
City Illiterate Population Aged 15 and Over by Sex and Region

地 区	Region	15岁及以上人口(人) Population Aged 15 and Over (person)	男 Male	女 Female	文盲人口(人) Illiterate Population (person)	男 Male	女 Female	文盲人口占15岁及以上人口的比重(%) % to Total Aged 15 and Over (%)	男 Male	女 Female
全 国	**National Total**	**252467**	**123987**	**128480**	**7737**	**1470**	**6267**	**3.06**	**1.19**	**4.88**
北 京	Beijing	10566	5177	5389	255	39	216	2.41	0.76	4.01
天 津	Tianjin	5828	2862	2967	160	28	132	2.74	0.98	4.45
河 北	Hebei	9415	4568	4848	336	64	272	3.57	1.40	5.61
山 西	Shanxi	6214	3090	3124	147	25	122	2.37	0.80	3.92
内蒙古	Inner Mongolia	5427	2638	2789	145	34	111	2.68	1.29	3.99
辽 宁	Liaoning	15535	7634	7901	336	69	267	2.16	0.90	3.38
吉 林	Jilin	8046	3988	4057	176	41	135	2.19	1.02	3.33
黑龙江	Heilongjiang	11094	5495	5598	317	74	243	2.86	1.35	4.34
上 海	Shanghai	12313	6082	6231	293	46	247	2.38	0.76	3.97
江 苏	Jiangsu	21020	10046	10974	802	118	684	3.81	1.17	6.23
浙 江	Zhejiang	10189	5161	5028	520	115	405	5.11	2.24	8.05
安 徽	Anhui	6029	2834	3195	341	88	253	5.66	3.11	7.92
福 建	Fujian	6058	2854	3204	285	39	246	4.70	1.36	7.68
江 西	Jiangxi	5213	2568	2646	104	16	88	2.00	0.63	3.32
山 东	Shandong	14527	7133	7394	405	55	350	2.79	0.77	4.74
河 南	Henan	12327	6073	6254	426	72	354	3.45	1.18	5.66
湖 北	Hubei	10671	5182	5488	372	64	308	3.49	1.24	5.61
湖 南	Hunan	9397	4772	4624	139	23	115	1.48	0.49	2.49
广 东	Guangdong	29609	14566	15042	597	102	495	2.02	0.70	3.29
广 西	Guangxi	4705	2386	2319	98	21	77	2.09	0.88	3.34
海 南	Hainan	1288	628	660	45	8	37	3.47	1.27	5.56
重 庆	Chongqing	4129	2019	2110	140	33	107	3.38	1.63	5.05
四 川	Sichuan	8697	4281	4416	274	53	220	3.15	1.25	4.99
贵 州	Guizhou	2783	1365	1417	114	18	97	4.11	1.30	6.83
云 南	Yunnan	4763	2361	2402	239	56	183	5.03	2.38	7.63
西 藏	Tibet	322	134	188	115	36	79	35.74	27.07	41.92
陕 西	Shaanxi	6098	3012	3087	138	27	111	2.27	0.91	3.59
甘 肃	Gansu	3691	1848	1843	217	55	162	5.88	2.98	8.78
青 海	Qinghai	814	402	412	25	4	21	3.12	1.00	5.18
宁 夏	Ningxia	1090	542	548	40	8	33	3.69	1.42	5.94
新 疆	Xinjiang	4609	2283	2326	135	38	97	2.93	1.66	4.18

2-30 各地区镇分性别的15岁及以上文盲人口
Town Illiterate Population Aged 15 and Over by Sex and Region

地 区	Region	15岁及以上人口(人) Population Aged 15 and Over (person)	男 Male	女 Female	文盲人口(人) Illiterate Population (person)	男 Male	女 Female	文盲人口占15岁及以上人口的比重(%) % to Total Aged 15 and Over (%)	男 Male	女 Female
全 国	**National Total**	**197578**	**98705**	**98873**	**14027**	**3175**	**10852**	**7.10**	**3.22**	**10.98**
北 京	Beijing	566	297	269	33	10	23	5.81	3.26	8.62
天 津	Tianjin	940	472	468	52	16	36	5.55	3.36	7.75
河 北	Hebei	10994	5487	5507	644	132	512	5.86	2.40	9.30
山 西	Shanxi	4716	2366	2350	146	34	112	3.10	1.45	4.77
内蒙古	Inner Mongolia	3625	1815	1810	250	66	185	6.91	3.61	10.22
辽 宁	Liaoning	5075	2544	2531	180	46	134	3.54	1.81	5.29
吉 林	Jilin	3678	1828	1850	162	43	119	4.41	2.38	6.41
黑龙江	Heilongjiang	5534	2781	2753	217	57	160	3.93	2.05	5.82
上 海	Shanghai	1354	684	670	108	18	90	8.00	2.64	13.47
江 苏	Jiangsu	10429	5011	5418	905	198	707	8.68	3.95	13.05
浙 江	Zhejiang	12037	6084	5953	1062	239	823	8.82	3.93	13.82
安 徽	Anhui	11040	5446	5594	1605	401	1204	14.53	7.36	21.52
福 建	Fujian	7101	3501	3600	704	114	589	9.91	3.27	16.37
江 西	Jiangxi	7192	3575	3617	438	81	357	6.09	2.27	9.86
山 东	Shandong	19125	9637	9489	1669	380	1289	8.73	3.95	13.58
河 南	Henan	10694	5378	5316	819	205	614	7.66	3.82	11.55
湖 北	Hubei	8993	4467	4526	535	110	425	5.95	2.46	9.39
湖 南	Hunan	9878	4958	4920	453	97	357	4.59	1.95	7.25
广 东	Guangdong	15553	7991	7562	541	72	469	3.48	0.90	6.20
广 西	Guangxi	7597	3873	3724	285	35	250	3.75	0.92	6.70
海 南	Hainan	1587	816	771	135	30	105	8.48	3.69	13.55
重 庆	Chongqing	6045	3008	3037	339	85	254	5.61	2.84	8.36
四 川	Sichuan	12824	6238	6586	788	196	592	6.15	3.14	8.99
贵 州	Guizhou	4599	2298	2302	396	79	317	8.62	3.44	13.79
云 南	Yunnan	5421	2696	2725	535	131	404	9.87	4.85	14.83
西 藏	Tibet	280	136	144	89	28	60	31.69	20.87	41.88
陕 西	Shaanxi	5265	2611	2654	344	95	249	6.54	3.64	9.39
甘 肃	Gansu	2514	1257	1256	329	97	232	13.08	7.72	18.44
青 海	Qinghai	807	401	406	99	25	74	12.27	6.14	18.33
宁 夏	Ningxia	834	414	419	103	30	73	12.38	7.20	17.50
新 疆	Xinjiang	1281	636	646	61	24	37	4.79	3.77	5.79

2-31　各地区乡村分性别的15岁及以上文盲人口

Rural Illiterate Population Aged 15 and Over by Sex and Region

地　区	Region	15岁及以上人口(人) Population Aged 15 and Over (person)	男 Male	女 Female	文盲人口(人) Illiterate Population (person)	男 Male	女 Female	文盲人口占15岁及以上人口的比重(%) % to Total Aged 15 and Over (%)	男 Male	女 Female
全　国	**National Total**	**526218**	**264267**	**261951**	**60280**	**16535**	**43745**	**11.46**	**6.26**	**16.70**
北　京	Beijing	2022	1035	987	152	50	102	7.51	4.86	10.29
天　津	Tianjin	2004	1025	979	126	31	94	6.27	3.05	9.64
河　北	Hebei	32452	16452	16000	2324	604	1720	7.16	3.67	10.75
山　西	Shanxi	14071	7228	6843	772	230	542	5.49	3.18	7.93
内蒙古	Inner Mongolia	9552	4922	4631	1136	356	779	11.89	7.24	16.83
辽　宁	Liaoning	13724	6990	6733	774	205	569	5.64	2.93	8.45
吉　林	Jilin	10058	5168	4890	654	207	447	6.50	4.00	9.15
黑龙江	Heilongjiang	13935	7089	6846	799	235	564	5.73	3.31	8.24
上　海	Shanghai	1710	844	866	220	42	178	12.84	4.99	20.51
江　苏	Jiangsu	28143	13403	14739	3177	724	2452	11.29	5.40	16.64
浙　江	Zhejiang	16897	8578	8320	2379	607	1772	14.08	7.07	21.30
安　徽	Anhui	27440	13525	13915	5543	1546	3998	20.20	11.43	28.73
福　建	Fujian	13828	6954	6874	2033	448	1585	14.70	6.44	23.06
江　西	Jiangxi	18492	9100	9392	1683	361	1322	9.10	3.97	14.08
山　东	Shandong	38837	19185	19653	3876	953	2923	9.98	4.97	14.87
河　南	Henan	45825	22598	23227	4204	1219	2985	9.17	5.40	12.85
湖　北	Hubei	24514	12491	12023	2935	848	2087	11.97	6.79	17.36
湖　南	Hunan	29312	14927	14385	2009	517	1492	6.85	3.46	10.37
广　东	Guangdong	24102	12168	11934	1713	338	1374	7.11	2.78	11.52
广　西	Guangxi	21623	11147	10475	1593	399	1193	7.37	3.58	11.39
海　南	Hainan	3177	1667	1510	338	78	259	10.63	4.69	17.17
重　庆	Chongqing	10783	5418	5365	1199	334	865	11.11	6.16	16.12
四　川	Sichuan	39288	19605	19682	5399	1534	3865	13.74	7.83	19.64
贵　州	Guizhou	17789	9042	8747	3666	976	2691	20.61	10.79	30.76
云　南	Yunnan	21788	11221	10568	4384	1403	2981	20.12	12.50	28.21
西　藏	Tibet	1423	715	708	541	214	326	38.00	29.97	46.11
陕　西	Shaanxi	17052	8445	8607	2043	590	1453	11.98	6.99	16.88
甘　肃	Gansu	12818	6398	6419	3131	992	2139	24.43	15.51	33.32
青　海	Qinghai	2293	1163	1130	596	187	409	25.99	16.09	36.18
宁　夏	Ningxia	2332	1181	1151	444	130	314	19.02	10.97	27.28
新　疆	Xinjiang	8935	4582	4353	440	176	264	4.93	3.84	6.07

2-32 全国15岁及以上人口分年龄、性别的婚姻状况
Population Aged 15 and Over by Age, Sex and Marital Status

单位：人 (person)

年龄 Age	15岁及以上人口 Population Aged 15 and Over	男 Male	女 Female	未婚 Never Married	男 Male	女 Female	初婚有配偶 First Married	男 Male	女 Female
总计 Total	**976263**	**486960**	**489304**	**187773**	**108859**	**78913**	**703008**	**345510**	**357498**
15-19	**98916**	**52436**	**46481**	**97115**	**51654**	**45461**	**1630**	**655**	**975**
15	18656	10142	8513	18524	10045	8479	102	75	27
16	18758	9997	8761	18596	9888	8708	125	80	45
17	22826	12248	10578	22575	12114	10461	217	109	108
18	20616	10732	9883	20141	10561	9580	439	143	296
19	18061	9316	8745	17279	9046	8233	747	248	499
20-24	**78601**	**38520**	**40081**	**55779**	**30867**	**24911**	**22412**	**7464**	**14948**
20	18804	9519	9285	16888	8995	7892	1874	499	1375
21	16432	7961	8471	13328	7183	6144	3040	750	2291
22	14326	6961	7365	10069	5613	4457	4181	1318	2864
23	14468	6962	7507	8446	4875	3571	5916	2047	3869
24	14570	7117	7454	7048	4201	2846	7400	2851	4550
25-29	**76755**	**37245**	**39510**	**18321**	**12113**	**6208**	**57092**	**24496**	**32596**
25	16570	8024	8546	6374	3918	2456	10003	4025	5978
26	14848	7105	7743	4400	2843	1557	10243	4168	6075
27	14723	7238	7485	3213	2225	988	11252	4890	6362
28	15430	7522	7908	2503	1814	688	12590	5558	7032
29	15183	7355	7828	1831	1313	519	13004	5854	7150
30-34	**86753**	**42623**	**44130**	**5683**	**4457**	**1226**	**78281**	**36767**	**41513**
30	14726	7291	7435	1489	1133	356	12847	5950	6897
31	16390	8074	8316	1266	977	289	14643	6865	7778
32	17157	8487	8670	1081	842	239	15495	7352	8143
33	18706	9207	9499	950	782	168	17116	8099	9017
34	19775	9564	10211	897	723	173	18179	8500	9679
35-39	**115391**	**57121**	**58270**	**3315**	**2815**	**500**	**106901**	**51764**	**55137**
35	21126	10529	10597	850	714	136	19440	9407	10033
36	22098	10977	11120	725	598	126	20440	9899	10541
37	24494	12029	12464	699	596	104	22711	10897	11815
38	22835	11264	11571	548	480	68	21187	10254	10933
39	24839	12321	12518	494	427	67	23122	11308	11815

2-32 续表 1 continued

单位：人 (person)

年 龄 Age	15岁及以上人口 Population Aged 15 and Over	男 Male	女 Female	未 婚 Never Married	男 Male	女 Female	初婚有配偶 First Married	男 Male	女 Female
40-44	**115847**	**57649**	**58198**	**1943**	**1722**	**221**	**107452**	**52863**	**54590**
40	20435	10231	10204	435	373	62	18911	9310	9601
41	23014	11357	11657	411	372	39	21384	10400	10984
42	23466	11668	11798	391	352	39	21875	10742	11133
43	22745	11303	11442	362	318	44	21069	10365	10705
44	26188	13091	13097	344	307	37	24213	12047	12167
45-49	**76085**	**37944**	**38140**	**1107**	**1005**	**102**	**69934**	**34630**	**35304**
45	20121	9936	10185	290	254	36	18547	9105	9442
46	11228	5485	5743	145	137	9	10383	5035	5349
47	12916	6495	6421	182	169	13	11896	5939	5957
48	14439	7276	7163	222	198	24	13246	6611	6635
49	17382	8752	8629	267	247	20	15862	7941	7921
50-54	**92481**	**46624**	**45858**	**1395**	**1302**	**93**	**83885**	**42265**	**41619**
50	19694	10020	9675	307	290	17	17982	9097	8885
51	17736	8887	8849	280	265	15	16110	8062	8049
52	18960	9427	9533	276	255	21	17268	8597	8671
53	18882	9514	9368	274	252	22	17028	8610	8418
54	17208	8776	8432	257	241	17	15497	7900	7597
55-59	**73224**	**36982**	**36243**	**1135**	**1064**	**72**	**64604**	**32959**	**31645**
55	17802	8919	8883	263	248	15	15965	8033	7932
56	14804	7392	7412	231	214	17	13167	6620	6547
57	14654	7500	7154	226	212	14	12906	6673	6234
58	13902	7072	6830	227	214	13	12096	6241	5856
59	12063	6099	5964	189	175	14	10468	5392	5076
60-64	**50998**	**25948**	**25050**	**783**	**736**	**47**	**42339**	**22357**	**19983**
60	12283	6282	6001	202	182	20	10405	5441	4963
61	10767	5493	5275	142	134	8	9078	4796	4282
62	9910	4921	4990	169	161	8	8222	4235	3987
63	9411	4809	4602	141	132	9	7703	4098	3605
64	8626	4444	4182	129	127	3	6932	3787	3145
65+	**111212**	**53869**	**57343**	**1196**	**1124**	**72**	**68479**	**39290**	**29189**

2-32 续表 2 continued

单位：人 (person)

年龄 Age	再婚有配偶 Re-married	男 Male	女 Female	离婚 Divorced	男 Male	女 Female	丧偶 Widowed	男 Male	女 Female
总计 Total	**17338**	**8132**	**9206**	**10694**	**6532**	**4162**	**57450**	**17926**	**39524**
15-19	**97**	**74**	**23**	**61**	**44**	**17**	**14**	**9**	**5**
15	19	14	6	7	6		4	2	2
16	25	19	5	7	6	1	5	4	1
17	18	15	3	16	10	5			
18	18	15	3	15	11	4	4	3	
19	17	12	5	17	11	6	1		1
20-24	**176**	**69**	**107**	**198**	**102**	**96**	**36**	**18**	**18**
20	19	13	6	21	9	11	3	2	1
21	25	12	12	31	13	18	8	3	5
22	32	12	20	39	16	23	5	3	1
23	46	11	36	48	23	25	12	6	6
24	54	21	33	59	40	19	10	4	6
25-29	**552**	**208**	**343**	**690**	**393**	**297**	**100**	**35**	**66**
25	84	32	52	98	46	52	12	4	8
26	90	30	59	96	57	38	20	7	13
27	110	38	72	133	80	52	15	4	11
28	135	49	86	180	90	89	22	10	13
29	133	59	75	184	119	65	31	10	21
30-34	**1204**	**497**	**707**	**1286**	**800**	**486**	**299**	**102**	**197**
30	156	76	79	194	118	75	40	13	27
31	209	79	130	230	140	90	43	14	29
32	258	107	151	265	161	104	58	24	34
33	282	122	160	277	175	102	80	29	51
34	299	113	186	321	206	115	78	22	56
35-39	**2414**	**983**	**1431**	**2051**	**1270**	**781**	**711**	**288**	**423**
35	364	143	221	377	225	152	96	41	55
36	437	186	250	389	248	141	107	46	61
37	542	229	313	403	253	150	138	55	84
38	497	193	304	425	267	158	178	70	108
39	574	232	342	457	277	180	192	77	115

2-32 续表 3 continued

单位：人 (person)

年 龄 Age	再婚有配偶 Re-married	男 Male	女 Female	离 婚 Divorced	男 Male	女 Female	丧 偶 Widowed	男 Male	女 Female
40-44	**2851**	**1263**	**1588**	**2130**	**1284**	**846**	**1470**	**518**	**953**
40	512	228	284	363	234	129	214	86	128
41	544	252	292	397	240	157	278	93	185
42	562	247	315	392	235	157	246	92	153
43	542	239	303	453	273	179	319	107	212
44	691	296	395	526	302	224	414	139	275
45-49	**2001**	**932**	**1069**	**1362**	**826**	**536**	**1680**	**551**	**1129**
45	519	233	286	384	227	156	381	117	264
46	294	122	171	212	122	90	193	69	124
47	304	151	153	215	132	84	318	104	214
48	407	204	203	273	175	98	291	87	203
49	477	222	255	278	170	108	498	173	325
50-54	**2305**	**1079**	**1226**	**1232**	**734**	**498**	**3664**	**1244**	**2421**
50	495	242	253	305	183	122	606	207	399
51	461	202	259	282	166	116	603	193	410
52	459	211	248	240	133	106	717	231	486
53	465	213	252	232	129	103	883	310	573
54	426	211	215	173	122	51	856	303	553
55-59	**1896**	**901**	**994**	**671**	**427**	**244**	**4918**	**1630**	**3288**
55	490	229	261	168	108	60	915	300	615
56	370	173	197	137	85	52	899	300	599
57	373	193	180	129	80	50	1018	342	677
58	368	168	199	140	90	50	1071	360	711
59	294	138	156	96	65	31	1016	329	687
60-64	**1307**	**660**	**647**	**428**	**294**	**133**	**6140**	**1900**	**4240**
60	302	162	140	110	74	36	1265	423	842
61	268	138	130	100	70	29	1180	355	826
62	269	134	135	80	43	37	1170	347	823
63	243	121	121	84	64	20	1240	393	847
64	226	105	120	54	43	11	1285	382	903
65+	**2536**	**1467**	**1069**	**585**	**357**	**228**	**38416**	**11631**	**26784**

2-33 全国城市15岁及以上人口分年龄、性别的婚姻状况

City Population Aged 15 and Over by Age, Sex and Marital Status

单位：人 (person)

年龄 Age	15岁及以上人口 Population Aged 15 and Over	男 Male	女 Female	未婚 Never Married	男 Male	女 Female	初婚有配偶 First Married	男 Male	女 Female
总计 Total	**252467**	**123987**	**128480**	**53640**	**28493**	**25147**	**178790**	**88437**	**90353**
15-19	**21848**	**11092**	**10757**	**21599**	**10981**	**10618**	**228**	**98**	**130**
15	3273	1799	1473	3251	1786	1465	17	11	7
16	3490	1865	1625	3472	1850	1622	15	14	2
17	4640	2401	2239	4595	2378	2217	39	20	19
18	5219	2519	2700	5157	2497	2660	56	18	38
19	5226	2507	2720	5124	2471	2653	100	35	65
20-24	**24248**	**11372**	**12876**	**20161**	**10062**	**10099**	**4033**	**1287**	**2746**
20	5642	2683	2959	5358	2600	2758	279	78	201
21	5157	2353	2805	4699	2225	2474	452	123	329
22	4424	2071	2353	3753	1875	1878	659	191	468
23	4443	2117	2326	3367	1766	1600	1061	346	715
24	4582	2148	2434	2984	1595	1389	1582	549	1033
25-29	**23815**	**11251**	**12564**	**7935**	**4751**	**3184**	**15602**	**6387**	**9215**
25	5294	2522	2771	2841	1610	1231	2421	895	1526
26	4648	2114	2534	1879	1058	821	2725	1040	1685
27	4396	2107	2289	1315	844	471	3033	1244	1789
28	4748	2263	2485	1076	709	366	3602	1526	2076
29	4729	2245	2485	824	530	295	3820	1681	2139
30-34	**25291**	**12396**	**12894**	**2016**	**1359**	**657**	**22562**	**10747**	**11815**
30	4543	2279	2264	608	403	206	3842	1833	2009
31	4828	2316	2512	482	333	149	4236	1942	2294
32	5101	2491	2610	339	213	126	4623	2228	2395
33	5202	2564	2637	287	210	77	4749	2286	2464
34	5617	2746	2871	299	200	99	5113	2458	2655
35-39	**30375**	**15191**	**15183**	**885**	**603**	**282**	**27902**	**13914**	**13988**
35	5804	2969	2836	228	163	65	5306	2684	2623
36	5916	2883	3033	210	125	85	5424	2640	2784
37	6339	3130	3209	181	124	56	5826	2868	2958
38	6015	3066	2950	141	103	38	5557	2829	2728
39	6300	3144	3156	125	87	37	5789	2894	2896

2-33 续表 1 continued

单位：人 (person)

年 龄 Age	15岁及以上人口 Population Aged 15 and Over	男 Male	女 Female	未 婚 Never Married	男 Male	女 Female	初婚有配偶 First Married	男 Male	女 Female
40-44	**28543**	**14387**	**14156**	**377**	**256**	**121**	**26141**	**13230**	**12911**
40	4663	2308	2355	84	58	26	4281	2106	2176
41	5346	2617	2729	57	34	23	4930	2425	2505
42	5674	2837	2837	71	48	23	5250	2640	2610
43	5753	2971	2781	77	56	21	5245	2720	2525
44	7108	3654	3454	88	61	28	6435	3340	3096
45-49	**20526**	**10378**	**10148**	**217**	**153**	**64**	**18599**	**9434**	**9165**
45	5050	2543	2507	60	38	23	4562	2309	2253
46	3073	1549	1524	35	30	5	2797	1432	1365
47	3621	1822	1799	36	30	6	3301	1662	1640
48	4230	2126	2105	49	30	19	3807	1898	1909
49	4552	2338	2214	36	26	11	4132	2134	1998
50-54	**22408**	**11101**	**11308**	**181**	**138**	**43**	**20360**	**10206**	**10154**
50	4958	2484	2474	45	38	8	4505	2286	2220
51	4376	2189	2187	33	23	10	3972	2014	1958
52	4584	2234	2349	40	29	11	4134	2048	2086
53	4504	2219	2285	33	25	9	4110	2052	2058
54	3987	1974	2013	30	24	6	3639	1807	1832
55-59	**16630**	**8103**	**8527**	**114**	**78**	**35**	**15004**	**7508**	**7496**
55	3969	1940	2029	13	9	4	3629	1809	1819
56	3488	1704	1784	34	23	11	3156	1575	1581
57	3300	1615	1686	20	15	5	2974	1495	1479
58	3184	1551	1633	22	18	4	2849	1436	1413
59	2689	1294	1395	25	14	11	2396	1193	1204
60-64	**11354**	**5642**	**5712**	**57**	**43**	**14**	**9802**	**5106**	**4696**
60	2745	1392	1353	15	12	3	2444	1276	1169
61	2416	1221	1195	7	4	3	2092	1097	995
62	2191	1068	1122	17	13	4	1886	972	914
63	2027	987	1040	9	6	3	1731	887	844
64	1975	973	1002	9	8	1	1649	875	775
65+	**27428**	**13074**	**14354**	**100**	**69**	**31**	**18556**	**10520**	**8036**

2-33 续表 2 continued

单位：人 (person)

年 龄 Age	再婚有配偶 Re-married	男 Male	女 Female	离 婚 Divorced	男 Male	女 Female	丧 偶 Widowed	男 Male	女 Female
总计 Total	**3922**	**2029**	**1893**	**4691**	**2248**	**2444**	**11423**	**2779**	**8644**
15-19	**15**	**7**	**8**	**6**	**5**	**1**	**1**	**1**	
15	2		2	3	3				
16	2		2	1	1				
17	5	3	2						
18	4	3	1	2	1	1	1	1	
19	2	1	2						
20-24	**32**	**14**	**18**	**19**	**9**	**10**	**3**	**1**	**3**
20	4	4		1					
21	4	4	1	2	1				
22	9	5	5	2		1			
23	6	1	6	7	4	4	1		1
24	7	1	7	7	3	4	2	1	1
25-29	**99**	**29**	**70**	**169**	**84**	**85**	**11**		**10**
25	11	6	5	20	11	9			
26	17	4	12	24	11	13	2		2
27	19	5	14	28	14	14	1		1
28	28	9	19	40	19	21	2		2
29	24	5	18	56	29	28	5		5
30-34	**202**	**80**	**122**	**448**	**201**	**247**	**63**	**10**	**52**
30	30	16	14	57	26	31	7	1	5
31	25	8	17	77	33	44	9		9
32	36	13	23	92	36	55	10		10
33	60	23	36	86	38	48	19	7	12
34	51	19	32	137	67	70	17	2	15
35-39	**567**	**235**	**332**	**891**	**405**	**485**	**130**	**33**	**97**
35	98	45	53	151	71	80	21	6	15
36	108	43	65	156	72	84	18	3	14
37	126	54	72	178	78	100	29	6	23
38	106	43	64	184	83	101	27	8	19
39	129	51	77	222	102	120	35	9	26

2-33 续表 3 continued

单位：人 (person)

年 龄 Age	再婚有配偶 Re-married	男 Male	女 Female	离 婚 Divorced	男 Male	女 Female	丧 偶 Widowed	男 Male	女 Female
40-44	**709**	**360**	**349**	**1046**	**487**	**559**	**271**	**55**	**216**
40	107	58	49	148	77	71	43	10	32
41	137	70	67	177	80	96	45	8	38
42	123	60	63	194	81	113	36	8	28
43	148	81	67	227	102	126	56	12	43
44	193	90	103	300	146	154	91	17	74
45-49	**572**	**310**	**262**	**805**	**410**	**395**	**334**	**71**	**263**
45	142	79	63	203	93	110	82	24	58
46	82	30	53	119	55	63	40	3	38
47	92	55	37	126	65	60	66	11	56
48	129	81	48	181	102	79	65	14	51
49	126	65	61	177	94	82	81	19	61
50-54	**535**	**286**	**248**	**665**	**317**	**347**	**668**	**153**	**515**
50	103	50	53	178	82	95	127	29	98
51	101	52	49	159	72	88	111	29	82
52	137	78	59	135	58	77	138	21	117
53	111	59	52	107	49	57	143	34	109
54	83	48	36	85	56	30	150	40	110
55-59	**325**	**173**	**152**	**305**	**154**	**151**	**883**	**190**	**693**
55	82	41	41	80	42	38	166	39	127
56	74	40	35	65	35	30	159	31	127
57	49	29	20	68	33	35	189	43	146
58	68	32	36	54	24	30	191	41	150
59	51	31	20	38	20	18	179	36	143
60-64	**265**	**151**	**114**	**163**	**97**	**66**	**1067**	**244**	**822**
60	56	32	25	37	25	12	192	48	144
61	58	41	17	45	27	18	215	52	163
62	57	31	26	40	19	22	191	34	157
63	44	20	24	29	22	7	214	52	162
64	50	27	23	12	5	7	255	59	196
65+	**603**	**386**	**218**	**176**	**79**	**97**	**7993**	**2021**	**5972**

2-34 全国镇15岁及以上人口分年龄、性别的婚姻状况

Town Population Aged 15 and Over by Age, Sex and Marital Status

单位：人 (person)

年龄 Age	15岁及以上人口 Population Aged 15 and Over	男 Male	女 Female	未婚 Never Married	男 Male	女 Female	初婚有配偶 First Married	男 Male	女 Female
总计 Total	**197578**	**98705**	**98873**	**35909**	**21169**	**14740**	**145522**	**71656**	**73866**
15-19	**20335**	**11239**	**9096**	**20030**	**11095**	**8935**	**261**	**106**	**155**
15	3869	2120	1749	3847	2105	1742	17	10	7
16	3846	2118	1728	3821	2100	1721	14	8	6
17	4818	2676	2142	4773	2649	2123	32	17	16
18	4230	2372	1858	4152	2338	1814	71	28	43
19	3572	1953	1619	3438	1904	1534	126	43	83
20-24	**15114**	**7525**	**7589**	**10382**	**5944**	**4438**	**4661**	**1544**	**3117**
20	3562	1887	1675	3220	1794	1426	337	89	248
21	3098	1525	1573	2497	1389	1107	590	130	460
22	2667	1323	1344	1820	1063	757	830	253	577
23	2820	1329	1491	1528	889	639	1273	433	840
24	2967	1461	1506	1317	810	507	1631	639	992
25-29	**15973**	**7786**	**8187**	**3125**	**2102**	**1023**	**12585**	**5557**	**7028**
25	3400	1641	1760	1153	714	440	2220	920	1300
26	3027	1429	1598	738	504	235	2257	908	1349
27	3054	1528	1526	546	382	164	2448	1119	1329
28	3277	1621	1655	413	298	115	2789	1291	1497
29	3215	1567	1648	275	205	70	2873	1320	1553
30-34	**18791**	**9139**	**9652**	**884**	**690**	**194**	**17320**	**8145**	**9176**
30	3092	1462	1630	227	175	52	2790	1242	1548
31	3596	1792	1804	204	159	45	3278	1575	1703
32	3681	1833	1848	174	137	36	3374	1622	1752
33	4143	2000	2143	147	111	36	3876	1828	2048
34	4279	2053	2226	132	108	25	4003	1877	2125
35-39	**25139**	**12467**	**12672**	**484**	**406**	**78**	**23575**	**11540**	**12035**
35	4579	2203	2376	132	103	29	4286	2024	2262
36	4877	2470	2406	102	92	11	4575	2281	2295
37	5421	2705	2716	108	92	16	5083	2493	2589
38	4880	2379	2501	79	67	12	4570	2204	2365
39	5383	2710	2672	63	53	10	5062	2538	2524

2-34 续表 1 continued

单位：人 (person)

年 龄 Age	15岁及以上人口 Population Aged 15 and Over	男 Male	女 Female	未 婚 Never Married	男 Male	女 Female	初婚有配偶 First Married	男 Male	女 Female
40-44	**24701**	**12260**	**12442**	**272**	**246**	**26**	**23145**	**11408**	**11737**
40	4318	2186	2131	65	55	10	4038	2033	2005
41	4863	2379	2484	54	49	5	4569	2202	2367
42	5036	2525	2512	51	46	5	4742	2361	2381
43	4904	2429	2475	58	53	5	4589	2261	2328
44	5580	2740	2840	44	43	1	5207	2552	2656
45-49	**15012**	**7439**	**7574**	**146**	**135**	**11**	**13943**	**6897**	**7046**
45	4036	2020	2016	44	41	3	3761	1873	1888
46	2228	1086	1142	11	10		2073	1008	1065
47	2501	1233	1267	23	21	2	2326	1144	1183
48	2813	1408	1405	32	31	2	2604	1304	1300
49	3435	1692	1743	36	33	4	3178	1568	1610
50-54	**17995**	**9069**	**8926**	**170**	**157**	**13**	**16510**	**8396**	**8114**
50	3942	2061	1881	44	43	1	3654	1900	1754
51	3421	1699	1721	26	26		3181	1591	1590
52	3684	1785	1898	25	24	1	3397	1665	1733
53	3670	1832	1838	37	30	7	3312	1688	1624
54	3279	1691	1588	37	34	3	2965	1552	1413
55-59	**14065**	**7031**	**7034**	**156**	**149**	**8**	**12455**	**6340**	**6115**
55	3499	1735	1763	39	35	4	3148	1579	1569
56	2802	1387	1416	40	37	2	2488	1254	1234
57	2785	1434	1351	34	33	1	2454	1279	1175
58	2657	1339	1318	26	26		2330	1210	1120
59	2322	1136	1186	17	17		2036	1018	1018
60-64	**9901**	**4918**	**4983**	**99**	**98**	**1**	**8288**	**4340**	**3948**
60	2293	1154	1139	16	15	1	1986	1035	952
61	2096	1049	1046	24	24		1803	933	871
62	1976	956	1020	24	24		1629	842	787
63	1835	913	922	15	15		1497	808	689
64	1701	847	855	21	21		1372	723	648
65+	**20551**	**9832**	**10718**	**161**	**148**	**13**	**12778**	**7382**	**5395**

2-34 续表 2 continued

单位：人 (person)

年 龄 Age	再婚有配偶 Re-married	男 Male	女 Female	离 婚 Divorced	男 Male	女 Female	丧 偶 Widowed	男 Male	女 Female
总计 Total	**3585**	**1755**	**1830**	**1987**	**1220**	**767**	**10576**	**2906**	**7670**
15-19	**23**	**21**	**2**	**18**	**15**	**3**	**2**	**1**	**1**
15	2	2		2	2		1	1	
16	7	7		3	3				
17	5	4	1	8	6	2			
18	2	1	1	5	4				
19	6	6		1			1		1
20-24	**25**	**8**	**17**	**43**	**29**	**14**	**4**		**4**
20	2	2		3	2	1			
21	4	1	3	6	5	2	1		1
22	7	2	5	10	5	5			
23	8	1	7	10	7	3	1		1
24	4	2	2	14	11	4	1		1
25-29	**96**	**39**	**57**	**148**	**84**	**64**	**18**	**4**	**14**
25	12	4	8	15	4	11	1		1
26	11	5	6	19	12	7	2	1	1
27	26	10	16	28	17	11	7		7
28	25	8	17	46	23	23	4	2	3
29	22	14	8	41	28	13	4	1	4
30-34	**238**	**107**	**131**	**284**	**173**	**111**	**65**	**25**	**40**
30	26	15	10	42	27	15	7	2	5
31	51	21	29	55	33	21	9	2	7
32	53	27	27	65	37	28	15	10	5
33	51	25	27	59	35	24	10	2	8
34	57	19	38	63	40	23	24	8	15
35-39	**520**	**214**	**306**	**433**	**270**	**164**	**127**	**38**	**89**
35	69	26	43	80	48	32	12	2	10
36	93	43	49	86	50	36	21	5	16
37	115	44	71	96	65	31	19	10	9
38	109	44	66	84	51	33	38	13	25
39	135	57	78	87	55	32	37	7	29

2-34 续表 3 continued

单位：人 (person)

年 龄 Age	再婚有配偶 Re-married	男 Male	女 Female	离 婚 Divorced	男 Male	女 Female	丧 偶 Widowed	男 Male	女 Female
40-44	**581**	**278**	**304**	**402**	**237**	**166**	**302**	**92**	**210**
40	97	43	54	79	44	34	40	12	27
41	113	60	53	75	45	29	53	23	30
42	122	56	66	72	45	27	49	16	33
43	113	55	59	78	48	30	67	13	53
44	136	64	72	99	55	45	93	27	66
45-49	**411**	**191**	**220**	**201**	**126**	**75**	**312**	**90**	**222**
45	106	50	56	64	40	24	62	17	45
46	70	29	41	34	21	14	40	18	22
47	63	33	30	26	13	13	62	23	39
48	88	40	48	33	23	10	56	10	46
49	84	39	45	43	29	14	93	23	70
50-54	**485**	**230**	**255**	**183**	**105**	**78**	**647**	**181**	**466**
50	110	60	50	42	28	15	91	30	61
51	77	31	46	42	26	16	94	25	69
52	86	41	45	35	21	14	140	36	105
53	105	49	56	41	18	23	174	46	128
54	107	49	58	23	12	10	147	44	103
55-59	**409**	**196**	**213**	**115**	**77**	**38**	**929**	**269**	**661**
55	105	51	54	23	15	8	183	56	127
56	73	34	40	24	14	10	177	47	130
57	79	43	36	22	15	7	196	64	132
58	84	36	48	26	20	6	190	47	143
59	67	33	34	19	13	6	182	54	128
60-64	**281**	**145**	**136**	**64**	**40**	**24**	**1168**	**295**	**873**
60	56	33	23	15	4	10	220	67	153
61	61	33	27	15	11	4	194	49	144
62	54	25	29	10	5	5	258	61	198
63	55	28	27	11	7	4	257	56	201
64	56	26	29	13	13		239	63	177
65+	**516**	**325**	**190**	**95**	**64**	**30**	**7002**	**1913**	**5089**

2-35 全国乡村15岁及以上人口分年龄、性别的婚姻状况

Rural Population Aged 15 and Over by Age, Sex and Marital Status

单位：人 (person)

年 龄 Age	15岁及以上人口 Population Aged 15 and Over	男 Male	女 Female	未 婚 Never Married	男 Male	女 Female	初婚有配偶 First Married	男 Male	女 Female
总计 Total	**526218**	**264267**	**261951**	**98223**	**59197**	**39026**	**378697**	**185417**	**193280**
15-19	**56733**	**30106**	**26628**	**55486**	**29577**	**25908**	**1140**	**451**	**690**
15	11515	6223	5291	11427	6155	5272	68	55	13
16	11422	6014	5408	11303	5938	5365	95	58	37
17	13368	7171	6197	13208	7087	6121	145	72	73
18	11166	5841	5325	10832	5726	5105	312	97	215
19	9262	4856	4407	8717	4671	4046	520	169	351
20-24	**39238**	**19623**	**19615**	**25235**	**14861**	**10374**	**13718**	**4633**	**9085**
20	9600	4949	4651	8310	4601	3708	1258	331	926
21	8176	4084	4093	6132	3569	2563	1998	497	1502
22	7235	3567	3668	4496	2675	1821	2691	873	1818
23	7206	3516	3690	3551	2220	1331	3583	1269	2314
24	7021	3507	3514	2747	1796	950	4188	1663	2525
25-29	**36967**	**18208**	**18759**	**7261**	**5260**	**2001**	**28904**	**12552**	**16352**
25	7876	3861	4015	2379	1594	785	5362	2210	3152
26	7174	3562	3612	1783	1282	501	5260	2220	3041
27	7273	3603	3669	1352	999	353	5772	2528	3244
28	7405	3638	3768	1014	808	207	6199	2741	3458
29	7239	3543	3696	732	578	155	6311	2853	3458
30-34	**42672**	**21088**	**21584**	**2783**	**2408**	**375**	**38398**	**17876**	**20522**
30	7091	3550	3541	654	555	99	6216	2876	3340
31	7967	3966	4000	580	484	96	7130	3348	3781
32	8375	4163	4212	568	492	76	7498	3502	3997
33	9361	4643	4718	516	461	55	8491	3986	4505
34	9878	4765	5113	465	416	50	9064	4164	4899
35-39	**59877**	**29462**	**30415**	**1947**	**1806**	**141**	**55423**	**26310**	**29113**
35	10743	5357	5385	490	448	42	9847	4699	5148
36	11305	5624	5681	412	381	31	10441	4978	5463
37	12733	6194	6539	410	379	31	11803	5535	6267
38	11939	5819	6120	328	310	18	11060	5221	5839
39	13157	6467	6690	307	287	19	12271	5876	6395

2-35 续表 1 continued

单位：人 (person)

年 龄 Age	15岁及以上人口 Population Aged 15 and Over	男 Male	女 Female	未 婚 Never Married	男 Male	女 Female	初婚有配偶 First Married	男 Male	女 Female
40-44	**62602**	**31002**	**31600**	**1295**	**1221**	**74**	**58167**	**28225**	**29942**
40	11454	5736	5718	287	261	26	10591	5171	5420
41	12805	6361	6444	300	289	11	11885	5773	6112
42	12756	6307	6449	269	258	11	11884	5741	6142
43	12088	5902	6186	227	209	18	11236	5384	5852
44	13500	6697	6803	212	204	8	12571	6155	6416
45-49	**40546**	**20128**	**20418**	**744**	**717**	**28**	**37393**	**18300**	**19093**
45	11036	5374	5662	186	175	11	10224	4924	5301
46	5926	2850	3076	100	96	3	5513	2595	2918
47	6794	3439	3354	124	119	5	6269	3134	3134
48	7395	3742	3653	141	137	3	6835	3409	3426
49	9395	4722	4673	194	189	5	8552	4238	4314
50-54	**52078**	**26454**	**25624**	**1045**	**1007**	**37**	**47014**	**23663**	**23351**
50	10795	5474	5320	218	209	8	9822	4911	4911
51	9939	4998	4941	221	216	5	8957	4457	4500
52	10693	5408	5286	212	202	9	9737	4885	4852
53	10708	5463	5245	204	197	7	9605	4870	4736
54	9943	5111	4831	190	182	8	8893	4541	4352
55-59	**42529**	**21847**	**20681**	**865**	**836**	**29**	**37145**	**19110**	**18034**
55	10334	5243	5090	211	205	6	9189	4645	4544
56	8514	4301	4213	157	154	3	7524	3791	3733
57	8568	4451	4117	172	164	8	7479	3899	3580
58	8061	4183	3878	179	170	9	6917	3594	3323
59	7052	3669	3382	147	144	2	6036	3181	2855
60-64	**29743**	**15388**	**14355**	**627**	**595**	**32**	**24250**	**12910**	**11339**
60	7245	3736	3509	171	155	16	5974	3131	2843
61	6255	3222	3033	112	106	5	5183	2766	2417
62	5744	2897	2847	128	125	3	4707	2421	2285
63	5549	2909	2640	118	112	6	4475	2403	2072
64	4950	2624	2326	99	97	2	3911	2189	1722
65+	**63233**	**30962**	**32271**	**936**	**907**	**28**	**37145**	**21388**	**15757**

2-35 续表 2 continued

单位：人 (person)

年龄 Age	再婚有配偶 Re-married	男 Male	女 Female	离婚 Divorced	男 Male	女 Female	丧偶 Widowed	男 Male	女 Female
总计 Total	**9831**	**4348**	**5483**	**4016**	**3064**	**951**	**35451**	**12241**	**23210**
15-19	**59**	**46**	**13**	**37**	**24**	**13**	**11**	**7**	**4**
15	15	11	4	2	2		2	1	2
16	16	12	4	4	2	1	5	4	1
17	8	8		7	5	2			
18	12	10	1	8	5	3	3	3	
19	9	5	3	16	10	6			
20-24	**120**	**47**	**73**	**136**	**64**	**72**	**29**	**17**	**12**
20	13	7	6	17	7	10	3	2	1
21	16	8	9	23	7	16	6	3	4
22	16	6	10	27	11	17	5	3	1
23	32	9	23	31	13	18	9	6	3
24	43	18	25	38	26	11	6	3	3
25-29	**357**	**140**	**217**	**373**	**225**	**148**	**71**	**30**	**41**
25	61	22	38	63	31	33	11	4	7
26	62	21	41	53	35	18	15	5	11
27	64	23	41	77	49	28	8	4	3
28	82	33	49	94	48	46	16	8	8
29	88	40	48	86	62	24	22	10	12
30-34	**764**	**310**	**454**	**554**	**427**	**128**	**172**	**67**	**105**
30	100	45	55	95	65	30	26	9	17
31	134	50	84	98	73	25	25	11	14
32	169	67	101	108	88	20	32	15	18
33	171	74	97	132	102	30	51	20	31
34	191	75	116	121	99	22	37	12	26
35-39	**1326**	**534**	**792**	**727**	**595**	**132**	**455**	**218**	**237**
35	197	72	125	146	106	40	62	32	30
36	236	101	136	148	126	21	69	38	31
37	301	131	170	128	110	18	90	38	52
38	281	106	175	157	133	24	113	50	64
39	310	123	187	148	120	28	120	60	60

2-35 续表 3 continued

单位：人 (person)

年龄 Age	再婚有配偶 Re-married	男 Male	女 Female	离婚 Divorced	男 Male	女 Female	丧偶 Widowed	男 Male	女 Female
40-44	**1561**	**625**	**936**	**682**	**561**	**121**	**898**	**371**	**527**
40	308	128	180	136	113	24	132	63	68
41	294	122	172	146	114	31	179	62	117
42	317	131	186	125	109	17	161	68	93
43	280	104	177	147	124	23	197	82	115
44	361	142	220	127	101	26	229	95	134
45-49	**1019**	**431**	**587**	**356**	**290**	**66**	**1034**	**390**	**644**
45	271	104	167	117	94	23	238	77	161
46	141	64	78	59	46	13	113	49	64
47	149	62	86	63	53	10	190	71	119
48	190	83	108	59	50	9	170	63	107
49	268	119	149	58	46	11	324	131	193
50-54	**1285**	**563**	**723**	**384**	**311**	**73**	**2350**	**910**	**1439**
50	282	132	150	85	74	12	388	148	240
51	283	119	164	80	68	12	398	138	260
52	236	92	144	69	54	15	439	175	265
53	249	105	144	85	61	23	565	229	336
54	235	114	121	65	54	11	559	219	339
55-59	**1162**	**532**	**630**	**251**	**196**	**55**	**3106**	**1172**	**1934**
55	303	137	166	65	51	14	566	205	361
56	223	100	123	48	35	13	563	222	341
57	246	121	124	39	32	7	634	235	398
58	215	101	115	60	46	13	690	271	418
59	176	74	102	39	32	7	654	239	416
60-64	**760**	**364**	**397**	**201**	**158**	**43**	**3905**	**1361**	**2544**
60	190	97	92	58	45	13	853	308	545
61	149	63	86	40	33	8	772	254	518
62	159	78	81	30	19	10	721	253	468
63	143	73	70	44	36	8	769	285	484
64	120	52	68	29	25	4	791	261	530
65+	**1417**	**756**	**661**	**314**	**213**	**101**	**23421**	**7698**	**15723**

2-36 各地区分性别、婚姻状况的人口

Population by Sex, Marital Status and Region

单位：人 (person)

地区	Region	15岁及以上人口 Population Aged 15 and Over	男 Male	女 Female	未婚 Never Married	男 Male	女 Female	初婚有配偶 First Married	男 Male	女 Female
全国	**National Total**	**976263**	**486960**	**489304**	**187773**	**108859**	**78913**	**703008**	**345510**	**357498**
北京	Beijing	13153	6509	6645	3214	1696	1518	9043	4488	4555
天津	Tianjin	8773	4359	4414	1750	937	813	6336	3174	3162
河北	Hebei	52862	26507	26355	9955	5702	4253	38765	19147	19618
山西	Shanxi	25001	12684	12317	4980	2863	2117	18081	9027	9054
内蒙古	Inner Mongolia	18604	9374	9230	3171	1809	1362	13901	6948	6953
辽宁	Liaoning	34334	17168	17165	5698	3299	2400	25191	12496	12694
吉林	Jilin	21781	10984	10797	3626	2105	1520	16049	7997	8052
黑龙江	Heilongjiang	30563	15366	15197	4650	2729	1920	22849	11374	11474
上海	Shanghai	15378	7611	7767	2991	1661	1330	10913	5441	5472
江苏	jiangsu	59592	28460	31131	10206	5685	4520	44032	20957	23076
浙江	Zhejiang	39123	19823	19300	6743	4136	2607	28947	14484	14463
安徽	Anhui	44509	21805	22704	7752	4331	3421	32811	15952	16858
福建	Fujian	26987	13309	13678	5377	3025	2352	19255	9504	9751
江西	Jiangxi	30897	15243	15655	5132	3054	2078	23178	11322	11856
山东	Shandong	72490	35954	36535	12689	7235	5454	54099	26633	27466
河南	Henan	68846	34050	34797	13794	7782	6012	50036	24321	25714
湖北	Hubei	44177	22140	22037	8611	5013	3599	31242	15318	15923
湖南	Hunan	48587	24657	23930	9061	5601	3460	35018	17320	17698
广东	Guangdong	69264	34726	34538	19963	11078	8884	45455	22379	23075
广西	Guangxi	33925	17406	16519	7933	4965	2968	23164	11447	11717
海南	Hainan	6053	3111	2941	1592	992	599	4017	1980	2037
重庆	Chongqing	20957	10445	10512	3046	1808	1238	15543	7675	7869
四川	Sichuan	60809	30125	30684	9581	5776	3804	44541	21675	22866
贵州	Guizhou	25171	12705	12466	4877	2925	1953	17810	8801	9009
云南	Yunnan	31972	16278	15694	6486	4019	2467	22600	11147	11453
西藏	Tibet	2025	985	1040	665	369	296	1141	543	598
陕西	Shaanxi	28415	14068	14347	5287	3069	2218	20614	10013	10601
甘肃	Gansu	19023	9503	9519	4046	2331	1715	13405	6542	6863
青海	Qinghai	3914	1966	1947	738	436	302	2754	1367	1387
宁夏	Ningxia	4255	2137	2118	840	481	359	3133	1551	1582
新疆	Xinjiang	14825	7501	7324	3320	1949	1371	9087	4488	4599

2-36 续表 continued

单位：人 (person)

地 区	Region	再婚有配偶 Re-married	男 Male	女 Female	离 婚 Divorced	男 Male	女 Female	丧 偶 Widowed	男 Male	女 Female
全 国	**National Total**	**17338**	**8132**	**9206**	**10694**	**6532**	**4162**	**57450**	**17926**	**39524**
北 京	Beijing	194	100	94	176	81	94	527	143	383
天 津	Tianjin	109	51	58	109	52	56	470	145	325
河 北	Hebei	1003	449	554	393	275	117	2746	934	1812
山 西	Shanxi	554	244	310	221	164	57	1165	386	779
内蒙古	Inner Mongolia	407	173	234	216	134	82	909	310	599
辽 宁	Liaoning	675	319	356	821	457	364	1949	597	1352
吉 林	Jilin	493	228	264	454	269	186	1160	386	774
黑龙江	Heilongjiang	720	356	364	672	401	271	1674	505	1168
上 海	Shanghai	258	127	131	349	174	176	867	209	658
江 苏	jiangsu	971	427	544	472	317	155	3910	1074	2836
浙 江	Zhejiang	634	292	342	493	317	176	2305	593	1712
安 徽	Anhui	655	289	366	367	261	106	2924	971	1953
福 建	Fujian	361	166	195	208	150	58	1787	465	1321
江 西	Jiangxi	496	232	264	279	168	111	1812	467	1345
山 东	Shandong	1208	517	691	400	258	143	4093	1312	2782
河 南	Henan	955	448	507	423	296	128	3638	1203	2435
湖 北	Hubei	898	445	453	508	308	200	2919	1057	1862
湖 南	Hunan	771	385	387	582	356	226	3154	996	2159
广 东	Guangdong	423	221	202	367	209	157	3056	837	2219
广 西	Guangxi	461	208	253	250	172	78	2118	614	1504
海 南	Hainan	76	38	38	41	24	18	327	78	249
重 庆	Chongqing	509	213	296	337	196	141	1522	553	969
四 川	Sichuan	1336	596	740	714	461	252	4637	1617	3021
贵 州	Guizhou	491	249	242	301	194	106	1692	536	1156
云 南	Yunnan	639	312	327	384	229	155	1863	572	1291
西 藏	Tibet	14	7	7	53	15	38	151	51	100
陕 西	Shaanxi	453	203	250	265	176	89	1795	606	1189
甘 肃	Gansu	231	115	116	180	112	68	1161	403	758
青 海	Qinghai	93	46	47	91	43	48	238	75	163
宁 夏	Ningxia	68	36	32	41	21	19	174	48	126
新 疆	Xinjiang	1181	639	542	528	241	287	708	183	525

2-37 各地区城市分性别、婚姻状况的人口

City Population by Sex, Marital Status and Region

单位：人 (person)

地 区	Region	15岁及以上人口 Population Aged 15 and Over	男 Male	女 Female	未婚 Never Married	男 Male	女 Female	初婚有配偶 First Married	男 Male	女 Female
全 国	**National Total**	**252467**	**123987**	**128480**	**53640**	**28493**	**25147**	**178790**	**88437**	**90353**
北 京	Beijing	10566	5177	5389	2691	1372	1319	7207	3570	3638
天 津	Tianjin	5828	2862	2967	1216	619	596	4130	2079	2051
河 北	Hebei	9415	4568	4848	1573	849	724	7139	3469	3670
山 西	Shanxi	6214	3090	3124	1349	687	663	4510	2276	2234
内蒙古	Inner Mongolia	5427	2638	2789	974	468	506	3993	1991	2002
辽 宁	Liaoning	15535	7634	7901	2657	1468	1188	11150	5519	5630
吉 林	Jilin	8046	3988	4057	1456	822	635	5738	2853	2886
黑龙江	Heilongjiang	11094	5495	5598	1693	965	728	8068	4025	4042
上 海	Shanghai	12313	6082	6231	2619	1445	1174	8512	4239	4273
江 苏	Jiangsu	21020	10046	10974	4391	2142	2248	15188	7443	7745
浙 江	Zhejiang	10189	5161	5028	2093	1270	823	7301	3631	3669
安 徽	Anhui	6029	2834	3195	1232	546	686	4326	2108	2218
福 建	Fujian	6058	2854	3204	1545	746	799	4123	1995	2128
江 西	Jiangxi	5213	2568	2646	741	424	317	4120	2034	2086
山 东	Shandong	14527	7133	7394	2678	1410	1268	10848	5389	5459
河 南	Henan	12327	6073	6254	2287	1285	1002	9227	4538	4689
湖 北	Hubei	10671	5182	5488	2682	1352	1330	6966	3449	3517
湖 南	Hunan	9397	4772	4624	1911	1212	699	6657	3277	3380
广 东	Guangdong	29609	14566	15042	9477	4764	4713	18962	9431	9531
广 西	Guangxi	4705	2386	2319	1204	707	498	3119	1552	1567
海 南	Hainan	1288	628	660	365	193	172	849	416	433
重 庆	Chongqing	4129	2019	2110	618	332	285	2997	1482	1515
四 川	Sichuan	8697	4281	4416	1476	824	652	6484	3163	3321
贵 州	Guizhou	2783	1365	1417	497	275	222	1939	954	985
云 南	Yunnan	4763	2361	2402	1133	598	535	3239	1610	1629
西 藏	Tibet	322	134	188	97	42	55	187	81	106
陕 西	Shaanxi	6098	3012	3087	1179	648	531	4446	2190	2256
甘 肃	Gansu	3691	1848	1843	647	368	279	2733	1367	1366
青 海	Qinghai	814	402	412	127	70	57	591	298	293
宁 夏	Ningxia	1090	542	548	178	100	78	827	413	414
新 疆	Xinjiang	4609	2283	2326	856	491	364	3215	1597	1618

2-37 续表 continued

单位：人 (person)

地 区	Region	再婚有配偶 Re-married	男 Male	女 Female	离 婚 Divorced	男 Male	女 Female	丧 偶 Widowed	男 Male	女 Female
全 国	**National Total**	**3922**	**2029**	**1893**	**4691**	**2248**	**2444**	**11423**	**2779**	**8644**
北 京	Beijing	118	66	53	152	62	89	397	107	290
天 津	Tianjin	59	29	30	86	36	50	338	99	239
河 北	Hebei	182	100	82	86	37	49	436	112	323
山 西	Shanxi	69	37	33	54	27	27	231	63	168
内蒙古	Inner Mongolia	126	62	64	97	49	47	237	67	170
辽 宁	Liaoning	248	122	126	593	299	294	888	225	663
吉 林	Jilin	165	83	82	253	122	131	432	109	324
黑龙江	Heilongjiang	276	137	139	383	206	177	673	161	512
上 海	Shanghai	183	90	93	311	149	162	689	160	529
江 苏	Jiangsu	231	115	116	216	118	98	995	229	766
浙 江	Zhejiang	137	71	66	170	80	90	489	109	379
安 徽	Anhui	108	67	41	92	43	50	270	71	199
福 建	Fujian	53	24	29	52	30	22	285	59	226
江 西	Jiangxi	72	39	33	97	41	55	184	29	155
山 东	Shandong	234	120	114	144	58	86	623	157	467
河 南	Henan	247	126	121	105	40	66	462	85	377
湖 北	Hubei	207	107	101	261	127	134	554	148	407
湖 南	Hunan	167	92	75	249	107	142	413	84	329
广 东	Guangdong	165	88	77	179	88	91	827	195	632
广 西	Guangxi	100	55	45	81	39	42	201	33	168
海 南	Hainan	9	5	4	13	4	9	52	11	41
重 庆	Chongqing	96	44	52	170	95	75	248	66	182
四 川	Sichuan	182	91	91	200	98	102	354	105	250
贵 州	Guizhou	104	58	47	107	51	56	136	28	108
云 南	Yunnan	69	37	33	122	64	58	200	52	148
西 藏	Tibet	6	3	3	10	4	7	21	5	16
陕 西	Shaanxi	74	38	36	99	48	52	300	88	212
甘 肃	Gansu	62	34	29	75	36	39	174	44	131
青 海	Qinghai	24	12	12	26	12	14	45	10	36
宁 夏	Ningxia	22	13	10	22	9	13	41	8	33
新 疆	Xinjiang	125	67	58	185	68	117	227	60	168

2-38 各地区镇分性别、婚姻状况的人口

Town Population by Sex, Marital Status and Region

单位：人 (person)

地区	Region	15岁及以上人口 Population Aged 15 and Over	男 Male	女 Female	未婚 Never Married	男 Male	女 Female	初婚有配偶 First Married	男 Male	女 Female
全国	**National Total**	**197578**	**98705**	**98873**	**35909**	**21169**	**14740**	**145522**	**71656**	**73866**
北京	Beijing	566	297	269	144	92	53	378	190	188
天津	Tianjin	940	472	468	166	91	74	712	355	358
河北	Hebei	10994	5487	5507	2065	1171	894	8085	3993	4092
山西	Shanxi	4716	2366	2350	872	499	373	3531	1750	1781
内蒙古	Inner Mongolia	3625	1815	1810	570	321	249	2787	1391	1396
辽宁	Liaoning	5075	2544	2531	899	515	385	3725	1853	1871
吉林	Jilin	3678	1828	1850	552	302	250	2764	1371	1393
黑龙江	Heilongjiang	5534	2781	2753	801	493	308	4121	2043	2078
上海	Shanghai	1354	684	670	172	98	74	1065	540	525
江苏	Jiangsu	10429	5011	5418	1528	931	597	8012	3797	4215
浙江	Zhejiang	12037	6084	5953	2105	1249	856	9076	4536	4540
安徽	Anhui	11040	5446	5594	1806	1030	776	8327	4089	4238
福建	Fujian	7101	3501	3600	1326	776	550	5194	2541	2653
江西	Jiangxi	7192	3575	3617	1225	711	514	5431	2691	2740
山东	Shandong	19125	9637	9489	3306	2047	1259	14354	7065	7290
河南	Henan	10694	5378	5316	2249	1255	995	7640	3790	3850
湖北	Hubei	8993	4467	4526	1442	844	598	6785	3331	3454
湖南	Hunan	9878	4958	4920	1707	1040	667	7286	3609	3677
广东	Guangdong	15553	7991	7562	4123	2500	1623	10568	5215	5354
广西	Guangxi	7597	3873	3724	1740	1087	653	5261	2599	2662
海南	Hainan	1587	816	771	430	271	159	1043	513	531
重庆	Chongqing	6045	3008	3037	877	520	357	4562	2256	2306
四川	Sichuan	12824	6238	6586	1965	1125	840	9592	4629	4963
贵州	Guizhou	4599	2298	2302	848	484	364	3334	1666	1668
云南	Yunnan	5421	2696	2725	951	572	379	3975	1952	2024
西藏	Tibet	280	136	144	84	48	35	170	80	90
陕西	Shaanxi	5265	2611	2654	897	504	393	3961	1945	2016
甘肃	Gansu	2514	1257	1256	529	298	231	1770	869	900
青海	Qinghai	807	401	406	129	71	57	602	302	301
宁夏	Ningxia	834	414	419	167	90	77	616	305	311
新疆	Xinjiang	1281	636	646	232	131	101	794	391	402

2-38 续表 continued

单位：人 (person)

地 区	Region	再婚有配偶 Re-married	男 Male	女 Female	离 婚 Divorced	男 Male	女 Female	丧 偶 Widowed	男 Male	女 Female
全 国	**National Total**	**3585**	**1755**	**1830**	**1987**	**1220**	**767**	**10576**	**2906**	**7670**
北 京	Beijing	20	9	11	2	1	1	21	5	16
天 津	Tianjin	17	8	9	6	5	2	39	14	25
河 北	Hebei	203	85	118	86	62	24	556	176	380
山 西	Shanxi	85	41	44	36	26	10	192	51	141
内蒙古	Inner Mongolia	72	31	42	47	29	18	149	43	106
辽 宁	Liaoning	131	65	66	79	47	32	241	64	177
吉 林	Jilin	81	38	43	78	57	21	202	59	142
黑龙江	Heilongjiang	184	94	90	135	75	60	294	78	216
上 海	Shanghai	33	17	16	19	12	7	65	17	48
江 苏	Jiangsu	151	59	92	69	46	23	669	178	491
浙 江	Zhejiang	163	84	79	139	89	50	555	126	428
安 徽	Anhui	188	88	99	95	63	33	624	176	448
福 建	Fujian	106	55	50	52	30	22	424	98	326
江 西	Jiangxi	91	48	43	56	33	24	388	92	296
山 东	Shandong	289	125	164	100	77	23	1076	322	753
河 南	Henan	162	83	79	72	53	19	571	198	373
湖 北	Hubei	179	92	87	84	50	33	503	149	354
湖 南	Hunan	188	107	81	104	59	45	592	142	450
广 东	Guangdong	91	53	37	74	37	37	697	186	511
广 西	Guangxi	116	64	51	59	38	21	422	84	337
海 南	Hainan	22	11	11	8	4	4	84	17	66
重 庆	Chongqing	150	71	79	96	48	47	360	113	248
四 川	Sichuan	318	153	165	203	127	76	745	203	542
贵 州	Guizhou	106	60	47	61	28	34	250	60	190
云 南	Yunnan	120	55	65	89	50	39	285	68	217
西 藏	Tibet	2	1	1	7	1	6	18	5	13
陕 西	Shaanxi	107	49	58	34	22	12	267	92	175
甘 肃	Gansu	46	22	24	21	14	7	148	54	94
青 海	Qinghai	18	10	8	20	8	12	38	11	28
宁 夏	Ningxia	15	8	7	8	4	3	28	7	21
新 疆	Xinjiang	133	71	62	48	23	24	74	19	56

2-39 各地区乡村分性别、婚姻状况的人口

Rural Population by Sex, Marital Status and Region

单位：人 (person)

地 区	Region	15岁及以上人口 Population Aged 15 and Over	男 Male	女 Female	未 婚 Never Married	男 Male	女 Female	初婚有配偶 First Married	男 Male	女 Female
全 国	**National Total**	**526218**	**264267**	**261951**	**98223**	**59197**	**39026**	**378697**	**185417**	**193280**
北 京	Beijing	2022	1035	987	378	232	146	1457	728	730
天 津	Tianjin	2004	1025	979	368	227	142	1494	740	753
河 北	Hebei	32452	16452	16000	6317	3682	2635	23541	11685	11857
山 西	Shanxi	14071	7228	6843	2759	1677	1081	10039	5001	5038
内蒙古	Inner Mongolia	9552	4922	4631	1627	1020	607	7121	3566	3556
辽 宁	Liaoning	13724	6990	6733	2142	1316	827	10317	5124	5193
吉 林	Jilin	10058	5168	4890	1617	981	636	7546	3772	3774
黑龙江	Heilongjiang	13935	7089	6846	2156	1271	884	10660	5307	5353
上 海	Shanghai	1710	844	866	200	118	83	1337	662	675
江 苏	Jiangsu	28143	13403	14739	4287	2612	1675	20833	9718	11115
浙 江	Zhejiang	16897	8578	8320	2546	1617	929	12571	6318	6253
安 徽	Anhui	27440	13525	13915	4714	2755	1958	20158	9756	10402
福 建	Fujian	13828	6954	6874	2506	1502	1004	9938	4968	4970
江 西	Jiangxi	18492	9100	9392	3166	1919	1248	13626	6596	7030
山 东	Shandong	38837	19185	19653	6705	3777	2928	28896	14180	14717
河 南	Henan	45825	22598	23227	9258	5242	4016	33169	15993	17175
湖 北	Hubei	24514	12491	12023	4487	2817	1671	17490	8538	8953
湖 南	Hunan	29312	14927	14385	5443	3348	2095	21075	10434	10641
广 东	Guangdong	24102	12168	11934	6362	3814	2548	15925	7734	8191
广 西	Guangxi	21623	11147	10475	4989	3171	1817	14784	7296	7488
海 南	Hainan	3177	1667	1510	796	528	268	2125	1052	1073
重 庆	Chongqing	10783	5418	5365	1551	955	596	7984	3936	4048
四 川	Sichuan	39288	19605	19682	6139	3826	2312	28465	13883	14582
贵 州	Guizhou	17789	9042	8747	3532	2166	1366	12538	6181	6357
云 南	Yunnan	21788	11221	10568	4402	2849	1553	15386	7585	7801
西 藏	Tibet	1423	715	708	485	279	205	784	382	402
陕 西	Shaanxi	17052	8445	8607	3211	1917	1294	12207	5878	6329
甘 肃	Gansu	12818	6398	6419	2871	1666	1205	8903	4306	4597
青 海	Qinghai	2293	1163	1130	482	294	188	1560	767	793
宁 夏	Ningxia	2332	1181	1151	495	291	204	1690	833	857
新 疆	Xinjiang	8935	4582	4353	2232	1326	906	5079	2500	2578

2-39 续表 continued

单位：人 (person)

地 区	Region	再婚有配偶 Re-married	男 Male	女 Female	离 婚 Divorced	男 Male	女 Female	丧 偶 Widowed	男 Male	女 Female
全 国	**National Total**	**9831**	**4348**	**5483**	**4016**	**3064**	**951**	**35451**	**12241**	**23210**
北 京	Beijing	56	26	30	22	18	4	108	31	77
天 津	Tianjin	33	15	19	16	11	5	93	32	61
河 北	Hebei	619	264	354	221	175	45	1754	646	1109
山 西	Shanxi	400	166	233	131	111	20	742	272	470
内蒙古	Inner Mongolia	209	80	129	72	56	17	523	200	323
辽 宁	Liaoning	296	132	165	148	111	37	820	309	512
吉 林	Jilin	246	108	139	123	89	33	526	218	308
黑龙江	Heilongjiang	259	125	134	154	120	34	707	267	440
上 海	Shanghai	42	20	21	19	13	7	112	32	81
江 苏	Jiangsu	590	254	337	187	153	34	2246	667	1579
浙 江	Zhejiang	334	137	197	185	148	37	1262	357	904
安 徽	Anhui	360	134	226	179	156	23	2030	724	1306
福 建	Fujian	202	86	116	103	90	14	1078	308	770
江 西	Jiangxi	333	145	188	126	94	32	1239	345	894
山 东	Shandong	686	273	413	156	122	33	2395	833	1562
河 南	Henan	546	239	308	246	203	43	2606	921	1685
湖 北	Hubei	512	246	266	163	131	32	1862	760	1102
湖 南	Hunan	416	185	231	228	189	39	2150	770	1380
广 东	Guangdong	168	79	89	114	84	30	1533	457	1077
广 西	Guangxi	245	89	157	109	95	15	1495	497	998
海 南	Hainan	45	22	23	21	16	5	191	49	142
重 庆	Chongqing	263	98	165	72	53	18	914	375	539
四 川	Sichuan	835	352	484	311	236	75	3538	1309	2229
贵 州	Guizhou	281	132	149	132	115	17	1306	448	858
云 南	Yunnan	449	221	229	174	115	58	1378	451	926
西 藏	Tibet	6	3	3	36	10	26	112	41	71
陕 西	Shaanxi	273	117	156	132	107	25	1228	427	802
甘 肃	Gansu	122	59	63	84	62	22	838	305	533
青 海	Qinghai	50	24	26	45	23	22	155	55	100
宁 夏	Ningxia	31	16	15	11	8	3	105	33	72
新 疆	Xinjiang	922	501	421	295	150	146	406	105	302

2-40 全国育龄妇女分年龄、孩次的生育状况
（2006年11月1日至2007年10月31日）
Age-specific Fertility Rate of Women at Childbearing Ages by Age of Mother and Birth Order (2006.11.1-2007.10.31)

年 龄 Age	平均育龄妇女人数(人) Average Number of Childbearing Women (person)	出生人数(人) Births (person)				生育率(‰) Fertility Rate (‰)			
			一孩 1st Birth	二孩 2nd Birth	三孩及以上 3rd Birth and Above		一孩 1st Birth	二孩 2nd Birth	三孩及以上 3rd Birth and Above
总计 Total	**324810**	**12169**	**8133**	**3590**	**446**	**37.46**	**25.04**	**11.05**	**1.37**
15-19	**46481**	**178**	**166**	**12**		**3.83**	**3.58**	**0.25**	
15	8513								
16	8761					0.03	0.03		
17	10578	12	10	2		1.11	0.94	0.17	
18	9883	61	58	3		6.20	5.86	0.34	
19	8745	105	98	6		11.98	11.25	0.72	
20-24	**40081**	**3755**	**3422**	**308**	**24**	**93.67**	**85.39**	**7.68**	**0.61**
20	9285	366	349	14	3	39.41	37.56	1.56	0.29
21	8471	696	658	36	1	82.12	77.74	4.22	0.16
22	7365	793	728	60	5	107.66	98.85	8.10	0.71
23	7507	888	804	80	3	118.26	107.11	10.68	0.46
24	7454	1012	883	118	12	135.82	118.50	15.77	1.56
25-29	**39510**	**4100**	**2905**	**1102**	**93**	**103.78**	**73.53**	**27.90**	**2.35**
25	8546	1023	842	169	11	119.66	98.49	19.83	1.34
26	7743	865	671	174	19	111.67	86.70	22.46	2.51
27	7485	840	583	237	21	112.26	77.87	31.63	2.76
28	7908	751	462	259	29	94.94	58.47	32.76	3.70
29	7828	622	347	263	12	79.44	44.29	33.61	1.55
30-34	**44130**	**2310**	**867**	**1259**	**184**	**52.34**	**19.65**	**28.53**	**4.17**
30	7435	509	216	256	37	68.49	29.00	34.49	5.00
31	8316	552	231	270	51	66.32	27.78	32.45	6.08
32	8670	475	172	267	35	54.76	19.84	30.85	4.06
33	9499	405	138	239	28	42.67	14.57	25.14	2.96
34	10211	369	110	226	33	36.14	10.77	22.17	3.20
35-39	**58270**	**1189**	**405**	**683**	**102**	**20.41**	**6.95**	**11.71**	**1.75**
35	10597	310	91	198	21	29.26	8.62	18.70	1.95
36	11120	278	104	152	21	24.97	9.34	13.71	1.92
37	12464	262	74	157	31	20.99	5.95	12.58	2.46
38	11571	174	63	91	21	15.03	5.42	7.83	1.78
39	12518	166	73	84	8	13.27	5.84	6.75	0.67
40-44	**58198**	**390**	**205**	**159**	**26**	**6.70**	**3.52**	**2.72**	**0.46**
40	10204	98	50	44	5	9.63	4.90	4.28	0.45
41	11657	89	42	43	4	7.59	3.58	3.68	0.33
42	11798	74	37	27	10	6.26	3.15	2.30	0.81
43	11442	69	39	26	3	5.99	3.43	2.26	0.30
44	13097	61	36	19	5	4.62	2.78	1.45	0.39
45-49	**38140**	**198**	**122**	**60**	**16**	**5.19**	**3.20**	**1.58**	**0.41**
45	10185	48	21	21	6	4.69	2.11	2.04	0.55
46	5743	31	18	11	2	5.34	3.09	1.95	0.31
47	7163	47	38	9		6.50	5.26	1.23	
48	6421	26	18	5	3	4.00	2.74	0.76	0.50
49	8629	47	27	15	5	5.48	3.18	1.71	0.59

2-41 全国城市育龄妇女分年龄、孩次的生育状况
(2006年11月1日至2007年10月31日)
Age-specific Fertility Rate of City Women at Childbearing Ages by Age of Mother and Birth Order (2006.11.1-2007.10.31)

年 龄 Age	平均育龄妇女人数(人) Average Number of Childbearing Women (person)	出生人数(人) Births (person)	一孩 1st Birth	二孩 2nd Birth	三孩及以上 3rd Birth and Above	生育率(‰) Fertility Rate (‰)	一孩 1st Birth	二孩 2nd Birth	三孩及以上 3rd Birth and Above
总计 Total	**88579**	**2588**	**2190**	**365**	**32**	**29.21**	**24.73**	**4.13**	**0.36**
15-19	**10757**	**13**	**12**	**1**		**1.22**	**1.12**	**0.10**	
15	1473								
16	1625								
17	2239	1	1			0.27	0.27		
18	2700	8	8			3.03	3.03		
19	2720	4	3	1		1.62	1.22	0.40	
20-24	**12876**	**540**	**521**	**16**	**3**	**41.93**	**40.45**	**1.23**	**0.25**
20	2959	41	38	1	2	13.79	12.96	0.19	0.64
21	2805	69	67	1	1	24.77	24.05	0.42	0.30
22	2353	105	102	3		44.57	43.29	1.28	
23	2326	129	126	3		55.45	54.29	1.16	
24	2434	196	187	8		80.46	76.82	3.45	0.20
25-29	**12564**	**1093**	**974**	**109**	**10**	**86.99**	**77.52**	**8.70**	**0.76**
25	2771	238	223	15		85.94	80.41	5.53	
26	2534	244	221	19	3	96.21	87.19	7.65	1.36
27	2289	235	213	21	1	102.86	93.17	9.12	0.57
28	2485	208	177	27	4	83.86	71.20	10.91	1.74
29	2485	167	140	27		67.26	56.36	10.71	0.19
30-34	**12894**	**522**	**381**	**132**	**9**	**40.49**	**29.53**	**10.24**	**0.73**
30	2264	125	101	23		55.08	44.66	10.21	0.21
31	2512	138	104	31	3	54.93	41.56	12.31	1.05
32	2610	115	85	28	3	44.11	32.38	10.77	0.96
33	2637	72	47	25	1	27.35	17.66	9.39	0.30
34	2871	72	44	25	3	25.15	15.39	8.73	1.03
35-39	**15183**	**246**	**160**	**85**	**2**	**16.23**	**10.55**	**5.58**	**0.11**
35	2836	61	39	22		21.51	13.62	7.89	
36	3033	64	45	18	1	21.18	14.92	6.05	0.20
37	3209	49	34	14	1	15.40	10.69	4.39	0.32
38	2950	39	24	14		13.16	8.28	4.88	
39	3156	33	18	15		10.47	5.57	4.90	
40-44	**14156**	**102**	**76**	**21**	**5**	**7.22**	**5.40**	**1.46**	**0.35**
40	2355	27	18	9	1	11.53	7.56	3.67	0.30
41	2729	14	11	3		5.00	3.93	1.07	
42	2837	20	12	6	2	7.16	4.28	2.14	0.75
43	2781	23	21	2		8.38	7.38	0.83	0.17
44	3454	18	15	1	2	5.13	4.43	0.23	0.47
45-49	**10148**	**61**	**56**	**2**	**3**	**6.05**	**5.55**	**0.18**	**0.32**
45	2507	16	15		2	6.56	5.91		0.65
46	1524	8	8			5.07	5.07		
47	2105	19	17	2		8.84	8.07	0.78	
48	1799	7	5		2	3.76	2.85		0.91
49	2214	12	12			5.36	5.26	0.10	

2-42 全国镇育龄妇女分年龄、孩次的生育状况
(2006年11月1日至2007年10月31日)
Age-specific Fertility Rate of Town Women at Childbearing Ages by Age of Mother and Birth Order (2006.11.1-2007.10.31)

年 龄 Age	平均育龄妇女人数(人) Average Number of Childbearing Women (person)	出生人数(人) Births (person)				生育率(‰) Fertility Rate (‰)			
			一孩 1st Birth	二孩 2nd Birth	三孩及以上 3rd Birth and Above		一孩 1st Birth	二孩 2nd Birth	三孩及以上 3rd Birth and Above
总计 Total	**67212**	**2423**	**1664**	**701**	**58**	**36.05**	**24.76**	**10.42**	**0.86**
15-19	**9096**	**33**	**33**			**3.65**	**3.65**		
15	1749								
16	1728								
17	2142					0.10	0.10		
18	1858	11	11			6.00	6.00		
19	1619	22	22			13.51	13.51		
20-24	**7589**	**762**	**709**	**51**	**2**	**100.40**	**93.45**	**6.66**	**0.29**
20	1675	64	62	1		37.98	37.11	0.74	0.13
21	1573	122	119	3		77.37	75.49	1.88	
22	1344	168	159	8		124.67	118.60	6.08	
23	1491	198	181	16	2	133.12	121.53	10.41	1.18
24	1506	210	188	23		139.82	124.64	15.03	0.15
25-29	**8187**	**850**	**628**	**214**	**8**	**103.80**	**76.65**	**26.19**	**0.97**
25	1760	219	193	23	3	124.54	109.66	13.18	1.70
26	1598	202	167	34	1	126.56	104.58	21.54	0.44
27	1526	147	103	41	3	96.33	67.55	26.61	2.16
28	1655	156	100	55		93.96	60.52	33.17	0.27
29	1648	126	64	61		76.42	38.94	37.19	0.29
30-34	**9652**	**439**	**171**	**242**	**26**	**45.47**	**17.74**	**25.07**	**2.66**
30	1630	90	36	43	11	55.01	22.20	26.10	6.71
31	1804	102	51	45	5	56.58	28.54	25.16	2.88
32	1848	99	30	65	3	53.32	16.40	35.40	1.51
33	2143	81	28	49	4	37.86	13.20	22.85	1.82
34	2226	67	25	40	3	30.28	11.20	17.80	1.29
35-39	**12672**	**248**	**76**	**153**	**20**	**19.59**	**6.01**	**12.04**	**1.54**
35	2376	77	16	57	4	32.43	6.92	23.82	1.68
36	2406	55	18	36	1	22.86	7.46	14.96	0.45
37	2716	48	9	31	7	17.58	3.44	11.46	2.69
38	2501	40	16	19	4	15.97	6.57	7.70	1.69
39	2672	29	16	10	3	10.68	6.00	3.60	1.09
40-44	**12442**	**46**	**20**	**24**	**2**	**3.68**	**1.63**	**1.92**	**0.13**
40	2131	8	3	5		3.85	1.34	2.50	
41	2484	15	7	8	1	6.21	2.66	3.20	0.34
42	2512	11	4	6	1	4.33	1.77	2.33	0.23
43	2475	4	2	2		1.81	0.93	0.80	0.09
44	2840	7	4	3		2.40	1.44	0.96	
45-49	**7574**	**34**	**18**	**16**	**1**	**4.50**	**2.33**	**2.08**	**0.09**
45	2016	5	1	3	1	2.54	0.57	1.63	0.35
46	1142	8	4	4		6.95	3.66	3.30	
47	1405	12	6	6		8.62	4.60	4.02	
48	1267	4	4			2.84	2.84		
49	1743	5	2	3		3.05	1.31	1.74	

2-43 全国乡村育龄妇女分年龄、孩次的生育状况 (2006年11月1日至2007年10月31日)

Age-specific Fertility Rate of Rural Women at Childbearing Ages by Age of Mother and Birth Order(2006.11.1-2007.10.31)

年龄 Age	平均育龄妇女人数(人) Average Number of Childbearing Women (person)	出生人数(人) Births (person)	一孩 1st Birth	二孩 2nd Birth	三孩及以上 3rd Birth and Above	生育率(‰) Fertility Rate (‰)	一孩 1st Birth	二孩 2nd Birth	三孩及以上 3rd Birth and Above
总计 Total	**169020**	**7158**	**4279**	**2524**	**356**	**42.35**	**25.31**	**14.93**	**2.11**
15-19	**26628**	**132**	**121**	**10**		**4.94**	**4.55**	**0.39**	
15	5291								
16	5408					0.05	0.05		
17	6197	11	9	2		1.76	1.47	0.30	
18	5325	42	39	3		7.88	7.25	0.63	
19	4407	78	73	5		17.81	16.61	1.19	
20-24	**19615**	**2453**	**2192**	**241**	**19**	**125.04**	**111.77**	**12.30**	**0.97**
20	4651	261	248	13	1	56.22	53.36	2.73	0.13
21	4093	504	472	32	1	123.24	115.39	7.72	0.13
22	3668	520	467	48	5	141.90	127.25	13.22	1.43
23	3690	560	497	62	2	151.85	134.58	16.80	0.47
24	3514	606	509	87	11	172.45	144.73	24.62	3.10
25-29	**18759**	**2157**	**1303**	**779**	**75**	**115.01**	**69.48**	**41.50**	**4.02**
25	4015	565	426	131	8	140.80	106.09	32.61	2.10
26	3612	419	283	120	15	115.93	78.44	33.25	4.24
27	3669	458	266	175	16	124.75	72.62	47.76	4.37
28	3768	387	185	177	25	102.68	49.18	47.00	6.50
29	3696	329	142	175	11	88.98	38.55	47.42	3.01
30-34	**21584**	**1349**	**315**	**885**	**149**	**62.49**	**14.60**	**41.00**	**6.89**
30	3541	295	78	191	26	83.28	22.11	53.88	7.29
31	4000	311	75	194	43	77.86	18.80	48.38	10.69
32	4212	261	57	174	30	61.98	13.58	41.30	7.10
33	4718	252	64	165	23	53.42	13.47	34.99	4.96
34	5113	229	41	162	27	44.86	7.98	31.63	5.25
35-39	**30415**	**695**	**169**	**445**	**81**	**22.84**	**5.55**	**14.64**	**2.65**
35	5385	172	36	119	17	31.95	6.72	22.13	3.09
36	5681	158	41	98	20	27.90	7.16	17.27	3.47
37	6539	164	30	112	22	25.15	4.66	17.07	3.42
38	6120	95	22	57	16	15.55	3.56	9.31	2.68
39	6690	104	40	59	6	15.62	5.91	8.88	0.83
40-44	**31600**	**242**	**108**	**114**	**20**	**7.65**	**3.41**	**3.61**	**0.63**
40	5718	63	29	30	4	11.00	5.13	5.19	0.68
41	6444	59	24	32	3	9.22	3.78	4.97	0.47
42	6449	43	21	15	7	6.62	3.20	2.36	1.06
43	6186	41	16	22	3	6.58	2.66	3.48	0.45
44	6803	36	17	15	3	5.29	2.51	2.28	0.50
45-49	**20418**	**102**	**48**	**43**	**12**	**5.02**	**2.35**	**2.10**	**0.57**
45	5662	26	5	17	3	4.62	0.97	3.08	0.57
46	3076	15	6	7	2	4.88	1.90	2.41	0.57
47	3653	16	14	2		4.33	3.90	0.43	
48	3354	15	9	5	2	4.56	2.65	1.46	0.46
49	4673	30	14	12	5	6.44	2.89	2.47	1.08

2-44　全国分年龄、性别的死亡人口状况
(2006年11月1日至2007年10月31日)
Status of Deaths by Age and Sex (2006.11.1-2007.10.31)

年　龄 Age	年平均人口(人) Average Population (person)	男 Male	女 Female	死亡人口(人) Deaths (person)	男 Male	女 Female	死亡率(‰) Death Rate (‰)	男 Male	女 Female
总计　Total	**1186609**	**601624**	**584985**	**6696**	**3815**	**2880**	**5.64**	**6.34**	**4.92**
0-4	**54380**	**30051**	**24329**	**106**	**47**	**59**	**1.95**	**1.55**	**2.44**
0	6882	3841	3041	65	22	43	9.38	5.65	14.10
1	11218	6221	4998	17	12	4	1.50	2.00	0.88
2	12104	6765	5339	9	3	6	0.72	0.39	1.13
3	12402	6793	5609	7	4	3	0.54	0.53	0.56
4	11774	6431	5342	9	6	3	0.78	0.98	0.54
5-9	**68224**	**37290**	**30934**	**31**	**24**	**7**	**0.45**	**0.63**	**0.23**
5	12711	6913	5797	9	5	4	0.73	0.76	0.68
6	13340	7206	6134	7	7		0.52	0.97	
7	13882	7675	6208	1			0.05	0.03	0.08
8	13492	7340	6152	5	3	2	0.39	0.44	0.33
9	14798	8156	6642	9	8	1	0.58	0.98	0.09
10-14	**84289**	**45349**	**38940**	**21**	**14**	**6**	**0.25**	**0.32**	**0.17**
10	15295	8337	6959	5	3	2	0.32	0.36	0.26
11	16067	8659	7408	1	1		0.06	0.12	
12	17179	9269	7909	3	3	1	0.20	0.31	0.07
13	17040	9165	7874	4	3	1	0.23	0.34	0.11
14	18708	9918	8790	8	4	3	0.41	0.45	0.37
15-19	**98935**	**52449**	**46486**	**35**	**22**	**12**	**0.35**	**0.43**	**0.27**
15	18658	10144	8514	5	4	1	0.24	0.36	0.11
16	18760	9999	8762	7	5	2	0.39	0.52	0.25
17	22830	12250	10580	5	3	2	0.22	0.24	0.19
18	20619	10736	9883	9	6	3	0.43	0.51	0.33
19	18068	9321	8747	9	5	4	0.52	0.57	0.46
20-24	**78644**	**38546**	**40098**	**71**	**47**	**24**	**0.91**	**1.23**	**0.60**
20	18810	9523	9287	7	6	2	0.39	0.58	0.19
21	16442	7970	8472	20	15	5	1.19	1.86	0.57
22	14337	6965	7372	17	9	8	1.19	1.25	1.14
23	14478	6967	7511	15	9	6	1.02	1.28	0.78
24	14578	7122	7456	13	9	3	0.86	1.33	0.42
25-29	**76797**	**37273**	**39524**	**69**	**45**	**24**	**0.90**	**1.20**	**0.62**
25	16574	8025	8549	8	3	5	0.45	0.36	0.54
26	14856	7112	7744	14	8	6	0.92	1.14	0.71
27	14736	7246	7490	18	11	7	1.23	1.58	0.88
28	15436	7525	7911	11	8	3	0.73	1.05	0.43
29	15196	7364	7831	19	14	4	1.22	1.94	0.55

2-44 续表 1 continued

年龄 Age	年平均人口(人) Average Population (person)	男 Male	女 Female	死亡人口(人) Deaths (person)	男 Male	女 Female	死亡率(‰) Death Rate (‰)	男 Male	女 Female
30-34	**86809**	**42659**	**44150**	**97**	**66**	**30**	**1.11**	**1.56**	**0.68**
30	14737	7301	7436	15	10	4	1.00	1.43	0.57
31	16402	8078	8324	19	9	9	1.15	1.17	1.14
32	17170	8495	8675	19	13	6	1.08	1.48	0.70
33	18718	9216	9502	25	19	5	1.31	2.11	0.54
34	19783	9569	10214	20	15	5	1.00	1.52	0.52
35-39	**115473**	**57178**	**58295**	**150**	**102**	**48**	**1.30**	**1.78**	**0.82**
35	21137	10540	10597	25	22	3	1.16	2.06	0.26
36	22111	10988	11123	19	15	4	0.87	1.35	0.39
37	24511	12039	12472	29	18	11	1.20	1.53	0.89
38	22850	11275	11576	37	20	17	1.60	1.75	1.46
39	24864	12337	12527	40	27	12	1.59	2.21	0.99
40-44	**115995**	**57745**	**58250**	**256**	**164**	**92**	**2.21**	**2.84**	**1.58**
40	20449	10239	10210	41	31	10	2.01	3.06	0.96
41	23044	11375	11670	45	27	18	1.93	2.37	1.51
42	23492	11685	11807	45	29	16	1.92	2.51	1.35
43	22786	11329	11458	60	34	27	2.65	2.97	2.34
44	26223	13118	13105	65	43	22	2.46	3.26	1.67
45-49	**76196**	**38026**	**38170**	**212**	**153**	**60**	**2.79**	**4.02**	**1.56**
45	20138	9948	10190	29	19	10	1.43	1.93	0.94
46	11236	5491	5745	21	15	7	1.91	2.73	1.14
47	12937	6513	6424	51	38	13	3.96	5.90	1.98
48	14460	7292	7168	43	32	12	3.00	4.34	1.64
49	17424	8781	8643	68	49	19	3.88	5.53	2.20
50-54	**92680**	**46743**	**45937**	**374**	**228**	**146**	**4.03**	**4.88**	**3.17**
50	19734	10049	9685	75	47	29	3.81	4.63	2.97
51	17784	8915	8869	76	50	26	4.29	5.61	2.96
52	18998	9445	9554	68	41	28	3.60	4.32	2.88
53	18914	9535	9379	65	39	26	3.41	4.08	2.74
54	17250	8799	8451	90	52	37	5.19	5.92	4.43
55-59	**73463**	**37107**	**36356**	**432**	**257**	**175**	**5.89**	**6.93**	**4.82**
55	17842	8941	8902	73	45	28	4.09	5.03	3.15
56	14848	7414	7434	71	37	33	4.77	5.05	4.48
57	14698	7524	7174	92	58	33	6.23	7.71	4.67
58	13962	7104	6858	102	64	38	7.30	9.02	5.52
59	12113	6123	5990	95	53	42	7.85	8.60	7.08

2-44 续表 2 continued

年 龄 Age	年平均人口(人) Average Population (person)	男 Male	女 Female	死亡人口(人) Deaths (person)	男 Male	女 Female	死亡率(‰) Death Rate (‰)	男 Male	女 Female
60-64	**51237**	**26091**	**25146**	**468**	**285**	**183**	**9.13**	**10.93**	**7.27**
60	12328	6315	6012	79	56	24	6.43	8.79	3.94
61	10802	5517	5285	69	48	21	6.43	8.76	4.00
62	9964	4955	5009	107	68	39	10.71	13.64	7.81
63	9462	4832	4630	100	54	46	10.58	11.16	9.96
64	8681	4472	4210	112	60	53	12.95	13.36	12.51
65-69	**40239**	**20551**	**19688**	**741**	**459**	**281**	**18.40**	**22.34**	**14.30**
65	8536	4342	4194	132	84	48	15.44	19.39	11.34
66	8445	4264	4181	124	84	40	14.72	19.66	9.68
67	8360	4300	4060	131	80	51	15.67	18.59	12.58
68	7025	3595	3430	171	105	67	24.40	29.09	19.49
69	7873	4050	3824	182	107	76	23.12	26.30	19.75
70-74	**33788**	**16721**	**17067**	**1014**	**598**	**416**	**30.01**	**35.78**	**24.36**
70	7525	3805	3720	196	105	92	26.07	27.51	24.60
71	7062	3557	3505	210	130	80	29.78	36.51	22.94
72	6816	3399	3418	225	141	85	33.06	41.34	24.82
73	6062	2889	3174	184	118	66	30.34	40.92	20.70
74	6323	3072	3251	198	105	93	31.35	34.17	28.69
75-79	**21512**	**10360**	**11152**	**1045**	**581**	**464**	**48.59**	**56.13**	**41.59**
75	5112	2460	2651	225	122	103	44.11	49.65	38.96
76	4631	2324	2308	215	129	86	46.36	55.58	37.07
77	4727	2285	2442	200	115	85	42.33	50.28	34.90
78	3427	1581	1845	190	96	94	55.30	60.59	50.77
79	3615	1709	1906	216	119	96	59.62	69.88	50.43
80-84	**11723**	**5166**	**6557**	**824**	**415**	**410**	**70.32**	**80.29**	**62.46**
80	3308	1469	1839	190	98	92	57.57	67.04	50.00
81	2524	1105	1420	192	100	92	75.90	90.16	64.80
82	2218	1001	1217	161	92	69	72.60	91.93	56.70
83	2050	894	1156	162	71	91	79.19	79.50	78.95
84	1622	696	925	119	54	65	73.29	76.87	70.60
85-89	**4671**	**1868**	**2803**	**480**	**218**	**263**	**102.86**	**116.43**	**93.82**
85	1385	600	785	123	66	57	89.10	110.65	72.62
86	1195	469	726	133	59	74	111.24	125.39	102.10
87	972	392	581	92	37	55	94.74	95.65	94.13
88	631	253	378	83	33	49	130.96	131.56	130.56
89	488	154	334	49	22	28	101.23	139.55	83.50
90+	**1552**	**450**	**1101**	**270**	**90**	**180**	**173.97**	**200.00**	**163.49**

2-45 全国城市分年龄、性别的死亡人口状况
（2006年11月1日至2007年10月31日）
Status of City Deaths by Age and Sex (2006.11.1-2007.10.31)

年 龄 Age	年平均人口(人) Average Population (person)	男 Male	女 Female	死亡人口(人) Deaths (person)	男 Male	女 Female	死亡率(‰) Death Rate (‰)	男 Male	女 Female
总计 Total	**290225**	**144120**	**146105**	**1081**	**617**	**463**	**3.72**	**4.28**	**3.17**
0-4	**9805**	**5202**	**4603**	**10**	**3**	**6**	**0.97**	**0.65**	**1.33**
0	1218	657	561	7	3	4	5.50	4.45	6.74
1	2120	1119	1000	1		1	0.27		0.56
2	2222	1193	1028						
3	2257	1182	1075	2		2	0.78		1.64
4	1988	1049	939				0.24	0.46	
5-9	**12546**	**6780**	**5766**	**4**	**3**	**1**	**0.34**	**0.50**	**0.17**
5	2415	1313	1102						
6	2460	1286	1174						
7	2586	1389	1198				0.19		0.40
8	2433	1326	1107	2	2		0.67	1.23	
9	2652	1467	1185	2	2		0.83	1.17	0.40
10-14	**14842**	**7817**	**7024**	**3**	**3**		**0.18**	**0.35**	
10	2675	1459	1216						
11	2975	1501	1473						
12	2965	1596	1369	2	2		0.67	1.24	
13	3073	1607	1466				0.08	0.15	
14	3154	1654	1499				0.15	0.29	
15-19	**21849**	**11092**	**10757**	**2**	**1**	**2**	**0.11**	**0.05**	**0.18**
15	3273	1800	1473	1	1		0.17	0.32	
16	3490	1865	1625						
17	4640	2401	2239						
18	5219	2519	2700	2		2	0.36		0.70
19	5226	2507	2720						
20-24	**24251**	**11375**	**12876**	**5**	**5**		**0.20**	**0.42**	
20	5643	2684	2959	1	1		0.15	0.32	
21	5157	2353	2805						
22	4425	2072	2353	1	1		0.13	0.27	
23	4444	2118	2326	2	2		0.34	0.72	
24	4582	2148	2434	2	2		0.41	0.88	
25-29	**23821**	**11256**	**12565**	**7**	**6**	**1**	**0.30**	**0.52**	**0.10**
25	5294	2522	2771	1	1		0.20	0.42	
26	4648	2114	2534						
27	4398	2109	2289	3	2		0.60	1.19	0.06
28	4750	2264	2486	2	1	1	0.43	0.43	0.44
29	4731	2246	2485	1	1		0.28	0.58	

2-45 续表 1 continued

年 龄 Age	年平均人口(人) Average Population (person)	男 Male	女 Female	死亡人口(人) Deaths (person)	男 Male	女 Female	死亡率(‰) Death Rate (‰)	男 Male	女 Female
30-34	**25296**	**12402**	**12894**	**13**	**12**	**2**	**0.53**	**0.96**	**0.12**
30	4544	2280	2264	3	2	2	0.70	0.71	0.69
31	4829	2317	2512	1	1		0.23	0.49	
32	5101	2492	2610	2	2		0.33	0.68	
33	5202	2564	2637	4	4		0.83	1.68	
34	5620	2748	2871	3	3		0.56	1.14	
35-39	**30384**	**15199**	**15185**	**14**	**9**	**5**	**0.46**	**0.60**	**0.32**
35	5806	2970	2836	1	1		0.25	0.45	0.05
36	5917	2885	3033	2	2		0.32	0.65	
37	6339	3130	3209	2		2	0.31		0.62
38	6017	3066	2950	1	1		0.22	0.28	0.16
39	6305	3148	3157	7	5	2	1.15	1.60	0.71
40-44	**28558**	**14399**	**14159**	**27**	**20**	**7**	**0.94**	**1.36**	**0.52**
40	4663	2308	2355	5	5		1.02	2.05	
41	5351	2619	2732	6	2	4	1.04	0.72	1.34
42	5677	2840	2837	7	5	2	1.20	1.76	0.64
43	5756	2974	2781	5	3	2	0.89	1.07	0.68
44	7111	3657	3454	5	5		0.67	1.29	
45-49	**20547**	**10396**	**10150**	**34**	**27**	**7**	**1.65**	**2.55**	**0.73**
45	5053	2546	2507	6	4	2	1.11	1.56	0.65
46	3077	1552	1525	5	4	1	1.51	2.49	0.51
47	3625	1826	1799	10	7	2	2.62	3.89	1.34
48	4235	2130	2105	5	5		1.19	2.36	
49	4557	2342	2215	9	7	3	2.01	2.81	1.16
50-54	**22445**	**11117**	**11328**	**71**	**41**	**30**	**3.16**	**3.65**	**2.67**
50	4965	2490	2475	12	7	5	2.40	2.88	1.91
51	4385	2193	2192	19	13	6	4.23	5.94	2.53
52	4591	2236	2355	13	6	7	2.81	2.52	3.08
53	4509	2221	2288	12	7	6	2.77	3.14	2.41
54	3995	1977	2018	15	8	7	3.75	3.94	3.57
55-59	**16664**	**8117**	**8546**	**59**	**32**	**27**	**3.53**	**3.95**	**3.12**
55	3972	1943	2029	2	2		0.61	1.25	
56	3496	1708	1788	11	4	7	3.26	2.62	3.87
57	3303	1615	1689	7	4	3	2.13	2.59	1.69
58	3196	1556	1640	22	14	8	6.88	8.94	4.92
59	2697	1296	1400	16	7	9	5.90	5.45	6.31

2-45 续表 2 continued

年 龄 Age	年平均人口(人) Average Population (person)	男 Male	女 Female	死亡人口(人) Deaths (person)	男 Male	女 Female	死亡率(‰) Death Rate (‰)	男 Male	女 Female
60-64	**11407**	**5669**	**5739**	**93**	**51**	**42**	**8.16**	**9.04**	**7.29**
60	2756	1399	1357	19	11	8	6.83	7.61	6.03
61	2428	1227	1201	18	10	8	7.34	8.27	6.39
62	2205	1076	1129	24	13	11	10.70	12.12	9.34
63	2036	991	1045	20	11	9	9.97	11.03	8.96
64	1982	975	1007	13	6	6	6.33	6.64	6.02
65-69	**9733**	**4618**	**5115**	**111**	**70**	**41**	**11.41**	**15.12**	**8.07**
65	1942	921	1021	26	13	13	13.16	13.99	12.42
66	2022	975	1047	20	16	4	9.74	15.98	3.93
67	2065	969	1096	19	12	6	9.03	12.73	5.75
68	1806	863	943	25	13	12	13.94	15.52	12.50
69	1898	890	1009	22	16	6	11.60	17.59	6.32
70-74	**8643**	**4195**	**4448**	**170**	**105**	**65**	**19.63**	**24.95**	**14.62**
70	1959	939	1020	24	17	7	12.25	18.31	6.66
71	1804	890	914	55	36	19	30.30	40.54	20.32
72	1739	833	907	28	15	13	15.98	17.88	14.24
73	1544	751	794	33	19	13	21.21	25.85	16.81
74	1597	782	815	31	17	13	19.10	21.87	16.45
75-79	**5285**	**2624**	**2661**	**184**	**108**	**76**	**34.83**	**41.17**	**28.59**
75	1297	631	666	48	33	14	36.75	52.94	21.40
76	1151	603	548	37	19	18	32.03	31.80	32.29
77	1148	579	569	33	15	17	28.50	26.44	30.61
78	843	382	461	34	22	12	40.22	57.77	25.68
79	845	429	417	33	18	15	38.94	42.13	35.66
80-84	**2794**	**1273**	**1521**	**133**	**59**	**74**	**47.60**	**46.59**	**48.45**
80	746	326	420	27	15	12	36.02	46.73	27.71
81	634	290	344	32	13	19	49.99	43.31	55.61
82	551	266	285	27	13	14	49.06	50.30	47.92
83	449	207	242	26	11	15	58.84	54.27	62.74
84	416	185	230	21	7	14	50.70	37.61	61.23
85-89	**1030**	**464**	**566**	**102**	**53**	**49**	**98.85**	**113.79**	**86.59**
85	322	144	178	28	14	14	87.22	98.42	78.18
86	274	132	142	25	9	17	92.60	64.63	118.63
87	208	91	117	17	11	6	82.26	119.96	52.96
88	133	63	71	16	10	6	122.09	159.36	89.04
89	92	34	58	15	9	6	161.63	268.28	98.82
90+	**325**	**125**	**201**	**40**	**11**	**28**	**123.08**	**88.00**	**139.30**

2-46 全国镇分年龄、性别的死亡人口状况
(2006年11月1日至2007年10月31日)
Status of Town Deaths by Age and Sex (2006.11.1-2007.10.31)

年龄 Age	年平均人口(人) Average Population (person)	男 Male	女 Female	死亡人口(人) Deaths (person)	男 Male	女 Female	死亡率(‰) Death Rate (‰)	男 Male	女 Female
总计 Total	**239857**	**121828**	**118029**	**1202**	**708**	**494**	**5.01**	**5.81**	**4.19**
0-4	**10748**	**5913**	**4835**	**14**	**10**	**4**	**1.26**	**1.65**	**0.79**
0	1309	729	580	5	2	3	3.98	3.31	4.82
1	2261	1266	994	5	5		2.14	3.81	
2	2401	1297	1105	3	3		1.06	1.96	
3	2386	1304	1083						
4	2390	1317	1073	1		1	0.42		0.94
5-9	**13719**	**7545**	**6174**	**2**	**2**		**0.15**	**0.27**	
5	2479	1344	1135						
6	2693	1482	1210	2	2		0.75	1.36	
7	2814	1556	1258						
8	2726	1484	1242						
9	3008	1679	1328						
10-14	**17217**	**9327**	**7890**	**5**	**4**	**1**	**0.28**	**0.42**	**0.12**
10	3184	1749	1435	3	3		0.95	1.73	
11	3193	1757	1435						
12	3513	1897	1616	1	1		0.24	0.45	
13	3466	1874	1591						
14	3862	2049	1813	1		1	0.25		0.53
15-19	**20338**	**11240**	**9098**	**5**	**1**	**3**	**0.22**	**0.09**	**0.38**
15	3869	2120	1749						
16	3847	2118	1729	1		1	0.27		0.61
17	4819	2676	2143	1		1	0.22		0.49
18	4231	2373	1858	2	1	1	0.58	0.44	0.75
19	3572	1953	1619						
20-24	**15120**	**7529**	**7591**	**9**	**8**	**1**	**0.61**	**1.05**	**0.18**
20	3562	1887	1675						
21	3100	1527	1573	3	3		0.91	1.84	
22	2668	1323	1345	2	1		0.66	1.05	0.28
23	2822	1330	1492	3	2	1	0.93	1.25	0.65
24	2968	1462	1506	2	2		0.68	1.38	
25-29	**15976**	**7788**	**8188**	**11**	**9**	**3**	**0.72**	**1.12**	**0.34**
25	3402	1641	1761	1		1	0.41		0.79
26	3027	1430	1598	2	2		0.65	1.37	
27	3054	1528	1526	3	3		0.95	1.90	
28	3277	1621	1655	2	2		0.48	0.97	
29	3216	1568	1648	4	2	1	1.14	1.45	0.84

2-46 续表 1 continued

年 龄 Age	年平均人口(人) Average Population (person)	男 Male	女 Female	死亡人口(人) Deaths (person)	男 Male	女 Female	死亡率(‰) Death Rate (‰)	男 Male	女 Female
30-34	**18805**	**9149**	**9656**	**20**	**16**	**4**	**1.09**	**1.76**	**0.45**
30	3094	1464	1630	2	2		0.64	1.34	
31	3597	1792	1805	4	3	1	1.13	1.55	0.72
32	3686	1837	1849	6	5	1	1.56	2.63	0.50
33	4148	2004	2144	6	5	1	1.50	2.47	0.59
34	4280	2053	2227	2	2	1	0.58	0.79	0.38
35-39	**25148**	**12476**	**12672**	**28**	**20**	**8**	**1.11**	**1.59**	**0.64**
35	4580	2204	2376	5	5		1.03	2.15	
36	4879	2473	2406	4	2	2	0.81	0.95	0.67
37	5424	2707	2716	4	4		0.82	1.64	
38	4880	2379	2501	7	3	5	1.52	1.15	1.87
39	5385	2713	2672	7	6	2	1.38	2.04	0.70
40-44	**24735**	**12279**	**12457**	**54**	**32**	**21**	**2.16**	**2.64**	**1.70**
40	4320	2186	2134	10	6	4	2.30	2.71	1.87
41	4868	2384	2484	8	7	1	1.62	2.89	0.39
42	5040	2527	2514	6	2	4	1.12	0.84	1.41
43	4917	2433	2484	16	8	8	3.25	3.10	3.39
44	5589	2747	2841	14	10	4	2.53	3.61	1.47
45-49	**15036**	**7459**	**7577**	**41**	**34**	**7**	**2.75**	**4.58**	**0.95**
45	4039	2023	2016	6	6		1.43	2.80	0.06
46	2228	1086	1142	3	3	1	1.50	2.55	0.50
47	2508	1240	1268	9	7	2	3.66	5.79	1.58
48	2819	1413	1406	9	8	1	3.28	5.82	0.72
49	3441	1697	1744	14	10	3	4.00	6.07	1.98
50-54	**18018**	**9085**	**8933**	**52**	**28**	**24**	**2.88**	**3.07**	**2.69**
50	3945	2064	1881	11	5	6	2.76	2.52	3.03
51	3429	1704	1725	10	6	4	3.03	3.66	2.40
52	3685	1787	1898	6	6		1.66	3.42	
53	3671	1832	1839	7	1	6	1.81	0.53	3.09
54	3288	1698	1590	18	9	9	5.45	5.54	5.36
55-59	**14105**	**7049**	**7056**	**88**	**52**	**36**	**6.24**	**7.36**	**5.12**
55	3510	1739	1771	20	9	11	5.62	5.23	5.99
56	2808	1390	1418	12	8	3	4.10	5.85	2.38
57	2791	1436	1355	20	10	10	7.28	6.85	7.74
58	2668	1345	1322	20	14	6	7.44	10.60	4.23
59	2328	1139	1190	17	11	6	7.15	9.28	5.10

2-46 续表 2 continued

年 龄 Age	年平均人口(人) Average Population (person)	男 Male	女 Female	死亡人口(人) Deaths (person)	男 Male	女 Female	死亡率(‰) Death Rate (‰)	男 Male	女 Female
60-64	**9935**	**4937**	**4998**	**86**	**56**	**31**	**8.70**	**11.27**	**6.17**
60	2299	1158	1141	18	12	6	7.93	10.31	5.51
61	2101	1054	1048	12	11	1	5.70	10.29	1.08
62	1982	960	1022	17	12	5	8.51	12.73	4.55
63	1845	917	928	20	9	11	11.02	10.04	12.00
64	1707	849	858	19	11	8	11.16	13.44	8.90
65-69	**7572**	**3835**	**3737**	**122**	**76**	**46**	**16.10**	**19.83**	**12.28**
65	1634	849	785	30	21	9	18.27	24.51	11.51
66	1551	754	797	28	15	13	18.33	20.34	16.43
67	1590	807	783	22	12	10	13.73	14.73	12.70
68	1263	641	622	23	16	7	18.02	24.99	10.83
69	1534	784	750	19	12	7	12.43	15.30	9.43
70-74	**6058**	**2972**	**3087**	**182**	**110**	**72**	**30.06**	**37.15**	**23.23**
70	1353	696	657	41	24	17	30.54	34.65	26.18
71	1313	660	652	33	17	17	25.27	25.16	25.38
72	1208	586	622	46	28	18	37.96	47.99	28.51
73	1052	481	571	30	22	8	28.44	46.34	13.35
74	1133	548	585	32	19	13	28.12	35.09	21.57
75-79	**3891**	**1818**	**2073**	**198**	**113**	**85**	**50.86**	**62.25**	**40.87**
75	867	410	457	50	30	19	57.26	73.60	42.60
76	855	400	454	28	18	10	32.57	44.97	21.65
77	834	409	425	45	23	22	53.95	55.31	52.64
78	645	288	357	31	16	14	47.50	56.74	40.07
79	691	311	380	45	26	19	64.87	83.76	49.39
80-84	**2156**	**967**	**1188**	**170**	**85**	**85**	**79.07**	**87.94**	**71.85**
80	642	303	339	32	16	16	50.33	54.05	47.01
81	468	209	259	41	23	18	88.29	110.39	70.44
82	367	171	196	39	23	16	105.19	133.04	80.94
83	395	147	248	34	11	23	86.88	75.49	93.63
84	283	137	146	24	12	12	84.26	85.81	82.81
85-89	**934**	**376**	**558**	**63**	**32**	**32**	**67.57**	**84.03**	**56.51**
85	256	113	143	13	9	4	50.41	82.35	25.16
86	234	92	142	19	9	10	81.68	101.58	68.71
87	204	95	109	14	9	6	70.81	92.07	52.26
88	136	46	90	12	3	9	90.42	68.73	101.38
89	105	30	75	4	1	3	42.16	33.88	45.46
90+	**346**	**89**	**259**	**52**	**20**	**30**	**150.29**	**224.72**	**115.83**

2-47 全国乡村分年龄、性别的死亡人口状况
(2006年11月1日至2007年10月31日)
Status of Rural Deaths by Age and Sex (2006.11.1-2007.10.31)

年 龄 Age	年平均人口(人) Average Population (person)	男 Male	女 Female	死亡人口(人) Deaths (person)	男 Male	女 Female	死亡率(‰) Death Rate (‰)	男 Male	女 Female
总计 Total	**656527**	**335676**	**320851**	**4413**	**2490**	**1923**	**6.72**	**7.42**	**5.99**
0-4	**33828**	**18937**	**14891**	**83**	**34**	**49**	**2.45**	**1.77**	**3.32**
0	4355	2455	1899	53	16	36	12.09	6.66	19.11
1	6838	3835	3003	11	8	4	1.68	1.99	1.28
2	7481	4275	3206	6		6	0.82	0.03	1.89
3	7758	4307	3452	5	4	1	0.64	0.83	0.40
4	7395	4065	3331	8	6	2	1.04	1.44	0.56
5-9	**41959**	**22965**	**18994**	**24**	**18**	**6**	**0.58**	**0.79**	**0.32**
5	7817	4257	3560	9	5	4	1.18	1.24	1.11
6	8188	4438	3750	5	5		0.61	1.12	
7	8482	4730	3752				0.02	0.04	
8	8333	4530	3802	4	2	2	0.43	0.34	0.53
9	9139	5010	4129	6	6		0.70	1.25	0.03
10-14	**52230**	**28205**	**24025**	**13**	**8**	**5**	**0.26**	**0.28**	**0.23**
10	9436	5129	4307	2		2	0.19		0.42
11	9900	5400	4500	1	1		0.10	0.19	
12	10700	5776	4924	1		1	0.05		0.12
13	10501	5684	4817	4	3	1	0.36	0.51	0.18
14	11692	6215	5477	6	4	2	0.53	0.64	0.41
15-19	**56748**	**30117**	**26631**	**28**	**21**	**7**	**0.49**	**0.69**	**0.26**
15	11516	6224	5292	4	3	1	0.34	0.49	0.17
16	11424	6016	5408	6	5	1	0.55	0.86	0.20
17	13371	7173	6198	4	3	1	0.29	0.40	0.16
18	11169	5844	5325	4	4		0.40	0.76	
19	9269	4861	4408	9	5	4	1.00	1.08	0.92
20-24	**39274**	**19643**	**19631**	**57**	**35**	**23**	**1.46**	**1.77**	**1.15**
20	9605	4952	4653	7	5	2	0.68	0.95	0.39
21	8184	4090	4094	17	12	5	2.06	2.94	1.17
22	7245	3571	3674	15	7	8	2.04	1.89	2.18
23	7212	3519	3693	11	6	5	1.47	1.63	1.32
24	7028	3511	3517	9	6	3	1.24	1.58	0.90
25-29	**37001**	**18230**	**18771**	**51**	**30**	**20**	**1.37**	**1.66**	**1.09**
25	7878	3862	4016	5	2	3	0.65	0.48	0.81
26	7181	3568	3613	12	6	6	1.63	1.73	1.53
27	7283	3609	3674	13	6	6	1.72	1.68	1.76
28	7409	3640	3769	8	5	2	1.04	1.47	0.62
29	7249	3550	3699	14	11	3	1.88	3.02	0.78

2-47 续表 1 continued

年 龄 Age	年平均人口(人) Average Population (person)	男 Male	女 Female	死亡人口(人) Deaths (person)	男 Male	女 Female	死亡率(‰) Death Rate (‰)	男 Male	女 Female
30-34	**42709**	**21109**	**21600**	**63**	**38**	**24**	**1.47**	**1.82**	**1.12**
30	7099	3557	3542	10	7	3	1.35	1.92	0.77
31	7976	3969	4007	14	6	8	1.72	1.39	2.04
32	8383	4167	4216	11	6	5	1.33	1.45	1.21
33	9368	4648	4720	14	10	4	1.50	2.20	0.81
34	9884	4768	5116	14	10	4	1.44	2.05	0.87
35-39	**59941**	**29503**	**30438**	**108**	**73**	**35**	**1.80**	**2.48**	**1.14**
35	10752	5366	5386	18	16	3	1.71	2.92	0.50
36	11314	5630	5684	13	11	3	1.18	1.88	0.49
37	12747	6201	6546	23	14	9	1.81	2.24	1.39
38	11954	5830	6124	28	16	12	2.34	2.77	1.92
39	13175	6477	6698	25	17	8	1.89	2.58	1.23
40-44	**62702**	**31067**	**31634**	**175**	**112**	**63**	**2.80**	**3.61**	**2.00**
40	11466	5744	5722	26	21	6	2.30	3.59	1.01
41	12825	6371	6454	31	18	13	2.43	2.85	2.01
42	12774	6318	6456	33	22	11	2.56	3.51	1.63
43	12113	5921	6193	39	23	16	3.25	3.88	2.66
44	13523	6713	6810	46	28	18	3.38	4.19	2.59
45-49	**40613**	**20171**	**20442**	**137**	**92**	**45**	**3.38**	**4.57**	**2.20**
45	11046	5378	5667	17	10	8	1.57	1.78	1.38
46	5931	2853	3078	14	8	5	2.28	2.92	1.68
47	6804	3447	3356	32	24	8	4.78	7.01	2.48
48	7407	3749	3657	29	18	11	3.93	4.90	2.93
49	9426	4743	4683	45	32	13	4.74	6.68	2.78
50-54	**52217**	**26541**	**25676**	**251**	**160**	**91**	**4.81**	**6.02**	**3.56**
50	10824	5495	5329	52	34	18	4.85	6.22	3.44
51	9970	5018	4952	47	31	17	4.74	6.12	3.34
52	10722	5422	5300	49	29	20	4.60	5.36	3.82
53	10733	5482	5251	45	31	14	4.23	5.64	2.75
54	9967	5124	4843	57	35	22	5.68	6.80	4.49
55-59	**42694**	**21941**	**20753**	**286**	**173**	**112**	**6.69**	**7.90**	**5.41**
55	10361	5259	5101	51	33	17	4.91	6.36	3.42
56	8543	4316	4227	48	25	23	5.60	5.75	5.45
57	8604	4474	4130	64	44	20	7.46	9.84	4.87
58	8098	4203	3895	60	36	24	7.43	8.55	6.22
59	7088	3688	3400	63	35	28	8.82	9.50	8.09

2-47 续表 2 continued

年 龄 Age	年平均人口(人) Average Population (person)	男 Male	女 Female	死亡人口(人) Deaths (person)	男 Male	女 Female	死亡率(‰) Death Rate (‰)	男 Male	女 Female
60-64	**29895**	**15485**	**14410**	**288**	**178**	**110**	**9.64**	**11.51**	**7.64**
60	7273	3759	3514	42	33	9	5.80	8.76	2.63
61	6273	3236	3037	40	27	12	6.32	8.45	4.06
62	5777	2919	2857	66	42	24	11.47	14.50	8.36
63	5581	2924	2657	59	34	26	10.65	11.56	9.65
64	4992	2647	2345	81	42	39	16.18	15.80	16.61
65-69	**22934**	**12098**	**10836**	**508**	**313**	**194**	**22.13**	**25.88**	**17.94**
65	4960	2572	2388	76	50	26	15.39	19.63	10.83
66	4872	2535	2337	76	53	23	15.64	20.87	9.96
67	4706	2524	2182	91	56	35	19.24	22.07	15.97
68	3956	2091	1865	123	75	48	31.22	35.95	25.91
69	4441	2376	2065	141	79	62	31.74	33.20	30.06
70-74	**19087**	**9555**	**9532**	**662**	**383**	**279**	**34.69**	**40.10**	**29.27**
70	4213	2170	2044	131	63	68	31.06	29.19	33.04
71	3945	2006	1939	122	77	45	31.04	38.46	23.36
72	3869	1980	1889	152	98	54	39.21	49.24	28.69
73	3466	1657	1809	121	77	45	34.98	46.18	24.73
74	3593	1741	1851	136	69	67	37.81	39.41	36.32
75-79	**12336**	**5918**	**6417**	**663**	**360**	**303**	**53.77**	**60.87**	**47.22**
75	2947	1419	1528	128	59	70	43.48	41.27	45.53
76	2625	1321	1305	150	92	58	57.13	69.65	44.46
77	2746	1297	1449	122	77	45	44.58	59.33	31.37
78	1938	912	1027	125	57	68	64.46	62.99	65.76
79	2078	969	1109	138	75	62	66.29	77.70	56.33
80-84	**6773**	**2925**	**3848**	**521**	**270**	**250**	**76.90**	**92.43**	**65.09**
80	1920	840	1080	131	67	64	68.36	79.61	59.62
81	1423	606	817	119	64	55	83.35	105.59	66.87
82	1301	565	736	95	56	39	73.38	99.09	53.65
83	1206	540	666	102	49	53	84.24	90.25	79.36
84	923	374	549	74	35	39	80.09	93.05	71.27
85-89	**2707**	**1029**	**1678**	**316**	**133**	**182**	**116.57**	**129.46**	**108.66**
85	807	343	464	82	43	39	102.11	125.08	85.11
86	687	244	442	88	41	48	128.76	167.29	107.48
87	560	205	355	61	18	43	108.11	86.54	120.60
88	362	145	217	54	20	34	149.41	139.26	156.20
89	291	90	201	30	11	19	103.31	125.67	93.25
90+	**881**	**239**	**644**	**179**	**58**	**121**	**203.18**	**242.68**	**187.89**

2-48 各地区分性别的各种户口状况人口

单位：人

地 区	Region	人口数 Population			住本乡、镇、街道，户口在本乡、镇、街道 Residing in the Townships, Towns and Street Communities with Permanent Household Registration There		
		合计 Total	男 Male	女 Female	小计 Sub-total	男 Male	女 Female
全 国	**National Total**	**1188739**	**602740**	**585999**	**1074440**	**545553**	**528887**
北 京	Beijing	14554	7243	7311	8559	4270	4289
天 津	Tianjin	9896	4956	4940	8542	4253	4289
河 北	Hebei	63501	32330	31171	60310	30849	29461
山 西	Shanxi	31069	15829	15240	28691	14655	14036
内蒙古	Inner Mongolia	22066	11201	10865	19276	9835	9441
辽 宁	Liaoning	39317	19778	19539	34906	17638	17268
吉 林	Jilin	25067	12697	12370	23158	11754	11404
黑龙江	Heilongjiang	35193	17781	17412	31488	15941	15547
上 海	Shanghai	16708	8325	8384	11651	5861	5790
江 苏	Jiangsu	69503	33967	35536	61976	30388	31588
浙 江	Zhejiang	45844	23447	22397	37840	19270	18569
安 徽	Anhui	56247	28463	27783	53220	27002	26218
福 建	Fujian	32754	16463	16291	27267	13673	13594
江 西	Jiangxi	39945	20425	19519	37339	19103	18237
山 东	Shandong	85696	43033	42662	80475	40203	40271
河 南	Henan	86460	44047	42412	83833	42722	41111
湖 北	Hubei	52408	26640	25767	48716	24710	24006
湖 南	Hunan	58382	30075	28307	56192	29053	27138
广 东	Guangdong	85649	43606	42043	59187	30030	29157
广 西	Guangxi	43442	22617	20824	41877	21780	20097
海 南	Hainan	7696	4030	3666	7095	3747	3348
重 庆	Chongqing	25850	13088	12762	23985	12163	11822
四 川	Sichuan	75201	37813	37388	70963	35866	35097
贵 州	Guizhou	34587	17888	16699	32427	16857	15569
云 南	Yunnan	41269	21266	20003	39218	20267	18952
西 藏	Tibet	2587	1270	1317	2567	1260	1306
陕 西	Shaanxi	34383	17324	17059	32519	16411	16108
甘 肃	Gansu	23990	12162	11828	23484	11908	11576
青 海	Qinghai	5045	2556	2488	4593	2328	2265
宁 夏	Ningxia	5560	2822	2738	5155	2622	2533
新 疆	Xinjiang	18872	9597	9275	17931	9133	8798

Population by Sex, Household Registration Status and Region

(person)

住本乡、镇、街道半年以上，户口在外乡、镇、街道 Residing in Townships, Towns and Street Communities For More Than 6 Months, with Permanent Household Registration Elsewhere			住本乡、镇、街道不满半年，户口在外乡、镇、街道，离开户口登记地半年以上 Residing in Townships, Towns and Street Communities For Less Than 6 Months, with Permanent Household Registration Elsewhere, Having Been Away from That Places For More Than 6 Months.			住本乡、镇、街道，户口待定 Residing in Townships, Towns and Street Communities, with Place of Permanent Household Registration Unsettled		
小计 Sub-total	男 Male	女 Female	小计 Sub-total	男 Male	女 Female	小计 Sub-total	男 Male	女 Female
100377	**49980**	**50397**	**8208**	**4312**	**3895**	**5714**	**2895**	**2819**
5576	2759	2817	347	174	173	72	39	33
1327	692	635	22	9	13	4	2	2
2767	1287	1480	149	77	72	274	117	157
2118	1034	1084	91	46	45	169	94	74
2544	1236	1308	144	72	72	101	57	44
4099	1977	2122	191	106	86	121	57	63
1721	854	867	131	61	70	57	27	29
3382	1671	1711	224	115	109	99	54	45
4788	2328	2460	227	114	113	43	22	21
7014	3326	3688	189	96	93	323	157	166
7209	3752	3458	553	294	259	243	131	112
2507	1198	1309	269	121	147	251	142	110
4664	2352	2312	440	236	203	383	201	182
2232	1108	1124	118	72	46	255	142	113
4575	2432	2143	339	229	110	307	170	138
2342	1174	1168	66	30	36	219	122	97
3387	1771	1616	140	81	59	165	78	86
1994	920	1074	73	37	36	124	65	59
21958	11280	10678	3677	1926	1751	827	370	457
1310	707	604	48	29	19	206	102	104
525	244	281	24	12	12	52	27	25
1711	846	865	47	28	19	107	51	56
3407	1524	1883	322	159	163	509	264	245
1875	899	977	53	25	28	232	108	124
1764	859	905	106	52	54	181	89	92
5	2	4	2	1	1	13	7	6
1621	792	829	70	38	32	173	83	90
406	195	212	28	9	19	72	50	22
374	188	186	40	22	18	38	18	19
352	175	177	18	8	10	35	17	18
822	400	422	61	34	27	58	30	28

2-49 各地区城市分性别的各种户口状况人口

单位：人

地区	Region	人口数 Population			住本乡、镇、街道，户口在本乡、镇、街道 Residing in the Townships, Towns and Street Communities with Permanent Household Registration There		
		合计 Total	男 Male	女 Female	小计 Sub-total	男 Male	女 Female
全国	**National Total**	**290841**	**144370**	**146471**	**220132**	**109648**	**110484**
北京	Beijing	11645	5738	5907	6249	3101	3148
天津	Tianjin	6374	3138	3236	5155	2515	2640
河北	Hebei	11165	5475	5690	9247	4584	4663
山西	Shanxi	7418	3710	3708	6027	3039	2988
内蒙古	Inner Mongolia	6371	3121	3250	4481	2195	2287
辽宁	Liaoning	17361	8588	8773	14407	7129	7278
吉林	Jilin	9000	4482	4518	7656	3784	3872
黑龙江	Heilongjiang	12467	6211	6256	10255	5113	5143
上海	Shanghai	13333	6630	6703	9041	4562	4479
江苏	Jiangsu	23851	11548	12303	18860	9277	9583
浙江	Zhejiang	11740	6001	5739	8555	4361	4195
安徽	Anhui	7082	3417	3665	5592	2707	2885
福建	Fujian	7032	3383	3649	4234	2049	2185
江西	Jiangxi	6206	3111	3095	5057	2541	2517
山东	Shandong	16701	8286	8415	13995	6903	7093
河南	Henan	14931	7499	7431	13418	6744	6674
湖北	Hubei	12153	5951	6202	9678	4630	5047
湖南	Hunan	10803	5495	5308	9426	4845	4581
广东	Guangdong	34626	17357	17269	16682	8495	8186
广西	Guangxi	5531	2831	2700	4686	2360	2326
海南	Hainan	1549	781	768	1243	642	600
重庆	Chongqing	4793	2386	2408	3852	1916	1936
四川	Sichuan	10260	5066	5194	8434	4173	4261
贵州	Guizhou	3382	1687	1695	2345	1187	1159
云南	Yunnan	5586	2784	2802	4372	2200	2172
西藏	Tibet	374	159	215	373	158	215
陕西	Shaanxi	6994	3486	3508	6156	3107	3050
甘肃	Gansu	4322	2165	2157	3946	1992	1955
青海	Qinghai	959	476	482	697	345	352
宁夏	Ningxia	1312	654	658	1099	551	548
新疆	Xinjiang	5521	2753	2768	4914	2445	2469

City Population by Sex, Household Registration Status and Region

(person)

住本乡、镇、街道半年以上，户口在外乡、镇、街道 Residing in Townships, Towns and Street Communities For More Than 6 Months, with Permanent Household Registration Elsewhere			住本乡、镇、街道不满半年，户口在外乡、镇、街道，离开户口登记地半年以上 Residing in Townships, Towns and Street Communities For Less Than 6 Months, with Permanent Household Registration Elsewhere, Having Been Away from That Places For More Than 6 Months.			住本乡、镇、街道，户口待定 Residing in Townships, Towns and Street Communities, with Place of Permanent Household Registration Unsettled		
小 计 Sub-total	男 Male	女 Female	小 计 Sub-total	男 Male	女 Female	小 计 Sub-total	男 Male	女 Female
64162	**31435**	**32727**	**5392**	**2719**	**2673**	**1154**	**568**	**586**
5011	2446	2566	334	165	169	51	26	25
1200	615	586	15	7	8	3	2	2
1758	820	938	111	51	60	49	19	29
1270	611	658	68	33	36	53	27	26
1744	851	893	103	49	55	42	27	16
2776	1356	1420	152	87	65	27	17	10
1213	634	579	119	56	63	13	8	5
1986	980	1006	193	101	92	33	18	15
4035	1939	2096	219	109	109	38	20	19
4770	2158	2612	151	77	74	70	36	34
2901	1521	1380	227	95	132	57	24	32
1329	647	682	124	45	78	37	17	20
2506	1183	1323	247	127	120	45	24	20
1054	514	540	67	40	27	27	16	11
2438	1213	1225	224	144	79	44	26	18
1441	720	721	34	13	21	38	23	15
2348	1253	1095	93	53	40	34	15	19
1322	620	702	39	20	19	16	9	6
15124	7478	7645	2535	1272	1263	286	111	174
805	449	356	24	16	8	17	7	11
289	131	158	11	5	6	7	3	4
892	444	448	34	19	15	15	7	8
1733	838	895	62	33	29	31	22	9
977	471	506	38	19	20	21	11	10
1160	556	604	35	16	20	18	12	7
1								
772	347	424	35	19	16	31	13	18
337	158	179	22	6	16	17	10	7
237	118	119	18	10	8	7	3	3
195	95	100	12	6	6	6	3	3
538	269	269	47	27	21	22	12	10

2-50 各地区镇分性别的各种户口状况人口

单位：人

地区	Region	人口数 Population			住本乡、镇、街道，户口在本乡、镇、街道 Residing in the Townships, Towns and Street Communities with Permanent Household Registration There		
		合计 Total	男 Male	女 Female	小计 Sub-total	男 Male	女 Female
全国	**National Total**	**240375**	**122126**	**118249**	**216427**	**109564**	**106863**
北京	Beijing	629	328	301	366	176	190
天津	Tianjin	1120	570	550	1083	551	532
河北	Hebei	13245	6751	6493	12695	6485	6210
山西	Shanxi	5945	2992	2953	5440	2741	2699
内蒙古	Inner Mongolia	4362	2191	2171	3855	1944	1911
辽宁	Liaoning	5832	2921	2911	5193	2595	2598
吉林	Jilin	4278	2148	2130	4075	2055	2020
黑龙江	Heilongjiang	6361	3222	3139	5581	2830	2751
上海	Shanghai	1487	752	735	1021	512	509
江苏	Jiangsu	12221	6065	6156	11403	5620	5783
浙江	Zhejiang	14162	7251	6911	10566	5351	5215
安徽	Anhui	13786	6978	6808	12731	6457	6275
福建	Fujian	8690	4377	4313	7351	3711	3640
江西	Jiangxi	9245	4746	4499	8595	4415	4180
山东	Shandong	22805	11601	11203	21232	10631	10601
河南	Henan	13143	6808	6335	12517	6505	6013
湖北	Hubei	10801	5481	5320	10022	5082	4941
湖南	Hunan	11797	6032	5764	11309	5805	5504
广东	Guangdong	19333	10093	9240	14810	7518	7293
广西	Guangxi	9517	4930	4587	9081	4676	4405
海南	Hainan	1999	1052	947	1834	967	867
重庆	Chongqing	7279	3643	3636	6732	3367	3365
四川	Sichuan	15534	7606	7928	14414	7130	7284
贵州	Guizhou	6116	3125	2990	5416	2772	2644
云南	Yunnan	7001	3539	3463	6486	3265	3221
西藏	Tibet	356	170	186	351	168	183
陕西	Shaanxi	6457	3286	3171	5714	2931	2782
甘肃	Gansu	3137	1582	1554	3100	1563	1537
青海	Qinghai	1022	516	506	898	451	447
宁夏	Ningxia	1079	546	534	954	484	470
新疆	Xinjiang	1639	824	815	1600	807	792

Town Population by Sex, Household Registration Status and Region

(person)

住本乡、镇、街道半年以上，户口在外乡、镇、街道 Residing in Townships, Towns and Street Communities For More Than 6 Months, with Permanent Household Registration Elsewhere			住本乡、镇、街道不满半年，户口在外乡、镇、街道，离开户口登记地半年以上 Residing in Townships, Towns and Street Communities For Less Than 6 Months, with Permanent Household Registration Elsewhere, Having Been Away from That Places For More Than 6 Months.			住本乡、镇、街道，户口待定 Residing in Townships, Towns and Street Communities, with Place of Permanent Household Registration Unsettled		
小计 Sub-total	男 Male	女 Female	小计 Sub-total	男 Male	女 Female	小计 Sub-total	男 Male	女 Female
21348	**11145**	**10203**	**1476**	**840**	**636**	**1124**	**578**	**547**
256	147	109	3	3		3	1	1
36	18	18	1					
477	226	251	18	11	7	54	29	25
467	228	239	3	2	1	36	21	15
477	232	245	17	7	10	14	7	6
599	305	294	19	13	6	21	8	13
187	86	101	5	3	2	11	5	7
748	374	374	14	6	8	18	12	6
464	239	226	2	2				
753	409	344	21	15	7	44	21	23
3364	1767	1597	161	91	70	71	41	29
873	422	451	129	70	60	53	30	23
1157	585	572	85	41	45	96	40	56
580	300	280	22	13	9	48	17	30
1394	840	555	99	77	21	79	53	26
571	275	296	23	9	13	32	19	13
675	345	330	41	25	16	63	30	33
442	199	243	17	11	6	28	17	11
3863	2189	1674	499	297	202	160	88	72
370	222	148	14	8	7	51	24	28
145	74	72	8	6	3	12	6	6
519	261	257	7	5	2	21	9	12
933	396	537	157	67	89	31	14	17
639	329	311	9	3	7	51	22	29
424	224	200	51	29	22	41	21	20
1		1	1		1	3	1	1
658	317	341	23	11	13	62	27	35
27	13	14	3	2	1	6	4	2
98	50	47	20	12	9	6	3	3
114	57	57	4	1	2	8	3	4
37	15	22	1			1	1	

2-51 各地区乡村分性别的各种户口状况人口

单位：人

地 区	Region	人口数 Population			住本乡、镇、街道，户口在本乡、镇、街道 Residing in the Townships, Towns and Street Communities with Permanent Household Registration There		
		合计 Total	男 Male	女 Female	小计 Sub-total	男 Male	女 Female
全 国	**National Total**	**657523**	**336243**	**321280**	**637881**	**326341**	**311540**
北 京	Beijing	2281	1177	1104	1944	993	951
天 津	Tianjin	2402	1248	1154	2304	1186	1117
河 北	Hebei	39091	20103	18988	38368	19780	18588
山 西	Shanxi	17706	9127	8579	17224	8875	8349
内蒙古	Inner Mongolia	11333	5889	5444	10941	5696	5244
辽 宁	Liaoning	16124	8269	7855	15307	7914	7392
吉 林	Jilin	11789	6067	5722	11427	5916	5511
黑龙江	Heilongjiang	16365	8348	8017	15652	7998	7653
上 海	Shanghai	1888	942	946	1589	787	802
江 苏	Jiangsu	33431	16354	17077	31714	15491	16222
浙 江	Zhejiang	19942	10195	9748	18718	9558	9160
安 徽	Anhui	35379	18069	17310	34897	17838	17058
福 建	Fujian	17032	8702	8329	15682	7913	7769
江 西	Jiangxi	24494	12568	11926	23686	12147	11540
山 东	Shandong	46190	23146	23044	45247	22669	22577
河 南	Henan	58386	29740	28646	57898	29474	28424
湖 北	Hubei	29453	15208	14245	29016	14998	14018
湖 南	Hunan	35783	18548	17235	35456	18403	17053
广 东	Guangdong	31690	16156	15534	27695	14017	13678
广 西	Guangxi	28393	14856	13537	28111	14744	13367
海 南	Hainan	4148	2197	1951	4019	2138	1881
重 庆	Chongqing	13778	7060	6718	13400	6880	6520
四 川	Sichuan	49407	25140	24267	48115	24563	23551
贵 州	Guizhou	25090	13076	12014	24666	12899	11767
云 南	Yunnan	28682	14944	13738	28360	14801	13559
西 藏	Tibet	1857	940	917	1843	934	909
陕 西	Shaanxi	20932	10552	10380	20649	10373	10276
甘 肃	Gansu	16531	8414	8117	16437	8354	8084
青 海	Qinghai	3064	1564	1500	2999	1532	1467
宁 夏	Ningxia	3169	1623	1547	3102	1588	1515
新 疆	Xinjiang	11712	6019	5692	11417	5880	5537

Rural Population by Sex, Household Registration Status and Region

(person)

住本乡、镇、街道半年以上，户口在外乡、镇、街道 Residing in Townships, Towns and Street Communities For More Than 6 Months, with Permanent Household Registration Elsewhere			住本乡、镇、街道不满半年，户口在外乡、镇、街道，离开户口登记地半年以上 Residing in Townships, Towns and Street Communities For Less Than 6 Months, with Permanent Household Registration Elsewhere, Having Been Away from That Places For More Than 6 Months.			住本乡、镇、街道，户口待定 Residing in Townships, Towns and Street Communities, with Place of Permanent Household Registration Unsettled		
小 计 Sub-total	男 Male	女 Female	小 计 Sub-total	男 Male	女 Female	小 计 Sub-total	男 Male	女 Female
14867	**7399**	**7467**	**1340**	**754**	**586**	**3436**	**1749**	**1686**
308	166	142	10	6	4	18	11	7
91	59	32	6	2	5	1		
532	241	291	20	14	5	172	69	103
382	195	187	20	12	8	80	45	34
324	153	170	24	16	7	45	24	22
724	316	408	21	6	15	73	32	40
322	134	188	8	2	5	33	15	18
648	317	330	17	8	9	48	24	24
288	150	138	6	3	3	5	2	2
1491	758	733	17	4	13	209	100	109
944	464	480	165	107	58	115	65	50
305	129	176	16	6	9	162	95	67
1000	583	417	107	69	39	242	137	105
598	294	304	29	19	10	180	109	72
742	380	363	17	7	10	184	90	94
330	179	151	9	7	2	149	80	69
364	173	191	6	3	3	67	34	34
229	101	129	17	6	11	80	39	41
2971	1613	1358	643	357	286	382	170	211
135	35	100	10	5	5	138	72	66
91	40	51	5	2	4	34	18	16
301	140	160	6	4	2	71	35	36
742	291	451	104	59	45	447	228	219
259	99	159	6	3	2	159	74	85
180	79	101	20	8	12	122	56	66
4	1	3				11	6	5
191	128	63	12	8	3	80	43	37
42	24	18	3	1	3	49	36	12
39	19	20	1	1	1	25	12	13
43	24	20	3	1	2	21	10	11
247	115	132	12	7	6	35	17	18

2-52 各地区60岁及以上分性别、主要生活来源的人口

Population Aged 60 and Over by Sex, Main Source of Support and Region

单位：人 (person)

地区	Region	60岁及60岁以上人口 Population Aged 60 and over			劳动收入 Labour Income		
		合计 Total	男 Male	女 Female	小计 Sub-total	男 Male	女 Female
全　国	**National Total**	**158581**	**77309**	**81272**	**57062**	**34121**	**22941**
北　京	Beijing	918	293	625	30	13	18
天　津	Tianjin	733	153	580	69	18	51
河　北	Hebei	6762	2906	3856	2355	1397	958
山　西	Shanxi	3352	1708	1643	1015	713	301
内蒙古	Inner Mongolia	2614	1344	1270	809	524	285
辽　宁	Liaoning	6041	2924	3116	1483	924	559
吉　林	Jilin	3267	1604	1663	704	474	230
黑龙江	Heilongjiang	4493	2208	2285	762	534	228
上　海	Shanghai	3259	1539	1720	166	105	61
江　苏	Jiangsu	11190	5311	5879	4236	2379	1857
浙　江	Zhejiang	6857	3439	3418	2160	1531	629
安　徽	Anhui	8606	4293	4313	4080	2423	1656
福　建	Fujian	4524	2187	2337	1120	780	341
江　西	Jiangxi	5238	2601	2637	1485	967	518
山　东	Shandong	12163	5839	6324	4803	2872	1931
河　南	Henan	9845	4683	5162	4656	2676	1979
湖　北	Hubei	7570	3812	3758	3065	1796	1269
湖　南	Hunan	8747	4387	4360	3578	2237	1341
广　东	Guangdong	8539	4183	4356	1787	1243	544
广　西	Guangxi	5723	2785	2938	2448	1364	1084
海　南	Hainan	908	434	474	306	169	137
重　庆	Chongqing	4597	2370	2226	2185	1249	936
四　川	Sichuan	12739	6469	6270	6029	3345	2684
贵　州	Guizhou	4297	2085	2212	2008	1077	931
云　南	Yunnan	4474	2156	2317	1706	913	793
西　藏	Tibet	257	115	142	71	38	33
陕　西	Shaanxi	4987	2464	2523	1804	1056	748
甘　肃	Gansu	2891	1466	1425	1166	695	470
青　海	Qinghai	493	240	252	141	84	57
宁　夏	Ningxia	534	269	265	161	100	61
新　疆	Xinjiang	1964	1040	924	674	425	249

注：其他包括失业保险金、下岗生活费、内退生活费、原有积蓄、出租房屋及其他生活来源（以下表同）。

Note: Others include unemployment insurance payment ,subsistence allowances for laid-off workers,allowances for early retirement,previous savings, house-renting and other sources of support.The same applies to the tables following.

2-52 续表 1 continued

单位：人 (person)

地 区	Region	离退休金、养老金 Pensions for Retirement			最低生活保障金 Minimum Living Guarantee		
		小计 Sub-total	男 Male	女 Female	小计 Sub-total	男 Male	女 Female
全 国	**National Total**	**34880**	**21131**	**13749**	**3214**	**1471**	**1743**
北 京	Beijing	593	234	359	4	1	2
天 津	Tianjin	385	99	286	4	1	4
河 北	Hebei	877	542	335	87	53	34
山 西	Shanxi	703	514	189	87	38	49
内蒙古	Inner Mongolia	598	416	183	135	67	68
辽 宁	Liaoning	2663	1474	1189	124	42	82
吉 林	Jilin	1171	684	487	115	32	83
黑龙江	Heilongjiang	1737	1144	593	222	57	165
上 海	Shanghai	2925	1390	1536	32	11	21
江 苏	Jiangsu	2565	1534	1031	203	102	100
浙 江	Zhejiang	1673	948	725	136	70	66
安 徽	Anhui	1096	704	392	183	96	87
福 建	Fujian	841	523	318	93	63	30
江 西	Jiangxi	1352	872	480	95	42	54
山 东	Shandong	2020	1336	683	84	39	45
河 南	Henan	1027	724	303	161	73	88
湖 北	Hubei	1893	1096	797	123	60	62
湖 南	Hunan	1573	932	641	292	123	170
广 东	Guangdong	1920	1142	779	201	107	94
广 西	Guangxi	744	517	226	78	52	27
海 南	Hainan	243	145	98	32	16	16
重 庆	Chongqing	778	486	292	106	55	51
四 川	Sichuan	1702	1185	516	244	127	117
贵 州	Guizhou	514	359	155	107	40	67
云 南	Yunnan	651	429	222	61	28	34
西 藏	Tibet	8	6	2	10	3	7
陕 西	Shaanxi	1212	773	439	53	22	32
甘 肃	Gansu	459	319	139	51	22	28
青 海	Qinghai	109	74	35	15	4	10
宁 夏	Ningxia	152	102	50	18	6	12
新 疆	Xinjiang	697	426	271	57	19	38

2-52 续表 2 continued

单位：人 (person)

地 区	Region	家庭其他成员供养 Supplied by Other Members of the Family			其 他 Others		
		小计 Sub-total	男 Male	女 Female	小计 Sub-total	男 Male	女 Female
全 国	**National Total**	**60177**	**19063**	**41113**	**3248**	**1523**	**1724**
北 京	Beijing	276	40	236	15	5	10
天 津	Tianjin	270	34	237	5	2	3
河 北	Hebei	3331	873	2458	113	41	71
山 西	Shanxi	1439	389	1050	108	55	54
内蒙古	Inner Mongolia	997	308	689	75	30	45
辽 宁	Liaoning	1670	433	1237	99	51	49
吉 林	Jilin	1172	367	805	106	47	60
黑龙江	Heilongjiang	1628	412	1216	144	60	84
上 海	Shanghai	129	31	98	7	2	5
江 苏	Jiangsu	3973	1199	2774	213	97	117
浙 江	Zhejiang	2669	787	1882	219	102	115
安 徽	Anhui	3091	1000	2091	154	69	86
福 建	Fujian	2418	793	1625	52	28	25
江 西	Jiangxi	2253	696	1558	51	24	27
山 东	Shandong	5014	1472	3543	244	121	123
河 南	Henan	3737	1082	2655	264	127	138
湖 北	Hubei	2354	794	1561	136	66	70
湖 南	Hunan	3114	1005	2110	189	90	98
广 东	Guangdong	4366	1551	2815	264	140	123
广 西	Guangxi	2328	794	1535	124	59	66
海 南	Hainan	314	99	215	12	6	7
重 庆	Chongqing	1483	552	930	46	29	17
四 川	Sichuan	4511	1697	2814	253	115	139
贵 州	Guizhou	1618	587	1031	51	23	28
云 南	Yunnan	1962	743	1219	93	45	49
西 藏	Tibet	163	65	98	5	3	2
陕 西	Shaanxi	1820	575	1245	98	38	59
甘 肃	Gansu	1151	398	753	64	31	34
青 海	Qinghai	222	75	147	5	3	3
宁 夏	Ningxia	195	58	137	8	3	5
新 疆	Xinjiang	505	155	350	30	14	16

2-53 各地区城市60岁及以上分性别、主要生活来源的人口

City Population Aged 60 and Over by Sex, Main Source of Support and Region

单位：人 (person)

地 区	Region	60岁及60岁以上人口 Population Aged 60 and over			劳动收入 Labour Income		
		合计 Total	男 Male	女 Female	小计 Sub-total	男 Male	女 Female
全 国	**National Total**	**36665**	**17354**	**19311**	**2447**	**1649**	**799**
北 京	Beijing	709	232	476	8	6	2
天 津	Tianjin	498	100	398	15	6	10
河 北	Hebei	1049	377	672	101	61	40
山 西	Shanxi	762	376	386	39	31	8
内蒙古	Inner Mongolia	725	351	374	30	24	6
辽 宁	Liaoning	2830	1307	1523	155	105	50
吉 林	Jilin	1344	628	716	50	39	11
黑龙江	Heilongjiang	1812	846	966	55	43	13
上 海	Shanghai	2602	1235	1367	44	38	6
江 苏	Jiangsu	3144	1489	1654	327	209	118
浙 江	Zhejiang	1643	814	830	142	108	33
安 徽	Anhui	996	495	502	81	63	18
福 建	Fujian	843	386	457	91	65	26
江 西	Jiangxi	908	480	427	28	18	10
山 东	Shandong	2338	1121	1216	178	134	44
河 南	Henan	1520	689	831	234	128	105
湖 北	Hubei	1752	847	905	76	53	23
湖 南	Hunan	1455	709	746	53	40	12
广 东	Guangdong	2626	1277	1349	190	151	39
广 西	Guangxi	691	359	332	35	18	17
海 南	Hainan	164	80	84	16	11	5
重 庆	Chongqing	788	398	390	110	66	44
四 川	Sichuan	1403	726	676	163	81	83
贵 州	Guizhou	501	253	248	33	15	18
云 南	Yunnan	636	323	313	67	42	25
西 藏	Tibet	42	18	25	6	3	3
陕 西	Shaanxi	1168	570	598	41	34	7
甘 肃	Gansu	666	340	325	35	26	9
青 海	Qinghai	126	57	69	3	2	1
宁 夏	Ningxia	160	79	80	4	3	1
新 疆	Xinjiang	764	390	375	37	26	11

2-53 续表 1 continued

单位：人 (person)

地　区	Region	离退休金、养老金 Pensions for Retirement			最低生活保障金 Minimum Living Guarantee		
		小计 Sub-total	男 Male	女 Female	小计 Sub-total	男 Male	女 Female
全　国	**National Total**	**24517**	**13464**	**11052**	**771**	**208**	**563**
北　京	Beijing	556	206	349	2	1	1
天　津	Tianjin	368	87	280	2		2
河　北	Hebei	515	232	283	3	1	1
山　西	Shanxi	437	293	144	9		9
内蒙古	Inner Mongolia	427	280	148	25	7	18
辽　宁	Liaoning	2208	1123	1085	54	8	46
吉　林	Jilin	954	520	434	58	11	47
黑龙江	Heilongjiang	1161	717	443	100	20	80
上　海	Shanghai	2488	1182	1307	23	6	16
江　苏	Jiangsu	1956	1064	892	52	13	39
浙　江	Zhejiang	1106	592	514	19	6	13
安　徽	Anhui	685	392	293	33	14	18
福　建	Fujian	500	259	241	2	1	1
江　西	Jiangxi	748	441	307	9	1	8
山　东	Shandong	1431	822	609	18	4	14
河　南	Henan	622	399	222	17	4	13
湖　北	Hubei	1361	714	647	34	14	21
湖　南	Hunan	1048	559	489	70	25	45
广　东	Guangdong	1388	778	611	7	2	5
广　西	Guangxi	462	306	156	3		3
海　南	Hainan	90	52	38	4	2	2
重　庆	Chongqing	473	266	207	45	22	23
四　川	Sichuan	854	532	322	45	10	34
贵　州	Guizhou	336	208	128	28	7	20
云　南	Yunnan	375	237	139	4		4
西　藏	Tibet	6	5	1	7	2	5
陕　西	Shaanxi	855	489	366	22	1	21
甘　肃	Gansu	400	266	134	33	11	22
青　海	Qinghai	80	50	30	7	1	6
宁　夏	Ningxia	107	71	37	8	3	6
新　疆	Xinjiang	520	324	196	28	10	18

2-53 续表 2 continued

单位：人 (person)

地 区	Region	家庭其他成员供养 Supplied by Other Members of the Family			其 他 Others		
		小计 Sub-total	男 Male	女 Female	小计 Sub-total	男 Male	女 Female
全 国	**National Total**	**8044**	**1662**	**6382**	**886**	**370**	**516**
北 京	Beijing	134	16	117	9	2	6
天 津	Tianjin	112	6	105			
河 北	Hebei	395	67	329	35	17	18
山 西	Shanxi	248	41	207	30	11	18
内蒙古	Inner Mongolia	217	35	182	26	4	22
辽 宁	Liaoning	386	60	326	27	11	15
吉 林	Jilin	246	41	205	37	17	21
黑龙江	Heilongjiang	452	51	400	46	16	30
上 海	Shanghai	43	8	35	5	2	4
江 苏	Jiangsu	738	173	565	70	30	41
浙 江	Zhejiang	315	76	239	61	31	30
安 徽	Anhui	171	20	151	27	6	21
福 建	Fujian	238	56	182	12	5	7
江 西	Jiangxi	111	14	97	12	5	6
山 东	Shandong	643	134	509	69	29	40
河 南	Henan	573	122	450	75	36	40
湖 北	Hubei	259	60	199	22	6	14
湖 南	Hunan	246	65	181	37	19	19
广 东	Guangdong	947	295	652	92	51	42
广 西	Guangxi	165	25	141	25	9	16
海 南	Hainan	52	15	38	2	1	1
重 庆	Chongqing	151	41	110	9	5	7
四 川	Sichuan	293	86	207	48	18	31
贵 州	Guizhou	92	20	73	12	4	9
云 南	Yunnan	161	37	124	29	8	21
西 藏	Tibet	21	6	15	2	2	
陕 西	Shaanxi	218	33	185	32	13	18
甘 肃	Gansu	182	31	151	16	7	9
青 海	Qinghai	34	4	30	1	1	1
宁 夏	Ningxia	36	3	34	4		4
新 疆	Xinjiang	168	23	145	10	5	5

2-54 各地区镇60岁及以上分性别、主要生活来源的人口

Town Population Aged 60 and Over by Sex, Main Source of Support and Region

单位：人 (person)

地 区	Region	60岁及60岁以上人口 Population Aged 60 and over			劳动收入 Labour Income		
		合计 Total	男 Male	女 Female	小计 Sub-total	男 Male	女 Female
全 国	**National Total**	**29941**	**14351**	**15589**	**8585**	**5221**	**3364**
北 京	Beijing	36	12	24	4	2	2
天 津	Tianjin	62	12	50	8	2	6
河 北	Hebei	1239	470	769	373	210	164
山 西	Shanxi	598	303	295	112	86	27
内蒙古	Inner Mongolia	478	247	231	90	65	25
辽 宁	Liaoning	867	414	453	248	146	101
吉 林	Jilin	551	267	284	85	65	20
黑龙江	Heilongjiang	924	446	478	53	41	12
上 海	Shanghai	249	116	133	27	17	10
江 苏	Jiangsu	1852	892	961	687	386	301
浙 江	Zhejiang	1781	887	895	462	351	111
安 徽	Anhui	1762	850	912	593	351	242
福 建	Fujian	1125	539	586	223	161	62
江 西	Jiangxi	1097	544	553	277	180	97
山 东	Shandong	3033	1410	1623	1172	685	488
河 南	Henan	1556	744	812	558	341	217
湖 北	Hubei	1257	620	637	383	229	154
湖 南	Hunan	1618	768	850	411	266	145
广 东	Guangdong	2027	977	1049	404	279	125
广 西	Guangxi	1118	513	604	306	167	139
海 南	Hainan	242	115	127	68	39	29
重 庆	Chongqing	1139	576	563	460	264	196
四 川	Sichuan	2318	1144	1174	692	379	313
贵 州	Guizhou	624	290	334	199	101	98
云 南	Yunnan	751	369	382	205	110	95
西 藏	Tibet	34	14	20	16	8	8
陕 西	Shaanxi	828	413	415	227	135	92
甘 肃	Gansu	387	197	190	131	82	49
青 海	Qinghai	90	46	44	15	10	5
宁 夏	Ningxia	91	47	44	15	11	4
新 疆	Xinjiang	204	109	96	80	54	26

2-54 续表 1 continued

单位：人 (person)

地 区	Region	离退休金、养老金 Pensions for Retirement			最低生活保障金 Minimum Living Guarantee		
		小计 Sub-total	男 Male	女 Female	小计 Sub-total	男 Male	女 Female
全 国	**National Total**	**6484**	**4544**	**1940**	**861**	**303**	**558**
北 京	Beijing	9	7	2			
天 津	Tianjin	5	4	1			
河 北	Hebei	147	108	39	10	4	6
山 西	Shanxi	167	125	42	15	6	9
内蒙古	Inner Mongolia	130	102	28	33	16	17
辽 宁	Liaoning	269	184	85	29	7	22
吉 林	Jilin	156	113	43	37	11	26
黑龙江	Heilongjiang	448	322	126	69	14	55
上 海	Shanghai	184	86	98			
江 苏	Jiangsu	317	227	90	31	15	16
浙 江	Zhejiang	434	256	178	39	16	23
安 徽	Anhui	296	205	91	51	23	28
福 建	Fujian	231	173	57	19	13	7
江 西	Jiangxi	288	201	88	26	8	18
山 东	Shandong	298	248	49	14	7	7
河 南	Henan	267	194	73	38	11	26
湖 北	Hubei	269	196	73	31	13	18
湖 南	Hunan	425	277	148	120	33	87
广 东	Guangdong	332	232	100	67	23	44
广 西	Guangxi	207	148	59	14	5	9
海 南	Hainan	57	38	19	8	4	4
重 庆	Chongqing	239	161	79	36	16	20
四 川	Sichuan	570	420	150	79	28	52
贵 州	Guizhou	101	80	21	34	10	23
云 南	Yunnan	207	127	80	22	8	14
西 藏	Tibet				1		
陕 西	Shaanxi	243	178	64	4	1	3
甘 肃	Gansu	42	37	5	10	6	4
青 海	Qinghai	25	21	4	5	2	3
宁 夏	Ningxia	32	23	9	4	1	3
新 疆	Xinjiang	85	48	37	12	1	11

2-54 续表 2 continued

单位：人 (person)

地 区	Region	家庭其他成员供养 Supplied by Other Members of the Family			其 他 Others		
		小计 Sub-total	男 Male	女 Female	小计 Sub-total	男 Male	女 Female
全 国	**National Total**	**13224**	**3897**	**9327**	**786**	**386**	**401**
北 京	Beijing	20	2	18	1		1
天 津	Tianjin	47	6	42	1		1
河 北	Hebei	695	144	551	14	3	9
山 西	Shanxi	288	80	209	16	7	9
内蒙古	Inner Mongolia	204	55	148	22	9	13
辽 宁	Liaoning	310	70	240	11	6	5
吉 林	Jilin	255	72	183	18	7	11
黑龙江	Heilongjiang	314	47	267	41	21	20
上 海	Shanghai	37	12	25	1	1	
江 苏	Jiangsu	782	245	537	34	18	17
浙 江	Zhejiang	763	226	537	82	37	44
安 徽	Anhui	782	252	530	40	19	21
福 建	Fujian	641	185	456	12	7	5
江 西	Jiangxi	490	149	342	17	7	8
山 东	Shandong	1479	435	1044	70	36	35
河 南	Henan	639	170	469	54	28	27
湖 北	Hubei	515	155	361	57	26	31
湖 南	Hunan	612	165	447	50	26	23
广 东	Guangdong	1182	420	762	41	23	18
广 西	Guangxi	552	173	378	38	19	19
海 南	Hainan	103	32	71	5	2	4
重 庆	Chongqing	386	124	261	18	12	7
四 川	Sichuan	898	282	616	78	36	43
贵 州	Guizhou	278	92	186	13	7	6
云 南	Yunnan	301	115	186	16	9	7
西 藏	Tibet	17	6	11			
陕 西	Shaanxi	341	92	249	12	6	6
甘 肃	Gansu	189	64	124	16	8	8
青 海	Qinghai	43	12	31	1	1	
宁 夏	Ningxia	38	11	27	2		1
新 疆	Xinjiang	24	4	20	2		1

2-55 各地区乡村60岁及以上分性别、主要生活来源的人口

Rural Population Aged 60 and Over by Sex, Main Source of Support and Region

单位：人 (person)

地 区	Region	60岁及60岁以上人口 Population Aged 60 and over			劳动收入 Labour Income		
		合计 Total	男 Male	女 Female	小计 Sub-total	男 Male	女 Female
全 国	**National Total**	**91976**	**45604**	**46372**	**46031**	**27252**	**18779**
北 京	Beijing	174	49	125	18	4	13
天 津	Tianjin	173	41	132	45	10	35
河 北	Hebei	4474	2058	2416	1881	1127	754
山 西	Shanxi	1991	1030	962	864	597	267
内蒙古	Inner Mongolia	1411	746	665	688	434	254
辽 宁	Liaoning	2343	1203	1141	1080	673	407
吉 林	Jilin	1372	709	663	569	371	198
黑龙江	Heilongjiang	1757	916	841	654	451	203
上 海	Shanghai	408	188	220	95	50	45
江 苏	Jiangsu	6194	2930	3264	3221	1783	1438
浙 江	Zhejiang	3432	1739	1693	1556	1071	485
安 徽	Anhui	5847	2948	2899	3406	2010	1396
福 建	Fujian	2555	1263	1293	806	554	253
江 西	Jiangxi	3233	1576	1656	1180	769	412
山 东	Shandong	6792	3308	3485	3453	2053	1400
河 南	Henan	6769	3249	3520	3865	2207	1657
湖 北	Hubei	4562	2346	2217	2607	1514	1093
湖 南	Hunan	5674	2910	2764	3113	1930	1183
广 东	Guangdong	3886	1928	1958	1192	813	379
广 西	Guangxi	3915	1913	2002	2106	1179	927
海 南	Hainan	502	239	263	222	119	103
重 庆	Chongqing	2669	1396	1273	1615	919	696
四 川	Sichuan	9018	4599	4420	5174	2886	2288
贵 州	Guizhou	3172	1542	1630	1776	960	816
云 南	Yunnan	3087	1464	1623	1434	761	673
西 藏	Tibet	180	83	97	50	28	22
陕 西	Shaanxi	2991	1481	1510	1536	887	649
甘 肃	Gansu	1838	929	909	1000	587	412
青 海	Qinghai	277	137	140	124	72	52
宁 夏	Ningxia	283	143	140	142	86	57
新 疆	Xinjiang	995	541	454	557	345	212

2-55 续表 1 continued

单位：人 (person)

地 区	Region	离退休金、养老金 Pensions for Retirement			最低生活保障金 Minimum Living Guarantee		
		小计 Sub-total	男 Male	女 Female	小计 Sub-total	男 Male	女 Female
全 国	**National Total**	**3880**	**3122**	**758**	**1582**	**960**	**622**
北 京	Beijing	28	21	7	1		1
天 津	Tianjin	12	8	4	2		2
河 北	Hebei	215	203	13	74	47	27
山 西	Shanxi	100	96	3	62	32	30
内蒙古	Inner Mongolia	41	33	7	77	44	33
辽 宁	Liaoning	186	167	20	40	26	15
吉 林	Jilin	61	51	10	20	10	10
黑龙江	Heilongjiang	128	104	24	53	23	30
上 海	Shanghai	252	121	131	10	5	5
江 苏	Jiangsu	292	243	49	119	75	45
浙 江	Zhejiang	133	100	33	77	48	30
安 徽	Anhui	115	107	8	100	59	40
福 建	Fujian	110	91	19	72	49	22
江 西	Jiangxi	316	230	86	61	33	28
山 东	Shandong	291	266	25	52	28	23
河 南	Henan	138	130	7	106	58	48
湖 北	Hubei	263	186	76	57	34	23
湖 南	Hunan	100	95	4	102	65	37
广 东	Guangdong	200	132	68	127	82	45
广 西	Guangxi	74	63	11	61	46	15
海 南	Hainan	96	55	41	20	10	10
重 庆	Chongqing	66	60	6	25	17	8
四 川	Sichuan	278	234	45	120	89	30
贵 州	Guizhou	77	72	5	46	23	23
云 南	Yunnan	69	65	3	35	20	15
西 藏	Tibet	1			2	1	1
陕 西	Shaanxi	114	106	8	27	19	8
甘 肃	Gansu	17	17		8	5	2
青 海	Qinghai	4	4		2	1	1
宁 夏	Ningxia	12	8	4	6	3	3
新 疆	Xinjiang	92	54	38	17	8	9

2-55 续表 2 continued

单位：人 (person)

地 区	Region	家庭其他成员供养 Supplied by Other Members of the Family			其 他 Others		
		小计 Sub-total	男 Male	女 Female	小计 Sub-total	男 Male	女 Female
全 国	**National Total**	**38909**	**13504**	**25404**	**1574**	**766**	**809**
北 京	Beijing	122	21	101	5	2	3
天 津	Tianjin	111	22	90	2	1	1
河 北	Hebei	2241	662	1579	64	21	44
山 西	Shanxi	902	268	634	63	36	28
内蒙古	Inner Mongolia	577	218	359	29	18	12
辽 宁	Liaoning	975	304	671	61	33	28
吉 林	Jilin	671	255	416	50	23	28
黑龙江	Heilongjiang	863	314	549	59	25	34
上 海	Shanghai	49	11	38	1		1
江 苏	Jiangsu	2452	780	1672	108	49	59
浙 江	Zhejiang	1592	486	1106	74	33	39
安 徽	Anhui	2139	729	1410	87	44	44
福 建	Fujian	1539	552	987	29	16	13
江 西	Jiangxi	1653	533	1120	24	12	12
山 东	Shandong	2893	903	1990	104	57	47
河 南	Henan	2526	790	1736	135	63	71
湖 北	Hubei	1580	579	1000	56	32	23
湖 南	Hunan	2256	774	1482	101	45	56
广 东	Guangdong	2237	836	1401	130	65	64
广 西	Guangxi	1611	595	1016	62	30	33
海 南	Hainan	159	52	107	5	2	2
重 庆	Chongqing	946	387	559	18	14	4
四 川	Sichuan	3320	1329	1991	125	61	65
贵 州	Guizhou	1248	475	773	26	12	14
云 南	Yunnan	1501	591	909	49	27	22
西 藏	Tibet	125	53	72	3	1	2
陕 西	Shaanxi	1261	450	811	53	18	35
甘 肃	Gansu	781	303	478	34	17	17
青 海	Qinghai	145	59	85	3	1	1
宁 夏	Ningxia	120	44	76	2	1	1
新 疆	Xinjiang	313	127	186	17	7	10

2-56 全国60岁及以上分年龄、性别、主要生活来源的人口
Population Aged 60 and Over by Age, Sex and Main Source of Support

单位：人 (person)

年 龄 Age	60岁及60岁以上人口 Population Aged 60 and over			劳动收入 Labour Income		
	合计 Total	男 Male	女 Female	小计 Sub-total	男 Male	女 Female
合 计 Total	**158581**	**77309**	**81272**	**57062**	**34121**	**22941**
60-64	**50030**	**25195**	**24834**	**28694**	**16295**	**12399**
60	12035	6079	5955	7423	4195	3229
61	10535	5307	5228	6151	3440	2711
62	9719	4777	4942	5625	3107	2517
63	9260	4698	4562	5100	2928	2172
64	8481	4334	4147	4395	2624	1770
65-69	**38971**	**19689**	**19283**	**16276**	**10019**	**6257**
65	8282	4175	4107	4037	2400	1636
66	8203	4089	4114	3858	2285	1573
67	8143	4157	3986	3457	2174	1283
68	6745	3401	3344	2407	1538	869
69	7599	3867	3732	2517	1622	895
70-74	**32403**	**15824**	**16579**	**8245**	**5305**	**2940**
70	7265	3633	3631	2170	1392	778
71	6741	3327	3414	1789	1138	651
72	6521	3213	3308	1625	1066	559
73	5833	2741	3092	1339	857	482
74	6044	2910	3133	1322	852	470
75-79	**20441**	**9719**	**10723**	**2964**	**1918**	**1046**
75	4893	2324	2569	936	614	322
76	4410	2197	2213	756	481	275
77	4481	2132	2350	676	420	256
78	3240	1472	1768	305	199	105
79	3418	1595	1823	291	203	88
80-84	**11016**	**4777**	**6239**	**717**	**489**	**228**
80	3124	1359	1765	258	175	83
81	2379	1030	1349	134	90	45
82	2080	921	1159	134	103	31
83	1914	827	1088	113	73	40
84	1519	640	879	78	49	30
85-89	**4338**	**1707**	**2631**	**147**	**84**	**62**
85	1297	551	746	53	39	14
86	1105	429	676	32	19	13
87	907	359	548	39	18	22
88	571	228	343	9	3	6
89	457	140	317	13	6	7
90-94	**1107**	**324**	**784**	**13**	**6**	**7**
90	375	119	256	4	2	1
91	263	78	185	3	1	2
92	193	44	148	4	2	2
93	162	45	117			
94	115	38	78	2		2
95+	**274**	**74**	**200**	**7**	**5**	**2**

2-56 续表 1 continued

单位：人 (person)

年龄 Age	离退休金、养老金 Pensions for Retirement			最低生活保障金 Minimum Living Guarantee		
	小计 Sub-total	男 Male	女 Female	小计 Sub-total	男 Male	女 Female
合计 Total	**34880**	**21131**	**13749**	**3214**	**1471**	**1743**
60-64	**10118**	**5965**	**4153**	**583**	**308**	**275**
60	2254	1296	958	120	61	59
61	2165	1326	839	99	52	47
62	1982	1167	816	116	63	53
63	1848	1085	764	134	66	68
64	1869	1092	777	113	66	47
65-69	**9394**	**5526**	**3868**	**673**	**309**	**364**
65	1936	1112	824	120	61	58
66	1893	1110	783	126	57	69
67	1959	1164	795	160	73	87
68	1724	993	731	118	62	57
69	1883	1148	735	150	57	93
70-74	**7794**	**4791**	**3003**	**766**	**369**	**397**
70	1797	1113	684	154	71	83
71	1650	1012	638	181	88	93
72	1556	957	599	158	83	75
73	1376	838	538	133	58	74
74	1415	870	544	140	68	72
75-79	**4533**	**2920**	**1613**	**583**	**258**	**326**
75	1144	703	441	128	62	66
76	1031	683	347	120	60	60
77	970	653	317	123	53	70
78	678	399	279	98	38	60
79	710	481	230	114	45	69
80-84	**2115**	**1344**	**770**	**387**	**163**	**224**
80	584	367	217	102	35	66
81	496	322	174	86	39	46
82	411	271	141	65	27	39
83	339	212	127	69	30	39
84	284	172	112	65	31	34
85-89	**745**	**467**	**278**	**173**	**55**	**118**
85	238	149	89	42	14	28
86	202	138	64	56	17	39
87	156	93	63	38	13	25
88	87	53	34	15	6	9
89	61	34	27	21	4	17
90-94	**158**	**102**	**56**	**42**	**9**	**33**
90	53	35	17	12	5	7
91	38	20	18	10	1	9
92	26	15	11	5	2	3
93	22	14	7	8	1	7
94	20	17	3	7		7
95+	**24**	**16**	**8**	**7**	**1**	**6**

2-56 续表 2 continued

单位：人 (person)

年 龄 Age	家庭其他成员供养 Supplied by Other Members of the Family			其 他 Others		
	小计 Sub-total	男 Male	女 Female	小计 Sub-total	男 Male	女 Female
合 计 Total	**60177**	**19063**	**41113**	**3248**	**1523**	**1724**
60-64	**9780**	**2212**	**7568**	**855**	**416**	**440**
60	2042	427	1616	194	101	94
61	1928	395	1532	191	93	98
62	1833	367	1466	163	73	91
63	2028	553	1476	149	67	83
64	1949	471	1478	155	81	75
65-69	**11884**	**3479**	**8406**	**744**	**356**	**387**
65	2031	532	1499	159	71	89
66	2188	576	1613	139	63	76
67	2393	659	1734	174	88	88
68	2368	743	1625	128	65	62
69	2904	969	1936	145	71	72
70-74	**14897**	**5031**	**9867**	**700**	**328**	**372**
70	3017	1001	2016	126	56	70
71	2961	1005	1956	160	84	76
72	3050	1032	2018	132	74	59
73	2848	926	1922	138	62	75
74	3022	1067	1954	145	53	92
75-79	**11830**	**4373**	**7457**	**530**	**250**	**280**
75	2554	889	1665	131	56	75
76	2394	920	1475	108	52	56
77	2593	945	1648	120	60	60
78	2065	789	1276	95	47	48
79	2224	830	1394	78	36	42
80-84	**7498**	**2648**	**4851**	**298**	**132**	**165**
80	2099	747	1352	82	35	46
81	1588	547	1041	74	32	43
82	1414	491	922	56	29	26
83	1338	491	847	55	21	34
84	1059	371	688	33	17	16
85-89	**3189**	**1069**	**2120**	**85**	**33**	**54**
85	944	341	603	21	9	12
86	797	248	549	18	7	11
87	652	229	423	21	6	16
88	448	159	288	12	7	6
89	348	92	257	13	5	9
90-94	**870**	**199**	**671**	**25**	**8**	**18**
90	296	74	223	11	3	7
91	208	52	155	5	3	1
92	155	24	130	3		2
93	128	28	100	4	1	3
94	84	21	63	3		3
95+	**227**	**53**	**174**	**9**		**9**

2-57 全国城市60岁及以上分年龄、性别、主要生活来源的人口

City Population Aged 60 and Over by Age, Sex and Main Source of Support

单位：人 (person)

年 龄 Age	60岁及60岁以上人口 Population Aged 60 and over			劳动收入 Labour Income		
	合计 Total	男 Male	女 Female	小计 Sub-total	男 Male	女 Female
合 计 Total	**36665**	**17354**	**19311**	**2447**	**1649**	**799**
60-64	**10859**	**5294**	**5565**	**1519**	**1002**	**517**
60	2624	1307	1316	447	314	132
61	2303	1137	1167	318	212	106
62	2089	997	1092	297	185	113
63	1952	936	1016	235	132	102
64	1891	916	975	222	159	64
65-69	**9182**	**4273**	**4909**	**574**	**406**	**168**
65	1839	858	981	133	99	34
66	1913	898	1015	151	98	53
67	1973	913	1060	145	103	42
68	1689	792	897	68	47	21
69	1768	811	956	78	59	19
70-74	**8015**	**3790**	**4225**	**242**	**170**	**72**
70	1835	857	978	74	51	23
71	1653	785	868	42	27	15
72	1619	760	859	42	31	11
73	1438	687	751	43	31	12
74	1470	701	770	40	28	12
75-79	**4835**	**2342**	**2493**	**79**	**50**	**29**
75	1206	568	638	23	13	10
76	1061	552	508	16	12	4
77	1039	509	530	22	12	10
78	762	330	432	6	4	2
79	767	382	385	13	8	5
80-84	**2563**	**1142**	**1422**	**28**	**16**	**12**
80	686	285	402	4	2	2
81	580	265	315	7	3	5
82	505	240	265	7	5	2
83	410	187	223	3	3	
84	381	165	216	6	3	3
85-89	**924**	**400**	**524**	**5**	**5**	**1**
85	290	125	165	4	4	
86	248	119	129			
87	190	78	112	1	1	
88	115	51	64	1		1
89	81	27	54			
90-94	**236**	**95**	**141**	**1**	**1**	
90	87	37	50			
91	43	20	23	1	1	
92	42	15	27			
93	37	14	23			
94	27	9	18			
95+	**50**	**19**	**31**			

2-57 续表 1 continued

单位：人 (person)

年 龄 Age	离退休金、养老金 Pensions for Retirement			最低生活保障金 Minimum Living Guarantee		
	小计 Sub-total	男 Male	女 Female	小计 Sub-total	男 Male	女 Female
合 计 Total	**24517**	**13464**	**11052**	**771**	**208**	**563**
60-64	**6985**	**3772**	**3213**	**141**	**56**	**86**
60	1605	852	753	41	16	26
61	1503	831	671	27	10	16
62	1331	723	608	21	11	10
63	1283	691	592	32	14	19
64	1264	675	589	21	6	15
65-69	**6445**	**3350**	**3095**	**170**	**50**	**120**
65	1291	643	647	29	13	15
66	1324	700	624	32	7	25
67	1336	698	638	41	12	29
68	1227	637	590	28	10	18
69	1266	672	594	40	8	32
70-74	**5639**	**3120**	**2519**	**186**	**52**	**134**
70	1288	709	579	36	7	29
71	1177	651	526	43	12	30
72	1149	633	517	34	14	21
73	997	559	439	39	8	31
74	1027	568	459	34	11	23
75-79	**3263**	**1921**	**1341**	**133**	**27**	**106**
75	847	477	370	28	5	23
76	738	460	277	22	4	18
77	685	413	271	31	6	25
78	495	260	235	24	5	19
79	498	310	188	28	7	21
80-84	**1546**	**915**	**631**	**93**	**16**	**77**
80	416	231	185	26	3	23
81	362	220	142	14	4	10
82	304	188	116	16	3	12
83	243	150	93	20	2	18
84	221	125	95	18	4	14
85-89	**514**	**306**	**209**	**34**	**4**	**30**
85	166	95	71	11		11
86	141	90	51	14	3	11
87	104	55	49	4	1	3
88	66	43	23	2	1	1
89	37	23	15	3		3
90-94	**107**	**67**	**39**	**11**	**2**	**9**
90	37	23	13	6	1	4
91	24	13	11	4	1	2
92	22	13	9	1		1
93	16	11	5	1		1
94	8	6	2			
95+	**19**	**14**	**5**	**2**		**2**

2-57 续表 2 continued

单位：人 (person)

年 龄 Age	家庭其他成员供养 Supplied by Other Members of the Family			其 他 Others		
	小计 Sub-total	男 Male	女 Female	小计 Sub-total	男 Male	女 Female
合 计 Total	**8044**	**1662**	**6382**	**886**	**370**	**516**
60-64	**1943**	**339**	**1604**	**269**	**126**	**146**
60	450	83	368	81	44	38
61	404	59	345	53	25	28
62	381	55	326	59	23	36
63	361	78	283	42	21	20
64	348	64	283	38	13	24
65-69	**1788**	**376**	**1412**	**206**	**90**	**115**
65	340	84	256	46	19	28
66	361	72	288	46	22	25
67	396	75	321	55	25	31
68	334	83	252	31	14	16
69	357	62	295	27	10	16
70-74	**1766**	**378**	**1388**	**182**	**72**	**111**
70	404	83	321	33	6	26
71	342	74	268	49	20	28
72	359	67	292	34	15	19
73	327	76	251	30	13	17
74	334	78	256	35	16	19
75-79	**1229**	**295**	**934**	**130**	**49**	**83**
75	266	62	204	41	11	31
76	263	64	199	22	11	10
77	273	64	208	29	13	16
78	209	51	158	29	10	19
79	218	53	165	11	3	8
80-84	**827**	**171**	**656**	**70**	**24**	**45**
80	217	43	175	22	5	17
81	184	36	147	13	2	11
82	164	35	129	16	10	5
83	133	26	106	11	5	6
84	130	31	99	6	1	5
85-89	**352**	**77**	**275**	**19**	**8**	**11**
85	104	23	80	6	3	3
86	92	25	67	3	2	1
87	72	19	53	9	2	7
88	44	5	39	2	2	
89	40	4	36			
90-94	**112**	**22**	**90**	**7**	**4**	**3**
90	44	11	33	2	2	
91	14	4	10	1	1	
92	20	2	18			
93	19	2	17	1	1	
94	16	2	13	3		3
95+	**27**	**5**	**22**	**2**		**2**

2-58 全国镇60岁及以上分年龄性别、主要生活来源的人口

Town Population Aged 60 and Over by Age, Sex and Main Source of Support

单位：人 (person)

年　龄 Age	60岁及60岁以上人口 Population Aged 60 and over			劳动收入 Labour Income		
	合计 Total	男 Male	女 Female	小计 Sub-total	男 Male	女 Female
合　计　Total	**29941**	**14351**	**15589**	**8585**	**5221**	**3364**
60-64	**9729**	**4772**	**4957**	**4618**	**2676**	**1942**
60	2247	1112	1134	1168	669	499
61	2054	1014	1040	1023	582	442
62	1938	925	1013	949	545	404
63	1809	891	918	804	481	323
64	1682	829	853	674	400	274
65-69	**7374**	**3692**	**3682**	**2348**	**1461**	**888**
65	1586	814	773	584	371	212
66	1501	717	784	546	312	234
67	1553	786	767	504	315	189
68	1228	613	615	331	218	113
69	1505	763	743	384	244	140
70-74	**5874**	**2845**	**3029**	**1142**	**761**	**381**
70	1322	675	647	330	213	118
71	1272	632	640	255	162	93
72	1165	555	609	215	154	61
73	1020	458	562	168	114	54
74	1095	524	571	173	118	55
75-79	**3737**	**1723**	**2014**	**365**	**243**	**122**
75	832	388	444	108	81	27
76	834	387	447	98	49	50
77	793	385	408	88	59	29
78	624	276	348	36	30	6
79	655	287	367	36	24	12
80-84	**2024**	**888**	**1136**	**94**	**71**	**23**
80	612	285	327	40	31	9
81	440	193	247	20	14	6
82	344	152	192	9	7	3
83	364	133	231	14	9	5
84	264	126	138	10	10	
85-89	**883**	**357**	**526**	**13**	**8**	**5**
85	250	109	141	6	3	3
86	218	89	130	2	1	1
87	189	85	103	2	2	
88	125	44	81	2	2	
89	101	30	72	1		1
90-94	**276**	**59**	**217**	**3**		**3**
90	100	24	76	1		1
91	67	13	54	2		2
92	57	9	48			
93	28	6	22			
94	25	8	18			
95+	**43**	**16**	**28**	**1**	**1**	

2-58 续表 1 continued

单位：人 (person)

年 龄 Age	离退休金、养老金 Pensions for Retirement			最低生活保障金 Minimum Living Guarantee		
	小计 Sub-total	男 Male	女 Female	小计 Sub-total	男 Male	女 Female
合 计 Total	**6484**	**4544**	**1940**	**861**	**303**	**558**
60-64	**2053**	**1335**	**718**	**178**	**65**	**113**
60	436	287	149	38	15	24
61	435	308	126	22	5	18
62	415	248	167	35	8	27
63	362	226	136	48	19	29
64	405	265	140	35	18	16
65-69	**1852**	**1279**	**573**	**197**	**71**	**127**
65	412	281	131	42	15	27
66	353	240	113	37	14	23
67	395	274	120	41	13	28
68	323	219	104	38	18	21
69	369	264	104	40	11	29
70-74	**1346**	**1001**	**345**	**176**	**72**	**104**
70	321	240	81	35	11	23
71	301	216	85	43	19	24
72	257	196	61	28	9	19
73	217	153	64	31	16	16
74	250	196	54	39	16	22
75-79	**758**	**581**	**177**	**132**	**43**	**89**
75	174	128	46	34	11	23
76	172	125	47	28	11	17
77	177	147	30	25	11	14
78	102	77	25	19	4	16
79	133	104	29	25	6	19
80-84	**307**	**232**	**75**	**102**	**39**	**64**
80	102	87	15	30	8	22
81	75	57	18	27	11	16
82	49	39	10	19	8	10
83	46	26	19	13	4	8
84	35	23	13	15	7	7
85-89	**136**	**95**	**41**	**53**	**12**	**42**
85	44	31	13	10	2	8
86	33	29	3	27	8	19
87	30	22	8	6		6
88	14	5	9	5		4
89	15	8	7	5	1	4
90-94	**30**	**20**	**10**	**19**	**2**	**17**
90	8	7	1	4	2	3
91	11	5	6	4		4
92	1	1		2		2
93	4	2	2	5		5
94	7	6	1	3		3
95+	**1**	**1**		**4**	**1**	**4**

2-58 续表 2 continued

单位：人 (person)

年龄 Age	家庭其他成员供养 Supplied by Other Members of the Family			其他 Others		
	小计 Sub-total	男 Male	女 Female	小计 Sub-total	男 Male	女 Female
合计 Total	**13224**	**3897**	**9327**	**786**	**386**	**401**
60-64	**2624**	**558**	**2066**	**258**	**139**	**119**
60	549	112	438	56	29	26
61	513	88	424	60	31	29
62	490	96	394	48	27	23
63	550	146	404	45	19	26
64	522	116	406	48	31	16
65-69	**2778**	**775**	**2004**	**198**	**109**	**90**
65	506	125	381	41	21	21
66	533	136	397	32	15	16
67	567	156	411	48	28	19
68	498	138	360	37	19	17
69	674	220	454	39	23	16
70-74	**3073**	**950**	**2123**	**136**	**60**	**76**
70	610	197	413	26	15	12
71	646	220	426	27	16	12
72	646	185	461	19	11	8
73	571	162	409	32	13	21
74	600	186	414	32	8	25
75-79	**2383**	**807**	**1577**	**98**	**48**	**50**
75	495	160	336	22	9	13
76	515	193	322	21	9	11
77	483	157	327	20	11	8
78	442	153	289	23	12	12
79	448	145	303	12	7	4
80-84	**1450**	**521**	**929**	**70**	**26**	**44**
80	424	153	270	16	6	10
81	296	103	193	22	8	14
82	259	93	166	8	5	3
83	272	89	183	20	5	15
84	199	83	116	5	3	2
85-89	**665**	**237**	**428**	**16**	**5**	**11**
85	186	73	113	4		4
86	150	45	105	6	5	2
87	147	61	85	3		3
88	104	37	67	1		1
89	79	21	58	1		1
90-94	**215**	**37**	**178**	**9**		**9**
90	83	15	68	3		3
91	49	8	41	1		1
92	51	8	43	3		2
93	17	4	13	2		2
94	15	2	13			
95+	**35**	**13**	**22**	**2**		**2**

2-59 全国乡村60岁及以上分年龄、性别、主要生活来源的人口

Rural Population Aged 60 and Over by Age, Sex and Main Source of Support

单位：人 (person)

年龄 Age	60岁及60岁以上人口 Population Aged 60 and over			劳动收入 Labour Income		
	合计 Total	男 Male	女 Female	小计 Sub-total	男 Male	女 Female
合计 Total	**91976**	**45604**	**46372**	**46031**	**27252**	**18779**
60-64	**29441**	**15129**	**14312**	**22557**	**12617**	**9940**
60	7164	3659	3505	5809	3211	2597
61	6177	3156	3022	4810	2646	2163
62	5692	2855	2837	4378	2378	2000
63	5500	2871	2629	4061	2315	1746
64	4908	2589	2319	3499	2066	1433
65-69	**22416**	**11724**	**10691**	**13354**	**8152**	**5202**
65	4857	2503	2354	3320	1929	1391
66	4789	2473	2316	3162	1875	1287
67	4616	2458	2158	2809	1756	1053
68	3828	1997	1831	2008	1273	735
69	4325	2293	2033	2056	1319	737
70-74	**18514**	**9189**	**9325**	**6861**	**4374**	**2487**
70	4108	2101	2007	1766	1128	637
71	3815	1909	1906	1491	949	543
72	3738	1898	1840	1368	881	487
73	3375	1596	1779	1127	711	416
74	3479	1685	1793	1109	706	403
75-79	**11869**	**5654**	**6215**	**2519**	**1625**	**894**
75	2854	1368	1486	805	520	285
76	2515	1257	1258	642	420	222
77	2649	1238	1411	566	349	217
78	1854	866	988	263	165	98
79	1996	925	1071	243	171	72
80-84	**6429**	**2747**	**3682**	**596**	**403**	**193**
80	1825	790	1035	214	141	72
81	1358	572	786	107	73	34
82	1231	528	703	118	92	26
83	1140	507	633	96	61	35
84	874	350	524	62	36	26
85-89	**2531**	**951**	**1580**	**128**	**72**	**57**
85	757	317	440	43	32	11
86	639	222	417	30	18	12
87	529	195	333	36	15	22
88	331	133	198	7	1	6
89	275	83	192	12	6	6
90-94	**595**	**169**	**425**	**9**	**5**	**4**
90	188	58	130	2	2	
91	154	45	109	1	1	
92	93	20	73	4	2	2
93	97	25	72			
94	64	22	42	2		2
95+	**181**	**39**	**141**	**6**	**4**	**2**

2-59 续表 1 continued

单位：人 (person)

年 龄 Age	离退休金、养老金 Pensions for Retirement			最低生活保障金 Minimum Living Guarantee		
	小计 Sub-total	男 Male	女 Female	小计 Sub-total	男 Male	女 Female
合 计 Total	**3880**	**3122**	**758**	**1582**	**960**	**622**
60-64	**1080**	**858**	**222**	**264**	**187**	**77**
60	213	157	56	41	31	10
61	227	186	41	50	37	13
62	236	195	41	60	44	16
63	203	167	36	54	33	21
64	200	153	47	58	42	16
65-69	**1097**	**896**	**201**	**306**	**188**	**118**
65	233	188	45	49	33	16
66	215	170	46	57	36	21
67	228	191	37	77	47	30
68	173	136	37	52	34	18
69	248	212	36	70	38	32
70-74	**809**	**671**	**139**	**404**	**245**	**159**
70	188	164	24	83	52	31
71	173	145	27	95	56	39
72	150	129	21	95	60	35
73	162	126	36	62	35	27
74	137	106	31	68	41	26
75-79	**512**	**417**	**95**	**319**	**188**	**131**
75	123	98	25	66	46	20
76	121	98	23	71	45	26
77	108	93	15	67	36	30
78	81	62	19	54	30	25
79	79	66	12	61	31	30
80-84	**261**	**198**	**64**	**191**	**108**	**83**
80	66	50	17	46	25	21
81	59	44	15	45	25	20
82	58	44	14	31	15	16
83	50	36	14	36	24	13
84	28	24	4	32	19	13
85-89	**95**	**66**	**29**	**85**	**39**	**47**
85	28	23	5	21	12	9
86	28	19	10	16	6	9
87	21	15	6	28	13	16
88	7	5	2	8	5	3
89	9	4	5	13	3	10
90-94	**21**	**15**	**6**	**12**	**5**	**7**
90	9	5	3	2	2	
91	3	2	1	3		3
92	3	1	2	2	2	
93	2	2		2	1	1
94	5	5		4		4
95+	**4**	**1**	**3**	**1**		**1**

2-59 续表 2 continued

单位：人 (person)

年 龄 Age	家庭其他成员供养 Supplied by Other Members of the Family			其 他 Others		
	小计 Sub-total	男 Male	女 Female	小计 Sub-total	男 Male	女 Female
合 计 Total	**38909**	**13504**	**25404**	**1574**	**766**	**809**
60-64	**5212**	**1315**	**3898**	**328**	**153**	**176**
60	1043	232	810	58	28	31
61	1011	248	763	79	37	41
62	962	215	746	56	22	33
63	1118	328	790	65	28	36
64	1079	291	788	72	36	36
65-69	**7318**	**2328**	**4990**	**341**	**160**	**181**
65	1185	323	861	71	30	41
66	1295	367	927	59	24	34
67	1430	428	1001	73	37	37
68	1536	523	1013	60	31	29
69	1873	686	1187	79	38	41
70-74	**10058**	**3703**	**6355**	**382**	**196**	**186**
70	2003	720	1282	69	35	32
71	1973	711	1262	84	48	36
72	2045	781	1265	79	48	32
73	1950	688	1262	74	37	38
74	2088	803	1284	77	28	48
75-79	**8218**	**3272**	**4946**	**301**	**154**	**148**
75	1793	668	1125	68	36	31
76	1616	663	953	64	31	34
77	1838	725	1113	72	36	35
78	1413	585	829	42	25	18
79	1558	632	926	56	26	30
80-84	**5221**	**1955**	**3266**	**159**	**83**	**76**
80	1458	551	907	42	24	18
81	1108	408	700	39	22	17
82	991	364	627	33	14	19
83	934	376	558	24	10	14
84	730	257	473	21	13	8
85-89	**2173**	**756**	**1417**	**51**	**19**	**31**
85	654	245	409	11	6	5
86	556	179	377	9		9
87	434	149	285	9	4	5
88	300	117	183	9	5	5
89	229	66	163	12	5	7
90-94	**543**	**141**	**402**	**9**	**3**	**5**
90	169	47	122	5	1	4
91	145	40	105	2	2	
92	84	15	69			
93	91	22	69	1		1
94	54	17	37			
95+	**165**	**35**	**130**	**5**		**5**

第三部分
Chapter Three

2007年劳动力抽样调查主要数据

Main Data from 2007 Labor Force Survey

3-1 分地区全国就业人员受教育程度构成

Educational Attainment of Employed Persons by Region

单位：% (%)

地 区	Region	就业人员 Employed Persons	男 Male	女 Female	未上过学 No Schooling	小学 Primary School	初中 Junior Secondary School	高中 Senior Secondary School	大学专科 College	大学本科 University	研究生及以上 Graduate and Higher Level
全 国	**National Total**	**100.0**	**53.6**	**46.4**	**6.0**	**28.3**	**46.9**	**12.2**	**4.3**	**2.1**	**0.20**
北 京	Beijing	100.0	56.2	43.8	1.0	7.2	33.0	24.5	14.9	16.1	3.31
天 津	Tianjin	100.0	57.6	42.4	1.5	13.1	42.8	25.2	9.6	7.2	0.57
河 北	Hebei	100.0	55.3	44.7	3.4	25.3	56.5	10.5	2.8	1.5	0.10
山 西	Shanxi	100.0	59.6	40.4	1.8	19.8	56.9	13.7	5.3	2.5	0.14
内蒙古	Inner Mongolia	100.0	56.0	44.0	6.2	27.6	44.3	14.0	5.5	2.3	0.05
辽 宁	Liaoning	100.0	55.8	44.2	1.5	22.4	53.0	13.4	6.0	3.4	0.30
吉 林	Jilin	100.0	56.0	44.0	1.9	26.0	49.4	15.2	4.7	2.6	0.16
黑龙江	Heilongjiang	100.0	57.1	42.9	1.7	22.9	53.4	14.5	5.5	1.9	0.09
上 海	Shanghai	100.0	58.6	41.4	1.2	8.5	35.1	27.5	14.2	11.9	1.58
江 苏	Jiangsu	100.0	50.8	49.2	5.1	26.1	47.9	14.3	4.4	2.1	0.16
浙 江	Zhejiang	100.0	57.2	42.8	6.0	31.7	42.1	12.1	4.7	2.8	0.53
安 徽	Anhui	100.0	52.8	47.2	14.3	30.1	44.9	7.3	2.6	0.8	0.02
福 建	Fujian	100.0	55.4	44.6	6.8	35.2	38.6	12.2	4.5	2.6	0.16
江 西	Jiangxi	100.0	53.5	46.5	4.0	33.0	40.5	13.6	5.9	2.6	0.34
山 东	Shandong	100.0	52.1	47.9	5.4	24.3	53.2	11.8	3.7	1.4	0.07
河 南	Henan	100.0	51.7	48.3	5.6	21.4	57.8	11.1	3.2	0.8	0.05
湖 北	Hubei	100.0	52.9	47.1	6.6	28.4	43.6	14.5	4.3	2.3	0.22
湖 南	Hunan	100.0	54.0	46.0	3.4	29.9	48.2	12.9	3.9	1.5	0.15
广 东	Guangdong	100.0	53.9	46.1	1.3	20.3	52.4	17.8	5.1	2.6	0.32
广 西	Guangxi	100.0	52.7	47.3	3.2	29.7	52.9	9.9	3.2	1.0	0.04
海 南	Hainan	100.0	53.8	46.2	5.7	21.4	53.5	14.2	3.7	1.5	0.07
重 庆	Chongqing	100.0	52.3	47.7	5.4	39.2	41.8	9.5	3.1	1.0	0.02
四 川	Sichuan	100.0	51.4	48.6	8.1	41.8	38.1	7.8	2.6	1.4	0.07
贵 州	Guizhou	100.0	52.4	47.6	14.5	41.9	33.8	5.5	3.0	1.1	0.02
云 南	Yunnan	100.0	52.8	47.2	13.9	46.4	30.3	5.9	2.4	1.1	0.03
西 藏	Tibet	100.0	50.7	49.3	34.6	53.0	11.3	0.7	0.3		
陕 西	Shaanxi	100.0	52.3	47.7	7.4	25.8	45.0	13.6	5.8	2.2	0.13
甘 肃	Gansu	100.0	51.8	48.2	19.4	32.8	35.1	8.6	2.8	1.1	0.07
青 海	Qinghai	100.0	53.2	46.8	17.5	35.1	28.5	9.7	6.1	2.9	0.17
宁 夏	Ningxia	100.0	53.7	46.3	12.9	27.5	39.6	10.7	6.4	2.8	0.06
新 疆	Xinjiang	100.0	54.3	45.7	3.1	31.0	44.6	10.7	7.2	3.2	0.20

资料来源：2007年11月劳动力调查资料(下表同)。
Data Source: Labor Force Survey in Nov.2007. The same applies to the tables following.

3-2 分地区全国男性就业人员受教育程度构成

Educational Attainment of Male Employed Persons by Region

单位：%　　(%)

地区	Region	男性就业人员 Male Employed Persons	未上过学 No Schooling	小学 Primary School	初中 Junior Secondary School	高中 Senior Secondary School	大学专科 College	大学本科 University	研究生及以上 Graduate and Higher Level
全国	**National Total**	**100.0**	**3.4**	**25.0**	**50.2**	**14.3**	**4.6**	**2.3**	**0.25**
北京	Beijing	100.0	0.8	6.5	36.0	24.7	13.1	15.2	3.76
天津	Tianjin	100.0	1.0	11.8	45.7	24.8	9.1	6.9	0.66
河北	Hebei	100.0	2.1	21.6	59.5	12.5	2.7	1.5	0.10
山西	Shanxi	100.0	1.3	17.3	59.3	15.0	4.7	2.3	0.15
内蒙古	Inner Mongolia	100.0	3.7	23.6	49.4	15.8	5.4	2.1	0.08
辽宁	Liaoning	100.0	1.0	20.4	54.9	14.1	5.9	3.4	0.30
吉林	Jilin	100.0	1.3	23.2	51.9	16.1	4.6	2.7	0.17
黑龙江	Heilongjiang	100.0	1.0	19.9	56.5	15.3	5.4	1.8	0.12
上海	Shanghai	100.0	0.6	7.7	36.8	28.3	13.2	11.6	1.89
江苏	Jiangsu	100.0	2.5	22.0	49.9	17.5	5.2	2.6	0.23
浙江	Zhejiang	100.0	3.6	30.7	44.8	12.9	4.5	2.8	0.65
安徽	Anhui	100.0	8.1	26.7	51.8	9.2	3.2	1.1	0.04
福建	Fujian	100.0	3.0	30.3	44.4	14.5	4.8	2.9	0.20
江西	Jiangxi	100.0	2.1	26.7	44.6	16.1	6.8	3.1	0.50
山东	Shandong	100.0	2.9	19.5	56.8	14.7	4.2	1.7	0.09
河南	Henan	100.0	3.4	17.3	60.7	14.0	3.6	0.9	0.06
湖北	Hubei	100.0	3.8	24.6	46.9	17.0	4.9	2.7	0.24
湖南	Hunan	100.0	1.9	26.5	50.4	15.1	4.1	1.7	0.21
广东	Guangdong	100.0	0.8	15.8	53.6	21.3	5.2	3.0	0.38
广西	Guangxi	100.0	1.7	25.1	56.5	11.9	3.6	1.2	0.07
海南	Hainan	100.0	2.7	16.1	56.1	19.1	4.1	1.8	0.13
重庆	Chongqing	100.0	2.6	37.2	44.7	11.0	3.4	1.0	0.04
四川	Sichuan	100.0	4.6	40.3	41.2	9.0	3.0	1.7	0.09
贵州	Guizhou	100.0	6.8	40.1	41.3	7.1	3.4	1.2	0.03
云南	Yunnan	100.0	8.3	45.4	35.7	6.8	2.4	1.3	0.05
西藏	Tibet	100.0	27.6	58.1	12.9	0.9	0.4		
陕西	Shaanxi	100.0	4.3	22.4	48.9	15.7	6.0	2.6	0.18
甘肃	Gansu	100.0	12.4	30.3	41.2	11.4	3.2	1.4	0.11
青海	Qinghai	100.0	10.6	34.9	34.0	10.8	6.3	3.2	0.19
宁夏	Ningxia	100.0	7.1	24.8	45.4	12.4	7.1	3.3	0.06
新疆	Xinjiang	100.0	2.6	29.5	46.2	11.5	6.7	3.2	0.24

3-3 分地区全国女性就业人员受教育程度构成

Educational Attainment of Female Employed Persons by Region

单位：%　　　　(%)

地区	Region	女性就业人员 Female Employed Persons	未上过学 No Schooling	小学 Primary School	初中 Junior Secondary School	高中 Senior Secondary School	大学专科 College	大学本科 University	研究生及以上 Graduate and Higher Level
全国	**National Total**	**100.0**	**9.0**	**32.2**	**42.9**	**9.8**	**4.0**	**1.9**	**0.14**
北京	Beijing	100.0	1.3	8.2	29.3	24.2	17.1	17.1	2.72
天津	Tianjin	100.0	2.1	14.9	38.7	25.8	10.3	7.8	0.45
河北	Hebei	100.0	4.9	29.8	52.7	8.1	2.9	1.5	0.10
山西	Shanxi	100.0	2.5	23.4	53.3	11.7	6.2	2.7	0.14
内蒙古	Inner Mongolia	100.0	9.4	32.7	37.9	11.7	5.7	2.6	0.03
辽宁	Liaoning	100.0	2.2	24.8	50.6	12.5	6.3	3.3	0.31
吉林	Jilin	100.0	2.8	29.6	46.3	14.1	4.7	2.4	0.14
黑龙江	Heilongjiang	100.0	2.6	26.9	49.3	13.4	5.8	1.9	0.05
上海	Shanghai	100.0	2.1	9.6	32.7	26.4	15.7	12.3	1.15
江苏	Jiangsu	100.0	7.8	30.3	45.8	10.9	3.5	1.6	0.08
浙江	Zhejiang	100.0	9.3	33.2	38.5	11.0	4.8	2.9	0.36
安徽	Anhui	100.0	21.2	34.0	37.1	5.1	2.0	0.5	
福建	Fujian	100.0	11.5	41.2	31.4	9.3	4.2	2.3	0.10
江西	Jiangxi	100.0	6.3	40.2	35.8	10.7	4.9	2.1	0.16
山东	Shandong	100.0	8.2	29.4	49.3	8.7	3.1	1.1	0.05
河南	Henan	100.0	7.9	25.7	54.7	8.0	2.8	0.8	0.03
湖北	Hubei	100.0	9.8	32.6	40.0	11.7	3.8	1.9	0.18
湖南	Hunan	100.0	5.1	33.9	45.7	10.2	3.7	1.3	0.07
广东	Guangdong	100.0	2.0	25.5	51.1	13.9	5.0	2.3	0.25
广西	Guangxi	100.0	5.0	34.8	49.0	7.6	2.8	0.8	0.02
海南	Hainan	100.0	9.1	27.5	50.6	8.5	3.1	1.2	0.05
重庆	Chongqing	100.0	8.5	41.3	38.7	7.8	2.7	1.0	
四川	Sichuan	100.0	11.9	43.3	34.9	6.6	2.2	1.1	0.06
贵州	Guizhou	100.0	23.0	44.0	25.6	3.9	2.6	1.0	0.01
云南	Yunnan	100.0	20.1	47.5	24.3	4.9	2.3	0.9	0.01
西藏	Tibet	100.0	41.9	47.9	9.4	0.5	0.3		
陕西	Shaanxi	100.0	10.7	29.6	40.9	11.4	5.6	1.8	0.07
甘肃	Gansu	100.0	27.0	35.5	28.6	5.6	2.5	0.8	0.03
青海	Qinghai	100.0	25.3	35.3	22.4	8.4	5.9	2.6	0.15
宁夏	Ningxia	100.0	19.7	30.6	33.0	8.7	5.7	2.3	0.07
新疆	Xinjiang	100.0	3.7	32.7	42.7	9.8	7.7	3.2	0.16

3-4 按年龄、性别分的全国就业人员受教育程度构成

Educational Attainment of Employed Persons by Age and Sex

单位：%　　　　(%)

年　龄 Age	就业人员 Employed Persons	未上过学 No Schooling	小学 Primary School	初中 Junior Secondary School	高中 Senior Secondary School	大学专科 College	大学本科 University	研究生及以上 Graduate and Higher Level
总计　Total	**100.0**	**6.0**	**28.3**	**46.9**	**12.2**	**4.3**	**2.1**	**0.2**
16-19	100.0	1.1	12.2	73.9	12.0	0.6	0.2	
20-24	100.0	0.9	9.7	64.0	16.9	5.8	2.6	0.1
25-29	100.0	1.2	11.8	56.5	16.8	8.5	4.9	0.5
30-34	100.0	1.7	17.7	55.7	13.9	7.1	3.6	0.4
35-39	100.0	2.1	22.7	55.2	12.0	5.1	2.7	0.3
40-44	100.0	2.7	25.3	52.7	12.8	4.2	2.2	0.2
45-49	100.0	4.8	29.4	42.1	18.5	3.7	1.4	0.1
50-54	100.0	8.9	43.8	33.3	10.3	2.7	1.0	0.1
55-59	100.0	13.6	55.9	23.8	4.6	1.5	0.5	
60-64	100.0	20.1	58.7	18.3	2.2	0.5	0.3	
65+	100.0	35.1	53.2	9.7	1.5	0.2	0.2	
男　Male	**100.0**	**3.4**	**25.0**	**50.2**	**14.3**	**4.6**	**2.3**	**0.2**
16-19	100.0	0.9	11.2	74.5	12.6	0.7	0.1	
20-24	100.0	0.6	8.7	64.8	18.5	5.0	2.3	0.1
25-29	100.0	0.8	9.9	57.7	18.5	7.9	4.8	0.5
30-34	100.0	1.0	14.2	57.6	15.8	7.4	3.7	0.5
35-39	100.0	1.0	17.3	58.5	14.0	5.6	3.2	0.4
40-44	100.0	1.1	18.6	57.0	15.3	4.8	2.8	0.3
45-49	100.0	1.9	21.3	47.7	22.5	4.6	1.8	0.2
50-54	100.0	3.7	35.4	41.8	14.3	3.4	1.2	0.1
55-59	100.0	6.4	51.3	32.0	7.0	2.4	0.8	0.1
60-64	100.0	10.4	59.9	25.2	3.2	0.7	0.4	
65+	100.0	23.1	60.9	13.3	2.2	0.3	0.2	
女　Female	**100.0**	**9.0**	**32.2**	**42.9**	**9.8**	**4.0**	**1.9**	**0.1**
16-19	100.0	1.4	13.4	73.2	11.4	0.4	0.3	
20-24	100.0	1.2	10.8	63.3	15.1	6.5	2.9	0.1
25-29	100.0	1.6	13.8	55.2	14.9	9.1	5.0	0.4
30-34	100.0	2.5	21.5	53.6	11.9	6.7	3.4	0.3
35-39	100.0	3.1	28.5	51.7	9.8	4.7	2.1	0.2
40-44	100.0	4.3	32.5	48.1	10.0	3.5	1.5	0.1
45-49	100.0	8.1	38.6	35.6	14.0	2.8	1.0	0.1
50-54	100.0	15.5	54.8	22.3	5.1	1.7	0.6	
55-59	100.0	23.4	62.0	12.7	1.3	0.4	0.1	
60-64	100.0	33.1	56.9	9.0	0.8	0.1	0.1	
65+	100.0	55.4	40.2	3.8	0.4	0.1	0.1	

3-5 按受教育程度、性别分的全国就业人员年龄构成

Age Composition of Employed Persons by Educational Attainment and Sex

单位：% (%)

年龄 Age	就业人员 Employed Persons	未上过学 No Schooling	小学 Primary School	初中 Junior Secondary School	高中 Senior Secondary School	大学专科 College	大学本科 University	研究生及以上 Graduate and Higher Level
总计 Total	**100.0**	**100.0**	**100.0**	**100.0**	**100.0**	**100.0**	**100.0**	**100.0**
16-19	3.7	0.7	1.6	5.9	3.7	0.5	0.3	0.2
20-24	8.1	1.2	2.8	11.1	11.2	10.9	10.0	3.2
25-29	9.7	1.9	4.0	11.7	13.3	19.0	22.2	22.2
30-34	11.3	3.2	7.1	13.4	12.9	18.5	18.9	21.9
35-39	15.2	5.2	12.2	18.0	15.0	18.1	19.1	21.2
40-44	15.3	6.8	13.6	17.2	16.0	14.8	15.5	16.8
45-49	9.6	7.7	10.0	8.6	14.6	8.3	6.4	7.0
50-54	10.7	15.9	16.6	7.6	9.1	6.6	4.9	4.7
55-59	7.6	17.3	15.0	3.9	2.8	2.7	1.9	1.7
60-64	4.3	14.4	8.9	1.7	0.8	0.5	0.6	0.6
65+	4.4	25.6	8.2	0.9	0.5	0.2	0.4	0.3
男 Male	**100.0**	**100.0**	**100.0**	**100.0**	**100.0**	**100.0**	**100.0**	**100.0**
16-19	3.6	0.9	1.6	5.4	3.2	0.6	0.1	0.3
20-24	7.7	1.3	2.7	9.9	9.9	8.4	7.6	2.1
25-29	9.4	2.4	3.7	10.8	12.1	16.1	19.1	17.8
30-34	11.0	3.1	6.2	12.6	12.1	17.8	17.4	20.6
35-39	14.8	4.6	10.2	17.2	14.5	17.9	20.5	22.2
40-44	14.8	5.0	11.1	16.8	15.9	15.7	17.6	19.3
45-49	9.6	5.4	8.2	9.1	15.1	9.6	7.4	8.8
50-54	11.3	12.6	16.1	9.4	11.3	8.5	6.0	5.6
55-59	8.2	15.5	16.8	5.2	4.0	4.3	2.9	2.3
60-64	4.6	14.2	11.0	2.3	1.0	0.7	0.8	0.8
65+	5.1	34.9	12.4	1.3	0.8	0.3	0.5	0.3
女 Female	**100.0**	**100.0**	**100.0**	**100.0**	**100.0**	**100.0**	**100.0**	**100.0**
16-19	3.8	0.6	1.6	6.6	4.5	0.4	0.5	
20-24	8.7	1.2	2.9	12.8	13.4	14.0	13.3	5.6
25-29	10.1	1.7	4.3	12.9	15.3	22.8	26.6	31.6
30-34	11.7	3.2	7.8	14.6	14.3	19.4	21.0	24.7
35-39	15.8	5.5	14.0	19.0	15.8	18.2	17.2	18.9
40-44	15.8	7.6	15.9	17.7	16.2	13.6	12.5	11.8
45-49	9.7	8.7	11.6	8.0	13.8	6.7	4.9	3.6
50-54	10.1	17.3	17.1	5.2	5.3	4.1	3.3	2.9
55-59	7.0	18.1	13.4	2.1	0.9	0.7	0.5	0.7
60-64	3.9	14.5	7.0	0.8	0.3	0.1	0.2	0.2
65+	3.5	21.5	4.4	0.3	0.1	0.1	0.1	0.2

3-6 按行业、性别分的全国就业人员受教育程度构成
Educational Attainment of Employed Persons by Sector and Sex

单位: % (%)

受教育程度	Educational Attainment	就业人员 Employed Persons	农、林、牧、渔业 Agriculture, Forestry, Animal Husbandry and Fishery	采矿业 Mining	制造业 Manu-facturing	电力、燃气及水的生产和供应业 Production and Distribution of Electricity, Gas and Water	建筑业 Construction	交通运输、仓储和邮政业 Transport, Storage and Post
总　计	**Total**	**100.0**	**100.0**	**100.0**	**100.0**	**100.0**	**100.0**	**100.0**
未上过学	No Schooling	6.0	9.2	1.0	1.2	0.2	1.4	0.5
小　学	Primary School	28.3	39.1	16.0	14.2	3.8	20.3	10.6
初　中	Junior Secondary School	46.9	46.4	55.3	56.4	29.7	58.8	55.8
高　中	Senior Secondary School	12.2	5.0	20.9	21.0	37.3	14.2	25.0
大学专科	College	4.3	0.2	5.1	5.1	18.6	3.8	5.9
大学本科	University	2.1		1.7	2.0	8.5	1.4	2.0
研究生及以上	Graduate and Higher Level	0.2		0.1	0.1	1.8	0.1	0.1
男	**Male**	**100.0**	**100.0**	**100.0**	**100.0**	**100.0**	**100.0**	**100.0**
未上过学	No Schooling	3.4	5.5	0.8	0.6	0.2	1.1	0.4
小　学	Primary School	25.0	35.8	17.0	11.3	4.1	19.8	11.1
初　中	Junior Secondary School	50.2	51.4	57.7	55.4	33.7	61.2	58.6
高　中	Senior Secondary School	14.3	6.9	18.4	24.3	36.6	13.6	23.7
大学专科	College	4.6	0.3	4.3	5.8	16.1	3.0	4.5
大学本科	University	2.3	0.1	1.7	2.4	7.5	1.2	1.6
研究生及以上	Graduate and Higher Level	0.2		0.1	0.2	1.9	0.1	0.1
女	**Female**	**100.0**	**100.0**	**100.0**	**100.0**	**100.0**	**100.0**	**100.0**
未上过学	No Schooling	9.0	12.9	1.8	1.8	0.2	3.6	0.9
小　学	Primary School	32.2	42.5	10.9	17.5	3.2	24.5	7.6
初　中	Junior Secondary School	42.9	41.4	43.5	57.7	19.9	40.5	40.4
高　中	Senior Secondary School	9.8	3.0	32.9	17.1	39.2	18.9	32.0
大学专科	College	4.0	0.1	8.9	4.3	24.9	9.2	14.1
大学本科	University	1.9		2.0	1.5	11.0	3.2	4.6
研究生及以上	Graduate and Higher Level	0.1			0.1	1.8	0.2	0.3

注：人口变动调查自2003年开始使用新国民经济行业分类(下表同)。

Note:The new industry classification has been used since 2003 in National Sampling Survey of Population Changes. The same applies to the tables following.

3-6 续表 1 continued

单位：% (%)

受教育程度	Educational Attainment	信息传输、计算机服务和软件业 Information Transmission, Computer Service and Software	批发和零售业 Wholesale and Retail Trades	住宿和餐饮业 Hotels and Catering Services	金融业 Financial Intermediation	房地产业 Real Estate	租赁和商务服务业 Leasing and Business Services	科学研究、技术服务和地质勘查业 Scientific Research, Technical Services, and Geological Prospecting
总　计	**Total**	**100.0**	**100.0**	**100.0**	**100.0**	**100.0**	**100.0**	**100.0**
未上过学	No Schooling	0.1	1.3	1.0	0.2	0.4	0.5	0.2
小　学	Primary School	2.5	12.8	12.2	1.3	6.5	5.2	2.7
初　中	Junior Secondary School	21.1	51.2	59.7	13.8	30.2	31.2	15.2
高　中	Senior Secondary School	29.9	26.3	22.4	28.8	31.4	27.3	27.5
大学专科	College	25.6	6.2	3.8	36.6	21.0	19.9	23.1
大学本科	University	18.8	2.1	0.8	18.1	9.9	14.4	25.8
研究生及以上	Graduate and Higher Level	1.8	0.1		1.4	0.6	1.5	5.5
男	**Male**	**100.0**	**100.0**	**100.0**	**100.0**	**100.0**	**100.0**	**100.0**
未上过学	No Schooling		0.9	0.5	0.2	0.1	0.3	0.2
小　学	Primary School	2.2	12.4	9.5	1.3	5.8	6.0	2.6
初　中	Junior Secondary School	21.1	50.6	59.7	13.7	34.0	34.9	14.8
高　中	Senior Secondary School	30.8	26.8	25.2	29.7	30.9	27.4	27.9
大学专科	College	23.3	6.8	4.2	35.5	19.1	17.4	22.4
大学本科	University	20.4	2.5	0.8	18.0	9.4	12.6	26.1
研究生及以上	Graduate and Higher Level	2.4	0.2	0.1	1.7	0.7	1.4	5.9
女	**Female**	**100.0**	**100.0**	**100.0**	**100.0**	**100.0**	**100.0**	**100.0**
未上过学	No Schooling	0.3	1.7	1.4	0.2	0.8	0.9	0.3
小　学	Primary School	3.0	13.1	14.5	1.2	7.8	4.0	2.7
初　中	Junior Secondary School	21.3	51.8	59.8	13.9	23.4	25.8	15.8
高　中	Senior Secondary School	28.7	25.9	20.0	27.9	32.2	27.1	26.8
大学专科	College	29.1	5.7	3.4	37.6	24.5	23.6	24.5
大学本科	University	16.5	1.7	0.8	18.2	11.0	17.1	25.2
研究生及以上	Graduate and Higher Level	1.1	0.1		1.0	0.3	1.5	4.8

3-6 续表 2 continued

单位：% (%)

受教育程度	Educational Attainment	水利、环境和公共设施管理业 Management of Water Conservancy, Environment and Public Facilities	居民服务和其他服务业 Services to Households and Other Services	教育 Education	卫生、社会保障和社会福利业 Health, Social Securities and Social Welfare	文化、体育和娱乐业 Culture, Sports and Entertainment	公共管理和社会组织 Public Management and Social Organization	国际组织 International Organizations
总　计	**Total**	**100.0**	**100.0**	**100.0**	**100.0**	**100.0**	**100.0**	**100.0**
未上过学	No Schooling	2.7	1.8	0.1	0.5	0.4	0.3	
小　学	Primary School	16.5	14.6	1.7	2.9	5.7	2.5	
初　中	Junior Secondary School	33.8	57.5	9.0	16.0	32.3	14.8	50.0
高　中	Senior Secondary School	26.4	21.0	22.0	33.4	27.6	27.7	25.0
大学专科	College	13.7	3.6	37.0	32.4	19.7	35.6	
大学本科	University	6.7	1.4	26.6	13.4	13.4	18.3	25.0
研究生及以上	Graduate and Higher Level	0.3	0.1	3.6	1.4	0.9	0.9	
男	**Male**	**100.0**	**100.0**	**100.0**	**100.0**	**100.0**	**100.0**	**100.0**
未上过学	No Schooling	2.1	1.0	0.1	0.5	0.2	0.2	
小　学	Primary School	14.7	14.3	1.4	3.5	6.0	2.6	
初　中	Junior Secondary School	34.9	58.1	8.5	19.9	31.6	15.5	66.7
高　中	Senior Secondary School	27.3	21.9	22.0	29.6	29.4	27.1	33.3
大学专科	College	13.7	3.5	36.0	29.3	18.9	35.1	
大学本科	University	6.9	1.1	27.0	15.3	12.9	18.6	
研究生及以上	Graduate and Higher Level	0.3	0.1	5.0	2.0	1.0	0.9	
女	**Female**	**100.0**	**100.0**	**100.0**	**100.0**	**100.0**	**100.0**	**100.0**
未上过学	No Schooling	3.7	2.9	0.2	0.5	0.7	0.5	
小　学	Primary School	19.4	15.1	1.9	2.4	5.4	2.1	
初　中	Junior Secondary School	32.1	56.6	9.4	13.0	33.3	12.9	
高　中	Senior Secondary School	24.8	19.9	22.0	36.3	25.3	29.2	
大学专科	College	13.7	3.7	37.8	34.8	20.7	36.7	
大学本科	University	6.2	1.8	26.2	12.0	14.0	17.7	100.0
研究生及以上	Graduate and Higher Level	0.4		2.5	1.0	0.8	0.7	

3-7 按职业、性别分的全国就业人员受教育程度构成
Educational Attainment of Employed Persons by Occupation and Sex

单位: % (%)

受教育程度	Educational Attainment	就业人员 Employed Persons	单位负责人 Unit Head	专业技术人员 Technical Personnel	办事人员和有关人员 Clerk and Related Workers	商业、服务业人员 Business Service Personnel	农林牧渔水利业生产人员 Producers in the Sectors of Agriculture, Forestry, Animal Husbandry, Fishery and Water Conservancy	生产运输设备操作人员及有关人员 Production, Transport Equipment Operators and Related Workers	其他 Others
总计	**Total**	**100.0**	**100.0**	**100.0**	**100.0**	**100.0**	**100.0**	**100.0**	**100.0**
未上过学	No Schooling	6.0	0.3	0.2	0.3	1.4	9.2	1.2	2.3
小学	Primary School	28.3	5.0	3.0	4.0	13.1	39.1	16.1	20.6
初中	Junior Secondary School	46.9	30.9	17.8	21.8	53.1	46.4	60.5	50.7
高中	Senior Secondary School	12.2	29.2	27.1	30.7	25.0	5.0	18.5	19.0
大学专科	College	4.3	20.5	30.8	28.0	5.6	0.2	2.9	5.1
大学本科	University	2.1	12.6	19.0	14.3	1.8		0.8	1.9
研究生及以上	Graduate and Higher Level	0.2	1.5	2.1	0.9	0.1		0.1	0.4
男	**Male**	**100.0**	**100.0**	**100.0**	**100.0**	**100.0**	**100.0**	**100.0**	**100.0**
未上过学	No Schooling	3.4	0.3	0.2	0.3	0.9	5.5	0.8	1.0
小学	Primary School	25.0	4.6	3.5	5.0	12.3	35.8	14.3	19.4
初中	Junior Secondary School	50.2	31.9	20.0	24.4	52.8	51.4	60.7	53.1
高中	Senior Secondary School	14.3	29.3	25.6	29.1	25.7	7.0	20.3	19.7
大学专科	College	4.6	19.9	28.2	26.4	6.2	0.3	3.1	4.6
大学本科	University	2.3	12.5	19.8	13.8	2.1		0.8	1.4
研究生及以上	Graduate and Higher Level	0.2	1.5	2.7	1.0	0.1		0.1	0.5
女	**Female**	**100.0**	**100.0**	**100.0**	**100.0**	**100.0**	**100.0**	**100.0**	**100.0**
未上过学	No Schooling	9.0	0.2	0.3	0.2	1.9	12.9	2.1	4.7
小学	Primary School	32.2	6.5	2.4	2.1	13.8	42.5	19.5	22.8
初中	Junior Secondary School	42.9	26.9	15.5	16.9	53.4	41.4	60.1	46.1
高中	Senior Secondary School	9.8	29.1	28.6	33.7	24.2	3.0	15.0	17.5
大学专科	College	4.0	23.2	33.4	31.0	5.0	0.1	2.6	5.9
大学本科	University	1.9	13.2	18.2	15.1	1.6		0.7	2.9
研究生及以上	Graduate and Higher Level	0.1	1.0	1.6	0.9			0.1	0.1

3-8 按受教育程度、性别分的全国就业人员职业构成

Occupation of Employed Persons by Educational Attainment and Sex

单位：% (%)

受教育程度	Educational Attainment	就业人员 Employed Persons	单位负责人 Unit Head	专业技术人员 Technical Personnel	办事人员和有关人员 Clerk and Related Workers	商业、服务业人员 Business Service Personnel	农林牧渔水利业生产人员 Producers in the Sectors of Agriculture, Forestry, Animal Husbandry, Fishery and Water Conservancy	生产运输设备操作人员及有关人员 Production, Transport Equipment Operators and Related Workers	其他 Others
总计	**Total**	**100.0**	**1.2**	**5.6**	**3.7**	**12.1**	**60.4**	**16.7**	**0.3**
未上过学	No Schooling	100.0	0.1	0.2	0.2	2.8	93.3	3.3	0.1
小学	Primary School	100.0	0.2	0.6	0.5	5.6	83.4	9.5	0.2
初中	Junior Secondary School	100.0	0.8	2.1	1.7	13.7	59.8	21.5	0.3
高中	Senior Secondary School	100.0	2.8	12.6	9.4	24.8	24.7	25.3	0.4
大学专科	College	100.0	5.6	40.2	24.2	15.6	2.8	11.2	0.3
大学本科	University	100.0	7.0	50.4	25.1	10.3	1.0	6.0	0.3
研究生及以上	Graduate and Higher Level	100.0	8.7	61.4	17.8	4.6	0.7	6.3	0.5
男	**Male**	**100.0**	**1.8**	**5.3**	**4.6**	**11.3**	**56.0**	**20.6**	**0.3**
未上过学	No Schooling	100.0	0.1	0.2	0.4	2.9	91.5	4.7	0.1
小学	Primary School	100.0	0.3	0.7	0.9	5.6	80.3	11.8	0.3
初中	Junior Secondary School	100.0	1.1	2.1	2.2	11.9	57.4	24.9	0.4
高中	Senior Secondary School	100.0	3.6	9.5	9.4	20.4	27.3	29.3	0.5
大学专科	College	100.0	7.7	32.6	26.8	15.3	3.4	14.0	0.3
大学本科	University	100.0	9.4	44.7	27.4	10.0	1.1	7.1	0.2
研究生及以上	Graduate and Higher Level	100.0	11.0	57.7	17.9	5.0	0.8	6.9	0.7
女	**Female**	**100.0**	**0.5**	**6.1**	**2.7**	**13.0**	**65.4**	**12.1**	**0.2**
未上过学	No Schooling	100.0		0.2	0.1	2.8	94.1	2.8	0.1
小学	Primary School	100.0	0.1	0.5	0.2	5.6	86.2	7.3	0.1
初中	Junior Secondary School	100.0	0.3	2.2	1.1	16.2	63.1	16.9	0.2
高中	Senior Secondary School	100.0	1.5	17.8	9.4	32.1	20.3	18.5	0.4
大学专科	College	100.0	2.9	50.2	20.9	16.1	1.9	7.7	0.3
大学本科	University	100.0	3.6	58.5	21.8	10.8	0.8	4.3	0.3
研究生及以上	Graduate and Higher Level	100.0	3.8	69.1	17.6	3.8	0.7	4.7	0.2

3-9 按年龄、性别分的全国就业人员就业身份构成
Employment Status of Employed Persons by Age and Sex

单位：% (%)

年龄 Age	就业人员 Employed Persons	雇员 Employee	雇主 Employer	自营劳动者 Self-Employed	家庭帮工 Unpaid Familial Worker
总计 Total	**100.0**	**29.5**	**1.9**	**67.0**	**1.6**
16-19	100.0	38.4	0.3	59.4	1.9
20-24	100.0	43.7	0.9	53.4	2.0
25-29	100.0	42.7	2.1	53.3	1.9
30-34	100.0	38.1	2.7	57.3	1.9
35-39	100.0	33.2	2.7	62.3	1.8
40-44	100.0	29.9	2.5	65.9	1.6
45-49	100.0	28.4	2.3	68.0	1.4
50-54	100.0	20.4	1.7	76.7	1.2
55-59	100.0	13.8	1.1	84.1	1.0
60-64	100.0	6.4	0.6	92.1	0.9
65+	100.0	3.5	0.5	95.3	0.7
男 Male	**100.0**	**32.1**	**2.7**	**64.7**	**0.6**
16-19	100.0	36.0	0.3	61.4	2.2
20-24	100.0	44.0	1.2	52.9	1.9
25-29	100.0	44.2	2.8	52.0	1.1
30-34	100.0	40.4	3.6	55.6	0.5
35-39	100.0	36.1	3.8	59.9	0.3
40-44	100.0	33.1	3.7	63.0	0.2
45-49	100.0	32.9	3.4	63.4	0.3
50-54	100.0	27.3	2.4	70.0	0.3
55-59	100.0	20.3	1.7	77.6	0.3
60-64	100.0	9.4	0.9	89.1	0.6
65+	100.0	4.7	0.6	94.2	0.5
女 Female	**100.0**	**26.5**	**1.1**	**69.8**	**2.7**
16-19	100.0	40.9	0.3	57.2	1.6
20-24	100.0	43.3	0.7	53.9	2.1
25-29	100.0	41.1	1.3	54.8	2.8
30-34	100.0	35.7	1.7	59.2	3.4
35-39	100.0	30.2	1.6	64.8	3.4
40-44	100.0	26.4	1.3	69.1	3.2
45-49	100.0	23.1	1.0	73.2	2.7
50-54	100.0	11.4	0.7	85.4	2.5
55-59	100.0	4.8	0.3	92.9	1.9
60-64	100.0	2.5	0.2	96.1	1.2
65+	100.0	1.6	0.2	97.1	1.0

3-10 按就业身份、性别分的全国就业人员年龄构成
Age Composition OF Employed Persons by Employment Status and Sex

单位：% (%)

年龄 Age	就业人员 Employed Persons	雇员 Employee	雇主 Employer	自营劳动者 Self-Employed	家庭帮工 Unpaid Familial Worker
总计 Total	**100.0**	**100.0**	**100.0**	**100.0**	**100.0**
16-19	3.7	4.8	0.6	3.3	4.6
20-24	8.1	12.1	3.9	6.5	10.5
25-29	9.7	14.0	10.5	7.7	11.7
30-34	11.3	14.7	15.7	9.7	13.5
35-39	15.2	17.2	21.7	14.1	17.3
40-44	15.3	15.5	20.1	15.0	16.1
45-49	9.6	9.3	11.3	9.8	8.8
50-54	10.7	7.4	9.4	12.3	8.4
55-59	7.6	3.6	4.4	9.5	5.0
60-64	4.3	0.9	1.4	5.9	2.4
65+	4.4	0.5	1.1	6.2	1.9
男 Male	**100.0**	**100.0**	**100.0**	**100.0**	**100.0**
16-19	3.6	4.1	0.5	3.4	13.7
20-24	7.7	10.5	3.3	6.3	25.0
25-29	9.4	12.9	9.7	7.5	16.7
30-34	11.0	13.9	14.7	9.5	8.9
35-39	14.8	16.6	21.0	13.7	6.7
40-44	14.8	15.3	20.4	14.5	5.4
45-49	9.6	9.8	12.2	9.4	4.5
50-54	11.3	9.7	10.3	12.3	5.2
55-59	8.2	5.2	5.1	9.8	4.7
60-64	4.6	1.3	1.6	6.3	4.9
65+	5.1	0.7	1.1	7.4	4.2
女 Female	**100.0**	**100.0**	**100.0**	**100.0**	**100.0**
16-19	3.8	6.0	0.9	3.2	2.3
20-24	8.7	14.2	5.6	6.7	6.8
25-29	10.1	15.6	12.7	7.9	10.4
30-34	11.7	15.8	18.6	9.9	14.6
35-39	15.8	18.0	23.6	14.7	20.0
40-44	15.8	15.8	19.1	15.6	18.8
45-49	9.7	8.5	8.7	10.1	9.9
50-54	10.1	4.3	6.8	12.3	9.2
55-59	7.0	1.3	2.3	9.3	5.0
60-64	3.9	0.4	0.8	5.4	1.7
65+	3.5	0.2	0.8	4.9	1.3

3-11 按受教育程度、性别分的全国就业人员就业身份构成

Employment Status of Employed Persons by Educational Attainment and Sex

单位：% (%)

受教育程度	Educational Attainment	就业人员 Employed Persons	雇员 Employee	雇主 Employer	自营劳动者 Self-Employed	家庭帮工 Unpaid Familial Worker
总计	**Total**	**100.0**	**29.5**	**1.9**	**67.0**	**1.6**
未上过学	No Schooling	100.0	4.0	0.2	94.9	0.9
小学	Primary School	100.0	10.4	0.7	87.6	1.3
初中	Junior Secondary School	100.0	27.3	2.2	68.6	1.9
高中	Senior Secondary School	100.0	59.8	4.3	34.1	1.8
大学专科	College	100.0	91.6	2.6	5.2	0.7
大学本科	University	100.0	96.2	2.1	1.5	0.2
研究生及以上	Graduate and Higher Level	100.0	95.9	2.4	1.4	0.3
男	**Male**	**100.0**	**32.1**	**2.7**	**64.7**	**0.6**
未上过学	No Schooling	100.0	5.8	0.4	93.6	0.3
小学	Primary School	100.0	12.4	1.1	86.2	0.4
初中	Junior Secondary School	100.0	28.3	2.9	68.2	0.7
高中	Senior Secondary School	100.0	56.1	5.1	37.9	0.9
大学专科	College	100.0	90.1	3.2	6.3	0.4
大学本科	University	100.0	95.5	2.7	1.8	0.1
研究生及以上	Graduate and Higher Level	100.0	94.6	3.3	1.7	0.4
女	**Female**	**100.0**	**26.5**	**1.1**	**69.8**	**2.7**
未上过学	No Schooling	100.0	3.3	0.1	95.5	1.2
小学	Primary School	100.0	8.6	0.4	88.9	2.1
初中	Junior Secondary School	100.0	26.1	1.3	69.1	3.6
高中	Senior Secondary School	100.0	65.9	3.0	27.7	3.4
大学专科	College	100.0	93.6	1.7	3.7	1.0
大学本科	University	100.0	97.3	1.2	1.2	0.3
研究生及以上	Graduate and Higher Level	100.0	98.7	0.7	0.7	

3-12　按就业身份、性别分的全国就业人员受教育程度构成
Educational Attainment of Employed Persons by Employment Status and Sex

单位：%　　(%)

受教育程度	Educational Attainment	就业人员 Employed Persons	雇　员 Employee	雇　主 Employer	自营劳动者 Self-Employed	家庭帮工 Unpaid Familial Worker
总　计	**Total**	**100.0**	**100.0**	**100.0**	**100.0**	**100.0**
未上过学	No Schooling	6.0	0.8	0.6	8.5	3.5
小　学	Primary School	28.3	10.0	11.0	37.0	23.1
初　中	Junior Secondary School	46.9	43.5	53.0	47.9	56.9
高　中	Senior Secondary School	12.2	24.7	27.1	6.2	14.4
大学专科	College	4.3	13.4	5.8	0.3	1.8
大学本科	University	2.1	6.9	2.3	0.0	0.2
研究生及以上	Graduate and Higher Level	0.2	0.6	0.2		
男	**Male**	**100.0**	**100.0**	**100.0**	**100.0**	**100.0**
未上过学	No Schooling	3.4	0.6	0.5	4.9	1.5
小　学	Primary School	25.0	9.6	10.6	33.2	15.6
初　中	Junior Secondary School	50.2	44.3	53.7	53.0	57.4
高　中	Senior Secondary School	14.3	25.0	27.0	8.4	22.1
大学专科	College	4.6	12.8	5.6	0.4	3.0
大学本科	University	2.3	6.9	2.3	0.1	0.3
研究生及以上	Graduate and Higher Level	0.2	0.7	0.3		0.2
女	**Female**	**100.0**	**100.0**	**100.0**	**100.0**	**100.0**
未上过学	No Schooling	9.0	1.1	0.8	12.3	4.0
小　学	Primary School	32.2	10.4	12.1	41.0	25.0
初　中	Junior Secondary School	42.9	42.3	51.0	42.5	56.8
高　中	Senior Secondary School	9.8	24.4	27.3	3.9	12.5
大学专科	College	4.0	14.3	6.5	0.2	1.5
大学本科	University	1.9	6.9	2.2		0.2
研究生及以上	Graduate and Higher Level	0.1	0.5	0.1		

3-13 按年龄、性别分的城镇就业人员就业身份构成
Employment Status of Urban Employed Persons by Age and Sex

单位：% (%)

年 龄 Age	城 镇 就业人员 Urban Employed Persons	雇 员 Employee	雇 主 Employer	自营劳动者 Self-Employed	家庭帮工 Unpaid Familial Worker
总计 Total	**100.0**	**55.4**	**3.6**	**38.4**	**2.6**
16-19	100.0	68.9	0.5	27.8	2.9
20-24	100.0	70.2	1.5	25.5	2.8
25-29	100.0	67.0	3.3	26.9	2.8
30-34	100.0	62.4	4.2	30.8	2.6
35-39	100.0	57.2	4.7	35.4	2.7
40-44	100.0	54.0	4.4	38.9	2.7
45-49	100.0	54.0	4.0	39.7	2.3
50-54	100.0	44.3	3.5	49.7	2.5
55-59	100.0	34.3	2.7	60.8	2.2
60-64	100.0	16.8	1.6	79.7	1.9
65+	100.0	11.2	1.6	85.4	1.7
男 Male	**100.0**	**56.9**	**4.7**	**37.5**	**0.9**
16-19	100.0	64.6	0.5	31.5	3.4
20-24	100.0	68.5	1.8	27.0	2.8
25-29	100.0	66.6	4.3	27.6	1.5
30-34	100.0	62.7	5.3	31.3	0.7
35-39	100.0	58.4	6.0	35.2	0.4
40-44	100.0	55.8	6.1	37.8	0.4
45-49	100.0	57.3	5.4	36.9	0.5
50-54	100.0	52.7	4.4	42.4	0.5
55-59	100.0	45.0	3.4	50.9	0.7
60-64	100.0	22.8	2.1	73.8	1.4
65+	100.0	14.2	2.0	82.6	1.1
女 Female	**100.0**	**53.6**	**2.3**	**39.5**	**4.7**
16-19	100.0	73.2	0.4	24.1	2.3
20-24	100.0	71.8	1.1	24.2	2.9
25-29	100.0	67.4	2.3	26.2	4.1
30-34	100.0	61.9	3.0	30.3	4.8
35-39	100.0	55.8	3.1	35.6	5.5
40-44	100.0	51.8	2.5	40.2	5.5
45-49	100.0	49.6	2.1	43.5	4.7
50-54	100.0	29.8	1.9	62.5	5.8
55-59	100.0	14.1	1.2	79.5	5.2
60-64	100.0	7.4	0.8	89.0	2.8
65+	100.0	5.6	0.9	90.6	2.9

3-14 按就业身份、性别分的城镇就业人员年龄构成

Age Composition of Urban Employed Persons by Employment Status and Sex

单位：% (%)

年龄 Age	城镇就业人员 Urban Employed Persons	雇员 Employee	雇主 Employer	自营劳动者 Self-Employed	家庭帮工 Unpaid Familial Worker
总计 Total	**100.0**	**100.0**	**100.0**	**100.0**	**100.0**
16-19	3.1	3.8	0.4	2.2	3.4
20-24	8.8	11.1	3.6	5.8	9.5
25-29	11.8	14.3	11.1	8.3	12.6
30-34	13.6	15.3	16.1	10.9	13.7
35-39	17.2	17.8	22.5	15.9	18.2
40-44	16.3	15.9	20.1	16.5	17.0
45-49	10.1	9.8	11.2	10.4	9.0
50-54	9.3	7.5	9.1	12.1	8.8
55-59	5.4	3.4	4.0	8.6	4.7
60-64	2.3	0.7	1.0	4.9	1.7
65+	1.9	0.4	0.9	4.3	1.3
男 Male	**100.0**	**100.0**	**100.0**	**100.0**	**100.0**
16-19	2.8	3.2	0.3	2.4	10.6
20-24	7.8	9.4	3.0	5.6	23.7
25-29	11.1	13.0	10.3	8.2	18.4
30-34	13.1	14.5	14.9	10.9	10.2
35-39	16.8	17.2	21.7	15.7	7.7
40-44	16.0	15.7	20.8	16.1	6.2
45-49	10.3	10.4	11.9	10.2	5.5
50-54	10.7	9.9	10.1	12.1	6.4
55-59	6.4	5.1	4.7	8.7	4.6
60-64	2.6	1.0	1.2	5.1	3.8
65+	2.3	0.6	1.0	5.0	2.8
女 Female	**100.0**	**100.0**	**100.0**	**100.0**	**100.0**
16-19	3.4	4.7	0.6	2.1	1.7
20-24	10.0	13.3	5.0	6.1	6.1
25-29	12.7	16.0	12.9	8.4	11.2
30-34	14.2	16.5	19.1	10.9	14.6
35-39	17.8	18.5	24.5	16.0	20.8
40-44	16.8	16.2	18.4	17.1	19.6
45-49	9.8	9.1	9.2	10.8	9.9
50-54	7.6	4.2	6.6	12.1	9.4
55-59	4.2	1.1	2.3	8.4	4.7
60-64	2.1	0.3	0.7	4.6	1.2
65+	1.5	0.2	0.6	3.4	0.9

3-15 按受教育程度、性别分的城镇就业人员就业身份构成
Employment Status of Urban Employed Persons by Educational Attainment and Sex

单位：%　(%)

受教育程度	Educational Attainment	城镇就业人员 Urban Employed Persons	雇员 Employee	雇主 Employer	自营劳动者 Self-Employed	家庭帮工 Unpaid Familial Worker
总　计	**Total**	**100.0**	**55.4**	**3.6**	**38.4**	**2.6**
未上过学	No Schooling	100.0	12.7	0.6	83.7	3.0
小　学	Primary School	100.0	24.6	2.1	70.1	3.2
初　中	Junior Secondary School	100.0	47.0	3.9	45.8	3.3
高　中	Senior Secondary School	100.0	73.6	5.2	19.2	2.1
大学专科	College	100.0	93.3	2.7	3.5	0.6
大学本科	University	100.0	96.4	2.1	1.3	0.2
研究生及以上	Graduate and Higher Level	100.0	96.2	2.4	1.0	0.3
男	**Male**	**100.0**	**56.9**	**4.7**	**37.5**	**0.9**
未上过学	No Schooling	100.0	17.2	1.5	80.6	0.7
小　学	Primary School	100.0	27.4	2.9	68.8	0.9
初　中	Junior Secondary School	100.0	47.4	5.0	46.5	1.1
高　中	Senior Secondary School	100.0	71.2	6.2	21.5	1.0
大学专科	College	100.0	92.1	3.4	4.2	0.3
大学本科	University	100.0	95.6	2.7	1.5	
研究生及以上	Graduate and Higher Level	100.0	95.0	3.3	1.4	0.4
女	**Female**	**100.0**	**53.6**	**2.3**	**39.5**	**4.7**
未上过学	No Schooling	100.0	10.8	0.3	85.0	3.9
小　学	Primary School	100.0	22.1	1.3	71.2	5.4
初　中	Junior Secondary School	100.0	46.4	2.5	44.9	6.2
高　中	Senior Secondary School	100.0	77.0	3.6	15.7	3.7
大学专科	College	100.0	94.8	1.8	2.5	0.9
大学本科	University	100.0	97.4	1.3	1.0	0.3
研究生及以上	Graduate and Higher Level	100.0	99.1	0.7	0.5	

3-16 按就业身份、性别分的城镇就业人员受教育程度构成

Educational Attainment of Urban Employed Persons by Employment Status and Sex

单位：% (%)

受教育程度	Educational Attainment	城镇就业人员 Urban Employed Persons	雇员 Employee	雇主 Employer	自营劳动者 Self-Employed	家庭帮工 Unpaid Familial Worker
总计	**Total**	**100.0**	**100.0**	**100.0**	**100.0**	**100.0**
未上过学	No Schooling	2.5	0.6	0.4	5.4	2.8
小学	Primary School	16.2	7.2	9.3	29.6	20.3
初中	Junior Secondary School	44.8	37.9	49.1	53.4	57.0
高中	Senior Secondary School	21.1	28.1	30.4	10.5	17.3
大学专科	College	9.8	16.5	7.4	0.9	2.2
大学本科	University	5.1	8.9	3.1	0.2	0.3
研究生及以上	Graduate and Higher Level	0.5	0.8	0.3		0.1
男	**Male**	**100.0**	**100.0**	**100.0**	**100.0**	**100.0**
未上过学	No Schooling	1.3	0.4	0.4	2.9	1.0
小学	Primary School	14.0	6.8	8.8	25.8	13.9
初中	Junior Secondary School	46.0	38.3	49.5	57.0	55.2
高中	Senior Secondary School	22.7	28.4	30.3	13.0	25.9
大学专科	College	9.9	16.0	7.3	1.1	3.3
大学本科	University	5.4	9.1	3.2	0.2	0.3
研究生及以上	Graduate and Higher Level	0.6	1.0	0.4		0.3
女	**Female**	**100.0**	**100.0**	**100.0**	**100.0**	**100.0**
未上过学	No Schooling	3.9	0.8	0.5	8.4	3.3
小学	Primary School	18.9	7.8	10.6	34.1	21.9
初中	Junior Secondary School	43.2	37.5	47.9	49.1	57.4
高中	Senior Secondary School	19.2	27.6	30.6	7.6	15.3
大学专科	College	9.7	17.1	7.6	0.6	1.9
大学本科	University	4.8	8.6	2.7	0.1	0.3
研究生及以上	Graduate and Higher Level	0.4	0.7	0.1		

3-17 按年龄、性别分的城镇就业人员行业构成
Urban Employed Persons by Age, Sex and Sector

单位：% (%)

年龄 Age	城镇就业人员 Urban Employed Persons	农、林、牧、渔业 Agriculture, Forestry, Animal Husbandry and Fishery	采矿业 Mining	制造业 Manu-facturing	电力、燃气及水的生产和供应业 Production and Distribution of Electricity, Gas and Water	建筑业 Construction	交通运输、仓储和邮政业 Transport, Storage and Post
总计 Total	**100.0**	**26.4**	**1.6**	**21.7**	**1.3**	**5.0**	**5.4**
16-19	100.0	23.5	0.6	38.7	0.3	2.6	2.0
20-24	100.0	18.6	1.0	31.3	1.0	3.7	3.7
25-29	100.0	16.3	1.2	25.4	1.4	4.1	5.5
30-34	100.0	17.7	1.7	24.2	1.7	4.7	6.3
35-39	100.0	20.7	2.1	22.4	1.6	5.9	6.7
40-44	100.0	24.6	1.9	20.5	1.3	6.4	6.3
45-49	100.0	26.6	2.3	18.8	1.3	5.6	6.5
50-54	100.0	37.5	1.4	15.0	1.3	5.5	5.0
55-59	100.0	50.8	1.1	12.0	1.0	4.3	3.2
60-64	100.0	71.0	0.4	7.1	0.4	2.8	1.2
65+	100.0	77.7	0.2	6.2	0.2	1.0	0.8
男 Male	**100.0**	**23.0**	**2.2**	**21.6**	**1.6**	**7.7**	**8.1**
16-19	100.0	25.9	1.0	37.6	0.3	4.9	3.3
20-24	100.0	18.0	1.5	31.6	1.2	6.5	6.0
25-29	100.0	14.5	1.8	25.9	1.7	6.7	8.4
30-34	100.0	15.5	2.3	24.3	2.0	7.3	9.7
35-39	100.0	17.3	2.9	21.2	2.0	9.2	10.3
40-44	100.0	20.5	2.6	19.7	1.7	9.7	9.5
45-49	100.0	21.1	3.2	19.2	1.5	8.4	9.4
50-54	100.0	28.6	2.0	17.8	1.8	7.9	7.3
55-59	100.0	39.1	1.4	15.2	1.4	6.3	4.7
60-64	100.0	63.3	0.6	8.8	0.6	4.3	1.8
65+	100.0	73.9	0.3	7.5	0.3	1.5	1.2
女 Female	**100.0**	**30.6**	**0.8**	**21.8**	**0.9**	**1.6**	**2.1**
16-19	100.0	21.1	0.2	39.9	0.2	0.4	0.7
20-24	100.0	19.2	0.4	31.0	0.9	1.1	1.6
25-29	100.0	18.3	0.6	24.9	1.0	1.3	2.3
30-34	100.0	20.2	1.0	24.1	1.3	1.7	2.5
35-39	100.0	24.7	1.1	23.9	1.2	2.1	2.5
40-44	100.0	29.5	1.0	21.5	0.9	2.5	2.6
45-49	100.0	33.8	1.0	18.2	0.9	1.8	2.6
50-54	100.0	53.0	0.4	10.1	0.5	1.3	0.9
55-59	100.0	73.0	0.3	6.1	0.2	0.5	0.4
60-64	100.0	83.0	0.1	4.4		0.5	0.3
65+	100.0	85.0		3.9			0.2

3-17 续表 1 continued

单位：% (%)

年 龄 Age	信息传输、计算机服务和软件业 Information Transmission, Computer Service and Software	批发和零售业 Wholesale and Retail Trades	住宿和餐饮业 Hotels and Catering Services	金融业 Financial Intermediation	房地产业 Real Estate	租赁和商 务服务业 Leasing and Business Services	科学研究、技术服务和地质勘查业 Scientific Research, Technical Services,and Geological Prospecting
总计 Total	**0.9**	**14.0**	**3.7**	**1.3**	**0.7**	**0.9**	**0.7**
16-19	0.8	12.4	9.6	0.3	0.3	0.6	0.1
20-24	2.2	16.4	5.8	1.2	0.7	1.4	0.4
25-29	2.3	17.3	3.9	1.4	1.0	1.6	0.9
30-34	1.2	16.1	3.6	1.7	0.8	1.1	0.8
35-39	0.7	15.1	3.5	1.6	0.7	0.8	0.8
40-44	0.5	13.6	3.4	1.5	0.8	0.7	0.7
45-49	0.4	13.1	3.5	1.3	0.8	0.8	0.8
50-54	0.4	11.0	2.6	0.8	0.8	0.6	0.7
55-59	0.2	9.1	2.0	0.4	0.6	0.5	0.5
60-64	0.1	6.7	1.4		0.2	0.3	0.1
65+	0.1	6.0	0.7	0.1	0.1	0.1	0.2
男 Male	**1.0**	**11.8**	**3.1**	**1.1**	**0.8**	**1.0**	**0.8**
16-19	0.9	8.2	8.8	0.2	0.3	0.7	0.2
20-24	2.4	12.8	5.2	1.0	0.7	1.4	0.4
25-29	2.6	14.0	3.9	1.2	1.1	1.5	1.0
30-34	1.4	13.2	3.1	1.4	0.9	1.1	1.0
35-39	0.9	12.8	2.7	1.4	0.8	0.9	1.0
40-44	0.5	11.6	2.6	1.4	0.9	0.9	0.8
45-49	0.4	12.0	2.8	1.3	0.9	0.9	0.9
50-54	0.4	10.2	2.3	0.9	1.0	0.8	0.8
55-59	0.3	9.6	1.8	0.5	0.9	0.7	0.6
60-64	0.2	7.3	1.6	0.1	0.2	0.5	0.2
65+	0.1	6.2	0.7		0.1	0.2	0.3
女 Female	**0.8**	**16.7**	**4.4**	**1.4**	**0.6**	**0.9**	**0.5**
16-19	0.7	16.7	10.5	0.3	0.3	0.5	0.1
20-24	2.0	19.8	6.4	1.4	0.6	1.4	0.4
25-29	1.9	20.8	3.9	1.6	1.0	1.8	0.8
30-34	1.1	19.5	4.2	2.1	0.7	1.0	0.6
35-39	0.5	17.9	4.4	1.8	0.6	0.8	0.6
40-44	0.4	15.9	4.4	1.6	0.5	0.6	0.5
45-49	0.4	14.7	4.4	1.2	0.7	0.7	0.7
50-54	0.2	12.5	3.2	0.7	0.4	0.4	0.5
55-59	0.1	8.2	2.4	0.1	0.1	0.1	0.1
60-64		5.9	1.0		0.1	0.1	
65+	0.1	5.5	0.7	0.1			0.1

3-17 续表 2 continued

单位：%　　　　(%)

年　龄 Age	水利、环境和公共设施管理业 Management of Water Conservancy, Environment and Public Facilities	居民服务和其他服务业 Services to Households and Other Services	教育 Education	卫生、社会保障和社会福利业 Health, Social Securities and Social Welfare	文化、体育和娱乐业 Culture, Sports and Entertainment	公共管理和社会组织 Public Management and Social Organization	国际组织 International Organizations
总计 Total	**0.7**	**3.7**	**4.0**	**2.3**	**0.9**	**4.9**	
16-19	0.0	5.7	0.5	0.5	0.9	0.5	
20-24	0.3	4.7	2.4	1.8	1.3	2.1	
25-29	0.5	3.6	5.3	2.7	1.1	4.5	
30-34	0.6	3.9	4.7	2.5	1.0	5.7	
35-39	0.6	3.6	4.3	2.5	0.9	5.3	
40-44	0.8	3.6	4.3	2.3	0.8	6.0	
45-49	1.0	3.6	4.2	2.5	0.9	6.1	
50-54	0.8	3.1	4.2	2.6	0.7	6.0	
55-59	0.8	3.0	3.3	1.9	0.7	4.6	
60-64	0.7	2.5	1.2	1.5	0.4	2.1	
65+	0.5	2.3	0.7	1.4	0.4	1.2	
男 Male	**0.7**	**3.5**	**3.1**	**1.7**	**0.9**	**6.1**	
16-19	0.0	6.1	0.1	0.2	0.6	0.7	
20-24	0.4	4.9	1.4	0.7	1.3	2.6	
25-29	0.5	3.7	3.3	1.8	1.1	5.3	
30-34	0.6	3.6	3.1	1.8	1.0	6.7	
35-39	0.7	3.4	3.4	1.9	0.9	6.5	
40-44	0.7	3.2	3.7	1.7	0.8	7.5	
45-49	1.1	3.3	3.7	1.7	0.9	7.4	
50-54	0.9	3.1	3.8	2.0	0.8	7.6	
55-59	1.0	3.2	4.1	2.2	0.8	6.1	
60-64	1.0	3.0	1.5	1.8	0.5	3.0	
65+	0.7	2.4	0.9	1.7	0.4	1.7	
女 Female	**0.6**	**3.9**	**5.0**	**3.0**	**0.9**	**3.4**	
16-19	0.0	5.3	0.9	0.7	1.2	0.3	
20-24	0.2	4.4	3.3	2.9	1.4	1.6	
25-29	0.4	3.4	7.6	3.7	1.1	3.6	
30-34	0.5	4.2	6.4	3.3	1.0	4.5	
35-39	0.6	3.9	5.4	3.3	0.9	3.8	
40-44	0.8	4.1	5.1	2.9	0.8	4.3	
45-49	1.0	4.1	5.0	3.5	0.9	4.4	
50-54	0.6	3.1	4.8	3.7	0.7	3.2	
55-59	0.4	2.7	1.9	1.3	0.4	1.6	
60-64	0.3	1.6	0.7	1.0	0.2	0.7	
65+	0.2	2.2	0.4	1.0	0.2	0.4	

3-18 按行业、性别分的城镇就业人员年龄构成

Age Composition of Urban Employed Persons by Sector and Sex

单位：% (%)

年 龄 Age	城 镇 就业人员 Urban Employed Persons	农、林、牧、渔业 Agriculture, Forestry, Animal Husbandry and Fishery	采矿业 Mining	制造业 Manu-facturing	电力、燃气及水的生产和供应业 Production and Distribution of Electricity, Gas and Water	建筑业 Construction	交通运输、仓储和邮政业 Transport, Storage and Post
总计 Total	**100.0**	**100.0**	**100.0**	**100.0**	**100.0**	**100.0**	**100.0**
16-19	3.1	2.7	1.2	5.5	0.6	1.6	1.1
20-24	8.8	6.2	5.4	12.6	6.9	6.6	6.0
25-29	11.8	7.3	9.1	13.9	12.6	9.7	11.9
30-34	13.6	9.1	14.8	15.2	17.6	12.8	15.9
35-39	17.2	13.5	22.8	17.8	21.6	20.5	21.3
40-44	16.3	15.2	19.6	15.4	16.5	21.0	19.1
45-49	10.1	10.2	14.5	8.7	9.6	11.3	12.0
50-54	9.3	13.3	8.2	6.5	9.4	10.2	8.6
55-59	5.4	10.4	3.6	3.0	4.1	4.7	3.2
60-64	2.3	6.3	0.6	0.8	0.7	1.3	0.5
65+	1.9	5.7	0.2	0.6	0.3	0.4	0.3
男 Male	**100.0**	**100.0**	**100.0**	**100.0**	**100.0**	**100.0**	**100.0**
16-19	2.8	3.2	1.3	4.9	0.6	1.8	1.1
20-24	7.8	6.1	5.4	11.4	5.7	6.5	5.7
25-29	11.1	7.0	8.9	13.4	11.7	9.6	11.5
30-34	13.1	8.8	13.7	14.8	16.5	12.5	15.6
35-39	16.8	12.6	21.9	16.5	20.7	20.1	21.2
40-44	16.0	14.2	19.0	14.6	16.3	20.1	18.7
45-49	10.3	9.5	15.1	9.2	9.5	11.3	11.9
50-54	10.7	13.3	9.5	8.8	11.9	11.0	9.6
55-59	6.4	10.9	4.1	4.5	5.6	5.3	3.7
60-64	2.6	7.1	0.7	1.1	1.0	1.4	0.6
65+	2.3	7.3	0.3	0.8	0.5	0.4	0.3
女 Female	**100.0**	**100.0**	**100.0**	**100.0**	**100.0**	**100.0**	**100.0**
16-19	3.4	2.4	0.7	6.3	0.6	0.8	1.2
20-24	10.0	6.3	5.2	14.1	9.5	6.7	7.5
25-29	12.7	7.6	9.8	14.5	14.5	10.2	14.1
30-34	14.2	9.4	18.9	15.7	20.0	14.7	17.2
35-39	17.8	14.4	25.8	19.4	23.6	22.7	21.6
40-44	16.8	16.2	21.6	16.5	17.0	26.3	21.2
45-49	9.8	10.8	12.4	8.1	9.9	10.8	12.5
50-54	7.6	13.2	3.5	3.5	3.9	6.0	3.5
55-59	4.2	10.0	1.9	1.2	1.1	1.2	0.8
60-64	2.1	5.6	0.3	0.4		0.6	0.3
65+	1.5	4.2		0.3			0.1

3-18 续表 1 continued

单位：% (%)

年 龄 Age	信息传输、计算机服务和软件业 Information Transmission, Computer Service and Software	批发和零售业 Wholesale and Retail Trades	住宿和餐饮业 Hotels and Catering Services	金融业 Financial Intermediation	房地产业 Real Estate	租赁和商务服务业 Leasing and Business Services	科学研究、技术服务和地质勘查业 Scientific Research, Technical Services,and Geological Prospecting
总计 Total	**100.0**	**100.0**	**100.0**	**100.0**	**100.0**	**100.0**	**100.0**
16-19	2.4	2.7	8.1	0.6	1.3	2.1	0.6
20-24	20.6	10.2	13.9	8.5	8.0	13.0	4.9
25-29	28.4	14.6	12.5	12.9	16.8	21.2	15.2
30-34	17.9	15.7	13.5	18.4	14.5	15.6	16.2
35-39	13.1	18.6	16.5	21.7	16.4	15.9	20.1
40-44	7.8	15.8	15.3	19.7	16.7	13.2	16.8
45-49	4.5	9.5	9.5	10.3	11.0	8.6	12.0
50-54	3.5	7.4	6.7	6.1	10.0	6.5	9.4
55-59	1.3	3.5	3.0	1.6	4.4	2.9	3.6
60-64	0.2	1.1	0.9	0.1	0.5	0.9	0.5
65+	0.2	0.8	0.4	0.1	0.2	0.3	0.6
男 Male	**100.0**	**100.0**	**100.0**	**100.0**	**100.0**	**100.0**	**100.0**
16-19	2.3	2.0	8.0	0.4	1.1	2.1	0.6
20-24	18.3	8.4	13.2	7.1	6.7	11.1	4.0
25-29	28.3	13.3	14.0	11.5	14.7	17.8	13.8
30-34	17.5	14.7	13.3	15.9	13.4	14.5	16.0
35-39	14.4	18.2	14.9	21.0	15.9	16.1	20.4
40-44	7.6	15.7	13.6	20.0	17.5	14.3	16.9
45-49	4.5	10.5	9.3	12.2	10.4	9.2	11.2
50-54	4.5	9.3	8.1	8.6	12.6	8.7	10.4
55-59	1.9	5.2	3.8	3.0	6.5	4.5	5.0
60-64	0.4	1.6	1.3	0.2	0.6	1.3	0.6
65+	0.2	1.2	0.5	0.1	0.3	0.5	0.9
女 Female	**100.0**	**100.0**	**100.0**	**100.0**	**100.0**	**100.0**	**100.0**
16-19	2.7	3.4	8.1	0.8	1.6	1.9	0.6
20-24	24.1	11.8	14.4	9.9	10.4	15.6	6.7
25-29	28.5	15.8	11.3	14.4	20.5	25.9	17.9
30-34	18.5	16.6	13.7	20.7	16.5	17.2	16.4
35-39	11.3	19.0	17.8	22.3	17.3	15.7	19.5
40-44	8.0	15.9	16.6	19.4	15.1	11.8	16.5
45-49	4.5	8.6	9.7	8.5	12.0	7.7	13.4
50-54	2.0	5.7	5.4	3.6	5.4	3.3	7.5
55-59	0.4	2.0	2.3	0.2	0.8	0.6	1.0
60-64		0.7	0.5		0.3	0.3	0.1
65+	0.1	0.5	0.3	0.1			0.3

3-18 续表 2 continued

单位：%　　　　　　　　　　　　　　　　　　　　(%)

年　龄 Age	水利、环境和公共设施管理业 Management of Water Conservancy, Environment and Public Facilities	居民服务和其他服务业 Services to Households and Other Services	教　育 Education	卫生、社会保障和社会福利业 Health, Social Securities and Social Welfare	文化、体育和娱乐业 Culture, Sports and Entertainment	公共管理和社会组织 Public Management and Social Organization	国际组织 International Organizations
总计　Total	**100.0**	**100.0**	**100.0**	**100.0**	**100.0**	**100.0**	**100.0**
16-19	0.2	4.8	0.4	0.6	3.2	0.3	
20-24	4.0	11.1	5.2	6.9	12.8	3.7	
25-29	8.7	11.5	15.9	13.9	15.0	10.9	
30-34	11.8	14.3	16.0	14.9	15.2	15.9	100.0
35-39	16.9	17.0	18.7	18.9	16.5	18.6	
40-44	19.6	16.1	17.7	16.1	14.2	20.1	
45-49	16.0	9.9	10.8	11.0	9.9	12.5	
50-54	11.8	7.9	9.8	10.6	7.6	11.5	
55-59	6.8	4.5	4.5	4.4	4.0	5.0	
60-64	2.6	1.6	0.7	1.5	0.9	1.0	
65+	1.5	1.2	0.4	1.2	0.8	0.5	
男　Male	**100.0**	**100.0**	**100.0**	**100.0**	**100.0**	**100.0**	
16-19	0.2	4.8	0.1	0.4	2.0	0.3	
20-24	4.0	10.9	3.4	3.4	11.1	3.3	
25-29	8.4	11.7	11.6	11.6	14.5	9.8	
30-34	11.0	13.3	13.1	14.2	14.6	14.5	
35-39	16.2	16.0	18.0	18.5	16.3	18.0	
40-44	16.2	14.6	18.7	16.1	13.9	19.8	
45-49	15.3	9.5	12.1	10.4	10.0	12.5	
50-54	13.9	9.5	12.9	12.4	9.3	13.5	
55-59	9.3	5.8	8.3	8.1	6.0	6.5	
60-64	3.7	2.2	1.2	2.7	1.5	1.3	
65+	2.2	1.5	0.7	2.3	1.1	0.6	
女　Female	**100.0**	**100.0**	**100.0**	**100.0**	**100.0**	**100.0**	**100.0**
16-19	0.1	4.8	0.6	0.8	4.6	0.3	
20-24	4.1	11.4	6.6	9.4	14.8	4.8	
25-29	9.1	11.4	19.2	15.5	15.8	13.4	
30-34	13.2	15.4	18.2	15.4	16.0	18.8	100.0
35-39	18.1	18.2	19.2	19.2	16.8	19.9	
40-44	24.9	17.8	16.9	16.1	14.6	20.8	
45-49	17.2	10.4	9.7	11.3	9.7	12.4	
50-54	8.4	6.1	7.4	9.3	5.6	7.1	
55-59	3.1	2.9	1.6	1.8	1.8	1.9	
60-64	1.1	0.9	0.3	0.7	0.4	0.4	
65+	0.4	0.9	0.1	0.5	0.4	0.2	

3-19 按受教育程度、性别分的城镇就业人员行业构成

Urban Employed Persons by Sex, Educational Attainment and Sector

单位: % (%)

受教育程度	Educational Attainment	城镇就业人员 Urban Employed Persons	农、林、牧、渔业 Agriculture, Forestry, Animal Husbandry and Fishery	采矿业 Mining	制造业 Manu-facturing	电力、燃气及水的生产和供应业 Production and Distribution of Electricity, Gas and Water	建筑业 Construction	交通运输、仓储和邮政业 Transport, Storage and Post
总 计	**Total**	**100.0**	**26.4**	**1.6**	**21.7**	**1.3**	**5.0**	**5.4**
未上过学	No Schooling	100.0	75.9	0.3	7.7	0.1	2.3	0.9
小 学	Primary School	100.0	57.4	1.0	15.0	0.2	5.4	3.0
初 中	Junior Secondary School	100.0	29.8	1.8	25.4	0.8	6.0	6.2
高 中	Senior Secondary School	100.0	7.9	2.1	26.1	2.4	4.5	7.5
大学专科	College	100.0	1.4	1.3	15.4	2.8	3.1	4.2
大学本科	University	100.0	0.9	0.8	12.1	2.5	2.4	2.9
研究生及以上	Graduate and Higher Level	100.0	0.3	0.4	8.8	5.9	1.3	1.9
男	**Male**	**100.0**	**23.0**	**2.2**	**21.6**	**1.6**	**7.7**	**8.1**
未上过学	No Schooling	100.0	70.7	0.5	8.2	0.2	5.0	2.4
小 学	Primary School	100.0	52.2	1.7	13.7	0.3	9.5	5.5
初 中	Junior Secondary School	100.0	27.4	2.6	23.6	1.0	9.5	9.5
高 中	Senior Secondary School	100.0	8.5	2.5	27.2	2.7	6.1	10.1
大学专科	College	100.0	1.7	1.6	17.1	3.1	3.9	4.9
大学本科	University	100.0	1.0	1.2	13.6	2.7	3.0	3.3
研究生及以上	Graduate and Higher Level	100.0	0.4	0.7	9.5	6.3	1.2	1.9
女	**Female**	**100.0**	**30.6**	**0.8**	**21.8**	**0.9**	**1.6**	**2.1**
未上过学	No Schooling	100.0	78.1	0.2	7.6	0.1	1.1	0.3
小 学	Primary School	100.0	62.3	0.3	16.3	0.1	1.7	0.7
初 中	Junior Secondary School	100.0	33.0	0.7	27.8	0.4	1.4	1.7
高 中	Senior Secondary School	100.0	7.0	1.6	24.4	1.9	2.1	3.8
大学专科	College	100.0	1.0	0.9	13.4	2.4	2.0	3.4
大学本科	University	100.0	0.7	0.4	9.9	2.3	1.5	2.4
研究生及以上	Graduate and Higher Level	100.0			7.4	5.0	1.4	2.0

3-19 续表 1 continued

单位：% (%)

受教育程度	Educational Attainment	信息传输、计算机服务和软件业 Information Transmission, Computer Service and Software	批发和零售业 Wholesale and Retail Trades	住宿和餐饮业 Hotels and Catering Services	金融业 Financial Intermediation	房地产业 Real Estate	租赁和商务服务业 Leasing and Business Services	科学研究、技术服务和地质勘查业 Scientific Research, Technical Services,and Geological Prospecting
总　计	**Total**	**0.9**	**14.0**	**3.7**	**1.3**	**0.7**	**0.9**	**0.7**
未上过学	No Schooling		6.7	1.3	0.1	0.1	0.2	0.1
小　学	Primary School	0.1	9.6	2.5	0.1	0.3	0.2	0.1
初　中	Junior Secondary School	0.4	15.2	4.7	0.3	0.5	0.6	0.2
高　中	Senior Secondary School	1.4	19.3	4.4	1.7	1.1	1.2	0.9
大学专科	College	2.7	10.5	1.6	4.9	1.6	2.0	1.7
大学本科	University	3.8	6.8	0.7	4.6	1.5	2.8	3.6
研究生及以上	Graduate and Higher Level	4.0	4.5	0.4	3.9	1.0	3.1	8.1
男	**Male**	**1.0**	**11.8**	**3.1**	**1.1**	**0.8**	**1.0**	**0.8**
未上过学	No Schooling		7.2	0.9	0.1			0.1
小　学	Primary School	0.1	8.8	1.9	0.1	0.3	0.3	0.1
初　中	Junior Secondary School	0.4	12.3	3.8	0.3	0.6	0.7	0.2
高　中	Senior Secondary School	1.4	15.3	3.8	1.4	1.2	1.2	1.0
大学专科	College	2.6	9.6	1.5	4.3	1.7	1.9	1.9
大学本科	University	4.2	6.6	0.6	3.9	1.5	2.4	4.0
研究生及以上	Graduate and Higher Level	4.5	5.1	0.3	3.6	1.1	2.6	8.4
女	**Female**	**0.8**	**16.7**	**4.4**	**1.4**	**0.6**	**0.9**	**0.5**
未上过学	No Schooling	0.1	6.5	1.5		0.1	0.2	0.0
小　学	Primary School	0.1	10.3	3.0	0.1	0.2	0.1	0.1
初　中	Junior Secondary School	0.4	19.1	6.0	0.4	0.3	0.5	0.2
高　中	Senior Secondary School	1.3	25.1	5.2	2.1	1.0	1.2	0.7
大学专科	College	2.8	11.6	1.8	5.8	1.6	2.2	1.4
大学本科	University	3.2	7.1	0.9	5.7	1.4	3.4	2.9
研究生及以上	Graduate and Higher Level	2.9	3.2	0.5	4.5	0.5	3.8	7.4

3-19 续表 2 continued

单位：% (%)

受教育程度	Educational Attainment	水利、环境和公共设施管理业 Management of Water Conservancy, Environment and Public Facilities	居民服务和其他服务业 Services to Households and Other Services	教育 Education	卫生、社会保障和社会福利业 Health, Social Securities and Social Welfare	文化、体育和娱乐业 Culture, Sports and Entertainment	公共管理和社会组织 Public Management and Social Organization	国际组织 International Organizations
总　计	**Total**	**0.7**	**3.7**	**4.0**	**2.3**	**0.9**	**4.9**	
未上过学	No Schooling	0.7	2.6	0.1	0.3	0.1	0.4	
小　学	Primary School	0.6	3.1	0.4	0.3	0.3	0.5	
初　中	Junior Secondary School	0.5	4.5	0.7	0.7	0.6	1.4	
高　中	Senior Secondary School	0.9	4.2	3.5	3.6	1.2	6.3	
大学专科	College	1.0	1.6	14.9	8.3	1.9	18.8	
大学本科	University	1.0	1.3	24.0	6.8	2.5	18.9	
研究生及以上	Graduate and Higher Level	0.5	0.6	36.3	7.7	1.9	9.5	
男	**Male**	**0.7**	**3.5**	**3.1**	**1.7**	**0.9**	**6.1**	
未上过学	No Schooling	1.0	2.3	0.1	0.5	0.1	0.3	
小　学	Primary School	0.6	3.1	0.3	0.3	0.3	0.8	
初　中	Junior Secondary School	0.5	4.2	0.5	0.6	0.6	1.7	
高　中	Senior Secondary School	0.9	3.9	2.4	2.1	1.2	7.0	
大学专科	College	1.1	1.5	11.0	5.7	1.9	23.0	
大学本科	University	1.1	1.0	19.1	5.8	2.3	22.8	
研究生及以上	Graduate and Higher Level	0.4	0.8	33.9	7.0	1.8	10.4	
女	**Female**	**0.6**	**3.9**	**5.0**	**3.0**	**0.9**	**3.4**	
未上过学	No Schooling	0.5	2.7	0.1	0.2	0.1	0.4	
小　学	Primary School	0.5	3.0	0.4	0.3	0.3	0.3	
初　中	Junior Secondary School	0.4	4.8	0.9	0.8	0.6	0.9	
高　中	Senior Secondary School	0.8	4.5	5.2	5.8	1.2	5.1	
大学专科	College	0.9	1.7	19.9	11.6	2.0	13.5	
大学本科	University	0.8	1.7	31.1	8.3	2.8	13.5	
研究生及以上	Graduate and Higher Level	0.7	0.5	41.1	9.0	2.3	7.7	

3-20 按行业、性别分的城镇就业人员受教育程度构成
Educational Attainment of Urban Employed Persons by Sector and Sex

单位：% (%)

受教育程度	Educational Attainment	城镇就业人员 Urban Employed Persons	农、林、牧、渔业 Agriculture, Forestry, Animal Husbandry and Fishery	采矿业 Mining	制造业 Manu-facturing	电力、燃气及水的生产和供应业 Production and Distribution of Electricity, Gas and Water	建筑业 Construction	交通运输、仓储和邮政业 Transport, Storage and Post
总　计	**Total**	**100.0**	**100.0**	**100.0**	**100.0**	**100.0**	**100.0**	**100.0**
未上过学	No Schooling	2.5	7.1	0.5	0.9	0.2	1.1	0.4
小　学	Primary School	16.2	35.3	10.1	11.3	2.7	17.6	8.9
初　中	Junior Secondary School	44.8	50.5	50.0	52.4	25.9	53.7	50.7
高　中	Senior Secondary School	21.1	6.3	28.6	25.4	38.2	19.0	29.4
大学专科	College	9.8	0.5	7.9	7.0	21.0	6.1	7.6
大学本科	University	5.1	0.2	2.8	2.9	9.8	2.4	2.7
研究生及以上	Graduate and Higher Level	0.5	0.0	0.1	0.2	2.2	0.1	0.2
男	**Male**	**100.0**	**100.0**	**100.0**	**100.0**	**100.0**	**100.0**	**100.0**
未上过学	No Schooling	1.3	4.1	0.3	0.5	0.2	0.9	0.4
小　学	Primary School	14.0	31.8	10.7	8.9	2.9	17.3	9.5
初　中	Junior Secondary School	46.0	54.7	53.2	50.3	29.1	56.6	53.7
高　中	Senior Secondary School	22.7	8.4	25.7	28.7	37.8	18.0	28.2
大学专科	College	9.9	0.7	7.0	7.8	18.9	5.0	5.9
大学本科	University	5.4	0.2	2.9	3.4	8.9	2.1	2.2
研究生及以上	Graduate and Higher Level	0.6		0.2	0.3	2.3	0.1	0.1
女	**Female**	**100.0**	**100.0**	**100.0**	**100.0**	**100.0**	**100.0**	**100.0**
未上过学	No Schooling	3.9	10.0	1.1	1.4	0.3	2.7	0.6
小　学	Primary School	18.9	38.5	7.9	14.1	2.3	19.6	6.2
初　中	Junior Secondary School	43.2	46.6	38.4	54.9	18.8	36.3	36.0
高　中	Senior Secondary School	19.2	4.4	39.0	21.4	39.1	24.7	35.4
大学专科	College	9.7	0.3	11.1	5.9	25.8	12.1	16.0
大学本科	University	4.8	0.1	2.5	2.2	11.8	4.3	5.4
研究生及以上	Graduate and Higher Level	0.4			0.1	1.9	0.3	0.3

3-20 续表 1 continued

单位：% (%)

受教育程度	Educational Attainment	信息传输、计算机服务和软件业 Information Transmission, Computer Service and Software	批发和零售业 Wholesale and Retail Trades	住宿和餐饮业 Hotels and Catering Services	金融业 Financial Intermediation	房地产业 Real Estate	租赁和商务服务业 Leasing and Business Services	科学研究、技术服务和地质勘查业 Scientific Research, Technical Services,and Geological Prospecting
总　计	**Total**	**100.0**	**100.0**	**100.0**	**100.0**	**100.0**	**100.0**	**100.0**
未上过学	No Schooling	0.1	1.2	0.9	0.1	0.3	0.4	0.2
小　学	Primary School	1.6	11.1	11.0	0.9	6.2	4.0	2.0
初　中	Junior Secondary School	17.9	48.6	57.6	11.5	29.0	28.5	13.8
高　中	Senior Secondary School	30.3	29.1	25.2	28.7	31.8	27.9	27.6
大学专科	College	27.5	7.3	4.4	38.4	21.6	21.8	23.8
大学本科	University	20.5	2.5	1.0	18.9	10.4	15.8	26.8
研究生及以上	Graduate and Higher Level	2.0	0.2		1.5	0.6	1.6	5.8
男	**Male**	**100.0**	**100.0**	**100.0**	**100.0**	**100.0**	**100.0**	**100.0**
未上过学	No Schooling		0.8	0.4	0.1	0.1	0.2	0.2
小　学	Primary School	1.5	10.5	8.6	1.0	5.5	4.9	1.7
初　中	Junior Secondary School	17.7	47.9	56.6	11.9	32.8	31.7	13.3
高　中	Senior Secondary School	31.3	29.5	28.4	29.1	31.5	28.5	28.1
大学专科	College	24.9	8.1	4.9	37.4	19.6	19.4	23.2
大学本科	University	22.1	3.0	1.0	18.6	9.8	13.7	27.3
研究生及以上	Graduate and Higher Level	2.6	0.3	0.1	1.9	0.8	1.6	6.2
女	**Female**	**100.0**	**100.0**	**100.0**	**100.0**	**100.0**	**100.0**	**100.0**
未上过学	No Schooling	0.3	1.5	1.3	0.1	0.8	0.7	0.3
小　学	Primary School	1.8	11.6	13.0	0.8	7.7	2.8	2.7
初　中	Junior Secondary School	18.2	49.3	58.5	11.2	22.1	24.0	14.8
高　中	Senior Secondary School	28.7	28.8	22.3	28.2	32.4	27.2	26.7
大学专科	College	31.6	6.7	3.9	39.3	25.4	25.1	24.7
大学本科	University	18.2	2.0	1.0	19.2	11.3	18.6	25.9
研究生及以上	Graduate and Higher Level	1.2	0.1		1.1	0.3	1.6	4.9

3-20 续表 2 continued

单位：% (%)

受教育程度	Educational Attainment	水利、环境和公共设施管理业 Management of Water Conservancy, Environment and Public Facilities	居民服务和其他服务业 Services to Households and Other Services	教育 Education	卫生、社会保障和社会福利业 Health, Social Securities and Social Welfare	文化、体育和娱乐业 Culture, Sports and Entertainment	公共管理和社会组织 Public Management and Social Organization	国际组织 International Organizations
总　计	**Total**	**100.0**	**100.0**	**100.0**	**100.0**	**100.0**	**100.0**	**100.0**
未上过学	No Schooling	2.5	1.8	0.1	0.3	0.4	0.2	
小　学	Primary School	13.9	13.6	1.5	2.1	5.0	1.8	
初　中	Junior Secondary School	31.6	54.5	7.5	12.8	29.6	12.6	
高　中	Senior Secondary School	28.3	23.9	18.6	32.7	28.2	27.0	
大学专科	College	15.5	4.3	36.8	35.3	21.2	37.6	
大学本科	University	7.7	1.8	31.0	15.2	14.6	19.8	100.0
研究生及以上	Graduate and Higher Level	0.4	0.1	4.4	1.6	1.0	0.9	
男	**Male**	**100.0**	**100.0**	**100.0**	**100.0**	**100.0**	**100.0**	
未上过学	No Schooling	1.9	0.9	0.1	0.4	0.2	0.1	
小　学	Primary School	12.2	12.5	1.3	2.5	4.7	1.9	
初　中	Junior Secondary School	32.7	55.2	7.7	15.5	28.7	13.0	
高　中	Senior Secondary School	29.1	25.4	17.1	27.6	29.9	26.2	
大学专科	College	15.5	4.3	34.6	33.1	20.9	37.4	
大学本科	University	8.2	1.6	32.9	18.5	14.4	20.3	
研究生及以上	Graduate and Higher Level	0.4	0.1	6.4	2.4	1.2	1.0	
女	**Female**	**100.0**	**100.0**	**100.0**	**100.0**	**100.0**	**100.0**	**100.0**
未上过学	No Schooling	3.7	2.8	0.1	0.3	0.5	0.5	
小　学	Primary School	16.5	14.9	1.7	1.9	5.4	1.6	
初　中	Junior Secondary School	29.8	53.7	7.5	10.9	30.8	11.5	
高　中	Senior Secondary School	27.1	22.2	19.8	36.3	26.1	28.8	
大学专科	College	15.5	4.3	38.5	36.8	21.5	38.1	
大学本科	University	7.0	2.1	29.5	12.9	14.8	18.7	100.0
研究生及以上	Graduate and Higher Level	0.4		2.9	1.1	0.9	0.8	

3-21 按年龄、性别分的城镇就业人员职业构成
Occupation of Urban Employed Persons by Age and Sex

单位：% (%)

年龄 Age	城镇就业人员 Urban Employed Persons	单位负责人 Unit Head	专业技术人员 Technical Personnel	办事人员和有关人员 Clerk and Related Workers	商业、服务业人员 Business Service Personnel	农林牧渔水利业生产人员 Producers in the Sectors of Agriculture, Forestry, Animal Husbandry, Fishery and Water Conservancy	生产运输设备操作人员及有关人员 Production, Transport Equipment Operators and Related Workers	其他 Others
总计 Total	**100.0**	**2.4**	**11.9**	**8.4**	**24.1**	**26.5**	**20.1**	**6.6**
16-19	100.0	0.2	3.5	2.9	28.2	23.7	35.9	5.6
20-24	100.0	0.9	10.7	7.3	28.7	18.8	27.4	6.1
25-29	100.0	1.8	16.5	9.7	27.3	16.4	21.8	6.4
30-34	100.0	2.3	14.8	9.1	26.4	17.8	22.1	7.5
35-39	100.0	2.8	13.1	8.1	25.2	20.8	22.1	7.8
40-44	100.0	3.1	12.1	8.8	23.9	24.7	20.2	7.3
45-49	100.0	3.2	11.5	9.7	23.9	26.8	17.4	7.5
50-54	100.0	3.4	9.7	9.3	19.8	37.5	14.3	6.0
55-59	100.0	2.6	7.2	8.0	16.4	50.7	10.8	4.3
60-64	100.0	1.0	4.1	3.9	12.0	71.0	6.1	2.0
65+	100.0	0.7	3.2	2.8	9.8	77.7	4.0	1.8
男 Male	**100.0**	**3.4**	**10.3**	**10.0**	**21.3**	**23.2**	**22.7**	**9.2**
16-19	100.0	0.2	2.7	2.9	23.0	26.2	38.2	6.9
20-24	100.0	1.2	8.6	6.9	25.3	18.3	31.7	8.0
25-29	100.0	2.2	13.2	10.3	24.9	14.7	25.1	9.5
30-34	100.0	3.1	12.2	10.3	23.0	15.7	24.9	10.8
35-39	100.0	4.0	11.2	9.6	22.1	17.5	24.7	10.9
40-44	100.0	4.7	10.9	10.7	20.5	20.4	22.7	10.1
45-49	100.0	4.6	10.4	11.9	21.1	21.3	20.4	10.3
50-54	100.0	4.6	9.3	12.3	18.9	28.7	18.2	8.1
55-59	100.0	3.6	9.0	11.4	17.3	39.0	14.0	5.7
60-64	100.0	1.5	5.2	5.8	13.7	63.4	7.8	2.6
65+	100.0	0.9	4.0	4.1	10.4	73.7	4.9	2.0
女 Female	**100.0**	**1.2**	**13.8**	**6.4**	**27.5**	**30.6**	**17.0**	**3.5**
16-19	100.0	0.2	4.3	2.9	33.5	21.3	33.6	4.3
20-24	100.0	0.6	12.8	7.7	32.0	19.4	23.3	4.3
25-29	100.0	1.3	20.1	9.1	29.9	18.3	18.2	3.1
30-34	100.0	1.3	17.8	7.7	30.3	20.2	19.0	3.7
35-39	100.0	1.3	15.4	6.3	28.8	24.8	19.2	4.1
40-44	100.0	1.2	13.4	6.6	27.9	29.7	17.2	3.9
45-49	100.0	1.4	12.9	6.9	27.6	33.9	13.4	3.8
50-54	100.0	1.3	10.3	4.2	21.4	52.9	7.6	2.4
55-59	100.0	0.8	3.6	1.5	14.8	72.9	4.8	1.6
60-64	100.0	0.2	2.3	0.8	9.4	82.8	3.4	1.1
65+	100.0	0.3	1.8	0.4	8.7	85.1	2.3	1.4

3-22 按职业、性别分的城镇就业人员年龄构成

Age Composition of Urban Employed Persons by Occupation and Sex

单位：% (%)

年龄 Age	城镇就业人员 Urban Employed Persons	单位负责人 Unit Head	专业技术人员 Technical Personnel	办事人员和有关人员 Clerk and Related Workers	商业、服务业人员 Business Service Personnel	农林牧渔水利业生产人员 Producers in the Sectors of Agriculture, Forestry, Animal Husbandry, Fishery and Water Conservancy	生产运输设备操作人员及有关人员 Production, Transport Equipment Operators and Related Workers	其他 Others
总计 Total	**100.0**	**100.0**	**100.0**	**100.0**	**100.0**	**100.0**	**100.0**	**100.0**
16-19	3.1	0.2	0.9	1.1	3.6	2.8	5.5	2.6
20-24	8.8	3.2	7.9	7.6	10.4	6.2	11.9	8.0
25-29	11.8	8.9	16.5	13.7	13.4	7.4	12.8	11.5
30-34	13.6	12.9	17.0	14.8	14.9	9.2	15.0	15.4
35-39	17.2	19.9	19.1	16.7	18.0	13.6	19.0	20.1
40-44	16.3	21.0	16.6	17.2	16.2	15.2	16.4	17.8
45-49	10.1	13.5	9.8	11.7	10.0	10.2	8.7	11.4
50-54	9.3	13.0	7.6	10.4	7.7	13.2	6.7	8.5
55-59	5.4	5.9	3.3	5.2	3.7	10.4	2.9	3.5
60-64	2.3	1.0	0.8	1.1	1.2	6.3	0.7	0.7
65+	1.9	0.5	0.5	0.6	0.8	5.7	0.4	0.5
男 Male	**100.0**	**100.0**	**100.0**	**100.0**	**100.0**	**100.0**	**100.0**	**100.0**
16-19	2.8	0.1	0.7	0.8	3.0	3.2	4.7	2.1
20-24	7.8	2.6	6.5	5.4	9.2	6.1	10.9	6.8
25-29	11.1	7.2	14.2	11.5	13.0	7.1	12.4	11.6
30-34	13.1	12.0	15.5	13.6	14.2	8.9	14.4	15.5
35-39	16.8	19.7	18.2	16.3	17.4	12.7	18.3	20.0
40-44	16.0	21.8	17.0	17.1	15.4	14.1	16.0	17.6
45-49	10.3	13.9	10.4	12.3	10.2	9.5	9.3	11.6
50-54	10.7	14.2	9.7	13.2	9.5	13.3	8.6	9.5
55-59	6.4	6.7	5.6	7.3	5.2	10.8	4.0	4.0
60-64	2.6	1.1	1.3	1.5	1.7	7.1	0.9	0.7
65+	2.3	0.6	0.9	0.9	1.1	7.3	0.5	0.5
女 Female	**100.0**	**100.0**	**100.0**	**100.0**	**100.0**	**100.0**	**100.0**	**100.0**
16-19	3.4	0.5	1.1	1.5	4.2	2.4	6.8	4.2
20-24	10.0	5.5	9.2	11.8	11.6	6.3	13.7	12.0
25-29	12.7	14.9	18.5	17.9	13.8	7.6	13.6	11.0
30-34	14.2	16.5	18.4	17.1	15.7	9.4	15.9	15.0
35-39	17.8	20.7	19.9	17.5	18.6	14.4	20.1	20.6
40-44	16.8	17.6	16.3	17.3	17.0	16.2	17.0	18.4
45-49	9.8	11.9	9.1	10.5	9.8	10.8	7.7	10.6
50-54	7.6	8.6	5.7	4.9	5.9	13.2	3.4	5.2
55-59	4.2	2.9	1.1	1.0	2.3	10.0	1.2	1.9
60-64	2.1	0.4	0.3	0.3	0.7	5.6	0.4	0.6
65+	1.5	0.3	0.2	0.1	0.5	4.2	0.2	0.6

3-23 按受教育程度、性别分的城镇就业人员职业构成

Occupation of Urban Employed Persons by Educational Attainment and Sex

单位：%　　(%)

受教育程度	Educational Attainment	城镇就业人员 Urban Employed Persons	单位负责人 Unit Head	专业技术人员 Technical Personnel	办事人员和有关人员 Clerk and Related Workers	商业、服务业人员 Business Service Personnel	农林牧渔水利业生产人员 Producers in the Sectors of Agriculture, Forestry, Animal Husbandry, Fishery and Water Conservancy	生产运输设备操作人员及有关人员 Production, Transport Equipment Operators and Related Workers	其他 Others
总计	**Total**	**100.0**	**2.4**	**11.9**	**8.4**	**24.1**	**26.5**	**26.3**	**0.5**
未上过学	No Schooling	100.0	0.2	0.8	0.6	12.1	75.7	10.2	0.4
小学	Primary School	100.0	0.6	1.5	1.6	17.1	57.5	21.1	0.6
初中	Junior Secondary School	100.0	1.4	3.8	3.7	27.2	30.0	33.5	0.5
高中	Senior Secondary School	100.0	3.4	14.8	12.3	31.6	8.1	29.3	0.5
大学专科	College	100.0	5.8	39.8	25.5	16.2	1.1	11.3	0.3
大学本科	University	100.0	7.0	50.3	25.3	10.5	0.7	5.9	0.3
研究生及以上	Graduate and Higher Level	100.0	8.8	61.8	18.0	4.5	0.4	6.2	0.5
男	**Male**	**100.0**	**3.4**	**10.3**	**10.0**	**21.3**	**23.2**	**31.3**	**0.6**
未上过学	No Schooling	100.0	0.4	0.9	1.6	12.1	70.4	14.0	0.5
小学	Primary School	100.0	0.9	1.8	2.7	16.1	52.3	25.6	0.7
初中	Junior Secondary School	100.0	2.0	3.6	4.7	23.1	27.6	38.4	0.6
高中	Senior Secondary School	100.0	4.5	11.1	13.0	26.8	8.8	35.2	0.6
大学专科	College	100.0	7.9	31.5	28.7	15.9	1.4	14.2	0.3
大学本科	University	100.0	9.4	44.5	27.7	10.2	0.9	7.1	0.2
研究生及以上	Graduate and Higher Level	100.0	11.1	57.8	18.1	5.0	0.3	7.0	0.7
女	**Female**	**100.0**	**1.2**	**13.8**	**6.4**	**27.5**	**30.6**	**20.1**	**0.4**
未上过学	No Schooling	100.0	0.1	0.7	0.2	12.1	78.0	8.6	0.3
小学	Primary School	100.0	0.3	1.3	0.6	18.1	62.3	17.0	0.4
初中	Junior Secondary School	100.0	0.6	4.0	2.3	32.6	33.1	27.0	0.4
高中	Senior Secondary School	100.0	1.8	20.3	11.3	38.7	7.0	20.5	0.4
大学专科	College	100.0	3.0	50.3	21.3	16.6	0.8	7.7	0.3
大学本科	University	100.0	3.6	58.6	21.8	10.9	0.6	4.2	0.3
研究生及以上	Graduate and Higher Level	100.0	3.8	70.0	17.8	3.4	0.5	4.5	0.2

3-24 按职业、性别分的城镇就业人员受教育程度构成
Educational Attainment of Urban Employed Persons by Occupation and Sex

单位：% (%)

受教育程度	Educational Attainment	城镇就业人员 Urban Employed Persons	单位负责人 Unit Head	专业技术人员 Technical Personnel	办事人员和有关人员 Clerk and Related Workers	商业、服务业人员 Business Service Personnel	农林牧渔水利业生产人员 Producers in the Sectors of Agriculture, Forestry, Animal Husbandry, Fishery and Water Conservancy	生产运输设备操作人员及有关人员 Production, Transport Equipment Operators and Related Workers	其他 Others
总 计	**Total**	**100.0**	**100.0**	**100.0**	**100.0**	**100.0**	**100.0**	**100.0**	**100.0**
未上过学	No Schooling	2.5	0.2	0.2	0.2	1.2	7.1	1.0	2.1
小 学	Primary School	16.2	3.8	2.1	3.0	11.5	35.2	13.0	19.1
初 中	Junior Secondary School	44.8	26.4	14.2	19.5	50.6	50.7	57.0	46.2
高 中	Senior Secondary School	21.1	29.7	26.4	31.0	27.8	6.5	23.5	22.4
大学专科	College	9.8	23.3	32.8	29.7	6.6	0.4	4.2	6.9
大学本科	University	5.1	14.8	21.8	15.5	2.2	0.1	1.2	2.9
研究生及以上	Graduate and Higher Level	0.5	1.8	2.5	1.0	0.1		0.1	0.5
男	**Male**	**100.0**	**100.0**	**100.0**	**100.0**	**100.0**	**100.0**	**100.0**	**100.0**
未上过学	No Schooling	1.3	0.2	0.1	0.2	0.8	4.1	0.6	1.3
小 学	Primary School	14.0	3.5	2.5	3.8	10.6	31.7	11.5	18.5
初 中	Junior Secondary School	46.0	27.2	16.1	21.7	49.9	54.8	56.5	48.0
高 中	Senior Secondary School	22.7	29.8	24.4	29.7	28.6	8.6	25.6	23.1
大学专科	College	9.9	22.7	30.2	28.5	7.4	0.6	4.5	6.2
大学本科	University	5.4	14.9	23.4	15.1	2.6	0.2	1.2	2.1
研究生及以上	Graduate and Higher Level	0.6	1.9	3.3	1.1	0.1		0.1	0.7
女	**Female**	**100.0**	**100.0**	**100.0**	**100.0**	**100.0**	**100.0**	**100.0**	**100.0**
未上过学	No Schooling	3.9	0.3	0.2	0.1	1.7	9.9	1.7	3.6
小 学	Primary School	18.9	5.2	1.7	1.7	12.4	38.5	16.0	20.3
初 中	Junior Secondary School	43.2	23.5	12.4	15.4	51.2	46.8	58.0	42.9
高 中	Senior Secondary School	19.2	29.6	28.3	33.7	26.9	4.4	19.5	20.9
大学专科	College	9.7	25.4	35.3	32.1	5.8	0.2	3.7	8.1
大学本科	University	4.8	14.8	20.3	16.1	1.9	0.1	1.0	4.1
研究生及以上	Graduate and Higher Level	0.4	1.2	1.8	1.0			0.1	0.2

3-25 城镇就业人员调查周平均工作时间

Weekly Working Hours of Urban Employed Persons

单位：小时／周 (hours/per week)

分 组	Group	2003年11月 Nov.2003	2004年11月 Nov.2004	2005年11月 Nov.2005	2006年11月 Nov.2006	2007年11月 Nov.2007
全 部	**Total**	**45.4**	**45.5**	**47.8**	**47.3**	**45.5**
一、按年龄分组	**By Age**					
	16-19	48.4	48.7	51.8	49.9	48.1
	20-24	46.2	46.4	49.4	48.4	46.9
	25-29	45.7	45.9	48.6	48.1	46.5
	30-34	45.7	45.9	48.6	48.4	46.9
	35-39	45.7	46.0	48.4	48.3	46.7
	40-44	45.1	45.3	47.7	47.7	46.1
	45-49	44.9	44.7	46.9	46.5	45.2
	50-54	44.5	44.5	45.9	45.2	43.9
	55-59	44.2	44.0	44.8	43.9	41.8
	60-64	42.7	43.0	42.9	41.8	38.4
	65+	40.7	40.7		36.8	33.4
二、按职业分组	**By Occupation**					
单位负责人	Unit Head	44.3	44.0	47.2	47.3	47.7
专业技术人员	Technical Personnel	42.8	43.4	43.2	44.1	43.4
办事人员和有关人员	Clerk and Related Workers	41.8	42.4	44.4	44.4	43.8
商业、服务业人员	Business Service Personnel	49.4	49.3	52.0	52.0	50.3
农林牧渔水利业生产人员	Producers in the Sectors of Agriculture, Forestry,Animal Husbandry,Fishery and Water Conservancy	44.2	42.9	43.0	41.9	38.2
生产、运输设备操作人员及有关人员	Production, Transport Equipment Operators and Related Workers	47.5	48.1	51.4	50.8	49.8
其 他	Others	46.7	46.8	48.9	48.4	46.7
三、按受教育程度分组	**By Educational Attaiment**					
未上过学	No Schooling	44.9	44.8	44.4	41.5	37.3
小 学	Primary School	47.2	46.1	47.8	46.4	43.4
初 中	Junior Secondary School	47.4	47.4	50.0	49.3	47.3
高 中	Senior Secondary School	44.4	44.9	47.8	47.7	46.8
大 专	College	41.6	42.0	43.2	43.8	42.9
大学本科	University	41.1	41.2	41.9	42.1	41.7
研究生及以上	Graduate and Higher Level	40.9	40.9	41.3	42.2	41.4

3-25 续表 continued

单位：小时／周 (hours/per week)

分 组	Group	2003年11月 Nov.2003	2004年11月 Nov.2004	2005年11月 Nov.2005	2006年11月 Nov.2006	2007年11月 Nov.2007
四、按行业分组	**By Sector**					
农、林、牧、渔业	Agriculture, Forestry, Animal Husbandry and Fishery	44.1	42.9	42.9	41.9	38.2
采矿业	Mining	44.1	45.4	47.5	47.8	46.1
制造业	Manufacturing	46.4	46.9	51.1	50.4	49.4
电力、燃气及水的生产和供应业	Production and Distribution of Electricity, Gas and Water	42.2	42.4	43.4	43.5	43.2
建筑业	Construction	48.4	48.0	51.6	51.3	49.7
交通运输、仓储和邮政业	Transport, Storage and Post	46.1	46.5	49.9	50.0	49.1
信息传输、计算机服务和软件业	Information Transmission, Computer Service and Software	43.1	43.6	45.6	46.3	45.1
批发和零售业	Wholesale and Retail Trades	49.2	50.1	52.5	52.5	50.9
住宿和餐饮业	Hotels and Catering Services	50.1	49.1	53.9	54.4	52.1
金融业	Financial Intermediation	41.1	41.7	42.4	42.6	42.4
房地产业	Real Estate	42.2	42.4	45.8	45.8	45.7
租赁和商务服务业	Leasing and Business Services	46.3	45.2	45.8	46.4	45.0
科学研究、技术服务和地质勘查业	Scientific Research, Technical Services and Geological Prospecting	42.2	42.2	42.7	42.5	42.2
水利、环境和公共设施管理业	Management of Water Conservancy, Environment and Public Facilities	41.6	42.2	45.3	44.3	44.4
居民服务和其他服务业	Services to Households and Other Services	47.5	47.0	52.3	52.1	50.2
教 育	Education	41.0	41.1	42.3	42.4	41.7
卫生、社会保障和社会福利业	Health, Social Securities and Social Welfare	42.0	43.0	44.6	45.3	44.2
文化、体育和娱乐业	Cultrue, Sports and Entertainment	43.2	44.1	46.3	46.8	45.2
公共管理和社会组织	Public Management and Social Organization	40.9	41.1	42.2	42.0	41.8
国际组织	International Organizations	34.6	43.0	43.4	47.8	40.0

注：1.11月相对应的调查周是10月25日至10月31日。

2.甲栏就业身份和行业职业按主业分组，工作时间包括主业和兼职工作时间(下表同)。

Note: a)The referent week in November is 25th to 31st, October.

b)The items about employment status, sectors and occupation are for the first job. The working hours both include the first and sencond job. The same applies to the tables following.

3-26 城镇男性就业人员调查周平均工作时间
Weekly Working Hours of Urban Male Employed Persons

单位: 小时／周 (hours/per week)

分组	Group	2003年11月 Nov.2003	2004年11月 Nov.2004	2005年11月 Nov.2005	2006年11月 Nov.2006	2007年11月 Nov.2007
全 部	**Total**	**45.8**	**46.0**	**48.7**	**48.3**	**46.8**
一、按年龄分组	**By Age**					
	16-19	48.3	47.9	51.4	49.7	48.2
	20-24	46.5	46.9	50.2	49.3	47.9
	25-29	46.3	46.6	49.6	49.3	47.8
	30-34	46.2	46.4	49.6	49.4	48.1
	35-39	46.2	46.6	49.3	49.5	47.9
	40-44	45.5	46.0	48.6	48.8	47.4
	45-49	45.3	45.3	48.0	47.8	46.6
	50-54	44.9	45.0	47.2	46.9	45.7
	55-59	44.5	44.3	46.2	45.7	44.2
	60-64	43.8	43.7	44.8	43.7	40.9
	65+	41.3	41.6		38.8	35.5
二、按职业分组	**By Occupation**					
单位负责人	Unit Head	44.1	44.0	47.2	48.3	47.8
专业技术人员	Technical Personnel	43.5	44.0	43.9	44.7	43.9
办事人员和有关人员	Clerk and Related Workers	42.0	42.6	45.0	44.9	44.4
商业、服务业人员	Business Service Personnel	49.9	50.0	52.2	52.4	50.7
农林牧渔水利业生产人员	Producers in the Sectors of Agriculture, Forestry,Animal Husbandry,Fishery and Water Conservancy	45.7	44.6	45.1	44.5	41.0
生产、运输设备操作人员及有关人员	Production, Transport Equipment Operators and Related Workers	47.7	48.2	51.4	50.9	50.0
其 他	Others	47.0	47.4	49.6	48.9	48.3
三、按受教育程度分组	**By Educational Attaiment**					
未上过学	No Schooling	45.0	46.1	46.2	43.3	40.3
小 学	Primary School	48.0	46.9	49.2	48.2	45.5
初 中	Junior Secondary School	47.8	47.9	50.7	50.3	48.5
高 中	Senior Secondary School	44.8	45.4	48.4	48.3	47.4
大 专	College	41.7	42.3	43.6	44.3	43.3
大学本科	University	41.3	41.4	42.2	42.5	42.0
研究生及以上	Graduate and Higher Level	41.2	41.0	41.7	42.8	41.4

3-26 续表 continued

单位：小时／周 (hours/per week)

分　组	Group	2003年11月 Nov.2003	2004年11月 Nov.2004	2005年11月 Nov.2005	2006年11月 Nov.2006	2007年11月 Nov.2007
四、按行业分组	**By Sector**					
农、林、牧、渔业	Agriculture, Forestry, Animal Husbandry and Fishery	45.5	44.4	45.02	44.4	40.9
采矿业	Mining	44.5	45.9	48.2	48.8	46.9
制造业	Manufacturing	46.2	46.5	51.0	50.3	49.6
电力、燃气及水的生产和供应业	Production and Distribution of Electricity, Gas and Water	42.5	42.6	43.9	43.9	43.8
建筑业	Construction	49.1	48.6	52.2	51.9	50.3
交通运输、仓储和邮政业	Transport, Storage and Post	46.8	47.3	50.8	51.0	49.9
信息传输、计算机服务和软件业	Information Transmission, Computer Service and Software	43.3	44.1	45.8	46.5	45.5
批发和零售业	Wholesale and Retail Trades	49.6	50.6	52.9	53.0	51.4
住宿和餐饮业	Hotels and Catering Services	50.7	49.79	54.5	54.9	52.6
金融业	Financial Intermediation	41.2	41.8	42.7	42.8	42.6
房地产业	Real Estate	42.4	42.8	46.6	46.6	46.1
租赁和商务服务业	Leasing and Business Services	46.4	45.5	46.7	47.5	45.9
科学研究、技术服务和地质勘查业	Scientific Research, Technical Services and Geological Prospecting	42.5	42.4	43.1	43.0	42.6
水利、环境和公共设施管理业	Management of Water Conservancy, Environment and Public Facilities	41.7	42.3	45.2	44.6	44.4
居民服务和其他服务业	Services to Households and Other Services	47.9	47.7	52.7	52.7	51.0
教　育	Education	41.1	41.2	42.6	42.9	41.9
卫生、社会保障和社会福利业	Health, Social Securities and Social Welfare	42.4	43.5	45.6	46.3	44.9
文化、体育和娱乐业	Cultrue, Sports and Entertainment	43.2	44.1	46.4	47.3	45.7
公共管理和社会组织	Public Management and Social Organization	41.0	41.4	42.6	42.3	42.1
国际组织	International Organizations	34.5	44.6	44.7	53.8	

3-27 城镇女性就业人员调查周平均工作时间

Weekly Working Hours of Urban Female Employed Persons

单位：小时／周 (hours/per week)

分 组	Group	2003年11月 Nov.2003	2004年11月 Nov.2004	2005年11月 Nov.2005	2006年11月 Nov.2006	2007年11月 Nov.2007
全 部	**Total**	**44.9**	**44.9**	**46.7**	**45.9**	**44.0**
一、按年龄分组	**By Age**					
	16-19	48.5	49.3	52.0	50.2	48.0
	20-24	45.8	45.9	48.6	47.5	46.0
	25-29	44.9	45.1	47.4	46.8	45.1
	30-34	45.2	45.2	47.5	47.2	45.5
	35-39	45.1	45.2	47.2	46.9	45.2
	40-44	44.6	44.5	46.5	46.4	44.5
	45-49	44.3	43.9	45.3	44.8	43.4
	50-54	43.7	43.4	43.6	42.4	40.8
	55-59	43.5	43.2	41.7	40.4	37.2
	60-64	40.2	41.3	39.2	38.4	34.5
	65+	39.1	38.4		33.1	29.4
二、按职业分组	**By Occupation**					
单位负责人	Unit Head	44.8	44.1	47.1	48.8	47.6
专业技术人员	Technical Personnel	41.8	42.6	42.6	43.6	43.0
办事人员和有关人员	Clerk and Related Workers	41.6	42.1	43.0	43.3	42.8
商业、服务业人员	Business Service Personnel	48.9	48.7	51.7	51.6	49.9
农林牧渔水利业生产人员	Producers in the Sectors of Agriculture, Forestry,Animal Husbandry,Fishery and Water Conservancy	42.8	41.3	40.9	39.5	35.6
生产、运输设备操作人员及有关人员	Production, Transport Equipment Operators and Related Workers	47.1	47.8	51.5	50.7	49.3
其 他	Others	46.2	45.9	47.6	47.8	43.9
三、按受教育程度分组	**By Educational Attaiment**					
未上过学	No Schooling	44.8	44.1	43.6	40.7	36.1
小 学	Primary School	46.2	45.2	46.3	44.7	41.4
初 中	Junior Secondary School	46.8	46.8	48.9	47.9	45.7
高 中	Senior Secondary School	44.0	44.3	46.9	46.8	45.8
大 专	College	41.3	41.7	42.6	43.1	42.5
大学本科	University	40.8	41.0	41.4	41.5	41.3
研究生及以上	Graduate and Higher Level	40.2	40.6	40.6	40.9	41.3

3-27 续表 continued

单位：小时／周 (hours/per week)

分组	Group	2003年11月 Nov.2003	2004年11月 Nov.2004	2005年11月 Nov.2005	2006年11月 Nov.2006	2007年11月 Nov.2007
四、按行业分组	**By Sector**					
农、林、牧、渔业	Agriculture, Forestry, Animal Husbandry and Fishery	42.8	41.2	40.8	39.4	35.6
采矿业	Mining	42.9	43.6	44.8	44.1	43.2
制造业	Manufacturing	46.6	47.5	51.3	50.5	49.2
电力、燃气及水的生产和供应业	Production and Distribution of Electricity, Gas and Water	41.6	41.9	42.2	42.4	41.9
建筑业	Construction	45.2	44.3	47.7	47.9	46.0
交通运输、仓储和邮政业	Transport, Storage and Post	43.5	43.3	45.6	45.4	45.0
信息传输、计算机服务和软件业	Information Transmission, Computer Service and Software	42.8	42.9	45.3	46.0	44.5
批发和零售业	Wholesale and Retail Trades	48.9	49.7	52.2	52.0	50.4
住宿和餐饮业	Hotels and Catering Services	49.6	48.6	53.4	53.9	51.6
金融业	Financial Intermediation	40.9	41.6	42.2	42.3	42.2
房地产业	Real Estate	41.8	41.9	44.5	44.4	44.8
租赁和商务服务业	Leasing and Business Services	46.3	44.9	44.4	44.5	43.8
科学研究、技术服务和地质勘查业	Scientific Research, Technical Services and Geological Prospecting	41.7	42.0	41.8	41.6	41.6
水利、环境和公共设施管理业	Management of Water Conservancy, Environment and Public Facilities	41.3	42.0	45.4	43.8	44.5
居民服务和其他服务业	Services to Households and Other Services	47.1	46.3	51.9	51.4	49.2
教　育	Education	40.8	41.0	42.0	42.1	41.6
卫生、社会保障和社会福利业	Health, Social Securities and Social Welfare	41.7	42.7	43.9	44.5	43.7
文化、体育和娱乐业	Cultrue, Sports and Entertainment	43.1	44.1	46.1	46.0	44.6
公共管理和社会组织	Public Management and Social Organization	40.5	40.7	41.3	41.3	41.2
国际组织	International Organizations	34.6	39.7	41.7	40.0	40.0

3-28 按年龄、性别分的城镇就业人员工作时间构成
Working Hours of Urban Employed Persons by Age and Sex

单位：% (%)

年龄 Age	城镇就业人员 Urban Employed Persons	1-8小时 1-8 Hours	9-19小时 9-19 Hours	20-39小时 20-39 Hours	40小时 40 Hours	41-48小时 41-48 Hours	48小时以上 48 Hours and Above
总计 Total	**100.0**	**0.6**	**2.2**	**12.8**	**33.0**	**17.1**	**34.4**
16-19	100.0	0.6	2.3	14.0	17.1	19.9	46.0
20-24	100.0	0.8	1.7	10.2	27.7	21.7	37.9
25-29	100.0	0.4	1.4	9.0	35.3	19.1	34.8
30-34	100.0	0.5	1.3	9.2	35.5	17.0	36.5
35-39	100.0	0.4	1.4	10.0	34.9	16.9	36.3
40-44	100.0	0.5	1.5	11.3	35.3	16.4	34.9
45-49	100.0	0.7	1.8	12.3	36.5	16.1	32.6
50-54	100.0	0.7	2.8	16.4	33.9	15.2	31.0
55-59	100.0	1.3	4.5	22.3	29.1	14.6	28.1
60-64	100.0	1.3	8.0	33.2	20.3	13.6	23.5
65+	100.0	2.5	13.5	41.4	16.0	9.8	16.8
男 Male	**100.0**	**0.5**	**1.4**	**10.0**	**33.4**	**17.4**	**37.4**
16-19	100.0	0.4	2.3	14.4	16.3	19.3	47.4
20-24	100.0	0.8	1.2	8.9	26.7	20.9	41.6
25-29	100.0	0.4	0.9	6.6	33.7	19.5	38.9
30-34	100.0	0.3	0.7	6.9	34.8	17.6	39.7
35-39	100.0	0.3	0.8	7.2	34.7	17.4	39.6
40-44	100.0	0.4	0.7	8.0	35.8	17.0	38.1
45-49	100.0	0.4	1.1	8.5	37.7	16.6	35.6
50-54	100.0	0.4	1.4	11.4	36.8	16.4	33.7
55-59	100.0	0.8	2.2	15.6	34.2	15.8	31.5
60-64	100.0	1.0	5.1	28.2	22.9	15.1	27.7
65+	100.0	1.8	10.3	39.7	17.6	10.6	19.9
女 Female	**100.0**	**0.9**	**3.2**	**16.3**	**32.4**	**16.6**	**30.7**
16-19	100.0	0.9	2.3	13.6	17.9	20.6	44.7
20-24	100.0	0.8	2.2	11.5	28.8	22.4	34.3
25-29	100.0	0.5	1.9	11.5	37.0	18.8	30.4
30-34	100.0	0.6	2.0	11.9	36.4	16.4	32.8
35-39	100.0	0.6	2.0	13.4	35.1	16.4	32.5
40-44	100.0	0.7	2.5	15.3	34.8	15.7	31.1
45-49	100.0	1.0	2.7	17.3	35.0	15.4	28.6
50-54	100.0	1.4	5.3	25.1	28.7	13.2	26.2
55-59	100.0	2.2	8.8	35.0	19.6	12.5	21.9
60-64	100.0	1.9	12.5	41.1	16.2	11.3	17.1
65+	100.0	3.9	19.3	44.4	13.1	8.3	11.1

3-29 按受教育程度、性别分的城镇就业人员工作时间构成

Working Hours of Urban Employed Persons by Educational Attainment and Sex

单位：% (%)

受教育程度	Educational Attainment	城镇就业人员 Urban Employed Persons	1-8小时 1-8 Hours	9-19小时 9-19 Hours	20-39小时 20-39 Hours	40小时 40 Hours	41-48小时 41-48 Hours	48小时以上 48 Hours and Above
总　计	**Total**	**100.0**	**0.6**	**2.2**	**12.8**	**33.0**	**17.1**	**34.4**
未上过学	No Schooling	100.0	2.1	10.2	33.9	16.0	14.2	23.5
小　学	Primary School	100.0	1.1	4.9	24.2	17.3	16.4	36.1
初　中	Junior Secondary School	100.0	0.7	2.1	13.8	22.1	18.2	43.1
高　中	Senior Secondary School	100.0	0.3	0.7	6.1	41.8	18.5	32.6
大学专科	College	100.0	0.1	0.2	3.9	68.6	14.2	13.0
大学本科	University	100.0	0.5	0.3	3.5	76.3	10.9	8.5
研究生及以上	Graduate and Higher Level	100.0	0.7	0.3	2.9	80.5	6.9	8.7
男	**Male**	**100.0**	**0.5**	**1.4**	**10.0**	**33.4**	**17.4**	**37.4**
未上过学	No Schooling	100.0	1.4	6.0	30.2	17.8	16.0	28.6
小　学	Primary School	100.0	0.7	3.3	19.5	17.5	17.7	41.2
初　中	Junior Secondary School	100.0	0.5	1.4	10.8	22.5	18.8	46.0
高　中	Senior Secondary School	100.0	0.3	0.6	5.6	40.2	17.9	35.2
大学专科	College	100.0	0.1	0.2	3.9	67.4	13.7	14.6
大学本科	University	100.0	0.5	0.2	3.5	75.1	11.0	9.6
研究生及以上	Graduate and Higher Level	100.0	1.0	0.4	2.5	79.6	6.6	9.8
女	**Female**	**100.0**	**0.9**	**3.2**	**16.3**	**32.4**	**16.6**	**30.7**
未上过学	No Schooling	100.0	2.5	12.0	35.5	15.3	13.4	21.4
小　学	Primary School	100.0	1.4	6.3	28.5	17.0	15.3	31.5
初　中	Junior Secondary School	100.0	0.9	3.0	17.7	21.6	17.4	39.3
高　中	Senior Secondary School	100.0	0.4	0.8	6.7	44.0	19.4	28.7
大学专科	College	100.0	0.1	0.2	3.9	70.1	14.7	10.9
大学本科	University	100.0	0.6	0.4	3.4	78.1	10.6	6.9
研究生及以上	Graduate and Higher Level	100.0			3.7	82.3	7.6	6.4

3-30 按户口性质、性别分的城镇就业人员工作时间构成
Working Hours of Urban Employed Persons by Household Registration and Sex

单位：% (%)

户口性质	Household Registration	城镇就业人员 Urban Employed Persons	1-8小时 1-8 Hours	9-19小时 9-19 Hours	20-39小时 20-39 Hours	40小时 40 Hours	41-48小时 41-48 Hours	48小时以上 48 Hours and Above
总　计	**Total**	**100.0**	**0.6**	**2.2**	**12.8**	**33.0**	**17.1**	**34.4**
农　业	Agriculture	100.0	1.0	3.5	19.4	17.6	18.1	40.3
非农业	Non-Agriculture	100.0	0.3	0.6	5.3	50.2	15.9	27.7
男	**Male**	**100.0**	**0.5**	**1.4**	**10.0**	**33.4**	**17.4**	**37.4**
农　业	Agriculture	100.0	0.7	2.2	14.9	17.5	19.0	45.7
非农业	Non-Agriculture	100.0	0.2	0.5	4.8	50.1	15.7	28.7
女	**Female**	**100.0**	**0.9**	**3.2**	**16.3**	**32.4**	**16.6**	**30.7**
农　业	Agriculture	100.0	1.3	5.1	24.6	17.8	17.0	34.2
非农业	Non-Agriculture	100.0	0.3	0.8	6.0	50.3	16.1	26.4

3-31 按就业身份、性别分的城镇就业人员工作时间构成
Working Hours of Urban Employed Persons by Employment Status and Sex

单位：% (%)

就业身份	Employment Status	城镇就业人员 Urban Employed Persons	1-8小时 1-8 Hours	9-19小时 9-19 Hours	20-39小时 20-39 Hours	40小时 40 Hours	41-48小时 41-48 Hours	48小时以上 48 Hours and Above
总　计	**Total**	**100.0**	**0.2**	**0.6**	**6.8**	**22.3**	**18.9**	**51.2**
雇　员	Employee	100.0	0.2	0.3	4.7	25.6	22.5	46.7
雇　主	Employer	100.0	0.5	0.6	5.0	21.0	13.1	59.8
自营劳动者	Self-Employed	100.0	0.2	1.0	10.3	16.5	13.9	58.2
家庭帮工	Unpaid Familial Worker	100.0	0.4	1.8	15.1	16.4	12.3	53.9
男	**Male**	**100.0**	**0.2**	**0.5**	**5.9**	**21.2**	**18.4**	**53.9**
雇　员	Employee	100.0	0.1	0.3	4.1	24.4	21.6	49.5
雇　主	Employer	100.0	0.5	0.5	5.0	21.1	13.1	59.8
自营劳动者	Self-Employed	100.0	0.2	0.8	8.9	15.6	14.2	60.2
家庭帮工	Unpaid Familial Worker	100.0	0.3	1.8	15.4	17.6	15.8	49.1
女	**Female**	**100.0**	**0.3**	**0.8**	**8.0**	**23.7**	**19.5**	**47.7**
雇　员	Employee	100.0	0.2	0.4	5.5	27.0	23.4	43.5
雇　主	Employer	100.0	0.5	0.9	5.3	20.7	13.0	59.7
自营劳动者	Self-Employed	100.0	0.3	1.3	12.9	18.1	13.1	54.3
家庭帮工	Unpaid Familial Worker	100.0	0.4	1.8	15.1	16.1	11.5	55.1

3-32 按行业、性别分的城镇就业人员工作时间构成

单位：%

项　目	Item	城　镇 就业人员 Urban Employed Persons	1-8小时 1-8 Hours
总　计	**Total**	**100.0**	**0.6**
农、林、牧、渔业	Agriculture,Forestry, Animal Husbandry and Fishery	100.0	1.9
采矿业	Mining	100.0	0.1
制造业	Manufacturing	100.0	0.1
电力、燃气及水的生产和供应业	Production and Distribution of Electricity,Gas and Water	100.0	0.1
建筑业	Construction	100.0	0.2
交通运输、仓储和邮政业	Transport,Storage and Post	100.0	0.2
信息传输、计算机服务和软件业	Information Transmission, Computer Service and Software	100.0	
批发和零售业	Wholesale and Retail Trades	100.0	0.3
住宿和餐饮业	Hotels and Catering Services	100.0	0.2
金融业	Financial Intermediation	100.0	0.1
房地产业	Real Estate	100.0	
租赁和商务服务业	Leasing and Business Services	100.0	0.2
科学研究、技术服务和地质勘查业	Scientific Research,Technical Services and Geologic Prospecting	100.0	
水利、环境和公共设施管理业	Management of Water Conservancy,Environment and Public Facilities	100.0	0.1
居民服务和其他服务业	Services to Households and Other Services	100.0	0.8
教　育	Education	100.0	0.3
卫生、社会保障和社会福利业	Health,Social Securities and Social Welfare	100.0	0.1
文化、体育和娱乐业	Culture, Sports and Entertainment	100.0	0.1
公共管理和社会组织	Public Management and Social Organization	100.0	0.1
国际组织	International Organizations	100.0	
男	**Male**	**100.0**	**0.5**
农、林、牧、渔业	Agriculture,Forestry, Animal Husbandry and Fishery	100.0	1.4
采矿业	Mining	100.0	0.1
制造业	Manufacturing	100.0	0.1
电力、燃气及水的生产和供应业	Production and Distribution of Electricity,Gas and Water	100.0	0.1
建筑业	Construction	100.0	0.2
交通运输、仓储和邮政业	Transport,Storage and Post	100.0	0.2
信息传输、计算机服务和软件业	Information Transmission, Computer Service and Software	100.0	
批发和零售业	Wholesale and Retail Trades	100.0	0.3
住宿和餐饮业	Hotels and Catering Services	100.0	0.1
金融业	Financial Intermediation	100.0	0.1

Working Hours of Urban Employed Persons by Sector and Sex

(%)

9-19小时 9-19 Hours	20-39小时 20-39 Hours	40小时 40 Hours	41-48小时 41-48 Hours	48小时以上 48 Hours and Above
2.2	**12.8**	**33.0**	**17.1**	**34.4**
7.1	32.8	18.7	16.5	22.9
0.5	5.3	44.6	17.9	31.5
0.3	4.6	29.7	22.7	42.6
0.3	4.8	68.2	11.3	15.3
0.4	5.5	28.2	16.0	49.7
0.5	6.2	34.4	15.7	43.1
0.3	3.6	58.2	15.9	22.0
0.6	7.1	23.8	16.8	51.5
0.4	6.5	21.5	17.1	54.3
0.1	4.3	71.4	12.4	11.6
0.1	3.3	52.7	18.6	25.3
0.7	4.2	53.7	17.5	23.8
0.6	3.8	74.3	9.4	11.9
0.2	5.5	58.9	13.7	21.7
1.1	9.5	23.0	14.2	51.4
0.5	5.0	73.7	11.2	9.4
0.2	3.4	60.4	17.1	18.8
1.0	7.5	52.6	12.9	25.9
0.1	5.4	75.6	10.0	8.7
		100.0		
1.4	**10.0**	**33.4**	**17.4**	**37.4**
4.7	26.5	19.9	19.2	28.3
0.3	4.7	41.1	19.2	34.6
0.3	3.6	30.2	22.1	43.6
0.2	4.4	65.2	12.1	18.0
0.4	5.1	25.7	16.5	52.3
0.5	6.1	30.7	15.9	46.7
0.2	3.0	57.5	15.5	23.8
0.6	6.5	23.7	16.0	52.9
0.3	5.9	20.6	16.9	56.1
0.1	4.3	72.0	11.3	12.3

3-32 续表

单位：%

项　目	Item	城　镇 就业人员 Urban Employed Persons	1-8小时 1-8 Hours
房地产业	Real Estate	100.0	
租赁和商务服务业	Leasing and Business Services	100.0	0.2
科学研究、技术服务和地质勘查业	Scientific Research,Technical Services and Geologic Prospecting	100.0	
水利、环境和公共设施管理业	Management of Water Conservancy,Environment and Public Facilities	100.0	0.1
居民服务和其他服务业	Services to Households and Other Services	100.0	0.7
教　育	Education	100.0	0.4
卫生、社会保障和社会福利业	Health,Social Securities and Social Welfare	100.0	0.2
文化、体育和娱乐业	Culture, Sports and Entertainment	100.0	0.1
公共管理和社会组织	Public Management and Social Organization	100.0	0.1
国际组织	International Organizations		
女	**Female**	**100.0**	**0.9**
农、林、牧、渔业	Agriculture,Forestry, Animal Husbandry and Fishery	100.0	2.4
采矿业	Mining	100.0	0.2
制造业	Manufacturing	100.0	0.1
电力、燃气及水的生产和供应业	Production and Distribution of Electricity,Gas and Water	100.0	0.2
建筑业	Construction	100.0	0.3
交通运输、仓储和邮政业	Transport,Storage and Post	100.0	0.1
信息传输、计算机服务和软件业	Information Transmission, Computer Service and Software	100.0	
批发和零售业	Wholesale and Retail Trades	100.0	0.3
住宿和餐饮业	Hotels and Catering Services	100.0	0.2
金融业	Financial Intermediation	100.0	0.2
房地产业	Real Estate	100.0	
租赁和商务服务业	Leasing and Business Services	100.0	0.2
科学研究、技术服务和地质勘查业	Scientific Research,Technical Services and Geologic Prospecting	100.0	
水利、环境和公共设施管理业	Management of Water Conservancy,Environment and Public Facilities	100.0	
居民服务和其他服务业	Services to Households and Other Services	100.0	0.9
教　育	Education	100.0	0.2
卫生、社会保障和社会福利业	Health,Social Securities and Social Welfare	100.0	0.1
文化、体育和娱乐业	Culture, Sports and Entertainment	100.0	0.1
公共管理和社会组织	Public Management and Social Organization	100.0	0.1
国际组织	International Organizations	100.0	

continued

(%)

9-19小时 9-19 Hours	20-39小时 20-39 Hours	40小时 40 Hours	41-48小时 41-48 Hours	48小时以上 48 Hours and Above
	3.7	52.0	17.7	26.6
0.6	4.0	50.1	16.7	28.3
0.4	3.7	72.9	10.1	13.1
0.1	5.0	60.3	13.6	21.0
0.9	7.8	22.6	14.2	53.8
0.6	5.0	72.1	11.6	10.3
0.3	3.3	57.5	16.8	21.8
0.7	7.4	52.1	12.3	27.4
0.2	5.2	75.0	9.7	9.8
3.2	**16.3**	**32.4**	**16.6**	**30.7**
9.3	38.8	17.6	14.0	17.9
1.2	7.5	57.3	13.2	20.5
0.4	5.8	28.9	23.3	41.4
0.4	5.8	74.8	9.6	9.2
0.7	8.0	43.5	13.3	34.3
0.6	6.5	52.5	14.7	25.6
0.6	4.6	59.2	16.4	19.3
0.6	7.6	23.9	17.5	50.3
0.5	7.1	22.2	17.4	52.7
0.2	4.4	70.8	13.5	11.0
0.3	2.6	53.8	20.4	23.0
0.8	4.5	58.7	18.3	17.3
0.9	4.1	76.9	8.3	9.8
0.1	6.4	56.5	14.0	22.9
1.3	11.5	23.4	14.1	48.8
0.4	5.0	74.9	10.8	8.7
0.2	3.4	62.4	17.2	16.7
1.4	7.7	53.0	13.6	24.2
0.1	6.0	77.0	10.6	6.2
		100.0		

3-33 按职业、性别分的城镇就业人员工作时间构成

Working Hours of Urban Employed Persons by Occupation and Sex

单位：% (%)

职业	Occupation	城镇就业人员 Urban Employed Persons	1-8小时 1-8 Hours	9-19小时 9-19 Hours	20-39小时 20-39 Hours	40小时 40 Hours	41-48小时 41-48 Hours	48小时以上 48 Hours and Above
合　计	**Total**	**100.0**	**0.6**	**2.2**	**12.8**	**33.0**	**17.1**	**34.4**
单位负责人	Unit Head	100.0	0.1	0.3	3.5	47.2	13.1	35.8
专业技术人员	Technical Personnel	100.0	0.2	0.3	4.2	64.5	14.8	16.1
办事人员和有关人员	Clerk and Related Workers	100.0	0.1	0.2	4.0	65.2	14.3	16.3
商业、服务业人员	Business Service Personnel	100.0	0.3	0.6	7.3	25.9	17.0	48.9
农林牧渔水利业生产人员	Producers in the Sectors of Agriculture, Forestry, Animal Husbandry, Fishery and Water Conservancy	100.0	1.9	7.0	32.7	18.6	16.7	23.1
生产运输设备操作人员及有关人员	Production,Transport Equipment Operators and Related Workers	100.0	0.2	0.4	5.5	28.1	19.8	46.1
其　他	Others	100.0	0.5	1.7	10.6	29.3	17.4	40.5
男	**Male**	**100.0**	**0.5**	**1.4**	**10.0**	**33.4**	**17.4**	**37.4**
单位负责人	Unit Head	100.0	0.1	0.2	3.4	46.5	13.2	36.5
专业技术人员	Technical Personnel	100.0	0.2	0.3	4.2	62.3	15.0	18.0
办事人员和有关人员	Clerk and Related Workers	100.0	0.1	0.2	3.8	63.4	13.7	18.8
商业、服务业人员	Business Service Personnel	100.0	0.2	0.6	6.7	26.2	16.4	50.0
农林牧渔水利业生产人员	Producers in the Sectors of Agriculture, Forestry, Animal Husbandry, Fishery and Water Conservancy	100.0	1.4	4.7	26.4	19.8	19.3	28.4
生产运输设备操作人员及有关人员	Production,Transport Equipment Operators and Related Workers	100.0	0.2	0.4	4.8	28.0	19.1	47.6
其　他	Others	100.0	0.4	0.6	8.2	28.0	19.5	43.5
女	**Female**	**100.0**	**0.9**	**3.2**	**16.3**	**32.4**	**16.6**	**30.7**
单位负责人	Unit Head	100.0	0.1	0.6	3.9	49.8	12.7	33.0
专业技术人员	Technical Personnel	100.0	0.1	0.4	4.1	66.5	14.5	14.4
办事人员和有关人员	Clerk and Related Workers	100.0	0.1	0.1	4.4	68.7	15.4	11.3
商业、服务业人员	Business Service Personnel	100.0	0.3	0.7	7.9	25.7	17.5	47.9
农林牧渔水利业生产人员	Producers in the Sectors of Agriculture, Forestry, Animal Husbandry, Fishery and Water Conservancy	100.0	2.4	9.3	38.7	17.4	14.2	18.1
生产运输设备操作人员及有关人员	Production,Transport Equipment Operators and Related Workers	100.0	0.1	0.4	6.8	28.3	21.1	43.2
其　他	Others	100.0	0.9	3.6	15.0	31.7	13.5	35.1

3-34 按年龄、性别分的城镇失业人员失业原因构成

Reason for Unemployment of Urban Unemployed Persons by Age and Sex

单位：%　　　　(%)

年　龄 Age	城　镇 失业人员 Urban Unemployed Persons	离退休 Retired	料理家务 Do Housework	毕业后 未工作 Job-off After Graduated	因单位原因 失去工作 Lost Job for Working Unit Reasons	因个人原因 失去工作 Lost Job for Individual Reasons	承包土地 被 征 用 Land Expropriated	其　他 Others
总计　Total	**100.0**	**1.5**	**13.8**	**21.6**	**30.8**	**18.9**	**1.5**	**11.9**
16-19	100.0		1.4	76.7	1.4	12.8	0.5	7.3
20-24	100.0		8.2	58.8	4.3	17.7	0.5	10.4
25-29	100.0		19.0	23.6	11.4	28.1	1.0	16.8
30-34	100.0		24.8	3.9	29.9	24.4	3.0	14.1
35-39	100.0		17.6	2.0	46.0	18.8	2.3	13.2
40-44	100.0	0.1	13.9	0.8	56.4	17.1	2.0	9.7
45-49	100.0	2.3	10.2	0.1	64.2	12.0	1.7	9.6
50-54	100.0	11.7	8.0	0.2	55.1	13.0	0.9	11.1
55-59	100.0	16.0	9.4	0.5	51.6	12.7	0.9	8.9
60-64	100.0	46.4	14.3	3.6	14.3	7.1	3.6	10.7
65+	100.0	13.0	26.1	4.3	13.0	13.0	8.7	21.7
男　Male	**100.0**	**1.5**	**1.5**	**25.5**	**34.2**	**21.5**	**1.8**	**14.0**
16-19	100.0		0.5	76.0	1.9	12.6	0.5	8.5
20-24	100.0		0.5	64.1	4.8	18.5	0.5	11.4
25-29	100.0		1.2	31.4	11.8	36.6	1.4	17.6
30-34	100.0		3.4	4.8	35.0	31.6	4.8	20.2
35-39	100.0		1.7	1.7	51.5	22.7	2.8	19.4
40-44	100.0	0.2	1.9	0.6	57.9	24.0	2.3	13.2
45-49	100.0	0.3	1.5		70.1	13.7	2.3	11.9
50-54	100.0	6.3	1.4		66.5	12.8	0.9	11.9
55-59	100.0	12.9	1.8		62.9	13.5	0.6	7.6
60-64	100.0	45.5	4.5	4.5	18.2	9.1	4.5	13.6
65+	100.0	21.4	7.1		7.1	14.3	14.3	28.6
女　Female	**100.0**	**1.6**	**25.7**	**17.8**	**27.5**	**16.4**	**1.2**	**9.9**
16-19	100.0		2.7	77.8	0.5	13.1	0.5	5.4
20-24	100.0		17.5	52.5	3.7	16.7	0.4	9.2
25-29	100.0		31.2	18.4	10.9	22.3	0.8	16.3
30-34	100.0		38.2	3.4	26.6	19.7	1.8	10.1
35-39	100.0		28.7	2.1	42.2	16.1	2.0	8.9
40-44	100.0		23.8	0.9	55.6	11.5	1.6	6.8
45-49	100.0	4.2	18.6	0.3	58.3	10.1	1.1	7.3
50-54	100.0	30.3	28.4		17.4	14.7	0.9	8.3
55-59	100.0	27.3	38.6		9.1	9.1	2.3	11.4
60-64	100.0	50.0	50.0					
65+	100.0		50.0	10.0	20.0	10.0		10.0

3-35 按失业原因、性别分的城镇失业人员年龄构成
Age Composition of Urban Unemployed Persons by Reason and Sex

单位：% (%)

年龄 Age	城镇失业人员 Urban Unemployed Persons	离退休 Retired	料理家务 Do Housework	毕业后未工作 Job-off After Graduated	因单位原因失去工作 Lost Job for Working Unit Reasons	因个人原因失去工作 Lost Job for Individual Reasons	承包土地被征用 Land Expropriated	其他 Others
总计 Total	**100.0**	**100.0**	**100.0**	**100.0**	**100.0**	**100.0**	**100.0**	**100.0**
16-19	7.5		0.7	26.6	0.3	5.1	2.5	4.6
20-24	18.9		11.3	51.6	2.7	17.7	5.9	16.5
25-29	16.2		22.3	17.7	6.0	24.0	10.9	22.9
30-34	11.7		21.1	2.1	11.3	15.1	22.7	13.9
35-39	14.2		18.2	1.3	21.2	14.1	21.8	15.8
40-44	13.4	0.8	13.6	0.5	24.5	12.1	17.6	11.0
45-49	8.9	13.2	6.6	0.1	18.6	5.7	10.1	7.2
50-54	5.9	44.6	3.4	0.1	10.5	4.1	3.4	5.5
55-59	2.7	28.1	1.9	0.1	4.6	1.8	1.7	2.0
60-64	0.4	10.7	0.4	0.1	0.2	0.1	0.8	0.3
65+	0.3	2.5	0.6	0.1	0.1	0.2	1.7	0.5
男 Male	**100.0**	**100.0**	**100.0**	**100.0**	**100.0**	**100.0**	**100.0**	**100.0**
16-19	9.5		3.5	28.2	0.5	5.5	2.8	5.7
20-24	20.8		7.0	52.5	2.9	17.9	5.6	17.0
25-29	13.3		10.5	16.4	4.6	22.7	9.9	16.9
30-34	9.1		21.1	1.7	9.3	13.3	23.9	13.1
35-39	11.8		14.0	0.8	17.8	12.5	18.3	16.5
40-44	12.1	1.7	15.8	0.3	20.5	13.6	15.5	11.5
45-49	8.9	1.7	8.8		18.2	5.6	11.3	7.6
50-54	9.1	37.3	8.8		17.7	5.4	4.2	7.8
55-59	4.4	37.3	5.3		8.1	2.8	1.4	2.4
60-64	0.6	16.9	1.8	0.1	0.3	0.2	1.4	0.6
65+	0.4	5.1	1.8		0.1	0.2	2.8	0.7
女 Female	**100.0**	**100.0**	**100.0**	**100.0**	**100.0**	**100.0**	**100.0**	**100.0**
16-19	5.6		0.6	24.4	0.1	4.5	2.1	3.1
20-24	17.1		11.6	50.3	2.3	17.4	6.3	15.9
25-29	18.9		22.9	19.5	7.5	25.8	12.5	31.2
30-34	14.2		21.1	2.7	13.8	17.1	20.8	14.6
35-39	16.5		18.4	2.0	25.4	16.2	27.1	14.8
40-44	14.5		13.4	0.7	29.4	10.2	18.8	10.0
45-49	9.0	24.2	6.5	0.1	19.0	5.6	8.3	6.6
50-54	2.8	53.2	3.0		1.7	2.5	2.1	2.3
55-59	1.1	19.4	1.7		0.4	0.6	2.1	1.3
60-64	0.2	4.8	0.3					
65+	0.3		0.5	0.1	0.2	0.2		0.3

3-36 按受教育程度、性别分的城镇失业人员失业原因构成
Reason for Unemployment of Urban Unemployed Persons by Educational Attainment and Sex

单位：% (%)

受教育程度	Educational Attainment	城镇失业人员 Urban Unemployed Persons	离退休 Retired	料理家务 Do Housework	毕业后未工作 Job-off After Graduated	因单位原因失去工作 Lost Job for Working Unit Reasons	因个人原因失去工作 Lost Job for Individual Reasons	承包土地被征用 Land Expropriated	其他 Others
总计	**Total**	**100.0**	**1.5**	**13.8**	**21.6**	**30.8**	**18.9**	**1.5**	**11.9**
未上过学	No Schooling	100.0		28.6	5.7	31.4	14.3	5.7	14.3
小学	Primary School	100.0	2.4	27.0	4.1	24.4	21.4	4.1	16.8
初中	Junior Secondary School	100.0	1.9	17.5	14.1	30.3	21.2	2.1	13.0
高中	Senior Secondary School	100.0	1.2	10.5	22.9	35.8	17.2	0.9	11.6
大学专科	College	100.0	0.9	6.3	43.6	26.5	14.3	0.5	7.9
大学本科	University	100.0	1.6	1.0	60.4	14.3	18.2		4.5
研究生及以上	Graduate and Higher Level	100.0			31.3	31.3	18.8		18.8
男	**Male**	**100.0**	**1.5**	**1.5**	**25.5**	**34.2**	**21.5**	**1.8**	**14.0**
未上过学	No Schooling	100.0		6.3	12.5	37.5	18.8	6.3	18.8
小学	Primary School	100.0	2.3	1.9	6.0	32.9	23.6	6.5	26.9
初中	Junior Secondary School	100.0	2.0	1.8	17.1	35.1	25.1	2.4	16.4
高中	Senior Secondary School	100.0	0.8	1.4	28.0	36.7	19.4	1.0	12.7
大学专科	College	100.0	1.2	0.7	45.9	30.9	14.7	0.5	6.0
大学本科	University	100.0	3.0		58.7	16.2	19.2		3.0
研究生及以上	Graduate and Higher Level	100.0			25.0	25.0	12.5		37.5
女	**Female**	**100.0**	**1.6**	**25.7**	**17.8**	**27.5**	**16.4**	**1.2**	**9.9**
未上过学	No Schooling	100.0		47.4		26.3	10.5	5.3	5.3
小学	Primary School	100.0	2.4	48.6	2.4	17.0	19.0	2.0	8.1
初中	Junior Secondary School	100.0	1.7	31.4	11.4	26.0	17.6	1.7	10.0
高中	Senior Secondary School	100.0	1.6	20.2	17.5	34.8	14.7	0.7	10.5
大学专科	College	100.0	1.0	12.2	41.1	21.7	14.1	0.5	9.8
大学本科	University	100.0		1.4	62.4	12.1	17.0		6.4
研究生及以上	Graduate and Higher Level	100.0			42.9	42.9	14.3		

3-37 按失业原因、性别分的城镇失业人员受教育程度构成

Educational Attainment of Urban Unemployed Persons by Reason and Sex

单位：%　　(%)

受教育程度	Educational Attainment	城镇失业人员 Urban Unemployed Persons	离退休 Retired	料理家务 Do Housework	毕业后未工作 Job-off After Graduated	因单位原因失去工作 Lost Job for Working Unit Reasons	因个人原因失去工作 Lost Job for Individual Reasons	承包土地被征用 Land Expropriated	其他 Others
总　计	**Total**	**100.0**	**100.0**	**100.0**	**100.0**	**100.0**	**100.0**	**100.0**	**100.0**
未上过学	No Schooling	0.4		0.9	0.1	0.5	0.3	1.7	0.5
小　学	Primary School	5.9	9.1	11.6	1.1	4.7	6.7	16.0	8.4
初　中	Junior Secondary School	44.2	54.5	56.1	28.9	43.5	49.4	59.7	48.4
高　中	Senior Secondary School	34.4	26.4	26.2	36.6	40.0	31.3	19.3	33.7
大学专科	College	10.9	6.6	5.0	22.0	9.4	8.2	3.4	7.2
大学本科	University	3.9	4.1	0.3	11.0	1.8	3.8		1.5
研究生及以上	Graduate and Higher Level	0.2			0.3	0.2	0.2		0.3
男	**Male**	**100.0**	**100.0**	**100.0**	**100.0**	**100.0**	**100.0**	**100.0**	**100.0**
未上过学	No Schooling	0.4		1.8	0.2	0.5	0.4	1.4	0.6
小　学	Primary School	5.6	8.5	7.0	1.3	5.4	6.1	19.7	10.7
初　中	Junior Secondary School	42.1	55.9	50.9	28.3	43.2	49.0	54.9	49.4
高　中	Senior Secondary School	36.2	18.6	33.3	39.8	38.7	32.7	19.7	32.8
大学专科	College	11.2	8.5	5.3	20.2	10.1	7.7	2.8	4.8
大学本科	University	4.3	8.5		9.9	2.0	3.8		0.9
研究生及以上	Graduate and Higher Level	0.2			0.2	0.2	0.1		0.6
女	**Female**	**100.0**	**100.0**	**100.0**	**100.0**	**100.0**	**100.0**	**100.0**	**100.0**
未上过学	No Schooling	0.5		0.9		0.5	0.3	2.1	0.3
小　学	Primary School	6.2	9.7	11.8	0.8	3.9	7.3	10.4	5.1
初　中	Junior Secondary School	46.2	51.6	56.4	29.6	43.8	49.8	66.7	46.8
高　中	Senior Secondary School	32.8	33.9	25.7	32.2	41.5	29.5	18.8	34.8
大学专科	College	10.6	6.5	5.0	24.4	8.4	9.1	4.2	10.5
大学本科	University	3.6		0.2	12.5	1.6	3.7		2.3
研究生及以上	Graduate and Higher Level	0.2			0.4	0.3	0.2		

3-38 按年龄、性别分的城镇失业人员受教育程度构成
Educational Attainment of Urban Unemployed Persons by Age and Sex

单位：%　　　　(%)

年龄 Age	城镇失业人员 Urban Unemployed Persons	未上过学 No Schooling	小学 Primary School	初中 Junior Secondary School	高中 Senior Secondary School	大学专科 College	大学本科 University	研究生及以上 Graduate and Higher Level
总计 Total	**100.0**	**0.4**	**5.9**	**44.2**	**34.4**	**10.9**	**3.9**	**0.2**
16-19	100.0	0.2	3.4	57.5	36.7	1.9	0.3	
20-24	100.0	0.1	1.9	28.9	37.1	21.6	10.4	0.1
25-29	100.0		2.9	38.8	34.5	16.7	6.6	0.5
30-34	100.0	0.3	5.7	44.6	36.4	10.1	2.6	0.2
35-39	100.0	0.6	5.8	51.7	32.3	8.4	1.0	0.2
40-44	100.0	0.2	7.6	51.1	33.2	5.7	1.8	0.3
45-49	100.0	0.6	6.6	45.7	41.1	5.6	0.4	
50-54	100.0	0.9	16.7	50.2	27.9	3.7	0.4	0.2
55-59	100.0	2.8	20.1	56.1	14.0	4.2	2.8	
60-64	100.0		33.3	40.7	22.2		3.7	
65+	100.0	26.1	39.1	13.0	4.3	4.3	13.0	
男 Male	**100.0**	**0.4**	**5.6**	**42.1**	**36.2**	**11.2**	**4.3**	**0.2**
16-19	100.0	0.3	3.3	56.0	38.5	1.6	0.3	
20-24	100.0	0.1	1.7	24.3	42.4	22.0	9.3	0.1
25-29	100.0		1.2	36.6	35.4	17.8	8.7	0.4
30-34	100.0	0.6	4.3	39.6	41.9	9.4	4.3	
35-39	100.0	0.7	5.9	49.1	33.2	9.6	1.1	0.4
40-44	100.0		7.6	48.4	33.3	7.4	2.8	0.4
45-49	100.0	1.2	6.1	43.3	41.9	7.3	0.3	
50-54	100.0	0.6	13.9	52.0	28.7	4.0	0.6	0.3
55-59	100.0	1.2	14.7	60.6	15.3	4.7	3.5	
60-64	100.0		23.8	42.9	28.6		4.8	
65+	100.0	8.3	33.3	16.7	8.3	8.3	25.0	
女 Female	**100.0**	**0.5**	**6.2**	**46.2**	**32.8**	**10.6**	**3.6**	**0.2**
16-19	100.0		3.2	60.5	34.1	2.3		
20-24	100.0		2.1	34.3	30.9	21.1	11.7	
25-29	100.0		4.0	40.3	33.9	15.9	5.3	0.5
30-34	100.0	0.2	6.6	47.9	33.1	10.5	1.4	0.4
35-39	100.0	0.6	5.7	53.5	31.7	7.6	0.9	
40-44	100.0	0.3	7.6	53.2	33.1	4.5	1.0	0.2
45-49	100.0		6.8	48.5	40.6	3.7	0.6	
50-54	100.0	1.9	25.0	44.4	25.9	2.8		
55-59	100.0	9.5	40.5	38.1	9.5	2.4		
60-64	100.0		80.0	20.0				
65+	100.0	55.6	44.4					

3-39 按受教育程度、性别分的城镇失业人员年龄构成
Age Composition of Urban Unemployed Persons by Educational Attainment and Sex

单位：% (%)

年 龄 Age	城 镇 失业人员 Urban Unemployed Persons	未 上 过 学 No Schooling	小 学 Primary School	初 中 Junior Secondary School	高 中 Senior Secondary School	大 学 专 科 College	大 学 本 科 University	研究生 及以上 Graduate and Higher Level
总计 Total	**100.0**	**100.0**	**100.0**	**100.0**	**100.0**	**100.0**	**100.0**	**100.0**
16-19	7.5	2.9	4.3	9.8	8.0	1.3	0.6	
20-24	18.9	2.9	6.0	12.4	20.4	37.5	49.8	6.7
25-29	16.2		7.9	14.2	16.2	24.7	27.2	40.0
30-34	11.7	8.8	11.2	11.8	12.3	10.8	7.8	13.3
35-39	14.2	20.6	13.9	16.6	13.3	11.0	3.6	13.3
40-44	13.4	5.9	17.2	15.5	12.9	7.0	6.1	20.0
45-49	8.9	11.8	9.9	9.2	10.7	4.6	1.0	
50-54	5.9	11.8	16.5	6.7	4.8	2.0	0.6	6.7
55-59	2.7	17.6	9.2	3.5	1.1	1.1	1.9	
60-64	0.4		1.9	0.3	0.2		0.3	
65+	0.3	17.6	1.9	0.1	0.0	0.1	1.0	
男 Male	**100.0**	**100.0**	**100.0**	**100.0**	**100.0**	**100.0**	**100.0**	**100.0**
16-19	9.5	6.3	5.6	12.6	10.1	1.4	0.6	
20-24	20.8	6.3	6.5	12.0	24.4	40.7	44.9	12.5
25-29	13.3		2.8	11.6	13.1	21.1	26.9	25.0
30-34	9.1	12.5	7.0	8.5	10.5	7.6	9.0	
35-39	11.8	18.8	12.6	13.8	10.9	10.1	3.0	25.0
40-44	12.1		16.8	14.0	11.2	8.0	7.8	25.0
45-49	8.9	25.0	9.8	9.2	10.3	5.7	0.6	
50-54	9.1	12.5	22.9	11.2	7.2	3.2	1.2	12.5
55-59	4.4	12.5	11.7	6.3	1.9	1.8	3.6	
60-64	0.6		2.3	0.6	0.4		0.6	
65+	0.4	6.3	1.9	0.1	0.1	0.2	1.8	
女 Female	**100.0**	**100.0**	**100.0**	**100.0**	**100.0**	**100.0**	**100.0**	**100.0**
16-19	5.6		2.9	7.3	5.8	1.2		
20-24	17.1		5.7	12.7	16.1	34.1	56.0	
25-29	18.9		12.2	16.5	19.6	28.4	28.4	57.1
30-34	14.2	5.6	15.1	14.7	14.3	14.1	5.7	28.6
35-39	16.5	22.2	15.1	19.1	15.9	11.9	4.3	
40-44	14.5	11.1	18.0	16.8	14.7	6.2	4.3	14.3
45-49	9.0		9.8	9.4	11.1	3.1	1.4	
50-54	2.8	11.1	11.0	2.6	2.2	0.7		
55-59	1.1	22.2	6.9	0.9	0.3	0.2		
60-64	0.2		1.6	0.1				
65+	0.3	27.8	1.6					

3-40 按年龄、性别分的城镇失业人员寻找工作方式构成
Method of Job-seeking of Urban Unemployed Persons by Age and Sex

单位：% (%)

年 龄 Age	城 镇 失业人员 Urban Unemployed Persons	在职业介绍机构登记 Register in Employment Agency Office	委托亲友找工作 Ask Friends and Relatives about Job	参加招聘会 Take Part in Employment Advertise Meeting	应答或刊登广告 Answer the Wanted Ad. or Advertise for the job	为自己经营作准备 Prepare for Own Business	其 他 Others
总计 Total	**100.0**	**13.6**	**53.1**	**9.8**	**1.9**	**6.9**	**14.7**
16-19	100.0	9.7	68.1	6.5	1.2	4.4	10.2
20-24	100.0	16.5	43.3	21.0	2.4	6.7	10.1
25-29	100.0	14.1	49.6	13.6	2.1	7.9	12.7
30-34	100.0	12.4	51.6	7.2	2.8	10.4	15.6
35-39	100.0	12.9	52.4	7.5	1.3	7.4	18.4
40-44	100.0	13.3	58.5	3.7	1.8	6.8	16.0
45-49	100.0	13.6	60.4	4.1	1.7	3.9	16.5
50-54	100.0	13.9	60.5	4.1	1.5	3.9	15.8
55-59	100.0	12.7	50.7	2.3	0.9	8.5	24.9
60-64	100.0	7.1	32.1	7.1	3.6	14.3	35.7
65+	100.0	13.0	34.8	4.3			47.8
男 Male	**100.0**	**14.1**	**53.2**	**9.4**	**1.8**	**7.7**	**13.8**
16-19	100.0	10.1	66.9	5.5	1.4	6.3	9.6
20-24	100.0	16.7	44.8	20.3	2.1	6.6	9.3
25-29	100.0	14.3	50.0	14.0	1.4	9.7	10.7
30-34	100.0	14.2	51.6	6.3	2.0	11.7	14.2
35-39	100.0	12.2	51.1	7.0	2.0	9.4	18.3
40-44	100.0	13.6	56.6	4.3	1.5	8.3	15.7
45-49	100.0	14.2	57.6	4.4	2.9	5.2	16.0
50-54	100.0	15.3	59.7	4.3	1.7	4.0	15.3
55-59	100.0	15.3	52.9	1.8	1.2	7.1	21.2
60-64	100.0	9.1	31.8	9.1		9.1	40.9
65+	100.0		50.0				50.0
女 Female	**100.0**	**13.1**	**53.1**	**10.1**	**2.0**	**6.1**	**15.5**
16-19	100.0	9.0	70.1	7.7	0.9	0.9	10.9
20-24	100.0	16.1	41.4	21.7	2.8	7.0	11.1
25-29	100.0	13.9	49.3	13.4	2.7	6.5	14.2
30-34	100.0	11.2	51.7	7.8	3.2	9.6	16.5
35-39	100.0	13.5	53.4	8.0	0.9	6.0	18.7
40-44	100.0	13.0	60.1	3.3	2.1	5.4	16.3
45-49	100.0	13.0	63.1	3.9	0.6	2.5	17.2
50-54	100.0	10.1	63.3	3.7	1.8	3.7	17.4
55-59	100.0	2.3	38.6	4.5		13.6	38.6
60-64	100.0		33.3		16.7	33.3	16.7
65+	100.0	30.0	20.0				50.0

3-41 按受教育程度、性别分的城镇失业人员寻找工作方式构成

Method of Job-seeking of Urban Unemployed Persons by Educational Attainment and Sex

单位：% (%)

受教育程度	Educational Attainment	城镇失业人员 Urban Unemployed Persons	在职业介绍机构登记 Register in Employment Agency Office	委托亲友找工作 Ask Friends and Relatives about Job	参加招聘会 Take Part in Employment Advertise Meeting	应答或刊登广告 Answer the Wanted Ad. or Advertise for the job	为自己经营作准备 Prepare for Own Business	其他 Others
总　计	**Total**	**100.0**	**13.6**	**53.1**	**9.8**	**1.9**	**6.9**	**14.7**
未上过学	No Schooling	100.0	2.9	48.6	2.9	2.9		45.7
小　学	Primary School	100.0	10.8	58.3	2.6	0.6	8.2	19.4
初　中	Junior Secondary School	100.0	11.4	58.4	4.5	1.4	7.3	17.0
高　中	Senior Secondary School	100.0	15.6	53.0	9.2	2.4	7.2	12.6
大学专科	College	100.0	16.6	39.9	26.8	3.0	4.1	9.4
大学本科	University	100.0	18.2	24.7	38.0	1.9	7.1	10.1
研究生及以上	Graduate and Higher Level	100.0	12.5	31.3	31.3			25.0
男	**Male**	**100.0**	**14.1**	**53.2**	**9.4**	**1.8**	**7.7**	**13.8**
未上过学	No Schooling	100.0		56.3		6.3		37.5
小　学	Primary School	100.0	10.2	59.3	2.3	0.9	6.5	21.3
初　中	Junior Secondary School	100.0	12.5	59.2	3.3	1.7	8.4	15.0
高　中	Senior Secondary School	100.0	15.6	53.4	9.1	2.0	8.0	11.9
大学专科	College	100.0	16.8	38.5	27.0	2.1	4.4	11.3
大学本科	University	100.0	18.6	25.1	34.1	1.8	9.0	12.0
研究生及以上	Graduate and Higher Level	100.0		25.0	50.0			25.0
女	**Female**	**100.0**	**13.1**	**53.1**	**10.1**	**2.0**	**6.1**	**15.5**
未上过学	No Schooling	100.0	5.3	36.8				52.6
小　学	Primary School	100.0	11.3	57.9	2.8	0.4	9.7	17.8
初　中	Junior Secondary School	100.0	10.5	57.8	5.5	1.2	6.2	18.8
高　中	Senior Secondary School	100.0	15.6	52.7	9.2	2.8	6.2	13.4
大学专科	College	100.0	16.5	41.5	26.7	4.1	3.8	7.4
大学本科	University	100.0	18.4	24.1	41.8	2.8	5.7	7.8
研究生及以上	Graduate and Higher Level	100.0	14.3	42.9	14.3			28.6

3-42 按年龄、性别分的城镇失业人员失业前的行业构成

Sector of Urban Unemployed Persons (Prior to Unemployment) by Age and Sex

单位: % (%)

年龄 Age	城镇失业人员 Urban Unemployed Persons	农、林、牧、渔业 Agriculture, Forestry, Animal Husbandry and Fishery	采矿业 Mining	制造业 Manu-facturing	电力、燃气及水的生产和供应业 Production and Distribution of Electricity, Gas and Water	建筑业 Construction	交通运输、仓储和邮政业 Transport, Storage and Post
总计 Total	**100.0**	**5.8**	**1.8**	**35.9**	**0.7**	**5.3**	**5.8**
16-19	100.0	5.7		35.2	1.0	7.6	2.9
20-24	100.0	4.3	0.9	22.1	0.2	4.5	3.9
25-29	100.0	3.1	1.0	29.4	0.4	4.8	7.3
30-34	100.0	6.0	1.4	33.8	0.6	3.6	5.6
35-39	100.0	8.3	3.4	36.4	0.6	4.0	4.9
40-44	100.0	6.5	1.7	43.1	1.1	5.7	5.6
45-49	100.0	4.5	2.0	39.7	0.9	7.6	5.5
50-54	100.0	5.9	1.9	41.8	1.0	7.8	9.0
55-59	100.0	3.9	2.5	42.4		6.4	6.4
60-64	100.0	24.0	4.0	32.0		4.0	4.0
65+	100.0	38.9		11.1		16.7	
男 Male	**100.0**	**5.8**	**2.5**	**38.9**	**0.9**	**7.5**	**8.2**
16-19	100.0	5.6		36.1	1.4	11.1	4.2
20-24	100.0	3.1	1.3	26.0	0.4	6.6	5.3
25-29	100.0	4.5	1.6	27.8	1.0	7.0	12.1
30-34	100.0	6.4	1.8	40.4	0.7	6.1	7.9
35-39	100.0	7.3	5.6	38.3	1.2	6.3	8.2
40-44	100.0	6.3	2.1	43.4	0.7	6.8	7.7
45-49	100.0	5.8	2.1	44.8	0.9	9.1	7.0
50-54	100.0	4.6	2.1	43.6	1.2	9.8	10.7
55-59	100.0	4.2	3.0	47.0		7.8	6.6
60-64	100.0	15.8		42.1		5.3	5.3
65+	100.0	33.3		16.7		16.7	
女 Female	**100.0**	**5.9**	**1.2**	**32.9**	**0.5**	**3.3**	**3.5**
16-19	100.0	5.9		32.4			
20-24	100.0	5.0	0.4	18.3		2.1	2.9
25-29	100.0	2.1	0.6	30.2		3.2	4.0
30-34	100.0	5.7	1.2	29.2	0.5	2.1	4.0
35-39	100.0	9.1	1.7	34.9	0.2	2.2	2.4
40-44	100.0	6.6	1.4	42.8	1.4	4.8	3.8
45-49	100.0	2.9	1.9	34.6	1.0	6.0	3.8
50-54	100.0	10.9	2.2	35.9		1.1	4.3
55-59	100.0	2.7		21.6			5.4
60-64	100.0	50.0	16.7	16.7			
65+	100.0	50.0					

3-42 续表 1 continued

单位：% (%)

年 龄 Age	信息传输、计算机服务和软件业 Information Transmission, Computer Service and Software	批发和零售业 Wholesale and Retail Trades	住宿和餐饮业 Hotels and Catering Services	金融业 Financial Intermediation	房地产业 Real Estate	租赁和商务服务业 Leasing and Business Services	科学研究、技术服务和地质勘查业 Scientific Research, Technical Services,and Geological Prospecting
总计 Total	**1.4**	**21.1**	**7.4**	**1.0**	**1.2**	**1.6**	**0.4**
16-19	3.8	20.0	9.5		1.0		1.9
20-24	3.0	27.0	15.6	1.7	1.1	2.4	
25-29	3.1	23.4	9.8	1.0	1.3	2.5	0.5
30-34	1.0	27.1	9.0	0.6	1.1	1.4	0.4
35-39	1.8	20.9	6.5	0.8	0.7	1.6	0.1
40-44	0.4	18.4	4.6	0.8	1.2	1.2	0.6
45-49	0.5	20.7	5.9	0.9	1.7	0.8	0.2
50-54	0.5	13.1	3.8	2.6	1.9	1.2	0.7
55-59	0.5	13.3	3.0		1.5	2.5	
60-64		4.0	4.0	4.0			
65+		11.1					
男 Male	**1.5**	**15.6**	**5.4**	**1.0**	**1.2**	**1.7**	**0.5**
16-19	4.2	15.3	8.3		1.4		2.8
20-24	4.0	19.8	14.1	1.8	1.8	3.1	
25-29	4.2	17.9	7.7	1.0	1.3	3.2	
30-34	0.7	18.2	7.1	0.4	1.1	1.4	0.4
35-39	2.2	15.3	3.9	0.2	0.7	1.5	
40-44	0.2	17.2	3.3	0.5	1.2	1.6	1.2
45-49		15.2	2.1	1.5	0.9	1.2	
50-54	0.3	11.0	4.3	2.7	2.4	0.9	0.9
55-59	0.6	11.4	3.0		1.8	1.8	
60-64				5.3			
65+							
女 Female	**1.4**	**26.5**	**9.3**	**1.0**	**1.2**	**1.4**	**0.3**
16-19	2.9	29.4	11.8				
20-24	2.5	34.2	16.7	1.7	0.4	1.7	
25-29	2.3	27.0	11.0	1.1	1.5	2.1	0.8
30-34	1.2	33.0	10.2	0.5	1.2	1.7	0.2
35-39	1.5	25.5	8.6	1.3	0.7	1.7	0.2
40-44	0.8	19.4	5.6	1.0	1.2	0.6	0.2
45-49	1.0	26.3	9.8	0.3	2.5	0.3	0.3
50-54	1.1	20.7	2.2	2.2		2.2	1.1
55-59		21.6	2.7			5.4	
60-64		16.7					
65+		33.3					

3-42 续表 2 continued

单位：% (%)

年龄 Age	水利、环境和公共设施管理业 Management of Water Conservancy, Environment and Public Facilities	居民服务和其他服务业 Services to Households and Other Services	教育 Education	卫生、社会保障和社会福利业 Health, Social Securities and Social Welfare	文化、体育和娱乐业 Culture, Sports and Entertainment	公共管理和社会组织 Public Management and Social Organization	国际组织 International Organizations
总计 Total	**0.5**	**5.4**	**1.1**	**0.7**	**1.0**	**2.0**	
16-19		3.8			4.8	2.9	
20-24	0.4	6.6	1.5	0.4	1.3	3.0	
25-29	0.3	8.0	1.3	0.6	1.4	1.3	
30-34		5.4	0.9	0.1	1.4	0.9	
35-39	0.2	4.7	1.1	0.9	0.5	2.5	
40-44	0.5	4.4	1.2	0.5	0.3	2.3	
45-49	0.8	5.6	1.1	0.3	0.3	1.1	
50-54	0.5	4.0	0.5	0.5	1.4	1.4	
55-59	2.0	3.9		3.4	2.0	5.4	
60-64			4.0	8.0		8.0	
65+	5.6		16.7				
男 Male	**0.3**	**4.2**	**0.8**	**0.6**	**1.0**	**2.4**	
16-19		5.6			1.4	4.2	
20-24	0.4	4.8	0.9		1.3	4.8	
25-29	0.3	4.5	1.3	0.6	1.9	1.9	
30-34		3.9	0.4		2.1	1.4	
35-39		5.1	0.5	1.0	0.5	2.9	
40-44	0.5	4.2	0.7	0.5		2.3	
45-49	0.9	5.2	0.6	0.6	0.3	0.9	
50-54	0.3	2.4	0.6	0.3	1.8	0.6	
55-59	1.2	2.4		2.4	1.8	4.2	
60-64			5.3	5.3		10.5	
65+			25.0				
女 Female	**0.5**	**6.5**	**1.4**	**0.7**	**0.9**	**1.7**	
16-19					11.8		
20-24	0.8	8.3	2.1	0.8	1.3	1.3	
25-29	0.2	10.3	1.3	0.6	1.1	0.6	
30-34		6.4	1.2	0.2	1.0	0.5	
35-39	0.4	4.5	1.5	0.9	0.6	2.2	
40-44	0.6	4.6	1.4	0.8	0.6	2.4	
45-49	0.6	6.0	1.3		0.3	1.3	
50-54	1.1	9.8	1.1	1.1		4.3	
55-59	5.4	10.8		10.8	5.4	10.8	
60-64							
65+	16.7						

3-43 按受教育程度、性别分的城镇失业人员失业前的行业构成

Sector of Urban Unemployed Persons (Prior to Unemployment) by Educational Attainment and Sex

单位：%　　　　(%)

受教育程度	Educational Attainment	城镇失业人员 Urban Unemployed Persons	农、林、牧、渔业 Agriculture, Forestry, Animal Husbandry and Fishery	采矿业 Mining	制造业 Manu-facturing	电力、燃气及水的生产和供应业 Production and Distribution of Electricity, Gas and Water	建筑业 Construction	交通运输、仓储和邮政业 Transport, Storage and Post
总　计	**Total**	**100.0**	**5.8**	**1.8**	**35.8**	**0.7**	**5.3**	**5.8**
未上过学	No Schooling	100.0	16.0	8.0	8.0		12.0	
小　学	Primary School	100.0	10.9	1.4	33.9	0.6	7.6	7.6
初　中	Junior Secondary School	100.0	6.3	1.9	36.4	0.7	6.3	6.2
高　中	Senior Secondary School	100.0	4.7	1.7	37.9	0.7	3.9	5.7
大学专科	College	100.0	3.8	2.8	31.0	0.7	4.0	3.3
大学本科	University	100.0	2.8		17.6		2.8	4.6
研究生及以上	Graduate and Higher Level	100.0			37.5			
男	**Male**	**100.0**	**5.8**	**2.5**	**38.9**	**0.9**	**7.5**	**8.2**
未上过学	No Schooling	100.0	8.3	16.7	16.7		25.0	
小　学	Primary School	100.0	8.7	1.7	33.1	1.2	12.2	12.8
初　中	Junior Secondary School	100.0	6.2	2.3	39.4	0.7	9.4	8.9
高　中	Senior Secondary School	100.0	5.0	2.4	41.7	0.9	4.7	7.9
大学专科	College	100.0	4.3	4.8	34.0	1.4	5.3	4.3
大学本科	University	100.0	4.8		24.2		3.2	3.2
研究生及以上	Graduate and Higher Level	100.0			50.0			
女	**Female**	**100.0**	**5.9**	**1.2**	**32.8**	**0.5**	**3.2**	**3.5**
未上过学	No Schooling	100.0	23.1					
小　学	Primary School	100.0	13.0	1.1	34.8		3.3	2.7
初　中	Junior Secondary School	100.0	6.4	1.5	33.6	0.6	3.4	3.8
高　中	Senior Secondary School	100.0	4.4	0.9	34.1	0.6	3.1	3.4
大学专科	College	100.0	3.3	0.9	27.9		3.3	2.3
大学本科	University	100.0			9.1		2.3	6.8
研究生及以上	Graduate and Higher Level	100.0			25:0			

3-43 续表 1 continued

单位：% (%)

受教育程度	Educational Attainment	信息传输、计算机服务和软件业 Information Transmission, Computer Service and Software	批发和零售业 Wholesale and Retail Trades	住宿和餐饮业 Hotels and Catering Services	金融业 Financial Intermediation	房地产业 Real Estate	租赁和商务服务业 Leasing and Business Services	科学研究、技术服务和地质勘查业 Scientific Research, Technical Services,and Geological Prospecting
总　计	**Total**	**1.5**	**21.1**	**7.4**	**1.0**	**1.2**	**1.6**	**0.4**
未上过学	No Schooling		20.0	4.0				
小　学	Primary School	0.3	18.2	6.7		2.2	0.8	
初　中	Junior Secondary School	1.1	20.8	8.3	0.4	0.9	1.1	0.4
高　中	Senior Secondary School	1.4	21.9	6.9	1.3	1.0	1.7	0.3
大学专科	College	3.1	22.7	5.4	4.0	3.1	3.3	0.9
大学本科	University	9.3	19.4	5.6	3.7	0.9	7.4	0.9
研究生及以上	Graduate and Higher Level		12.5					
男	**Male**	**1.5**	**15.6**	**5.4**	**1.0**	**1.2**	**1.7**	**0.5**
未上过学	No Schooling		8.3	8.3				
小　学	Primary School		13.4	2.9		3.5	0.6	
初　中	Junior Secondary School	1.1	15.1	5.9	0.1	1.1	1.3	0.6
高　中	Senior Secondary School	1.1	15.9	5.8	1.5	0.9	2.2	0.4
大学专科	College	4.3	20.6	2.9	3.8	1.9	1.9	0.5
大学本科	University	9.7	11.3	6.5	4.8	1.6	4.8	
研究生及以上	Graduate and Higher Level							
女	**Female**	**1.5**	**26.4**	**9.3**	**1.0**	**1.2**	**1.5**	**0.3**
未上过学	No Schooling		30.8					
小　学	Primary School	0.5	22.8	10.3		1.1	1.1	
初　中	Junior Secondary School	1.1	26.0	10.5	0.6	0.8	0.8	0.2
高　中	Senior Secondary School	1.8	27.9	8.1	1.0	1.1	1.2	0.2
大学专科	College	1.9	24.7	7.9	4.2	4.2	4.7	1.4
大学本科	University	9.1	31.8	4.5	2.3		11.4	
研究生及以上	Graduate and Higher Level		25.0					

3-43 续表 2 continued

单位：%　　(%)

受教育程度	Educational Attainment	水利、环境和公共设施管理业 Management of Water Conservancy, Environment and Public Facilities	居民服务和其他服务业 Services to Households and Other Services	教育 Education	卫生、社会保障和社会福利业 Health, Social Securities and Social Welfare	文化、体育和娱乐业 Culture, Sports and Entertainment	公共管理和社会组织 Public Management and Social Organization	国际组织 International Organizations
总　计	**Total**	**0.5**	**5.4**	**1.1**	**0.7**	**1.0**	**2.0**	
未上过学	No Schooling	16.0	8.0				8.0	
小　学	Primary School	0.8	6.4		0.6	0.8	1.1	
初　中	Junior Secondary School	0.3	6.3	0.7	0.4	0.7	0.9	
高　中	Senior Secondary School	0.5	5.2	1.0	0.8	0.9	2.5	
大学专科	College		0.7	2.8	1.7	2.1	4.5	
大学本科	University		3.7	6.5	1.9	4.6	8.3	
研究生及以上	Graduate and Higher Level			25.0			25.0	
男	**Male**	**0.3**	**4.2**	**0.8**	**0.7**	**1.0**	**2.3**	
未上过学	No Schooling	8.3	8.3					
小　学	Primary School	1.2	7.6			1.2		
初　中	Junior Secondary School	0.2	4.7	0.7	0.3	0.7	1.2	
高　中	Senior Secondary School	0.3	3.7	0.8	1.0	1.1	2.7	
大学专科	College		1.0	0.5	1.9	1.4	5.3	
大学本科	University		3.2	6.5		4.8	11.3	
研究生及以上	Graduate and Higher Level						50.0	
女	**Female**	**0.5**	**6.5**	**1.4**	**0.7**	**0.9**	**1.7**	
未上过学	No Schooling	23.1	7.7				15.4	
小　学	Primary School		5.4		1.1	0.5	2.2	
初　中	Junior Secondary School	0.4	7.7	0.7	0.5	0.7	0.6	
高　中	Senior Secondary School	0.7	6.6	1.3	0.6	0.8	2.3	
大学专科	College		0.5	5.1	1.4	2.8	3.7	
大学本科	University		4.5	6.8	4.5	2.3	4.5	
研究生及以上	Graduate and Higher Level			50.0				

3-44 按年龄、性别分的城镇失业人员失业前的职业构成

Occupation of Urban Unemployed Persons (Prior to Unemployment) by Age and Sex

单位：% (%)

年龄 Age	城镇失业人员 Urban Unemployed Persons	单位负责人 Unit Head	专业技术人员 Technical Personnel	办事人员和有关人员 Clerk and Related Workers	商业、服务业人员 Business Service Personnel	农林牧渔水利业生产人员 Producers in the Sectors of Agriculture, Forestry, Animal Husbandry, Fishery and Water Conservancy	生产运输设备操作人员及有关人员 Production, Transport Equipment Operators and Related Workers	其他 Others
总计 Total	**100.0**	**1.2**	**8.7**	**6.9**	**37.7**	**4.9**	**31.5**	**9.2**
16-19	100.0		7.6	9.5	38.1	5.7	33.3	5.7
20-24	100.0	0.6	7.3	13.5	49.0	4.7	19.1	5.8
25-29	100.0	0.4	9.8	6.4	43.6	3.4	24.8	11.6
30-34	100.0	1.6	7.6	6.8	44.8	5.4	25.8	8.0
35-39	100.0	0.6	8.0	4.1	37.4	6.5	32.6	10.7
40-44	100.0	1.4	8.8	7.2	32.3	4.6	36.7	8.8
45-49	100.0	1.4	7.8	4.8	37.2	3.0	37.3	8.6
50-54	100.0	1.2	8.8	7.6	24.8	5.0	41.4	11.2
55-59	100.0	5.4	14.3	10.3	23.6	2.0	38.9	5.4
60-64	100.0	11.5	19.2	7.7	11.5	19.2	19.2	11.5
65+	100.0		17.6	5.9	17.6	41.2	17.6	
男 Male	**100.0**	**1.7**	**8.1**	**9.1**	**27.1**	**4.7**	**36.4**	**12.8**
16-19	100.0		5.6	8.5	29.6	5.6	42.3	8.5
20-24	100.0	0.4	7.9	17.6	34.4	3.5	26.4	9.7
25-29	100.0	0.3	12.1	8.9	31.3	5.1	24.6	17.6
30-34	100.0	1.8	7.1	11.1	32.1	5.7	28.9	13.2
35-39	100.0	1.5	5.6	7.0	25.9	5.3	38.0	16.7
40-44	100.0	1.4	7.7	9.3	26.7	4.4	39.3	11.2
45-49	100.0	2.4	7.0	6.7	25.1	3.7	43.7	11.3
50-54	100.0	1.2	7.9	7.3	21.6	3.7	45.1	13.1
55-59	100.0	6.0	10.8	9.6	22.3	2.4	42.8	6.0
60-64	100.0	15.8	21.1	10.5	5.3	10.5	26.3	10.5
65+	100.0		27.3		9.1	36.4	27.3	
女 Female	**100.0**	**0.8**	**9.2**	**4.7**	**48.0**	**5.0**	**26.7**	**5.6**
16-19	100.0		12.1	9.1	57.6	6.1	15.2	
20-24	100.0	0.8	6.7	9.2	63.4	5.5	12.2	2.1
25-29	100.0	0.4	8.2	4.7	51.8	2.3	25.2	7.4
30-34	100.0	1.4	8.1	4.0	53.2	5.2	23.5	4.5
35-39	100.0		10.0	1.9	46.2	7.2	28.6	6.1
40-44	100.0	1.4	10.0	5.4	37.0	5.0	34.4	6.8
45-49	100.0	0.3	8.3	2.9	50.0	1.9	30.9	5.7
50-54	100.0		11.0	9.9	36.3	9.9	28.6	4.4
55-59	100.0	2.7	29.7	13.5	29.7		21.6	2.7
60-64	100.0		16.7		33.3	50.0		
65+				16.7	33.3	50.0		

3-45 按受教育程度、性别分的城镇失业人员失业前的职业构成
Occupation of Urban Unemployed Persons (Prior to Unemployment) by Educational Attainment and Sex

单位：% (%)

受教育程度	Educational Attainment	城镇失业人员 Urban Unemployed Persons	单位负责人 Unit Head	专业技术人员 Technical Personnel	办事人员和有关人员 Clerk and Related Workers	商业、服务业人员 Business Service Personnel	农林牧渔水利业生产人员 Producers in the Sectors of Agriculture, Forestry, Animal Husbandry, Fishery and Water Conservancy	生产运输设备操作人员及有关人员 Production, Transport Equipment Operators and Related Workers	其他 Others
总 计	**Total**	**100.0**	**1.2**	**8.7**	**6.9**	**37.7**	**4.9**	**31.5**	**9.2**
未上过学	No Schooling	100.0			20.8	29.2	12.5	29.2	8.3
小 学	Primary School	100.0	1.7	3.9	3.9	33.1	11.5	33.6	12.3
初 中	Junior Secondary School	100.0	0.8	5.6	4.5	38.9	5.5	34.9	9.8
高 中	Senior Secondary School	100.0	1.3	8.6	8.5	38.9	3.6	30.5	8.6
大学专科	College	100.0	2.4	22.5	13.2	33.6	1.2	20.6	6.6
大学本科	University	100.0	6.5	40.7	18.5	25.0	2.8	3.7	2.8
研究生及以上	Graduate and Higher Level	100.0		55.6	22.2			22.2	
男	**Male**	**100.0**	**1.7**	**8.1**	**9.1**	**27.1**	**4.7**	**36.4**	**12.8**
未上过学	No Schooling	100.0				20.0	10.0	60.0	10.0
小 学	Primary School	100.0	1.8	2.3	5.8	24.0	8.8	38.6	18.7
初 中	Junior Secondary School	100.0	1.1	5.5	6.5	27.6	5.1	40.4	13.8
高 中	Senior Secondary School	100.0	1.9	8.1	11.2	27.5	4.1	34.9	12.2
大学专科	College	100.0	2.9	17.6	14.3	28.6	1.4	26.7	8.6
大学本科	University	100.0	9.5	41.3	20.6	17.5	4.8	6.3	
研究生及以上	Graduate and Higher Level	100.0		40.0	40.0			20.0	
女	**Female**	**100.0**	**0.8**	**9.2**	**4.7**	**48.0**	**5.0**	**26.7**	**5.6**
未上过学	No Schooling	100.0			33.3	41.7	16.7		8.3
小 学	Primary School	100.0	1.6	4.9	2.2	41.3	14.1	29.3	6.5
初 中	Junior Secondary School	100.0	0.5	5.7	2.5	49.4	5.9	29.8	6.2
高 中	Senior Secondary School	100.0	0.7	9.1	5.6	50.5	3.0	26.1	5.0
大学专科	College	100.0	1.9	27.8	12.3	38.7	0.5	14.2	4.7
大学本科	University	100.0	2.3	40.9	15.9	36.4			4.5
研究生及以上	Graduate and Higher Level	100.0		75.0				25.0	

3-46 按受教育程度、性别分的城镇失业人员未工作时间构成
Unemployment Duration of Urban Unemployed Persons by Educational Attainment and Sex

单位：% (%)

受教育程度	Educational Attainment	城镇失业人员 Urban Unemployed Persons	1个月 1 Month	2-3个月 2-3 Months	4-6个月 4-6 Months	7-12个月 7-12 Months	13-24个月 13-24 Months	25个月以上 25 Months+
总　计	**Total**	**100.0**	**4.6**	**11.9**	**16.8**	**26.7**	**20.9**	**19.1**
未上过学	No Schooling	100.0		14.7	20.6	23.5	14.7	26.5
小　学	Primary School	100.0	7.3	10.8	13.8	27.1	18.9	22.2
初　中	Junior Secondary School	100.0	5.3	11.1	16.7	25.8	21.5	19.5
高　中	Senior Secondary School	100.0	4.0	11.7	15.5	28.2	20.6	19.9
大学专科	College	100.0	1.9	13.4	20.5	27.0	22.9	14.4
大学本科	University	100.0	6.1	20.4	22.0	21.7	15.5	14.2
研究生及以上	Graduate and Higher Level	100.0		26.7	33.3	26.7		13.3
男	**Male**	**100.0**	**5.3**	**14.0**	**17.2**	**27.4**	**19.5**	**16.7**
未上过学	No Schooling	100.0		18.8	31.3	37.5	6.3	6.3
小　学	Primary School	100.0	9.7	11.1	14.7	29.5	13.8	21.2
初　中	Junior Secondary School	100.0	6.5	13.3	17.5	26.0	19.7	17.0
高　中	Senior Secondary School	100.0	4.2	14.2	16.2	28.2	20.4	16.8
大学专科	College	100.0	2.1	14.7	17.5	29.7	21.4	14.5
大学本科	University	100.0	6.5	17.9	21.4	26.2	13.7	14.3
研究生及以上	Graduate and Higher Level	100.0		50.0	37.5	12.5		
女	**Female**	**100.0**	**3.9**	**10.0**	**16.4**	**26.0**	**22.3**	**21.4**
未上过学	No Schooling	100.0		11.1	11.1	11.1	22.2	44.4
小　学	Primary School	100.0	5.2	10.5	12.9	25.0	23.4	23.0
初　中	Junior Secondary School	100.0	4.1	9.2	16.0	25.7	23.2	21.8
高　中	Senior Secondary School	100.0	3.8	9.0	14.7	28.3	20.9	23.2
大学专科	College	100.0	1.7	11.9	23.6	24.1	24.3	14.3
大学本科	University	100.0	5.7	23.4	22.7	16.3	17.7	14.2
研究生及以上	Graduate and Higher Level	100.0			28.6	42.9		28.6

3-47 按年龄、性别分的城镇失业人员未工作时间构成

Unemployment Duration of Urban Unemployed Persons by Age and Sex

单位：%　　　　(%)

年龄 Age	城镇 失业人员 Urban Unemployed Persons	1个月 1 Month	2-3个月 2-3 Months	4-6个月 4-6 Months	7-12个月 7-12 Months	13-24个月 13-24 Months	25个月以上 25 Months+
总计 Total	**100.0**	**4.6**	**11.9**	**16.8**	**26.7**	**20.9**	**19.1**
16-19	100.0	5.1	19.4	26.7	28.6	14.1	6.0
20-24	100.0	5.5	16.0	20.6	26.4	19.6	11.9
25-29	100.0	4.8	13.4	16.0	28.9	20.2	16.7
30-34	100.0	3.4	8.8	15.1	27.4	23.2	22.2
35-39	100.0	4.9	10.8	15.9	24.2	21.5	22.7
40-44	100.0	4.0	9.8	14.0	25.3	22.6	24.3
45-49	100.0	3.7	7.7	13.4	28.6	22.0	24.5
50-54	100.0	2.8	8.9	12.1	24.7	25.8	25.6
55-59	100.0	7.5	5.1	14.0	24.8	20.6	28.0
60-64	100.0	17.9	3.6	14.3	28.6	10.7	25.0
65+	100.0		25.0	16.7	25.0	12.5	20.8
男 Male	**100.0**	**5.3**	**14.0**	**17.2**	**27.4**	**19.5**	**16.7**
16-19	100.0	5.5	21.6	25.7	26.8	14.5	6.0
20-24	100.0	4.6	16.1	20.3	29.0	19.1	10.8
25-29	100.0	5.6	17.2	15.3	29.5	17.6	14.7
30-34	100.0	4.8	11.7	15.7	29.6	20.8	17.4
35-39	100.0	8.3	15.7	17.5	23.4	18.3	16.8
40-44	100.0	4.9	13.4	15.1	26.0	22.6	18.1
45-49	100.0	4.1	7.6	14.2	29.4	19.2	25.6
50-54	100.0	2.6	7.7	12.2	25.0	25.3	27.3
55-59	100.0	8.8	4.7	12.9	24.7	20.6	28.2
60-64	100.0	18.2	4.5	13.6	36.4	4.5	22.7
65+	100.0		28.6	28.6	28.6	7.1	7.1
女 Female	**100.0**	**3.9**	**10.0**	**16.4**	**26.0**	**22.3**	**21.4**
16-19	100.0	4.5	15.8	28.5	31.7	13.6	5.9
20-24	100.0	6.5	15.8	21.0	23.2	20.1	13.3
25-29	100.0	4.3	10.7	16.6	28.6	21.9	18.0
30-34	100.0	2.5	6.9	14.7	25.9	24.7	25.2
35-39	100.0	2.6	7.3	14.8	24.8	23.7	26.8
40-44	100.0	3.3	6.9	13.0	24.8	22.6	29.3
45-49	100.0	3.4	7.9	12.7	27.9	24.8	23.4
50-54	100.0	3.7	12.8	11.9	23.9	27.5	20.2
55-59	100.0	2.3	6.8	18.2	25.0	20.5	27.3
60-64	100.0	16.7		16.7		33.3	33.3
65+	100.0		20.0		20.0	20.0	40.0

第四部分
Chapter Four

2007年城镇单位就业人员统计数据
Data from Statistics on Employment in Urban Units in 2007

4-1 各地区分行业国有单位就业人员数

Employed Persons in State-owned Units by Sector and Region

单位：人 (person)

地区	Region	国有单位合计 Total	(一)中央 I.Under Central Government	(二)省、自治区、直辖市 II.Under Provincial Government	(三)地区 III.Under Prefectural Government	(四)县及县以下 IV.At and Below County Level	(五)其他 V.Other	(一)企业 I.Enterprises	#地方 Local
总　计	**National Total**	**64235494**	**11523289**	**10924806**	**12524942**	**29024155**	**238302**	**25532216**	**15899070**
北　京	Beijing	1893365	896263	429486	469615	56967	41034	755353	273832
天　津	Tianjin	866942	176465	405295	193700	87476	4006	406645	265766
河　北	Hebei	3394363	544035	416489	639928	1793094	817	1340686	872079
山　西	Shanxi	2535676	417531	662879	387879	1066539	848	1229082	846214
内蒙古	Inner Mongolia	1620076	256122	276837	338821	746112	2184	636877	408035
辽　宁	Liaoning	2985667	708210	292050	811098	1166709	7600	1470288	841843
吉　林	Jilin	1693024	341059	261870	347589	740769	1737	655765	374438
黑龙江	Heilongjiang	3190351	687901	1117882	622656	758767	3145	1942993	1295236
上　海	Shanghai	1407377	499437	423917	451065	32047	911	713001	324425
江　苏	Jiangsu	2794858	388050	376776	542930	1487102		871876	576352
浙　江	Zhejiang	1914450	193952	232396	354284	1112738	21080	494067	339209
安　徽	Anhui	2021322	236060	327629	396834	1044380	16419	654320	461113
福　建	Fujian	1518401	160980	219544	365508	770336	2033	548610	418131
江　西	Jiangxi	1991781	239907	348885	365408	1037282	299	752157	550131
山　东	Shandong	4222213	586736	580649	783838	2257243	13747	1611710	1105916
河　南	Henan	3966454	499606	356486	798246	2284820	27296	1489026	1046559
湖　北	Hubei	2889456	629953	297867	528196	1416011	17429	1200382	662602
湖　南	Hunan	2608418	328054	390612	431690	1445415	12647	810242	542775
广　东	Guangdong	3810051	403730	432843	932269	2011708	29501	1197040	894528
广　西	Guangxi	1978005	196805	279055	443789	1055630	2726	674945	505854
海　南	Hainan	565166	31683	290284	62543	177413	3243	309149	287947
重　庆	Chongqing	1157933	188662	281803	436725	250743		443016	298004
四　川	Sichuan	3236329	694875	368338	548007	1610428	14681	1192257	619177
贵　州	Guizhou	1475353	194983	294081	182014	800765	3510	559206	371504
云　南	Yunnan	1821353	183128	436209	200328	1001527	161	572136	374732
西　藏	Tibet	182654	16144	43890	40711	81909		41521	31078
陕　西	Shaanxi	2473411	646720	385499	355711	1081135	4346	1179849	577043
甘　肃	Gansu	1455287	223611	358404	199764	670239	3269	573974	339998
青　海	Qinghai	334915	74992	77825	36603	145495		122265	56640
宁　夏	Ningxia	363146	67856	94019	70320	130926	25	129487	69351
新　疆	Xinjiang	1867697	809779	165007	186873	702430	3608	954291	268558

4-1 续表 1 continued

单位：人 (person)

地 区	Region	(二)事业 II.Institutions	#地方 Local	(三)机关 III.Agencies and Organizations	#地方 Local	(一)农、林、牧、渔业 I.Agriculture, Forestry, Animal Husbandry and Fishery	1.农业 1.Agriculture	2.林业 2.Forestry
总 计	**National Total**	**27417524**	**25848653**	**11285754**	**10720665**	**4062816**	**2084814**	**1014794**
北 京	Beijing	868245	458468	269767	223768	8785	1724	1786
天 津	Tianjin	333840	309876	126457	114835	6959	1206	624
河 北	Hebei	1429379	1384012	624298	594237	75291	48206	6724
山 西	Shanxi	908618	888813	397976	382270	33466	5325	9632
内蒙古	Inner Mongolia	694742	680085	288457	273527	281106	108674	106379
辽 宁	Liaoning	1105235	1053536	410144	382078	289349	215272	12975
吉 林	Jilin	794331	748228	242928	229258	174253	41693	85288
黑龙江	Heilongjiang	900173	872118	347185	331951	937423	475016	327621
上 海	Shanghai	539551	434851	154825	148664	7030	4305	121
江 苏	Jiangsu	1424883	1353038	498099	477418	128817	102875	8401
浙 江	Zhejiang	992587	970590	427796	410699	14173	2149	3076
安 徽	Anhui	993100	962065	373902	362084	79927	41695	13583
福 建	Fujian	675281	663051	294510	274206	63145	32689	12267
江 西	Jiangxi	881286	857344	358338	344399	145098	77927	37526
山 东	Shandong	1840922	1774026	769581	741788	40372	5148	5425
河 南	Henan	1618617	1584162	858811	836127	69176	30643	9170
湖 北	Hubei	1220090	1129453	468984	450019	199970	156117	9100
湖 南	Hunan	1276278	1239280	521898	498309	73286	39118	12838
广 东	Guangdong	1784494	1709823	828517	772469	89859	40819	19511
广 西	Guangxi	1002106	987167	300954	285453	124045	66286	29738
海 南	Hainan	175167	165232	80850	77061	176846	6481	165063
重 庆	Chongqing	525251	508929	189666	181481	15264	569	1372
四 川	Sichuan	1434466	1330361	609606	577417	73770	3440	23679
贵 州	Guizhou	623801	617456	292346	287493	26497	4209	6298
云 南	Yunnan	855470	836579	393747	377640	157243	42911	64208
西 藏	Tibet	71545	70970	69588	64462	4977	515	451
陕 西	Shaanxi	896259	834487	397303	379382	60046	4781	11073
甘 肃	Gansu	613161	585732	268152	262534	56547	22620	14526
青 海	Qinghai	141298	135589	71352	67694	18005	3613	2745
宁 夏	Ningxia	169757	165547	63902	60367	33920	24323	3542
新 疆	Xinjiang	627591	537785	285815	251575	598171	474465	10052

4-1 续表 2 continued

单位：人 (person)

地 区	Region	3.畜牧业 3.Animal Husbandry	4.渔业 4.Fishery	5.农、林、牧、渔服务业 5.Service in support of Agriculture, Forestry, Animal Husbandry and Fishery	(二)采矿业 II.Mining	1.煤炭开采和洗选业 1.Mining and Washing of Coal	2.石油和天然气开采业 2.Extraction of Petroleum and Natural Gas	3.黑色金属矿采选业 3.Mining of Ferrous Metal Ores
总 计	**National Total**	**293402**	**41980**	**627826**	**2328499**	**1467488**	**581109**	**62908**
北 京	Beijing	1709	194	3372	833			424
天 津	Tianjin	1658	252	3219	9630		8922	
河 北	Hebei	3292	1704	15365	120302	79582	15243	9562
山 西	Shanxi	2873	216	15420	431843	429302		494
内蒙古	Inner Mongolia	26721	4615	34717	36472	32009	83	1133
辽 宁	Liaoning	30098	4212	26792	170535	56866	90552	12350
吉 林	Jilin	8417	4013	34842	66027	57845	2562	380
黑龙江	Heilongjiang	103250	4938	26598	21841	18942		598
上 海	Shanghai	466	52	2086	616		538	
江 苏	Jiangsu	2240	1872	13429	87371	61950	16392	3909
浙 江	Zhejiang	415	256	8277	2211			
安 徽	Anhui	1395	1720	21534	36872	33902		
福 建	Fujian	329	284	17576	20420	11826		1462
江 西	Jiangxi	2130	3505	24010	65012	49006		181
山 东	Shandong	301	2787	26711	404334	249059	114456	10088
河 南	Henan	4047	807	24509	147869	75717	59469	194
湖 北	Hubei	4542	4291	25920	53653	8817	32676	3798
湖 南	Hunan	3233	2577	15520	54469	42874		
广 东	Guangdong	651	1090	27788	17925	271	7112	64
广 西	Guangxi	1171	463	26387	26968	13203		4424
海 南	Hainan	433	925	3944	7754	250	65	4953
重 庆	Chongqing	374	287	12662	28940	23151	5226	468
四 川	Sichuan	3348	176	43127	134442	64665	62367	2394
贵 州	Guizhou	209	203	15578	25842	16758	237	2167
云 南	Yunnan	623	94	49407	38644	19900	57	2026
西 藏	Tibet	153		3858	2048	37		651
陕 西	Shaanxi	7520	87	36585	165132	68157	80409	1031
甘 肃	Gansu	901	24	18476	43768	39490		
青 海	Qinghai	2615	79	8953	7987	1784	3286	
宁 夏	Ningxia	138	61	5856	1594	1594		
新 疆	Xinjiang	78150	196	35308	97145	10531	81457	157

4-1 续表 3 continued

单位：人 (person)

地 区	Region	4.有色金属矿采选业 4.Mining of Non-ferrous Metal Ores	5.非金属矿采选业 5.Mining and Processing of Nonmetal Ores	6.其他采矿业 6.Mining of Other Ores	(三)制造业 III. Manufacturing	1.农副食品加工业 1.Processing of Food from Agricultural Products	2.食品制造业 2.Manufacture of Foods	3.饮料制造业 3.Manufacture of Beverage
总 计	**National Total**	**128180**	**84756**	**4058**	**5180971**	**130482**	**76178**	**127847**
北 京	Beijing		409		97437	1608	1464	8821
天 津	Tianjin		708		110188	1614	1103	1384
河 北	Hebei	3644	12271		414994	5187	3269	3702
山 西	Shanxi	1393	654		194526	3896	2080	11013
内蒙古	Inner Mongolia	2003	1059	185	29636	456	768	438
辽 宁	Liaoning	6708	4059		341843	2417	2800	1754
吉 林	Jilin	4843	153	244	124725	488	282	1059
黑龙江	Heilongjiang	1691	610		266037	6475	2782	5475
上 海	Shanghai		78		168425	935	177	18
江 苏	Jiangsu	74	5040	6	174937	2841	2332	13078
浙 江	Zhejiang	8	2203		47733	4660	1660	951
安 徽	Anhui	2034	936		144271	2472	1568	12000
福 建	Fujian	3	7129		64055	1119	2556	473
江 西	Jiangxi	13708	1379	738	170419	6009	2659	6241
山 东	Shandong	25953	4778		355255	17068	10886	13200
河 南	Henan	10076	1962	451	283577	9962	18679	9472
湖 北	Hubei	1019	5579	1764	306480	7851	2947	2340
湖 南	Hunan	8336	3027	232	163281	2335	879	1014
广 东	Guangdong	2854	7617	7	128454	16046	4881	1057
广 西	Guangxi	5255	4086		173260	13453	1338	3880
海 南	Hainan	381	2105		16931	2985	479	290
重 庆	Chongqing	40	55		141273	5795	905	1202
四 川	Sichuan	2099	2755	162	304328	2778	766	4217
贵 州	Guizhou	1109	5507	64	144920	1582	1564	15413
云 南	Yunnan	10417	6244		135953	2211	972	400
西 藏	Tibet	1275	85		4198	213	105	
陕 西	Shaanxi	15155	374	6	390153	3763	2089	3121
甘 肃	Gansu	3788	305	185	209943	1156		3177
青 海	Qinghai	772	2131	14	16634	618	35	893
宁 夏	Ningxia				14803	680	97	1463
新 疆	Xinjiang	3542	1458		42302	1809	4056	301

4-1 续表 4 continued

单位：人 (person)

地 区	Region	4.烟草制品业 4.Manufacture of Tobacco	5.纺织业 5.Manufacture of Textile	6.纺织服装、鞋、帽制造业 6.Manufacture of Textile Wearing Apparel, Footware and Caps	7.皮革、毛皮、羽毛(绒)及其制品业 7.Manufacture of Leather, Fur, Feather and Its Products	8.木材加工及木、竹、藤、棕、草制品业 8.Processing of Timbers, Manufacture of Wood, Bamboo, Rattan, Palm and Straw Products	9.家具制造业 9.Manufacture of Furniture	10.造纸及纸制品业 10.Manufacture of Paper and Paper Products
总 计	**National Total**	**144197**	**273170**	**50632**	**20855**	**44774**	**7491**	**72845**
北 京	Beijing	762	1238	1009	3	51	224	552
天 津	Tianjin	952	7509	865	64	430	20	445
河 北	Hebei	6603	64316	4602	1621	416	520	4952
山 西	Shanxi		17618	2837	460	176	142	476
内蒙古	Inner Mongolia	650	23	1760	757	2886		45
辽 宁	Liaoning	491	2892	1790	480	613	78	4685
吉 林	Jilin	3831	26	185		10323	72	1
黑龙江	Heilongjiang	2684	6615	94	8	13139	116	1595
上 海	Shanghai	3595	4213	1469	1422	423	105	378
江 苏	Jiangsu	7400	9659	7208	644	105	965	1832
浙 江	Zhejiang	2861	1361	68	367	536		138
安 徽	Anhui	6402	15152	1281	3	76	54	1403
福 建	Fujian	4663	859	5499	16	239	89	1505
江 西	Jiangxi	9401	3639	2582	3795	1607	414	1476
山 东	Shandong	5058	27772	2059	401	1023	259	8238
河 南	Henan	10073	36738	1042	2110	354	416	5956
湖 北	Hubei	3286	12692	3503	1320	961	1776	565
湖 南	Hunan	11830	5421	184	91	1439		12642
广 东	Guangdong	5934	5577	3837	695	831	809	8118
广 西	Guangxi	2786	2613	635	349	2104	64	8801
海 南	Hainan		40	33		699	12	191
重 庆	Chongqing	1792	1778	259	6	150	174	248
四 川	Sichuan	4030	5467	994	1094	1176	48	2587
贵 州	Guizhou	15352	695	3815	2214	390	582	1252
云 南	Yunnan	25093	5	678	11	2245		1238
西 藏	Tibet		180		100	1288	49	
陕 西	Shaanxi	5980	28354	433	1642	249	443	2423
甘 肃	Gansu	1763	1356	70	1118	333		77
青 海	Qinghai	32	626	578	4	17		
宁 夏	Ningxia	371	49	105				625
新 疆	Xinjiang	522	8687	1158	60	495	60	401

4-1 续表 5 continued

单位：人 (person)

地区	Region	11.印刷业和记录媒介的复制 11.Printing, Reproduction of Recording Media	12.文教体育用品制造业 12.Manufacture of Articles for Culture, Education and Sport Activities	13.石油加工、炼焦及核燃料加工业 13.Processing of Petroleum, Coking, Processing of Nuclear Fuel	14.化学原料及化学制品制造业 14.Manufacture of Chemical Raw Material and Chemical Products	15.医药制造业 15.Manufacture of Medicines	16.化学纤维制造业 16.Manufacture of Chemical Fiber	17.橡胶制品业 17.Manufacture of Rubber
总计	**National Total**	**113849**	**7940**	**179974**	**452451**	**116016**	**21490**	**28932**
北京	Beijing	14906	247	1418	2361	2647	10	165
天津	Tianjin	2677	405	1092	5515	1074	455	687
河北	Hebei	8779	63	9727	40479	26643	3940	1950
山西	Shanxi	3879	544	5167	22998	791	1291	2542
内蒙古	Inner Mongolia	1409		814	567	994		
辽宁	Liaoning	3259	1347	29327	29396	15155	105	588
吉林	Jilin	1699		1923	11429	2746		32
黑龙江	Heilongjiang	4206	1180	39278	14065	3436	30	116
上海	Shanghai	5739	732	1662	6053	8388	589	2086
江苏	Jiangsu	3177	21	1326	12053	1548		502
浙江	Zhejiang	1126		1008	15831	69		671
安徽	Anhui	777	14		14045	2173		197
福建	Fujian	3084	171	2347	8183	1244		85
江西	Jiangxi	3288	180	417	8864	8713	7008	896
山东	Shandong	6729	709	19554	30518	8339	560	2192
河南	Henan	5617	146	5625	32375	4643	380	1450
湖北	Hubei	6386	11	9419	13703	3817	150	814
湖南	Hunan	3258	8	2966	12876	141	2620	207
广东	Guangdong	5123	291	2612	8393	4584	41	2656
广西	Guangxi	3633	2	957	14009	3458	217	3260
海南	Hainan	952			1070	1850	188	1032
重庆	Chongqing	673	18		12590	2228		1399
四川	Sichuan	6280	1676	5651	21375	2606	516	99
贵州	Guizhou	1799	62		21175	28		264
云南	Yunnan	2234	54	377	21897	1161		1269
西藏	Tibet	402				466		
陕西	Shaanxi	6331	59	7741	31349	3419	189	3652
甘肃	Gansu	2845		14224	22794	3111	2781	
青海	Qinghai	674		1944	7715			61
宁夏	Ningxia	70		2592	6779			
新疆	Xinjiang	2838		10806	1994	544	420	60

4-1 续表 6 continued

单位：人 (person)

地区	Region	18.塑料制品业 18.Manufacture of Plastic	19.非金属矿物制品业 19.Manufacture of Non-metallic Mineral Products	20.黑色金属冶炼及压延加工业 20.Manufacture and Processing of Ferrous Metals	21.有色金属冶炼及压延加工业 21.Manufacture and Processing of Non-ferrous Metals	22.金属制品业 22.Manufacture of Metal Products	23.通用设备制造业 23.Manufacture of General Purpose Machinery	24.专用设备制造业 24.Manufacture of Special Purpose Machinery
总　计	**National Total**	**22302**	**341569**	**651270**	**277377**	**79471**	**377920**	**458486**
北　京	Beijing	848	3912	1025	494	801	5762	9312
天　津	Tianjin	1474	1874	35152	179	6027	3121	6627
河　北	Hebei	6217	29704	67197	1440	10563	32611	39748
山　西	Shanxi	163	17720	13037	12404	1442	24742	22782
内蒙古	Inner Mongolia	177	2935	713	4602	23	698	3189
辽　宁	Liaoning	740	9435	154267	6682	4702	13538	17317
吉　林	Jilin	145	3922	1050		695	614	5883
黑龙江	Heilongjiang	886	15090	8151	6271	6819	36025	35712
上　海	Shanghai	1227	8556	21666	3286	3786	19283	11585
江　苏	Jiangsu	853	12295	1010	9517	8497	34600	6264
浙　江	Zhejiang	81	202		610	140	4242	2969
安　徽	Anhui	750	13247	4913	20905	434	9683	6304
福　建	Fujian	131	2799	225	3508	152	3630	2269
江　西	Jiangxi	1090	12704	2774	24889	1795	14952	5412
山　东	Shandong	1009	44352	20609	13574	2238	42844	23211
河　南	Henan	1058	34540	7921	8442	2604	16371	34616
湖　北	Hubei	494	13462	92119	17557	3879	21471	6465
湖　南	Hunan	83	10913	38874	5160	2876	9749	16434
广　东	Guangdong	417	8774	247	3006	4189	5594	4726
广　西	Guangxi	100	19386	15790	14785	767	7732	27650
海　南	Hainan	103	3447		38	122	67	790
重　庆	Chongqing	257	4052	29331	3919	192	18419	29459
四　川	Sichuan	623	11866	78691	6786	3138	12612	28994
贵　州	Guizhou	115	11015	742	3408	3493	7351	17103
云　南	Yunnan	288	4211	20953	30979	1311	4360	5520
西　藏	Tibet		1320		30			12
陕　西	Shaanxi	1529	17245	5292	3425	6852	17306	79846
甘　肃	Gansu	960	16166	28659	70002	1375	9579	6783
青　海	Qinghai		2092	442	310	158	79	32
宁　夏	Ningxia		1313			16	518	112
新　疆	Xinjiang	484	3020	420	1169	385	367	1360

4-1 续表 7 continued

单位：人 (person)

地区	Region	25.交通运输设备制造业 25.Manufacture of Transport Equipment	26.电气机械及器材制造业 26.Manufacture of Electrical Machinery and Equipment	27.通信设备、计算机及其他电子设备制造业 27.Manufacture of Communication Equipment, Computer and Other Electronic Equipment	28.仪器仪表及文化、办公用机械制造业 28.Manufacture of Measuring Instrument and Machinery for Cultural Activity and Office Work	29.工艺品及其他制造业 29.Manufacture of Artwork, Other Manufacture	30.废弃资源和废旧材料回收加工业 30.Recycling and Disposal of Waste
总　计	**National Total**	**729567**	**143245**	**142022**	**58637**	**28843**	**1139**
北　京	Beijing	23375	1715	6324	3925	2458	
天　津	Tianjin	19374	2000	4836	3110	120	3
河　北	Hebei	29551	9164	1324	252	454	
山　西	Shanxi	9955	9536	5780	580	321	154
内蒙古	Inner Mongolia	3418	867	1424		23	
辽　宁	Liaoning	24377	3878	4370	3207	2035	118
吉　林	Jilin	77542	544	191	43		
黑龙江	Heilongjiang	39563	9995	3506	2621	104	
上　海	Shanghai	50641	5182	2219	1912	972	126
江　苏	Jiangsu	22239	6793	4044	3919	139	76
浙　江	Zhejiang	4959	1401	442	1165	215	
安　徽	Anhui	26969	1576	1812	5	7	49
福　建	Fujian	7436	6287	4750	485	190	61
江　西	Jiangxi	14024	8205	6413	6885	4080	7
山　东	Shandong	39372	6371	3890	1421	1799	
河　南	Henan	21567	8548	330	2088	240	214
湖　北	Hubei	51035	10286	14148	3778	239	6
湖　南	Hunan	15347	2110	1893	419	1463	49
广　东	Guangdong	15366	5505	6008	2038	976	123
广　西	Guangxi	17922	4050	1711	1604	204	
海　南	Hainan	1823	180	517		23	
重　庆	Chongqing	18539	1424	1896	4450	80	38
四　川	Sichuan	49872	4036	44256	1636	458	
贵　州	Guizhou	26165	2654	2106	104	4477	
云　南	Yunnan	7110	1098	153	93	32	
西　藏	Tibet					33	
陕　西	Shaanxi	100850	20671	16910	11293	7582	115
甘　肃	Gansu	10180	9013	769	1533	119	
青　海	Qinghai	324					
宁　夏	Ningxia	13					
新　疆	Xinjiang	659	156		71		

4-1 续表 8 continued

单位：人 (person)

地 区	Region	(四)电力、燃气及水的生产和供应业 IV.Production and Distribution of Electricity, Gas and Water	1.电力、热力的生产和供应业 1.Production and Supply of Electric Power and Heat Power	2.燃气生产和供应业 2.Production and Distribution of Gas	3.水的生产和供应业 3.Production and Distribution of Water	(五)建筑业 V.Construction	1.房屋和土木工程建筑业 1.Construction of Building and Civil Engineering	2.建筑安装业 2.Architectural Installation
总 计	**National Total**	**2024426**	**1533776**	**94702**	**395948**	**2712870**	**2329587**	**284468**
北 京	Beijing	10375	7795	1640	940	62130	51324	7590
天 津	Tianjin	22243	17329	4258	656	30238	23007	6240
河 北	Hebei	151846	119241	8021	24584	115036	92282	21750
山 西	Shanxi	72651	52307	4556	15788	114877	103851	10072
内蒙古	Inner Mongolia	63667	51420	1830	10417	31193	28227	2780
辽 宁	Liaoning	108601	70262	9184	29155	89547	75098	14159
吉 林	Jilin	55602	40244	933	14425	42246	34306	2751
黑龙江	Heilongjiang	112701	72181	8782	31738	118335	108995	7706
上 海	Shanghai	39825	17243	10744	11838	57013	42460	13515
江 苏	Jiangsu	76818	57688	1126	18004	51841	33654	16163
浙 江	Zhejiang	68649	56645	528	11476	40078	34474	3664
安 徽	Anhui	63053	48788	1790	12475	93365	80636	12298
福 建	Fujian	52693	40520	1457	10716	108830	81574	21741
江 西	Jiangxi	74332	58020	3944	12368	105815	81547	2090
山 东	Shandong	144372	115239	3849	25284	162717	131893	23785
河 南	Henan	150206	116404	4018	29784	192715	160665	22697
湖 北	Hubei	90384	71709	2667	16008	156887	136848	15206
湖 南	Hunan	74799	58072	33	16694	160530	151423	5626
广 东	Guangdong	119962	92520	3311	24131	144545	127326	10654
广 西	Guangxi	66209	52883	581	12745	37801	35950	960
海 南	Hainan	13164	8773	291	4100	31700	25753	1008
重 庆	Chongqing	20998	8414	6374	6210	73786	69304	3174
四 川	Sichuan	81064	65421	4981	10662	260176	236437	19609
贵 州	Guizhou	53784	45465	298	8021	133118	122196	8418
云 南	Yunnan	38554	31174	2516	4864	62248	57931	3712
西 藏	Tibet	7517	5181	1891	445	3125	3104	
陕 西	Shaanxi	78459	62712	2955	12792	101772	86432	11268
甘 肃	Gansu	54475	43170	1015	10290	56998	43809	12240
青 海	Qinghai	11353	9355	97	1901	16763	15890	793
宁 夏	Ningxia	24640	20676	846	3118	9093	8354	410
新 疆	Xinjiang	21430	16925	186	4319	48352	44837	2389

4-1 续表 9 continued

单位: 人 (person)

地 区	Region	3.建筑装饰业 3.Architectural Decoration	4.其他建筑业 4.Other Construction	(六)交通运输、仓储和邮政业 VI.Transport, Storage and Post	1.铁路运输业 1.Transport Via Railway	2.道路运输业 2.Transport Via Road	3.城市公共交通业 3.Urban Public Traffic	4.水上运输业 4.Water Transport
总 计	**National Total**	**29396**	**69419**	**4319623**	**1707921**	**976174**	**424679**	**231501**
北 京	Beijing	2012	1204	128706	81772	2321	7124	3
天 津	Tianjin	582	409	70343	15206	7039	16280	17557
河 北	Hebei	226	778	214248	61564	74175	22493	18528
山 西	Shanxi	665	289	205302	121067	38946	11953	63
内蒙古	Inner Mongolia	70	116	141829	85905	26733	5043	156
辽 宁	Liaoning	137	153	285324	134589	49495	32369	21697
吉 林	Jilin	46	5143	122509	61918	16234	4788	172
黑龙江	Heilongjiang	488	1146	245050	116837	60445	8914	3527
上 海	Shanghai	555	483	127477	26504	8329	20492	26231
江 苏	Jiangsu	663	1361	192890	59900	32571	20550	22809
浙 江	Zhejiang	479	1461	115054	16973	26465	29140	11265
安 徽	Anhui	20	411	107647	28907	27019	16994	4781
福 建	Fujian	1020	4495	113263	31092	11887	21748	7267
江 西	Jiangxi	3462	18716	144913	64306	39149	11081	3555
山 东	Shandong	1294	5745	216098	77163	40776	28596	31601
河 南	Henan	4750	4603	255571	101455	80778	25758	506
湖 北	Hubei	335	4498	229835	131978	46166	9597	11869
湖 南	Hunan	777	2704	176281	77698	43481	18798	3091
广 东	Guangdong	1904	4661	239410	26724	73869	48300	13011
广 西	Guangxi	554	337	129608	44261	38148	7180	9005
海 南	Hainan	4844	95	24796	144	11080	1257	3898
重 庆	Chongqing	645	663	84889	22358	18378	13906	13424
四 川	Sichuan	252	3878	181747	49255	49947	21105	5888
贵 州	Guizhou	866	1638	73696	30467	17887	7634	1051
云 南	Yunnan	174	431	88720	37398	31086	1632	313
西 藏	Tibet		21	8242	155	4355	521	15
陕 西	Shaanxi	1732	2340	175052	91975	44870	5561	147
甘 肃	Gansu	772	177	82362	45205	18736	1594	51
青 海	Qinghai		80	27413	14412	8637	33	20
宁 夏	Ningxia	15	314	25891	12244	5328	2899	
新 疆	Xinjiang	57	1069	85457	38489	21844	1339	

4-1 续表 10 continued

单位：人 (person)

地 区	Region	5.航空运输业 5.Air Transport	6.管道运输业 6.Transport Via Pipeline	7.装卸搬运和其他运输服务业 7.Loading, Unloading Portage and Other Transport Services	8.仓储业 8.Storage	9.邮政业 9.Post	(七)信息传输、计算机服务和软件业 VII.Information Transmission, Computer Services and Software	1.电信和其他信息传输服务业 1.Telecom and Other Information Transmission Services
总 计	**National Total**	**122002**	**12858**	**104123**	**164482**	**575883**	**625311**	**597660**
北 京	Beijing			1687	5011	30788	12413	4086
天 津	Tianjin	1272		3584	4833	4572	3987	3754
河 北	Hebei	511	422	3116	7016	26423	34807	34366
山 西	Shanxi	1447		2607	7433	21786	35199	33581
内蒙古	Inner Mongolia	3277		347	7292	13076	30750	30630
辽 宁	Liaoning	7786	2002	4993	9656	22737	20252	19269
吉 林	Jilin	4043	651	6329	13480	14894	24174	23969
黑龙江	Heilongjiang	3452	474	8784	19172	23445	35154	34022
上 海	Shanghai	13763		3798	3658	24702	15324	13259
江 苏	Jiangsu	4493	7383	4804	4710	35670	26122	25144
浙 江	Zhejiang	1719		2447	1212	25833	15336	14481
安 徽	Anhui	1078		4483	5720	18665	24284	24258
福 建	Fujian	8028		5260	3238	24743	14590	14110
江 西	Jiangxi	1847		2010	5287	17678	18227	17446
山 东	Shandong	4236	1094	2473	5481	24678	22923	22316
河 南	Henan	217		5073	13740	28044	26505	25487
湖 北	Hubei	599	663	2719	4901	21343	27381	26892
湖 南	Hunan	818		1452	5475	25468	19471	18868
广 东	Guangdong	23097		5047	4615	44747	60331	58355
广 西	Guangxi	3608		4048	4494	18864	18307	17895
海 南	Hainan	3239		1484	302	3392	4895	4602
重 庆	Chongqing	1131		1262	3806	10624	13487	13266
四 川	Sichuan	12283		12633	4920	25716	37139	36170
贵 州	Guizhou	2568	110	558	3181	10240	7334	7277
云 南	Yunnan	2662	3	1552	1941	12133	20221	19433
西 藏	Tibet	765			239	2192	3741	3741
陕 西	Shaanxi	5478	56	2895	6295	17775	20072	18780
甘 肃	Gansu	3000		2331	3890	7555	10695	10462
青 海	Qinghai	717		51	940	2603	7092	7051
宁 夏	Ningxia	586		893	530	3411	4568	4442
新 疆	Xinjiang	4282		5403	2014	12086	10530	10248

4-1 续表 11 continued

单位：人 (person)

地区	Region	2.计算机服务业 2.Computer Services	3.软件业 3.Software Industry	(八)批发和零售业 VIII. Wholesale and Retail Trades	1.批发业 1.Wholesale Trade	2.零售业 2.Retail Trade	(九)住宿和餐饮业 IX. Hotels and Catering Services	1.住宿业 1.Hotels
总 计	**National Total**	**20065**	**7586**	**1740783**	**1198653**	**542130**	**585588**	**483282**
北 京	Beijing	6440	1887	60531	37795	22736	58593	54794
天 津	Tianjin	200	33	32966	16743	16223	6672	5895
河 北	Hebei	322	119	110358	65062	45296	31230	24518
山 西	Shanxi	1322	296	107455	83354	24101	21100	18200
内蒙古	Inner Mongolia	71	49	37664	28163	9501	12418	11733
辽 宁	Liaoning	922	61	42596	27901	14695	16163	13312
吉 林	Jilin	161	44	29966	24452	5514	13229	11830
黑龙江	Heilongjiang	718	414	83448	51442	32006	19619	12489
上 海	Shanghai	1130	935	34960	17319	17641	18619	15245
江 苏	Jiangsu	949	29	55753	33161	22592	19906	18224
浙 江	Zhejiang	664	191	30137	24172	5965	22199	17946
安 徽	Anhui		26	68600	53217	15383	12122	10081
福 建	Fujian	358	122	43850	34034	9816	17125	15158
江 西	Jiangxi	740	41	58075	39238	18837	10992	9269
山 东	Shandong	378	229	99513	61929	37584	49150	32565
河 南	Henan	975	43	193102	134830	58272	45840	35849
湖 北	Hubei	414	75	62685	52018	10667	15222	13526
湖 南	Hunan	61	542	47614	33653	13961	24053	20972
广 东	Guangdong	1032	944	100700	80989	19711	43769	29479
广 西	Guangxi	186	226	55472	35513	19959	19706	16208
海 南	Hainan	49	244	12168	8253	3915	9205	8924
重 庆	Chongqing	67	154	30721	19517	11204	8070	7008
四 川	Sichuan	542	427	79283	66078	13205	17577	15093
贵 州	Guizhou	21	36	56977	39917	17060	9926	7634
云 南	Yunnan	604	184	42760	33614	9146	15068	13938
西 藏	Tibet			4957	2783	2174	3399	3399
陕 西	Shaanxi	1066	226	87153	50665	36488	16977	14866
甘 肃	Gansu	233		30395	16482	13913	10629	10220
青 海	Qinghai	41		9266	6208	3058	2011	1700
宁 夏	Ningxia	126		9642	5097	4545	1949	1813
新 疆	Xinjiang	273	9	22016	15054	6962	13050	11394

4-1 续表 12 continued

单位：人 (person)

地 区	Region	2.餐饮业 2.Catering Services	(十)金融业 X.Financial Intermediation	1.银行业 1.Bank	2.证券业 2.Security Activities	3.保险业 3.Insurance	4.其他金融活动 4.Other Financial Activities
总 计	**National Total**	**102306**	**1613588**	**1291446**	**14769**	**292139**	**15234**
北 京	Beijing	3799	19303	16747	595	1807	154
天 津	Tianjin	777	22803	22621		7	175
河 北	Hebei	6712	96687	70100	894	25212	481
山 西	Shanxi	2900	64098	51627	428	11630	413
内蒙古	Inner Mongolia	685	43657	34096	123	8770	668
辽 宁	Liaoning	2851	73192	56615	890	14920	767
吉 林	Jilin	1399	50238	40757	130	8685	666
黑龙江	Heilongjiang	7130	49517	48995	66	259	197
上 海	Shanghai	3374	43445	37370	1624	3335	1116
江 苏	Jiangsu	1682	86872	60586	595	23020	2671
浙 江	Zhejiang	4253	80642	72018	824	7282	518
安 徽	Anhui	2041	54695	39830	314	14040	511
福 建	Fujian	1967	45430	35652	344	8681	753
江 西	Jiangxi	1723	45679	32369	359	12830	121
山 东	Shandong	16585	79708	59903	1432	17735	638
河 南	Henan	9991	102930	76853	446	25127	504
湖 北	Hubei	1696	74378	60992	235	12435	716
湖 南	Hunan	3081	51313	43791	191	7085	246
广 东	Guangdong	14290	143602	121405	2522	18630	1045
广 西	Guangxi	3498	48002	37968	46	8650	1338
海 南	Hainan	281	9238	7931	98	1028	181
重 庆	Chongqing	1062	25204	20113	105	4901	85
四 川	Sichuan	2484	85437	64961	219	19884	373
贵 州	Guizhou	2292	21544	19693		1719	132
云 南	Yunnan	1130	43940	37327	200	6215	198
西 藏	Tibet		6103	6073			30
陕 西	Shaanxi	2111	58420	41784	1911	14294	431
甘 肃	Gansu	409	29895	25819	40	3973	63
青 海	Qinghai	311	10164	9061	35	1068	
宁 夏	Ningxia	136	14293	11649	38	2606	
新 疆	Xinjiang	1656	33159	26740	65	6311	43

4-1 续表 13 continued

单位：人 (person)

地 区	Region	(十一) 房地产业 XI.Real Estate	#房地产开发经营 Development and Management of Real Estate	#物业管理 Property Management	#房地产中介服务 Agency Services for Real Estate	(十二)租赁和商务服务业 XII.Leasing and Business Services	1.租赁业 1.Leasing	2.商务服务业 2.Business Services
总 计	**National Total**	**451754**	**159401**	**166109**	**26544**	**1204783**	**8614**	**1196169**
北 京	Beijing	32496	5140	19625	394	222320	763	221557
天 津	Tianjin	7942	2690	4518	12	50345	209	50136
河 北	Hebei	18686	6836	7343	981	27313	190	27123
山 西	Shanxi	8922	4562	1915	884	32396	168	32228
内蒙古	Inner Mongolia	8433	1454	2827	872	18595	14	18581
辽 宁	Liaoning	26993	4997	11705	1111	76836	80	76756
吉 林	Jilin	13064	2298	5465	897	23327	324	23003
黑龙江	Heilongjiang	24590	2507	13465	184	20273	92	20181
上 海	Shanghai	29505	8842	15617	253	78550	29	78521
江 苏	Jiangsu	17801	6661	5254	720	35300	794	34506
浙 江	Zhejiang	17166	3603	5784	250	66729	68	66661
安 徽	Anhui	11699	3922	3976	791	25523	83	25440
福 建	Fujian	15120	5332	6293	1082	30702	27	30675
江 西	Jiangxi	13981	6016	3467	1598	15844	929	14915
山 东	Shandong	25905	12515	8442	1397	42793	783	42010
河 南	Henan	19137	9364	2780	1383	48552	740	47812
湖 北	Hubei	15407	6927	5404	979	29379	192	29187
湖 南	Hunan	16308	6940	4178	1741	31555	865	30690
广 东	Guangdong	38053	9806	22435	1658	138685	76	138609
广 西	Guangxi	13925	7252	3175	711	36416	115	36301
海 南	Hainan	4713	2605	1470	219	8224	222	8002
重 庆	Chongqing	8626	5255	2021	121	12944	4	12940
四 川	Sichuan	13799	7760	1446	866	40928	314	40614
贵 州	Guizhou	10476	7765	582	66	12706	86	12620
云 南	Yunnan	4607	2229	950	563	14015	62	13953
西 藏	Tibet	261	116	43		509		509
陕 西	Shaanxi	10115	4971	1484	754	20470	998	19472
甘 肃	Gansu	7105	5371	550	71	13789	11	13778
青 海	Qinghai	777	266	351	112	5968		5968
宁 夏	Ningxia	5268	4361	595	149	2077	26	2051
新 疆	Xinjiang	10874	1038	2949	5725	21720	350	21370

4-1 续表 14 continued

单位：人 (person)

地 区	Region	(十三)科学研究、技术服务和地质勘查业 XIII.Scientific Research, Technical Services and Geological Prospecting	1.研究与试验发展 1.Research and Experimental Development	自然科学研究与试验发展 Research and Experimental Development on Physical Science	工程和技术研究与试验发展 Research and Experimental Development on Engineering and Technical Research	农业科学研究与试验发展 Research and Experimental Development on Agricultural Science Research	医学研究与试验发展 Research and Experimental Development	社会人文科学研究与试验发展 Research and Experimental Development on Social Science and Humanities
总 计	**National Total**	**1975184**	**596009**	**141133**	**284889**	**98086**	**21694**	**50207**
北 京	Beijing	189710	100588	26682	56414	4132	4221	9139
天 津	Tianjin	40687	13467	5866	4253	825	1335	1188
河 北	Hebei	69406	12824	2107	7034	2539	229	915
山 西	Shanxi	57844	18859	4107	9522	3049	594	1587
内蒙古	Inner Mongolia	38043	9096	428	3562	2979	389	1738
辽 宁	Liaoning	83503	24110	10131	8976	3806	96	1101
吉 林	Jilin	53858	15658	4971	5040	3670	617	1360
黑龙江	Heilongjiang	95017	17019	5548	5321	4935	87	1128
上 海	Shanghai	137563	40052	26444	9926	1464	723	1495
江 苏	Jiangsu	70309	25688	7039	13779	2865	1396	609
浙 江	Zhejiang	59081	11420	2156	2935	3763	556	2010
安 徽	Anhui	50149	11497	4018	1911	2158	142	3268
福 建	Fujian	36409	6213	1496	1505	2108	267	837
江 西	Jiangxi	53783	14507	6348	4283	2632	924	320
山 东	Shandong	74069	15990	4472	5314	2911	1404	1889
河 南	Henan	106079	28903	5831	12472	6421	182	3997
湖 北	Hubei	86754	24159	3964	14503	3170	1159	1363
湖 南	Hunan	58689	13542	1449	4151	6593	683	666
广 东	Guangdong	90040	18795	2622	7961	6331	642	1239
广 西	Guangxi	51495	14865	4459	1192	5337	1065	2812
海 南	Hainan	13021	6511	97	414	5201	39	760
重 庆	Chongqing	27904	7884	57	4867	1346	429	1185
四 川	Sichuan	110800	51003	3060	38329	4521	1351	3742
贵 州	Guizhou	34648	4672	958	931	2566	29	188
云 南	Yunnan	50795	13183	2307	5640	3452	576	1208
西 藏	Tibet	5417	1190	186	204	650		150
陕 西	Shaanxi	115473	51086	911	44156	1490	2106	2423
甘 肃	Gansu	47751	13133	1281	7915	3063	350	524
青 海	Qinghai	15670	2250	562	916	605		167
宁 夏	Ningxia	10640	2273	469	444	891	33	436
新 疆	Xinjiang	40577	5572	1107	1019	2613	70	763

4-1 续表 15 continued

单位：人 (person)

地 区	Region	2.专业技术服务业 Professional Technical Services	#气象服务 Weather Services	#地震服务 Earthquake Services	#海洋服务 Ocean Services	#测绘服务 Plotting Services	#技术检测 Technique Detection	#环境监测 Environmental Monitoring
总 计	**National Total**	**805465**	**51798**	**17181**	**7027**	**33765**	**151669**	**47112**
北 京	Beijing	67768	2001	1086	466	887	14643	919
天 津	Tianjin	23088	401	440	706	124	3853	423
河 北	Hebei	26690	1849	699	48	1051	6844	1654
山 西	Shanxi	23868	1889	761		791	3979	2522
内蒙古	Inner Mongolia	15793	2371	600		878	4003	1548
辽 宁	Liaoning	37134	1706	639	395	1395	11732	3256
吉 林	Jilin	26209	1093	308		1485	6227	1388
黑龙江	Heilongjiang	23061	1610	266		2442	5434	1211
上 海	Shanghai	22960	472	17	660	450	5137	1443
江 苏	Jiangsu	31512	1877	592	162	1513	6837	3342
浙 江	Zhejiang	35952	2010	138	1594	2358	6286	2592
安 徽	Anhui	25021	1434	466		736	4525	2589
福 建	Fujian	22061	1429	324	39	936	3211	1403
江 西	Jiangxi	14725	1715	75		834	2995	1268
山 东	Shandong	33585	1812	610	1154	1714	5598	1821
河 南	Henan	49977	2464	615		1990	12152	4563
湖 北	Hubei	46693	1452	444	112	1332	4892	2246
湖 南	Hunan	28961	1882	191		1925	3177	1088
广 东	Guangdong	57646	2424	453	1514	2193	14114	2791
广 西	Guangxi	21892	2210	279	31	1345	3621	1062
海 南	Hainan	5231	368	67	129	272	905	143
重 庆	Chongqing	12459	711	45		775	1543	432
四 川	Sichuan	43603	2946	2408		1169	5616	1588
贵 州	Guizhou	14113	1553	66		720	1098	532
云 南	Yunnan	20734	2098	1359	17	829	3032	1188
西 藏	Tibet	2494	1050	91			97	70
陕 西	Shaanxi	32245	2776	1925		1998	2858	1437
甘 肃	Gansu	12911	1658	1197		224	2235	975
青 海	Qinghai	4411	1548	262		84	541	463
宁 夏	Ningxia	4341	567	327		232	1067	293
新 疆	Xinjiang	18327	2422	431		1083	3417	862

4-1 续表 16 continued

单位：人 (person)

地 区	Region	#工程技术与规划管理 Engineering Technic & Programming Management	3.科技交流和推广服务业 3.Services of Science and Technology Exchanges and Promotion	4.地质勘查业 4.Geological Prospecting	(十四)水利、环境和公共设施管理业 XIV.Management of Water Conservancy, Enviroment and Public Facilities	1.水利管理业 1.Management of Water Conservancy	2.环境管理业 2.Environmental Management	3.公共设施管理业 3.Management of Public Facilities
总 计	**National Total**	**452398**	**258403**	**315307**	**1697984**	**449937**	**766693**	**481354**
北 京	Beijing	37790	17272	4082	57271	7518	24169	25584
天 津	Tianjin	15563	2096	2036	32495	6251	11759	14485
河 北	Hebei	13695	2868	27024	82653	18348	29663	34642
山 西	Shanxi	12565	3409	11708	53108	16767	21125	15216
内蒙古	Inner Mongolia	6169	3385	9769	58418	17014	30161	11243
辽 宁	Liaoning	16164	12573	9686	110330	18285	55573	36472
吉 林	Jilin	15398	6670	5321	62659	14912	31563	16184
黑龙江	Heilongjiang	10961	4583	50354	75244	15288	42267	17689
上 海	Shanghai	11000	73075	1476	40083	4286	26815	8982
江 苏	Jiangsu	15018	5842	7267	84078	27761	30186	26131
浙 江	Zhejiang	20761	6569	5140	43717	7982	22142	13593
安 徽	Anhui	14037	5121	8510	55866	20075	25234	10557
福 建	Fujian	12613	4703	3432	35857	7845	19325	8687
江 西	Jiangxi	5756	2220	22331	42373	9642	18476	14255
山 东	Shandong	19085	7722	16772	102190	22913	41397	37880
河 南	Henan	25851	12300	14899	112993	33601	46204	33188
湖 北	Hubei	35021	8992	6910	84702	31953	35050	17699
湖 南	Hunan	18899	6300	9886	65591	18388	29677	17526
广 东	Guangdong	32699	5469	8130	97398	26124	47623	23651
广 西	Guangxi	11136	11137	3601	58722	13038	33834	11850
海 南	Hainan	3174	492	787	17992	4084	10118	3790
重 庆	Chongqing	8644	3006	4555	26501	3594	13245	9662
四 川	Sichuan	29553	6691	9503	72442	13275	40044	19123
贵 州	Guizhou	9780	9436	6427	24755	4849	12799	7107
云 南	Yunnan	11177	10138	6740	39232	11310	17414	10508
西 藏	Tibet	1186	419	1314	1771	256	1182	333
陕 西	Shaanxi	20685	6367	25775	56200	24741	17951	13508
甘 肃	Gansu	6504	10265	11442	35076	18184	8840	8052
青 海	Qinghai	1394	463	8546	7807	4446	3089	272
宁 夏	Ningxia	1151	935	3091	18495	6185	7376	4934
新 疆	Xinjiang	8969	7885	8793	41965	21022	12392	8551

4-1 续表 17 continued

单位：人 (person)

地 区	Region	(十五)居民服务和其他服务业 XV.Services to Households and Other Services	1.居民服务业 1.Services to Households	2.其他服务业 2.Other Services	(十六)教育 XVI.Education	#初等教育 Junior Education	#中等教育 Secondary Education	#高等教育 Senior Education
总 计	**National Total**	**287446**	**157097**	**130349**	**14629220**	**5821939**	**6390681**	**1693162**
北 京	Beijing	16908	7339	9569	331647	55427	100221	131763
天 津	Tianjin	31218	2151	29067	163893	34567	56437	37513
河 北	Hebei	15144	3515	11629	827053	362154	371284	64242
山 西	Shanxi	4732	2214	2518	477333	210801	197155	42709
内蒙古	Inner Mongolia	15377	3348	12029	332116	142392	144603	28188
辽 宁	Liaoning	11579	6236	5343	507107	170129	222458	86444
吉 林	Jilin	8219	2785	5434	368584	161892	136503	54635
黑龙江	Heilongjiang	43572	42005	1567	437817	159169	183569	65446
上 海	Shanghai	12324	5022	7302	249042	40332	86331	79074
江 苏	Jiangsu	7342	5223	2119	827595	311505	375489	109142
浙 江	Zhejiang	5406	4013	1393	519156	178837	242028	71405
安 徽	Anhui	3669	2938	731	580024	267120	255524	43307
福 建	Fujian	8547	3324	5223	424924	171314	197421	37131
江 西	Jiangxi	4764	1712	3052	461775	221473	172871	46839
山 东	Shandong	20887	19566	1321	1032254	371215	517185	102577
河 南	Henan	10875	6313	4562	846346	268911	468916	72116
湖 北	Hubei	5063	3273	1790	627813	192256	294001	108234
湖 南	Hunan	6095	3681	2414	663391	262669	303466	76630
广 东	Guangdong	13643	9875	3768	1004416	449626	425027	94623
广 西	Guangxi	1930	1695	235	544731	242387	245634	33714
海 南	Hainan	402	271	131	89604	44336	33745	7172
重 庆	Chongqing	1353	972	381	316353	133071	134251	37443
四 川	Sichuan	14655	4770	.9885	805618	356606	348183	71255
贵 州	Guizhou	2003	1554	449	380897	208293	136919	23113
云 南	Yunnan	1997	1179	818	486230	250916	170068	29700
西 藏	Tibet	57	24	33	35616	20012	11704	1614
陕 西	Shaanxi	8563	2115	6448	506135	197855	216656	71262
甘 肃	Gansu	2863	2150	713	313807	128767	142332	26936
青 海	Qinghai	6011	5890	121	63878	29674	24995	5989
宁 夏	Ningxia	105	74	31	75246	33666	31371	6763
新 疆	Xinjiang	2143	1870	273	328819	144567	144334	26183

4-1 续表 18 continued

单位：人 (person)

地 区	Region	(十七)卫生、社会保障和社会福利业 XVII.Health, Social Securities and Social Welfare	1.卫生 1.Health	2.社会保障业 2.Social Securities	3.社会福利业 3.Social Welfare	(十八)文化、体育和娱乐业 XVIII.Culture, Sports and Entertainment	1.新闻出版业 1.Journalism and Publishing Activities	2.广播、电视、电影和音像业 2.Broadcasting, Movies, Television and Audiovisual Activities
总 计	**National Total**	**4831695**	**4586861**	**132318**	**112516**	**1112898**	**256300**	**380562**
北 京	Beijing	152161	142277	3905	5979	113018	61986	22296
天 津	Tianjin	76176	66263	7766	2147	16445	3093	3585
河 北	Hebei	221116	210270	4651	6195	42874	7296	17678
山 西	Shanxi	124050	115466	5401	3183	42240	7316	15553
内蒙古	Inner Mongolia	93799	86835	3907	3057	31453	4375	11691
辽 宁	Liaoning	210245	196153	6757	7335	46020	9938	14919
吉 林	Jilin	133619	126432	3427	3760	31927	6742	9886
黑龙江	Heilongjiang	168227	159689	4784	3754	37084	7223	11985
上 海	Shanghai	134273	124513	4659	5101	35817	6777	8590
江 苏	Jiangsu	231118	216793	8843	5482	44166	7870	18379
浙 江	Zhejiang	221160	213825	3511	3824	48314	10137	16996
安 徽	Anhui	141198	135874	2550	2774	33869	5814	16545
福 建	Fujian	107359	101005	3474	2880	28970	4410	12885
江 西	Jiangxi	141303	134707	4229	2367	36648	7176	14487
山 东	Shandong	323166	310988	6568	5610	53852	11633	19624
河 南	Henan	327012	312171	7936	6905	67443	17493	21681
湖 北	Hubei	252781	241499	5386	5896	46318	9312	19089
湖 南	Hunan	228617	219027	5945	3645	39575	6282	15123
广 东	Guangdong	392698	375486	7165	10047	67437	16871	19867
广 西	Guangxi	182482	173554	5625	3303	28376	5449	7917
海 南	Hainan	28828	27740	506	582	9614	2984	4189
重 庆	Chongqing	85174	81644	1482	2048	19579	7471	5931
四 川	Sichuan	227396	216239	6234	4923	40668	7194	13521
贵 州	Guizhou	93278	91068	812	1398	18220	3257	7279
云 南	Yunnan	132753	126668	4096	1989	30833	2980	11719
西 藏	Tibet	13050	12619	8	423	5917	593	2901
陕 西	Shaanxi	138961	131499	4180	3282	34385	4772	12725
甘 肃	Gansu	83414	78147	4211	1056	21844	3059	7289
青 海	Qinghai	25089	23895	628	566	6857	749	3151
宁 夏	Ningxia	27114	25741	770	603	8781	1850	3024
新 疆	Xinjiang	114078	108774	2902	2402	24354	4198	10057

4-1 续表 19 continued

单位：人 (person)

地 区	Region	3.文化艺术业 3.Cultural and Art Activitries	4.体育 4.Sports Activities	5.娱乐业 5.Entertainment	(十九)公共管理和社会组织 XIX.Public Management and Social Organization	#中国共产党机关 Organs of Communist Party of China	#国家机构 Government Agencies	#人民政协和民主党派 People's Political Consultative Conference and Demoncratic Parties	#群众社团、社会团体和宗教组织 Non-Governmental Organizations, Social Organizations, and Religion Organizations
总 计	**National Total**	**376964**	**76591**	**22481**	**12850055**	**568503**	**11905519**	**90885**	**206321**
北 京	Beijing	20741	7056	939	318728	10117	288717	2014	17880
天 津	Tianjin	6312	2793	662	131712	3552	125389	831	1898
河 北	Hebei	13185	2820	1895	725319	29791	670498	5522	8211
山 西	Shanxi	16706	2394	271	454534	19012	423491	3392	8639
内蒙古	Inner Mongolia	13705	1556	126	315450	17443	288858	3097	6052
辽 宁	Liaoning	17081	3185	897	475652	20797	421741	3192	7603
吉 林	Jilin	12421	2621	257	294798	17049	263260	1973	4698
黑龙江	Heilongjiang	12506	3471	1899	399402	13197	373828	2795	4824
上 海	Shanghai	11821	7634	995	177486	2850	170519	886	2729
江 苏	Jiangsu	13937	2579	1401	575822	14778	539096	2572	7075
浙 江	Zhejiang	18634	2124	423	497509	17096	469988	2958	7467
安 徽	Anhui	9617	1640	253	434489	17380	404408	2934	5921
福 建	Fujian	9102	2258	315	287112	13585	264956	2419	6152
江 西	Jiangxi	12586	2057	342	382748	24012	347193	3095	7581
山 东	Shandong	18773	3169	653	972655	37957	917294	4929	12012
河 南	Henan	24648	3074	547	960526	36954	899039	5256	12505
湖 北	Hubei	15175	2173	569	524364	13612	499166	3460	8126
湖 南	Hunan	14611	1734	1825	653500	25734	617690	3528	6548
广 东	Guangdong	20174	8063	2462	879124	46840	816189	3224	12695
广 西	Guangxi	11400	2146	1464	360550	16252	333039	2723	5099
海 南	Hainan	2089	268	84	86071	4187	75970	506	5408
重 庆	Chongqing	5522	476	179	216867	6944	205884	1609	2430
四 川	Sichuan	17254	1941	758	655060	31765	607876	6340	9079
贵 州	Guizhou	5425	2046	213	344732	16065	321183	2972	4512
云 南	Yunnan	12683	1484	1967	417540	20367	384468	4883	6006
西 藏	Tibet	2046	377		71749	7410	61807	938	1594
陕 西	Shaanxi	15003	1638	247	429873	30351	388535	4618	6352
甘 肃	Gansu	9437	1574	485	343931	25473	310472	3745	4241
青 海	Qinghai	2406	536	15	76170	5426	68102	1413	1229
宁 夏	Ningxia	3079	740	88	75027	4160	68506	898	1463
新 疆	Xinjiang	8885	964	250	311555	18347	278357	2163	10292

4-2 各地区分行业城镇集体单位就业人员数
Employed Persons in Urban Collective-owned Units by Sector and Region

单位：人 (person)

地 区	Region	城镇集体单位合计 Total	(一)企业 I.Enterprises	(二)事业 II.Institutions	(三)机关 III.Agencies and Organizations	(一)农、林、牧、渔业 I.Agriculture, Forestry, Animal Husbandry and Fishery	1.农业 1.Agriculture	2.林业 2.Forestry
总 计	**National Total**	**7184366**	**6145461**	**1021575**	**17330**	**59543**	**7762**	**3541**
北 京	Beijing	172984	150594	22390		3065	987	428
天 津	Tianjin	87499	81506	5993		11		
河 北	Hebei	326789	303865	22347	577	2755	36	35
山 西	Shanxi	289928	255679	33217	1032	1255	99	74
内蒙古	Inner Mongolia	110567	93608	16760	199	1960	521	71
辽 宁	Liaoning	353404	333209	19879	316	2460	51	153
吉 林	Jilin	161533	144116	16894	523	519	18	75
黑龙江	Heilongjiang	328712	319256	8841	615	723	578	15
上 海	Shanghai	128069	92335	34680	1054	948		369
江 苏	Jiangsu	349311	242460	105243	1608	5211	2523	11
浙 江	Zhejiang	280565	214604	65720	241	531	79	
安 徽	Anhui	257684	208605	48386	693	605	61	
福 建	Fujian	182837	156215	26567	55	290	32	187
江 西	Jiangxi	173392	160730	11393	1269	851	263	144
山 东	Shandong	594457	506099	86623	1735	5832	35	78
河 南	Henan	829315	561453	264483	3379	7916	290	89
湖 北	Hubei	265158	241903	22474	781	3869	59	146
湖 南	Hunan	323595	291798	31797		2659	558	268
广 东	Guangdong	654900	612064	42466	370	1808	198	292
广 西	Guangxi	176321	166363	9884	74	591	234	77
海 南	Hainan	37780	31211	6514	55	834	473	304
重 庆	Chongqing	108770	91801	16704	265	1407	22	70
四 川	Sichuan	403702	338138	65280	284	8871	2	62
贵 州	Guizhou	86197	81343	4721	133	58	39	13
云 南	Yunnan	128225	122370	4839	1016	915	339	236
西 藏	Tibet	5330	5322	4	4	19	15	
陕 西	Shaanxi	207312	187409	18966	937	1645		135
甘 肃	Gansu	81243	77114	4129		243		76
青 海	Qinghai	21663	20275	1339	49	546	52	133
宁 夏	Ningxia	10739	10281	458		53	40	
新 疆	Xinjiang	46385	43735	2584	66	1093	158	

4-2 续表 1 continued

单位：人 (person)

地区	Region	3.畜牧业 3.Animal Husbandry	4.渔业 4.Fishery	5.农、林、牧、渔服务业 5.Service in support of Agriculture, Forestry, Animal Husbandry and Fishery	(二)采矿业 II.Mining	1.煤炭开采和洗选业 1.Mining and Washing of Coal	2.石油和天然气开采业 2.Extraction of Petroleum and Natural Gas	3.黑色金属矿采选业 3.Mining of Ferrous Metal Ores
总计	**National Total**	**3647**	**2575**	**42018**	**232105**	**164622**	**470**	**19924**
北京	Beijing	411	93	1146	1012	211		523
天津	Tianjin			11	232	3	50	
河北	Hebei	34		2650	3938	3659		279
山西	Shanxi	59	8	1015	35952	34947		721
内蒙古	Inner Mongolia	85		1283	4464	2149		592
辽宁	Liaoning	276	1002	978	17484	6801		7136
吉林	Jilin	9	65	352	4069	3010		163
黑龙江	Heilongjiang	95		35	19185	18710		
上海	Shanghai	5		574				
江苏	Jiangsu	365	410	1902	7330	4246		165
浙江	Zhejiang		9	443	2945			
安徽	Anhui		24	520	36585	36385		
福建	Fujian		13	58	908	535		53
江西	Jiangxi	55	253	136	510	129		
山东	Shandong	934	422	4363	20110	8721		721
河南	Henan	691	34	6812	14525	9933		706
湖北	Hubei	31	79	3554	14906	3018		6775
湖南	Hunan	90	100	1643	21052	17397		618
广东	Guangdong	180	17	1121	359			223
广西	Guangxi		11	269	2625			387
海南	Hainan	22	35		11			
重庆	Chongqing			1315	5083	3546	29	164
四川	Sichuan	3		8804	8041	7234		
贵州	Guizhou	6			1372	735		264
云南	Yunnan	126		214	3636	409		71
西藏	Tibet	4			211			185
陕西	Shaanxi			1510	2979	1198	390	
甘肃	Gansu	83		84	1532	1221		62
青海	Qinghai	39		322	389			
宁夏	Ningxia			13				
新疆	Xinjiang	44		891	660	425	1	116

4-2 续表 2 continued

单位：人 (person)

地 区	Region	4.有色金属矿采选业 4.Mining of Non-ferrous Metal Ores	5.非金属矿采选业 5.Mining and Processing of Nonmetal Ores	6.其他采矿业 6.Mining of Other Ores	(三)制造业 III. Manufacturing	1.农副食品加工业 1.Processing of Food from Agricultural Products	2.食品制造业 2.Manufacture of Foods	3.饮料制造业 3.Manufacture of Beverage
总 计	**National Total**	**19885**	**26561**	**643**	**1820547**	**37850**	**39860**	**14534**
北 京	Beijing		276	2	38969	257	151	186
天 津	Tianjin		179		23730	53	610	193
河 北	Hebei				97177	1781	1553	619
山 西	Shanxi	38	176	70	78670	144	597	513
内蒙古	Inner Mongolia	1418	305		30993	455	602	337
辽 宁	Liaoning	810	2737		154021	1779	296	566
吉 林	Jilin		360	536	57818	220	165	76
黑龙江	Heilongjiang	171	304		123782	758	302	1412
上 海	Shanghai				22852		493	93
江 苏	Jiangsu	103	2816		82868	357	646	355
浙 江	Zhejiang	100	2845		48341	500	267	1177
安 徽	Anhui	8	192		26217	1576	1697	62
福 建	Fujian	12	308		41679	342	1111	146
江 西	Jiangxi	233	123	25	23903	284	710	89
山 东	Shandong	7854	2814		197865	10587	1057	1199
河 南	Henan	108	3768	10	153725	5122	14908	2065
湖 北	Hubei	1557	3556		64044	2752	1158	1784
湖 南	Hunan	1138	1899		60419	1361	184	315
广 东	Guangdong	48	88		206996	4318	8333	623
广 西	Guangxi	1408	830		33934	448	1497	308
海 南	Hainan		11		3036	496	28	84
重 庆	Chongqing		1344		30161	1262	448	398
四 川	Sichuan	193	614		75061	843	909	224
贵 州	Guizhou	19	354		15526	225	106	172
云 南	Yunnan	2718	438		26528	687	1000	585
西 藏	Tibet		26		1856			53
陕 西	Shaanxi	1391			60179	955	841	9
甘 肃	Gansu	249			26877	73	26	570
青 海	Qinghai	290	99		5992	20		57
宁 夏	Ningxia				1852			
新 疆	Xinjiang	19	99		5476	195	165	264

4-2 续表 3 continued

单位：人 (person)

地 区	Region	4.烟草制品业 4.Manufacture of Tobacco	5.纺织业 5.Manufacture of Textile	6.纺织服装、鞋、帽制造业 6.Manufacture of Textile Wearing Apparel, Footware and Caps	7.皮革、毛皮、羽毛(绒)及其制品业 7.Manufacture of Leather, Fur, Feather and Its Products	8.木材加工及木、竹、藤、棕、草制品业 8.Processing of Timbers, Manufacture of Wood, Bamboo, Rattan, Palm and Straw Products	9.家具制造业 9.Manufacture of Furniture	10.造纸及纸制品业 10.Manufacture of Paper and Paper Products
总 计	**National Total**	**4935**	**99606**	**89015**	**35883**	**37484**	**23942**	**39860**
北 京	Beijing		1742	3122	674	431	196	785
天 津	Tianjin		1147	579	32	149	94	251
河 北	Hebei	660	7124	5210	364	238	2591	1394
山 西	Shanxi		1100	2957	658	311	935	473
内蒙古	Inner Mongolia		182	813	74	4836	159	461
辽 宁	Liaoning	206	1859	4153	574	454	186	1445
吉 林	Jilin	122	176	2123	76	1922	43	432
黑龙江	Heilongjiang		2244	3958	2267	12075	6919	3655
上 海	Shanghai		886	1856	468	11	26	655
江 苏	Jiangsu		8346	3764	681	182	430	968
浙 江	Zhejiang	59	5063	1778	2928	445	46	1234
安 徽	Anhui	1207	3067	997	22	201	161	488
福 建	Fujian	22	2295	2942	6431	993	828	2040
江 西	Jiangxi		2418	1477	304	555	226	385
山 东	Shandong		17073	11940	4014	4095	489	4702
河 南	Henan	2026	14538	3686	1039	2725	570	4178
湖 北	Hubei	178	4515	5631	11	2640	2015	1604
湖 南	Hunan		1227	1453	700	1415	2135	1654
广 东	Guangdong	132	11591	19880	12995	879	4195	6173
广 西	Guangxi		1409	2202	286	424	437	1481
海 南	Hainan		170	255		25	33	85
重 庆	Chongqing		2416	649	161	571	79	163
四 川	Sichuan	318	4639	623	290	419	137	1642
贵 州	Guizhou		124	1460	23	298	209	743
云 南	Yunnan		1455	1116	156	683	284	2106
西 藏	Tibet		33	135		137	87	
陕 西	Shaanxi		2246	3417	467	347	354	249
甘 肃	Gansu	5	267	158	169	4	32	189
青 海	Qinghai		89	612		12		168
宁 夏	Ningxia						38	
新 疆	Xinjiang		165	69	19	7	8	57

4-2 续表 4 continued

单位：人 (person)

地 区	Region	11.印刷业和记录媒介的复制 11.Printing, Reproduction of Recording Media	12.文教体育用品制造业 12.Manufacture of Articles for Culture, Education and Sport Activities	13.石油加工、炼焦及核燃料加工业 13.Processing of Petroleum , Coking, Processing of Nuclear Fuel	14.化学原料及化学制品制造业 14.Manufacture of Chemical Raw Material and Chemical Products	15.医药制造业 15.Manufacture of Medicines	16.化学纤维制造业 16.Manufacture of Chemical Fiber
总 计	**National Total**	**52559**	**18079**	**28074**	**99916**	**24355**	**4094**
北 京	Beijing	3447	546	53	1743	404	41
天 津	Tianjin	437	208	200	3284	41	185
河 北	Hebei	3177	250	1228	5826	1642	
山 西	Shanxi	1869	40	3060	9160	149	
内蒙古	Inner Mongolia	1515			1222		
辽 宁	Liaoning	4476	97	10495	12720	961	1516
吉 林	Jilin	2514	15	188	3189	1310	
黑龙江	Heilongjiang	3905	1751	821	2004	2747	
上 海	Shanghai	716	435		429	318	245
江 苏	Jiangsu	2133	1493	927	4826	3391	1412
浙 江	Zhejiang	822	211	12	3051	366	34
安 徽	Anhui	665	1476		1175	507	
福 建	Fujian	1615	596		1026	329	
江 西	Jiangxi	727	29	426	273	15	
山 东	Shandong	2851	169	643	7867	1046	13
河 南	Henan	3672	205	2880	10013	2511	192
湖 北	Hubei	508	72		3123	719	323
湖 南	Hunan	1856	176	16	3426	114	
广 东	Guangdong	6359	9778		6683	2488	21
广 西	Guangxi	1208	54		3439	833	33
海 南	Hainan	207			486		
重 庆	Chongqing	863	35		2334	190	
四 川	Sichuan	2007	7	33	7027	706	56
贵 州	Guizhou	699	128	6	1028	127	
云 南	Yunnan	1202	95	17	1793	510	23
西 藏	Tibet		31		21	225	
陕 西	Shaanxi	2059	50	529	1537	2589	
甘 肃	Gansu	522	119	6517	508	109	
青 海	Qinghai	182		10	366		
宁 夏	Ningxia	137	13		26		
新 疆	Xinjiang	209		13	311	8	

4-2 续表 5 continued

单位：人 (person)

地　区	Region	17.橡胶制品业 17.Manufacture of Rubber	18.塑料制品业 18.Manufacture of Plastic	19.非金属矿物制品业 19.Manufacture of Non-metallic Mineral Products	20.黑色金属冶炼及压延加工业 20.Manufacture and Processing of Ferrous Metals	21.有色金属冶炼及压延加工业 21.Manufacture and Processing of Non-ferrous Metals	22.金属制品业 22.Manufacture of Metal Products
总　计	**National Total**	**29755**	**61340**	**179701**	**95935**	**34777**	**132838**
北　京	Beijing	186	2290	2812	424	503	4136
天　津	Tianjin	967	2485	469	116	403	2464
河　北	Hebei	2319	4008	7788	7843	547	10667
山　西	Shanxi	1041	1454	5728	8860	802	7834
内蒙古	Inner Mongolia		159	4115	2888	1990	1353
辽　宁	Liaoning	3965	3738	15753	10243	6743	11472
吉　林	Jilin	1159	2233	3645	5144	200	1581
黑龙江	Heilongjiang	2202	4937	5424	1914	845	11590
上　海	Shanghai	115	1481	923	717	154	896
江　苏	Jiangsu	757	3924	3856	640	2087	6221
浙　江	Zhejiang	154	1839	4613	1662	698	3251
安　徽	Anhui	97	799	3589	430	109	398
福　建	Fujian	748	2344	4832	1535	3	1655
江　西	Jiangxi	377	402	3649	1258	361	1259
山　东	Shandong	4354	3186	21515	18293	820	8246
河　南	Henan	2888	4240	15518	4771	1056	11285
湖　北	Hubei	591	800	11013	977	600	6665
湖　南	Hunan	2368	2088	18427	4786	1526	986
广　东	Guangdong	2854	9146	13600	1765	351	9202
广　西	Guangxi	268	1170	4127	255	2835	4943
海　南	Hainan	179	37	161	24		156
重　庆	Chongqing	471	608	2952	657	41	1582
四　川	Sichuan	310	1893	6600	15224	400	7584
贵　州	Guizhou	385	459	3226	1844	250	1331
云　南	Yunnan	157	1350	6127	1372	555	1275
西　藏	Tibet			740			
陕　西	Shaanxi	712	2259	3192	363	1101	12300
甘　肃	Gansu	95	493	1818	1065	9199	559
青　海	Qinghai		117	1723	225	246	1601
宁　夏	Ningxia	36	500	581			82
新　疆	Xinjiang		901	1185	640	352	264

4-2 续表 6 continued

单位：人 (person)

地 区	Region	23.通用设备制造业 23.Manufacture of General Purpose Machinery	24.专用设备制造业 24.Manufacture of Special Purpose Machinery	25.交通运输设备制造业 25.Manufacture of Transport Equipment	26.电气机械及器材制造业 26.Manufacture of Electrical Machinery and Equipment	27.通信设备、计算机及其他电子设备制造业 27.Manufacture of Communication Equipment, Computer and Other Electronic Equipment	28.仪器仪表及文化、办公用机械制造业 28.Manufacture of Measuring Instrument and Machinery for Cultural Activity and Office Work
总 计	**National Total**	**197972**	**74622**	**139403**	**105688**	**34044**	**31310**
北 京	Beijing	3786	1824	3923	2003	771	1603
天 津	Tianjin	3049	1726	1264	1416	742	936
河 北	Hebei	14408	4359	6046	2409	250	1692
山 西	Shanxi	8316	14778	5343	1784	65	163
内蒙古	Inner Mongolia	4068	254	1814	866		32
辽 宁	Liaoning	22891	5983	19798	7990	803	1461
吉 林	Jilin	2636	1514	23614	1860	11	202
黑龙江	Heilongjiang	26331	4693	9161	8171	1170	1927
上 海	Shanghai	1936	1737	3135	3002	599	839
江 苏	Jiangsu	6235	3285	6621	12017	3296	1570
浙 江	Zhejiang	5205	1342	2559	4277	3290	1049
安 徽	Anhui	2532	798	1123	1088	229	3
福 建	Fujian	965	1604	1726	1505	323	892
江 西	Jiangxi	990	576	4260	783	80	184
山 东	Shandong	39604	6112	3727	11451	2466	884
河 南	Henan	11450	8686	11298	5741	771	710
湖 北	Hubei	6404	4341	3758	972	69	84
湖 南	Hunan	3283	1611	3846	3095	205	986
广 东	Guangdong	2858	3277	3540	24061	17906	13841
广 西	Guangxi	564	988	1892	708	85	645
海 南	Hainan		173	54	77		
重 庆	Chongqing	2158	859	9382	804	224	365
四 川	Sichuan	9377	1261	3821	5147	318	409
贵 州	Guizhou	1204	98	840	152		
云 南	Yunnan	1712	285	571	845	10	74
西 藏	Tibet		12				
陕 西	Shaanxi	14599	1844	5563	1046	361	676
甘 肃	Gansu	1118	199	222	2187		83
青 海	Qinghai	92	99	209	48		
宁 夏	Ningxia	63	237		98		
新 疆	Xinjiang	138	67	293	85		

4-2 续表 7 continued

单位：人 (person)

地区	Region	29.工艺品及其他制造业 29.Manufacture of Artwork, Other Manufacture	30.废弃资源和废旧材料回收加工业 30.Recycling and Disposal of Waste	(四)电力、燃气及水的生产和供应业 IV.Production and Distribution of Electricity, Gas and Water	1.电力、热力的生产和供应业 1.Production and Supply of Electric Power and Heat Power	2.燃气生产和供应业 2.Production and Distribution of Gas	3.水的生产和供应业 3.Production and Distribution of Water
总　计	**National Total**	**47319**	**5797**	**55869**	**34726**	**2197**	**18946**
北　京	Beijing	798	132	583	311	110	162
天　津	Tianjin	223	7	430	303	24	103
河　北	Hebei	908	276	505	458		47
山　西	Shanxi	276	260	2344	1580	452	312
内蒙古	Inner Mongolia	2227	571	807	81		726
辽　宁	Liaoning	1166	232	3838	2777	128	933
吉　林	Jilin	96	1352	1667	1014	398	255
黑龙江	Heilongjiang	592	7	1648	1287	6	355
上　海	Shanghai	465	222	587	587		
江　苏	Jiangsu	2414	34	2968	1409	31	1528
浙　江	Zhejiang	388	21	3140	1097	67	1976
安　徽	Anhui	254	1467	1075	836	52	187
福　建	Fujian	2781	50	1660	1484	15	161
江　西	Jiangxi	1777	29	903	699		204
山　东	Shandong	9371	91	2305	1510	16	779
河　南	Henan	4975	6	1671	839	213	619
湖　北	Hubei	285	452	1928	1377		551
湖　南	Hunan	1180		1551	770	5	776
广　东	Guangdong	9811	336	16604	9657	91	6856
广　西	Guangxi	1367	28	147	11		136
海　南	Hainan	306		247	152	25	70
重　庆	Chongqing	353	136	1319	675	12	632
四　川	Sichuan	2835	2	3669	2333	552	784
贵　州	Guizhou	389		796	593		203
云　南	Yunnan	434	49	1012	833		179
西　藏	Tibet	376	6				
陕　西	Shaanxi	483	31	498	425		73
甘　肃	Gansu	571		472	323		149
青　海	Qinghai	116		1011	989		22
宁　夏	Ningxia	41					
新　疆	Xinjiang	61		484	316		168

4-2 续表 8 continued

单位：人 (person)

地 区	Region	(五)建筑业 V.Construction	1.房屋和土木工程建筑业 1.Construction of Building and Civil Engineering	2.建筑安装业 2.Architectural Installation	3.建筑装饰业 3.Architectural Decoration	4.其他建筑业 4.Other Construction	(六)交通运输、仓储和邮政业 VI.Transport, Storage and Post	1.铁路运输业 1.Transport Via Railway
总 计	**National Total**	**1814745**	**1638365**	**133818**	**29078**	**13484**	**246431**	**32630**
北 京	Beijing	22608	15373	5217	1510	508	6274	2
天 津	Tianjin	13322	7015	5769	413	125	5097	628
河 北	Hebei	71924	66186	5313	283	142	8023	872
山 西	Shanxi	30157	21846	6808	503	1000	3842	45
内蒙古	Inner Mongolia	18351	17273	1025	24	29	3966	3073
辽 宁	Liaoning	71629	51286	17936	473	1934	13714	1470
吉 林	Jilin	32847	23746	8733	178	190	11366	10188
黑龙江	Heilongjiang	83206	68740	6491	7617	358	10466	872
上 海	Shanghai	4514	3485	515	378	136	7204	2742
江 苏	Jiangsu	57308	51405	4919	601	383	13666	2079
浙 江	Zhejiang	78563	77033	680	785	65	10651	3579
安 徽	Anhui	62041	56937	4349	385	370	14469	189
福 建	Fujian	57715	49902	1380	5915	518	6263	80
江 西	Jiangxi	92359	90599	890	335	535	7583	1723
山 东	Shandong	125010	112846	10779	644	741	10303	547
河 南	Henan	147354	133831	10400	957	2166	20405	4374
湖 北	Hubei	88704	83036	4968	243	457	18514	7
湖 南	Hunan	133953	124716	7768	438	1031	16356	10
广 东	Guangdong	191007	183395	4786	2700	126	18975	81
广 西	Guangxi	64525	60134	3158	1043	190	11779	
海 南	Hainan	13093	11658	115	1320		641	
重 庆	Chongqing	36403	31630	2983	306	1484	4266	66
四 川	Sichuan	165058	157452	6574	842	190	11231	
贵 州	Guizhou	29919	28166	1400	353		1289	
云 南	Yunnan	34008	30040	3269	578	121	2022	
西 藏	Tibet	2662	2662				20	
陕 西	Shaanxi	50282	48413	1685	88	96	5204	3
甘 肃	Gansu	19023	17471	947	16	589	1163	
青 海	Qinghai	6803	5379	1367	57		783	
宁 夏	Ningxia	3013	2266	747			48	
新 疆	Xinjiang	7384	4444	2847	93		848	

4-2 续表 9 continued

单位：人 (person)

地　区	Region	2.道路运输业 2.Transport Via Road	3.城市公共交通业 3.Urban Public Traffic	4.水上运输业 4.Water Transport	5.航空运输业 5.Air Transport	6.管道运输业 6.Transport Via Pipeline	7.装卸搬运和其他运输服务业 7.Loading, Unloading Portage and Other Transport Services	8.仓储业 8.Storage
总　计	**National Total**	**83960**	**24202**	**34990**	**1145**	**148**	**58119**	**9151**
北　京	Beijing	1172	3299		23		650	1111
天　津	Tianjin	2748	586	5	165		577	388
河　北	Hebei	5111	632				1141	267
山　西	Shanxi	2156	308	5			748	495
内蒙古	Inner Mongolia	455					438	
辽　宁	Liaoning	4175	479	25	342		6372	798
吉　林	Jilin	551	236				112	55
黑龙江	Heilongjiang	5264	112	33			4045	140
上　海	Shanghai	649	1492	32	511		1387	391
江　苏	Jiangsu	6486	216	3437			697	267
浙　江	Zhejiang	2376	1323	777			1302	94
安　徽	Anhui	8409	1342	2925			1604	
福　建	Fujian	1519	632	1760			2085	187
江　西	Jiangxi	594	748	2275			2243	
山　东	Shandong	4850	975	638			1156	2137
河　南	Henan	7746	1850	2929	8		2747	751
湖　北	Hubei	2049	431	2143			13512	372
湖　南	Hunan	4963	348	4998			5929	108
广　东	Guangdong	4939	4803	5778	70		2427	877
广　西	Guangxi	3484	189	4957			3093	56
海　南	Hainan	109	373	159				
重　庆	Chongqing	1678	52	440			1912	118
四　川	Sichuan	7869	885	1288		148	1025	16
贵　州	Guizhou	203	41	326			719	
云　南	Yunnan	1072	446		26		343	112
西　藏	Tibet	20						
陕　西	Shaanxi	2202	1621	60			1136	182
甘　肃	Gansu	822					122	219
青　海	Qinghai		783					
宁　夏	Ningxia	48						
新　疆	Xinjiang	241					597	10

4-2 续表 10 continued

单位：人 (person)

地 区	Region	9.邮政业 9.Post	(七)信息传输、计算机服务和软件业 VII.Information Transmission, Computer Services and Software	1.电信和其他信息传输服务业 1.Telecom and Other Information Transmission Services	2.计算机服务业 2.Computer Services	3.软件业 3.Software Industry	(八)批发和零售业 VIII. Wholesale and Retail Trades	1.批发业 1.Wholesale Trade
总 计	**National Total**	**2086**	**9458**	**6889**	**1666**	**903**	**690001**	**311876**
北 京	Beijing	17	425	120	233	72	16737	6618
天 津	Tianjin		315	271	36	8	17992	12683
河 北	Hebei		157	95	62		50528	26399
山 西	Shanxi	85	12			12	43796	17716
内蒙古	Inner Mongolia		21		21		5668	1153
辽 宁	Liaoning	53	995	865	54	76	18082	10387
吉 林	Jilin	224	12		3	9	5888	2007
黑龙江	Heilongjiang		163	113	25	25	23938	7554
上 海	Shanghai		371	285	52	34	18796	9326
江 苏	Jiangsu	484	1203	1101	102		29505	12609
浙 江	Zhejiang	1200	668	475		193	10192	4865
安 徽	Anhui		220	197		23	26725	17908
福 建	Fujian		260	31	10	219	17195	6802
江 西	Jiangxi		1111	423	688		11264	3207
山 东	Shandong		1825	1705	10	110	58883	25969
河 南	Henan		457	376	79	2	114027	58015
湖 北	Hubei		33	24	9		17147	6271
湖 南	Hunan		121	121			11329	3117
广 东	Guangdong		471	411	52	8	41937	27267
广 西	Guangxi		93	47		46	20906	8187
海 南	Hainan		68	12	44	12	4939	2298
重 庆	Chongqing						6769	2239
四 川	Sichuan		18	11		7	22101	8887
贵 州	Guizhou		4	4			12244	3262
云 南	Yunnan	23	244	62	135	47	21323	5242
西 藏	Tibet						302	106
陕 西	Shaanxi		111	111			40191	8474
甘 肃	Gansu		63	12	51		8613	3138
青 海	Qinghai						1241	331
宁 夏	Ningxia						1063	437
新 疆	Xinjiang		17	17			10680	9402

4-2 续表 11 continued

单位：人 (person)

地 区	Region	2.零售业 2.Retail Trade	(九)住宿和餐饮业 IX. Hotels and Catering Services	1.住宿业 1.Hotels	2.餐饮业 2.Catering Services	(十)金融业 X.Financial Intermediation	1.银行业 1.Bank	2.证券业 2.Security Activities
总 计	**National Total**	**378125**	**115859**	**75605**	**40254**	**613113**	**604471**	**290**
北 京	Beijing	10119	9575	5869	3706	13		
天 津	Tianjin	5309	1896	1175	721	5901	5860	
河 北	Hebei	24129	4226	2482	1744	44998	44307	
山 西	Shanxi	26080	2937	2067	870	32984	32980	
内蒙古	Inner Mongolia	4515	2298	1328	970	19790	19596	
辽 宁	Liaoning	7695	3352	2420	932	26958	26638	
吉 林	Jilin	3881	1969	975	994	21647	21646	1
黑龙江	Heilongjiang	16384	3707	3250	457	20044	20044	
上 海	Shanghai	9470	1633	401	1232	8		
江 苏	Jiangsu	16896	4525	3091	1434	24352	24329	
浙 江	Zhejiang	5327	7862	6567	1295	21298	21170	
安 徽	Anhui	8817	1538	378	1160	20298	18963	
福 建	Fujian	10393	3593	1707	1886	13224	12791	
江 西	Jiangxi	8057	688	330	358	18037	17721	
山 东	Shandong	32914	9090	5401	3689	38057	38057	
河 南	Henan	56012	15393	9975	5418	56242	55368	39
湖 北	Hubei	10876	2414	1819	595	22609	22356	250
湖 南	Hunan	8212	3286	2548	738	31991	31309	
广 东	Guangdong	14670	13887	7259	6628	57481	55108	
广 西	Guangxi	12719	3436	2629	807	18928	18903	
海 南	Hainan	2641	1770	1446	324	2740	2740	
重 庆	Chongqing	4530	1738	1403	335	3336	3336	
四 川	Sichuan	13214	4115	2238	1877	37324	37324	
贵 州	Guizhou	8982	883	605	278	11428	11428	
云 南	Yunnan	16081	4496	3970	526	17363	17175	
西 藏	Tibet	196	196	68	128			
陕 西	Shaanxi	31717	2456	1736	720	19455	19070	
甘 肃	Gansu	5475	707	652	55	11747	11489	
青 海	Qinghai	910	279	279		2790	2790	
宁 夏	Ningxia	626	380	98	282	3626	3626	
新 疆	Xinjiang	1278	1534	1439	95	8444	8347	

4-2 续表 12 continued

单位：人 (person)

地 区	Region	3.保险业 3.Insurance	4.其他金融活动 4.Other Financial Activities	(十一)房地产业 XI.Real Estate	#房地产开发经营 Development and Management of Real Estate	#物业管理 Property Management	#房地产中介服务 Agency Services for Real Estate	(十二)租赁和商务服务业 XII.Leasing and Business Services	1.租赁业 1.Leasing
总 计	**National Total**	**1000**	**7352**	**76669**	**34533**	**29037**	**2191**	**344403**	**8731**
北 京	Beijing		13	9106	392	6269	157	21122	533
天 津	Tianjin		41	292	273	13		3579	6
河 北	Hebei		691	516	297	201		15015	388
山 西	Shanxi		4	1014	726	173		23216	68
内蒙古	Inner Mongolia		194	90	58	32		4077	
辽 宁	Liaoning		320	1747	56	967	172	14022	202
吉 林	Jilin			295	14	250	12	2606	20
黑龙江	Heilongjiang			3384	2587	776		10849	480
上 海	Shanghai		8	2282	533	1524	64	31256	48
江 苏	Jiangsu		23	3050	1188	1615	27	16227	113
浙 江	Zhejiang		128	2210	516	1256	44	24524	29
安 徽	Anhui	14	1321	2258	1352	785	37	15601	
福 建	Fujian		433	2814	1378	1279	62	9254	39
江 西	Jiangxi	116	200	710	664		10	3836	2356
山 东	Shandong			8541	6146	1566	698	30588	1571
河 南	Henan	784	51	3816	2234	1397	95	26058	1041
湖 北	Hubei		3	1460	974	454		2685	
湖 南	Hunan	52	630	2940	1488	955	23	5175	630
广 东	Guangdong	10	2363	19932	8296	6380	269	34948	22
广 西	Guangxi		25	1338	806	219	80	8738	102
海 南	Hainan			766	341	375	35	3559	32
重 庆	Chongqing			1565	837	533	58	941	294
四 川	Sichuan			1777	1617	158		7650	103
贵 州	Guizhou			1337	421	514	64	5031	284
云 南	Yunnan		188	962	219	322	236	7211	38
西 藏	Tibet							36	
陕 西	Shaanxi		385	1208	702	402		3109	282
甘 肃	Gansu	24	234	566	171	384	11	6660	50
青 海	Qinghai			26	26			718	
宁 夏	Ningxia			46	25	21		245	
新 疆	Xinjiang		97	621	196	217	37	5867	

4-2 续表 13 continued

单位：人 (person)

地 区	Region	2.商务服务业 2.Business Services	(十三)科学研究、技术服务和地质勘查业 XIII.Scientific Research, Technical Services and Geological Prospecting	1.研究与试验发展 1.Research and Experimental Development	自然科学研究与试验发展 Research and Experimental Development on Physical Science	工程和技术研究与试验发展 Research and Experimental Development on Engineering and Technical Research	农业科学研究与试验发展 Research and Experimental Development on Agricultural Science Research	医学研究与试验发展 Research and Experimental Development
总 计	**National Total**	**335672**	**33706**	**2498**	**178**	**1316**	**389**	**512**
北 京	Beijing	20589	5097	209	27	50	19	99
天 津	Tianjin	3573	639	30		6		
河 北	Hebei	14627	333					
山 西	Shanxi	23148	346	10				10
内蒙古	Inner Mongolia	4077	156					
辽 宁	Liaoning	13820	3493	176	14	157		
吉 林	Jilin	2586	743	43		23	20	
黑龙江	Heilongjiang	10369	1127	13	3	10		
上 海	Shanghai	31208	1626	619		342	78	156
江 苏	Jiangsu	16114	1067	63	6	42	4	
浙 江	Zhejiang	24495	3140	23		11	12	
安 徽	Anhui	15601	506					
福 建	Fujian	9215	779	116		113		3
江 西	Jiangxi	1480	10					
山 东	Shandong	29017	2552	108	87	4	17	
河 南	Henan	25017	1809	96	8	16	10	56
湖 北	Hubei	2685	608	24			24	
湖 南	Hunan	4545	653	36			36	
广 东	Guangdong	34926	3953	276	25	21	65	165
广 西	Guangxi	8636	764					
海 南	Hainan	3527	389	46		43		3
重 庆	Chongqing	647	465	78	8		70	
四 川	Sichuan	7547	562	197		171	26	
贵 州	Guizhou	4747	257	130		130		
云 南	Yunnan	7173	1534	30		2	8	20
西 藏	Tibet	36						
陕 西	Shaanxi	2827	432					
甘 肃	Gansu	6610	388	175		175		
青 海	Qinghai	718	25					
宁 夏	Ningxia	245	44					
新 疆	Xinjiang	5867	209					

4-2 续表 14 continued

单位：人 (person)

地 区	Region	社会人文科学研究与试验发展 Research and Experimental Development on Social Science and Humanities	2.专业技术服务业 Professional Technical Services	#气象服务 Weather Services	#地震服务 Earthquake Services	#海洋服务 Ocean Services	#测绘服务 Plotting Services	#技术检测 Technique Detection
总 计	**National Total**	**103**	**23170**	**54**	**49**	**174**	**968**	**4792**
北 京	Beijing	14	3188				46	780
天 津	Tianjin	24	391			3		10
河 北	Hebei		226				44	47
山 西	Shanxi		281	6			14	65
内蒙古	Inner Mongolia		138				13	66
辽 宁	Liaoning	5	2989			18	34	265
吉 林	Jilin		492				20	6
黑龙江	Heilongjiang		741				15	
上 海	Shanghai	43	598				3	213
江 苏	Jiangsu	11	782				79	226
浙 江	Zhejiang		2084	18		5	389	166
安 徽	Anhui		309					70
福 建	Fujian		637	15	35		33	66
江 西	Jiangxi		10					
山 东	Shandong		2113				37	1640
河 南	Henan	6	1035	12			106	109
湖 北	Hubei		416				27	3
湖 南	Hunan		344	3				161
广 东	Guangdong		3323			26	52	434
广 西	Guangxi		744		14		37	173
海 南	Hainan		316					28
重 庆	Chongqing		350			122	12	40
四 川	Sichuan		161					25
贵 州	Guizhou		78					
云 南	Yunnan		733					58
西 藏	Tibet							
陕 西	Shaanxi		218				7	25
甘 肃	Gansu		195					116
青 海	Qinghai		25					
宁 夏	Ningxia		44					
新 疆	Xinjiang		209					

4-2 续表 15 continued

单位：人 (person)

地 区	Region	#环境监测 Environmental Monitoring	#工程技术与规划管理 Engineering Technic & Programming Management	3.科技交流和推广服务业 3.Services of Science and Technology Exchanges and Promotion	4.地质勘查业 4.Geological Prospecting	(十四)水利、环境和公共设施管理业 XIV.Management of Water Conservancy, Enviroment and Public Facilities	1.水利管理业 1.Management of Water Conservancy	2.环境管理业 2.Environmental Management
总 计	**National Total**	**87**	**12071**	**7104**	**934**	**101578**	**8475**	**79295**
北 京	Beijing		1176	1618	82	1445	101	439
天 津	Tianjin		111	192	26	444	192	252
河 北	Hebei		100	37	70	1803	512	796
山 西	Shanxi	15	157	55		4162	34	3956
内蒙古	Inner Mongolia		59	18		2508	97	2396
辽 宁	Liaoning	2	1241	304	24	2770	167	1577
吉 林	Jilin	12	325	208		6104	163	5620
黑龙江	Heilongjiang		581	318	55	2401	66	2001
上 海	Shanghai		170	409		3921	34	3220
江 苏	Jiangsu	3	428	222		16050	387	13825
浙 江	Zhejiang		1453	735	298	13366	543	11759
安 徽	Anhui		221	197		1158	76	518
福 建	Fujian	27	258	15	11	1619	284	967
江 西	Jiangxi		10			4068	23	3105
山 东	Shandong		380	157	174	2775	57	2328
河 南	Henan		710	594	84	1130	84	298
湖 北	Hubei		381	168		4941	319	4401
湖 南	Hunan		131	273		3653	2044	1279
广 东	Guangdong	28	2213	354		13517	1831	10372
广 西	Guangxi		374	20		1030		936
海 南	Hainan		231	27		487	174	310
重 庆	Chongqing		150	23	14	1745	94	1382
四 川	Sichuan		136	204		4925	869	3164
贵 州	Guizhou		8	5	44	1323	96	1132
云 南	Yunnan		554	719	52	2023	27	1752
西 藏	Tibet							
陕 西	Shaanxi		186	214		607	74	258
甘 肃	Gansu		79	18		148	127	
青 海	Qinghai		25			153		
宁 夏	Ningxia		14			178		147
新 疆	Xinjiang		209			1124		1105

4-2 续表 16 continued

单位：人 (person)

地 区	Region	3.公共设施管理业 3.Management of Public Facilities	(十五)居民服务和其他服务业 XV.Services to Households and Other Services	1.居民服务业 1.Services to Households	2.其他服务业 2.Other Services	(十六)教育 XVI.Education	#初等教育 Junior Education	#中等教育 Secondary Education
总 计	**National Total**	**13808**	**88550**	**35504**	**53046**	**343120**	**229543**	**74263**
北 京	Beijing	905	11070	3360	7710	10008	944	1221
天 津	Tianjin		8632	1517	7115	1739		824
河 北	Hebei	495	5208	2541	2667	977		426
山 西	Shanxi	172	2175	788	1387	2046	394	1468
内蒙古	Inner Mongolia	15	2235	663	1572	272		138
辽 宁	Liaoning	1026	3364	1760	1604	1630	203	60
吉 林	Jilin	321	1924	338	1586	299		65
黑龙江	Heilongjiang	334	15465	4523	10942	1519		258
上 海	Shanghai	667	4645	2905	1740	2240	188	1006
江 苏	Jiangsu	1838	1740	864	876	6617	1749	1249
浙 江	Zhejiang	1064	1937	1113	824	10515	2309	3384
安 徽	Anhui	564	270	151	119	907	20	155
福 建	Fujian	368	1540	438	1102	643	37	373
江 西	Jiangxi	940	972	825	147	47	18	
山 东	Shandong	390	2689	1158	1531	26249	15055	7826
河 南	Henan	748	2183	927	1256	243438	198127	44107
湖 北	Hubei	221	4799	755	4044	9342	6344	1610
湖 南	Hunan	330	1826	280	1546	3575	2685	137
广 东	Guangdong	1314	6491	5262	1229	8137	229	1530
广 西	Guangxi	94	2061	881	1180	2006	546	791
海 南	Hainan	3	44	24	20	158	30	102
重 庆	Chongqing	269	268	63	205	579	153	158
四 川	Sichuan	892	2639	1888	751	1043	389	414
贵 州	Guizhou	95	1054	272	782	2924		2864
云 南	Yunnan	244	1252	540	712	1577	59	163
西 藏	Tibet		4	4				
陕 西	Shaanxi	275	1237	980	257	4236	64	3875
甘 肃	Gansu	21	440	420	20	127		43
青 海	Qinghai	153	118	76	42	36		16
宁 夏	Ningxia	31	5	5				
新 疆	Xinjiang	19	263	183	80	234		

4-2 续表 17 continued

单位：人 (person)

地区	Region	#高等教育 Senior Education	(十七)卫生、社会保障和社会福利业 XVII.Health, Social Securities and Social Welfare	1.卫生 1.Health	2.社会保障业 2.Social Securities	3.社会福利业 3.Social Welfare	(十八)文化、体育和娱乐业 XVIII.Culture, Sports and Entertainment	1.新闻出版业 1.Journalism and Publishing Activities
总计	**National Total**	**3944**	**486545**	**477386**	**2283**	**6876**	**22694**	**2080**
北京	Beijing	517	11284	10082	271	931	1931	518
天津	Tianjin		2521	2423	6	92	69	4
河北	Hebei		15761	15690		71	1953	79
山西	Shanxi	9	21818	21755	31	32	2845	240
内蒙古	Inner Mongolia	77	12746	12675		71	48	
辽宁	Liaoning		12124	11736		388	310	41
吉林	Jilin		10880	10369		511	265	178
黑龙江	Heilongjiang	650	6359	6184	6	169	80	46
上海	Shanghai		21024	19797	789	438	1416	8
江苏	Jiangsu	47	72261	71332	365	564	3224	
浙江	Zhejiang	147	39048	38242	334	472	896	10
安徽	Anhui		42937	42864		73	1095	51
福建	Fujian		22724	22620	4	100	500	4
江西	Jiangxi		5525	5514		11	21	
山东	Shandong	179	46958	46392	2	564	1236	
河南	Henan	14	15928	15147	9	772	807	21
湖北	Hubei	708	5797	5202	286	309	332	25
湖南	Hunan	455	22443	22174	30	239	507	78
广东	Guangdong	347	15811	15121	79	611	1469	368
广西	Guangxi	312	598	596	2		168	
海南	Hainan		4640	4640			330	229
重庆	Chongqing	2	12181	12044		137	215	32
四川	Sichuan		48471	48333	4	134	998	30
贵州	Guizhou		544	544			78	
云南	Yunnan	480	886	853		33	147	2
西藏	Tibet						24	
陕西	Shaanxi		10697	10484	65	148	1524	
甘肃	Gansu		2382	2382			72	
青海	Qinghai		623	623			116	116
宁夏	Ningxia		182	182			4	
新疆	Xinjiang		1392	1386		6	14	

4-2 续表 18 continued

单位：人　　(person)

地 区	Region	2.广播、电视、电影和音像业 2.Broadcasting, Movies, Television and Audiovisual Activities	3.文化艺术业 3.Cultural and Art Activitries	4.体育 4.Sports Activities	5.娱乐业 5.Entertainment	(十九)公共管理和社会组织 XIX.Public Management & Social Organization	#群众社团、社会团体和宗教组织 Non-Governmental Organizations, Social Organizations, and Religion Organizations
总 计	**National Total**	**3487**	**14011**	**442**	**2674**	**29430**	**11101**
北 京	Beijing	145	329	197	742	2660	2643
天 津	Tianjin	6	1		58	658	
河 北	Hebei	30	1794		50	992	
山 西	Shanxi	136	2337		132	357	141
内蒙古	Inner Mongolia		32		16	117	
辽 宁	Liaoning	12	224	5	28	1411	100
吉 林	Jilin	26	23		38	615	3
黑龙江	Heilongjiang	26	8			666	12
上 海	Shanghai	722	619	36	31	2746	561
江 苏	Jiangsu	790	2331	7	96	139	89
浙 江	Zhejiang	41	660	31	154	738	369
安 徽	Anhui	339	672	19	14	3179	527
福 建	Fujian	22	207	20	247	177	177
江 西	Jiangxi			10	11	994	87
山 东	Shandong	495	665	31	45	3589	199
河 南	Henan	159	476	11	140	2431	150
湖 北	Hubei	31	253	23		1026	749
湖 南	Hunan	65	342	12	10	106	106
广 东	Guangdong	213	331	14	543	1117	630
广 西	Guangxi	41	19	3	105	2654	2654
海 南	Hainan		91		10	28	28
重 庆	Chongqing	11	172			329	329
四 川	Sichuan	62	840	14	52	148	148
贵 州	Guizhou	53	25			130	99
云 南	Yunnan	47		9	89	1086	189
西 藏	Tibet		24				
陕 西	Shaanxi		1471		53	1262	1042
甘 肃	Gansu	7	65			20	14
青 海	Qinghai					14	14
宁 夏	Ningxia	4					
新 疆	Xinjiang	4			10	41	41

4-3 各地区分行业其他单位就业人员数

Employed Persons in Units of Other Types of Ownership by Sector and Region

单位：人 (person)

地区	Region	其他单位合计 Total	(一)内资 I.Domestic Funded	1.股份合作 1.Cooperative Units	2.联营 2.Joint Ownership Units	#国有联营 State Joint Ownership Units	#集体联营 Collective Joint Ownership Units	3.有限责任公司 3.Limited Liability Corporations	#国有独资 State Funded Corporations
总计	**National Total**	**48824425**	**32988540**	**1697150**	**427741**	**141023**	**67816**	**20752096**	**3271266**
北京	Beijing	3377469	2396541	141961	19007	7649	908	1794904	265763
天津	Tianjin	1047800	469381	10049	15917	2981	262	258976	100010
河北	Hebei	1263823	1015088	77379	7708	6429	76	578816	157082
山西	Shanxi	926946	823951	32614	3971	2948	242	635672	211868
内蒙古	Inner Mongolia	734506	692687	18643	3048	1817	135	480915	134222
辽宁	Liaoning	1615942	1069525	49470	13593	1448	309	666546	183139
吉林	Jilin	766266	655209	19459	2572	1150	752	374792	33300
黑龙江	Heilongjiang	1505989	1428341	231433	7760	774	26	500347	192075
上海	Shanghai	2137167	899370	32296	11223	4351	522	476908	33197
江苏	Jiangsu	3882666	2066512	78454	11818	2525	3266	909666	90482
浙江	Zhejiang	4471873	2809793	134977	14198	2953	3912	2038060	104569
安徽	Anhui	1153073	1007228	50379	10597	3114	132	639119	222256
福建	Fujian	2803657	944249	62591	30867	9511	3238	524596	21175
江西	Jiangxi	702540	555717	40187	8342	4148	242	325761	45236
山东	Shandong	4229610	2872066	151889	37386	23628	5080	1891154	195742
河南	Henan	2396041	2183965	103883	16638	2538	5980	1542533	240861
湖北	Hubei	1509933	1251610	50446	24920	4585	3632	727963	106031
湖南	Hunan	1421512	1240280	52103	11169	1319	6959	832643	124870
广东	Guangdong	5549682	1851902	105472	97878	32491	11507	1165025	216968
广西	Guangxi	726662	604125	15262	7450	2769	1381	392075	44227
海南	Hainan	168562	123009	4741	11637	3635	833	63712	6157
重庆	Chongqing	1030081	931461	36231	20331	3080	12482	698457	89415
四川	Sichuan	1753884	1626918	87552	13883	3173	1497	1057498	75425
贵州	Guizhou	604524	578086	20436	6204	1727	1396	427033	103233
云南	Yunnan	1013233	959783	26332	3195	1703	705	375058	48557
西藏	Tibet	8594	8594		444	13	227	4003	3275
陕西	Shaanxi	739263	690420	22522	7789	4734	909	540571	43827
甘肃	Gansu	413213	401302	18854	2973	650	439	261257	39359
青海	Qinghai	97325	95535	6698	283	60	28	58812	7005
宁夏	Ningxia	208362	197153	8398	760	78	332	144599	57068
新疆	Xinjiang	564227	538739	6439	4180	3042	407	364625	74872

4-3 续表 1 continued

单位：人 (person)

地 区	Region	4.股份有限公司 4.Share-holding Corporations Ltd	5.其他 5.Others	(二)港、澳、台商投资 II.Units with funds Entrepreneurs from Hong Kong, Macao and Taiwan	(三)外商投资 III.Foreign Funded Units	1.企业 1.Enterprises	2.事业 2.Institutions	(一)农、林、牧、渔业 I.Agriculture, Forestry, Animal Husbandry and Fishery	1.农业 1.Agriculture
总 计	**National Total**	**7883135**	**2228418**	**6803079**	**9032806**	**48521432**	**302993**	**140727**	**45636**
北 京	Beijing	386568	54101	288038	692890	3328223	49246	15263	3784
天 津	Tianjin	115394	69045	129932	448487	1047594	206	446	106
河 北	Hebei	293947	57238	98628	150107	1263670	153	879	626
山 西	Shanxi	149573	2121	69411	33584	926761	185	507	290
内蒙古	Inner Mongolia	176796	13285	15084	26735	731517	2989	7894	2969
辽 宁	Liaoning	305490	34426	109454	436963	1613522	2420	7243	438
吉 林	Jilin	221786	36600	24256	86801	762046	4220	4877	682
黑龙江	Heilongjiang	445749	243052	28875	48773	1505656	333	18764	7346
上 海	Shanghai	358368	20575	348426	889371	2122303	14864	5423	624
江 苏	Jiangsu	562749	503825	568368	1247786	3866615	16051	4980	878
浙 江	Zhejiang	599820	22738	762945	899135	4451644	20229	1097	242
安 徽	Anhui	247262	59871	63593	82252	1149395	3678	886	215
福 建	Fujian	214842	111353	1111374	748034	2783971	19686	6321	2398
江 西	Jiangxi	103376	78051	77362	69461	696762	5778	1758	242
山 东	Shandong	689069	102568	274473	1083071	4198083	31527	9803	1391
河 南	Henan	454523	66388	102442	109634	2368374	27667	9803	4134
湖 北	Hubei	386122	62159	85475	172848	1492856	17077	4989	3176
湖 南	Hunan	314603	29762	89945	91287	1412564	8948	2301	504
广 东	Guangdong	439184	44343	2326919	1370861	5531051	18631	7249	1059
广 西	Guangxi	135703	53635	53698	68839	721337	5325	6991	3704
海 南	Hainan	40406	2513	20384	25169	165094	3468	2134	1274
重 庆	Chongqing	164693	11749	28038	70582	1017712	12369	1462	706
四 川	Sichuan	402578	65407	45234	81732	1743692	10192	1250	54
贵 州	Guizhou	117216	7197	9468	16970	600630	3894	939	81
云 南	Yunnan	140706	414492	24234	29216	1008164	5069	7390	3539
西 藏	Tibet	2064	2083			8594		274	274
陕 西	Shaanxi	106028	13510	27682	21161	722018	17245	914	
甘 肃	Gansu	96954	21264	4600	7311	412809	404	1795	477
青 海	Qinghai	29190	552	1064	726	97240	85	3696	3411
宁 夏	Ningxia	38373	5023	525	10684	207898	464	216	
新 疆	Xinjiang	144003	19492	13152	12336	563637	590	3183	1012

4-3 续表 2 continued

单位：人 (person)

地 区	Region	2.林业 2.Forestry	3.畜牧业 3.Animal Husbandry	4.渔业 4.Fishery	5.农、林、牧、渔服务业 5.Service in support of Agriculture, Forestry, Animal Husbandry and Fishery	(二)采矿业 II.Mining	1.煤炭开采和洗选业 1.Mining and Washing of Coal	2.石油和天然气开采业 2.Extraction of Petroleum and Natural Gas	3.黑色金属矿采选业 3.Mining of Ferrous Metal Ores
总 计	**National Total**	**19679**	**37588**	**16741**	**21083**	**2789768**	**1973445**	**385468**	**91172**
北 京	Beijing	1220	8025	179	2055	18531	12810	2658	2164
天 津	Tianjin		206	63	71	67173	135	54675	
河 北	Hebei	17	72	61	103	142709	106608	23275	6472
山 西	Shanxi	3	19		195	232324	226410	971	3341
内蒙古	Inner Mongolia		4885	6	34	132480	92496	4349	8966
辽 宁	Liaoning	52	295	6046	412	111911	95715	1083	2664
吉 林	Jilin	3853	324		18	106364	15901	76727	6774
黑龙江	Heilongjiang	5402	4743	1155	118	447358	310843	124472	870
上 海	Shanghai	479	2410	1823	87	81			
江 苏	Jiangsu	6	829	812	2455	40605	24856	14	1096
浙 江	Zhejiang	138	297	355	65	9807	1956		1446
安 徽	Anhui	4	20		647	214863	193943		16021
福 建	Fujian	1861	540	518	1004	24556	15338		1751
江 西	Jiangxi	363	1105	48		23705	12210		72
山 东	Shandong	57	1085	988	6282	179519	147449	2163	3149
河 南	Henan	161	1524	1926	2058	341630	291284	26616	2835
湖 北	Hubei	9	1261	141	402	27797	4261		7893
湖 南	Hunan	114	58	1182	443	36821	25113		1574
广 东	Guangdong	823	3963	559	845	15686		1142	3951
广 西	Guangxi	1406	1579	29	273	21830	2132		919
海 南	Hainan	39	84	567	170	934		527	23
重 庆	Chongqing	76	554		126	54776	47741	4218	
四 川	Sichuan	411	363	178	244	90498	68886	178	6026
贵 州	Guizhou	422	315		121	80930	75294		242
云 南	Yunnan	2623	1056	33	139	86369	41844	175	5666
西 藏	Tibet					16			
陕 西	Shaanxi	28	815		71	72283	25887	5477	3095
甘 肃	Gansu				1318	65860	47916	10982	671
青 海	Qinghai		285			7748	5573		320
宁 夏	Ningxia	93			123	48090	47949	141	
新 疆	Xinjiang	19	876	72	1204	86514	32895	45625	3171

4-3 续表 3 continued

单位：人 (person)

地 区	Region	4.有色金属矿采选业 4.Mining of Non-ferrous Metal Ores	5.非金属矿采选业 5.Mining and Processing of Nonmetal Ores	6.其他采矿业 6.Mining of Other Ores	(三)制造业 III. Manufacturing	1.农副食品加工业 1.Processing of Food from Agricultural Products	2.食品制造业 2.Manufacture of Foods	3.饮料制造业 3.Manufacture of Beverage
总 计	**National Total**	**217875**	**116966**	**4842**	**27652089**	**992422**	**659154**	**611557**
北 京	Beijing	13	882	4	888544	24027	33655	15698
天 津	Tianjin	2669	9689	5	642853	10017	15078	11647
河 北	Hebei	4600	1754		710122	22798	18709	17339
山 西	Shanxi	1098	504		484740	3359	5950	4480
内蒙古	Inner Mongolia	17512	9157		357087	20810	25651	15405
辽 宁	Liaoning	7269	5140	40	961324	35876	16093	17043
吉 林	Jilin	4743	2156	63	397555	35678	12376	18742
黑龙江	Heilongjiang	5290	5868	15	597205	55935	43603	24362
上 海	Shanghai		81		1229576	6041	27183	7898
江 苏	Jiangsu	1353	13158	128	2844933	51772	29745	38951
浙 江	Zhejiang	2722	3683		2751250	29231	36023	38280
安 徽	Anhui	1681	3218		532782	20945	23035	25734
福 建	Fujian	3528	3613	326	2171428	53093	48384	17966
江 西	Jiangxi	9018	2264	141	508316	16791	16729	6453
山 东	Shandong	13182	13573	3	2910107	222197	60737	57209
河 南	Henan	16066	1373	3456	1133765	73763	39505	33788
湖 北	Hubei	5981	9662		783802	22596	21865	31349
湖 南	Hunan	5625	4509		646561	21598	29804	12249
广 东	Guangdong	7251	3342		3894390	59051	62173	31407
广 西	Guangxi	16432	2149	198	368989	77207	7241	11921
海 南	Hainan	187	19	178	53952	9438	2787	5416
重 庆	Chongqing	50	2767		382711	9797	8706	11140
四 川	Sichuan	6327	8899	182	824284	28462	27470	78134
贵 州	Guizhou	3229	2065	100	264090	7357	4197	7864
云 南	Yunnan	35468	3216		398824	37677	10228	32110
西 藏	Tibet		16		1967			232
陕 西	Shaanxi	36920	904		403580	7866	16059	16021
甘 肃	Gansu	5831	460		160825	7566	3769	11365
青 海	Qinghai	1616	239		48665	499	396	148
宁 夏	Ningxia				95475	2483	3299	927
新 疆	Xinjiang	2214	2606	3	202387	18492	8704	10279

4-3 续表 4 continued

单位：人 (person)

地 区	Region	4.烟草制品业 4.Manufacture of Tobacco	5.纺织业 5.Manufacture of Textile	6.纺织服装、鞋、帽制造业 6.Manufacture of Textile Wearing Apparel, Footware and Caps	7.皮革、毛皮、羽毛(绒)及其制品业 7.Manufacture of Leather, Fur, Feather and Its Products	8.木材加工及木、竹、藤、棕、草制品业 8.Processing of Timbers, Manufacture of Wood, Bamboo, Rattan, Palm and Straw Products	9.家具制造业 9.Manufacture of Furniture
总 计	**National Total**	**40719**	**2275751**	**1905467**	**934286**	**270210**	**335708**
北 京	Beijing	25	24691	53929	3191	3054	15059
天 津	Tianjin		21039	24811	8019	3319	14141
河 北	Hebei		59130	12421	3595	2068	1469
山 西	Shanxi	1434	12963	1132	10		176
内蒙古	Inner Mongolia	1677	38860	996	1061	4584	929
辽 宁	Liaoning	2142	29953	61189	11647	11734	19310
吉 林	Jilin	441	13103	7894	1454	17265	4176
黑龙江	Heilongjiang	2544	34631	1775	1144	28950	17908
上 海	Shanghai	750	35376	82433	14840	10107	24306
江 苏	Jiangsu		305798	245092	58814	16994	16289
浙 江	Zhejiang	168	314727	307836	195710	27655	73039
安 徽	Anhui		47743	18609	6309	4752	802
福 建	Fujian	161	133651	442827	229461	42720	39123
江 西	Jiangxi		55225	41333	17980	11892	3327
山 东	Shandong	2244	515028	198748	107598	15128	21314
河 南	Henan	3175	129042	10427	8009	7210	2579
湖 北	Hubei	6246	80670	41718	5255	4841	2686
湖 南	Hunan	1905	39874	8646	13630	10263	3911
广 东	Guangdong	405	178678	320440	225992	18663	59022
广 西	Guangxi		24230	3328	3652	6821	934
海 南	Hainan	512	1398	4829	403	1192	636
重 庆	Chongqing	3580	19182	3409	1534	1310	956
四 川	Sichuan	3614	66546	5029	11831	4736	9964
贵 州	Guizhou	427	4118	1106	142	2707	147
云 南	Yunnan	2788	11540	1174	757	9993	819
西 藏	Tibet						20
陕 西	Shaanxi	6118	39158	2961	145	353	217
甘 肃	Gansu		7705	97	521	811	307
青 海	Qinghai		909	36	42		125
宁 夏	Ningxia		941	567	1008		386
新 疆	Xinjiang	363	29842	675	532	1088	1631

4-3 续表 5 continued

单位：人 (person)

地 区	Region	10.造纸及纸制品业 10.Manufacture of Paper and Paper Products	11.印刷业和记录媒介的复制 11.Printing, Reproduction of Recording Media	12.文教体育用品制造业 12.Manufacture of Articles for Culture, Education and Sport Activities	13.石油加工、炼焦及核燃料加工业 13.Processing of Petroleum , Coking, Processing of Nuclear Fuel	14.化学原料及化学制品制造业 14.Manufacture of Chemical Raw Material and Chemical Products	15.医药制造业 15.Manufacture of Medicines
总 计	**National Total**	**494451**	**249944**	**447114**	**416898**	**1606795**	**785281**
北 京	Beijing	8979	21561	8897	20048	38181	39563
天 津	Tianjin	5617	4188	10073	13164	34698	28290
河 北	Hebei	13935	7211	1528	9561	64450	30113
山 西	Shanxi	1418	3194	1138	73788	74468	18992
内蒙古	Inner Mongolia	8754	1074	22	8228	34240	12780
辽 宁	Liaoning	8348	4371	1919	34724	66471	18462
吉 林	Jilin	7252	4001	254	3511	33606	31698
黑龙江	Heilongjiang	18076	3333	1220	39118	31717	38487
上 海	Shanghai	9252	11694	28789	21691	50176	24464
江 苏	Jiangsu	40348	15730	54041	15724	159891	57845
浙 江	Zhejiang	54340	22689	43615	6899	104484	67419
安 徽	Anhui	6921	7979	3361	1967	37526	16934
福 建	Fujian	43092	13277	66650	776	41224	9833
江 西	Jiangxi	6371	2634	6820	2992	19382	37273
山 东	Shandong	76874	14525	47144	50855	171477	63254
河 南	Henan	28177	7872	775	9106	82341	46651
湖 北	Hubei	13531	15204	2097	2496	65608	30812
湖 南	Hunan	14654	5830	1471	18507	76560	19820
广 东	Guangdong	46433	44843	165075	18561	101191	46674
广 西	Guangxi	14451	3335	388	1140	34219	20059
海 南	Hainan	4660	777		622	2803	4871
重 庆	Chongqing	3812	6390	94	3320	29380	12007
四 川	Sichuan	19692	6947	765	2776	91959	39545
贵 州	Guizhou	1984	3628	668	4196	29882	18248
云 南	Yunnan	8763	9689	114	6753	47517	12136
西 藏	Tibet						69
陕 西	Shaanxi	7853	5260	196	4996	24958	25997
甘 肃	Gansu	1750	748		14659	11804	5120
青 海	Qinghai	319	214		48	7989	2143
宁 夏	Ningxia	14901	507		1417	12790	4221
新 疆	Xinjiang	3894	1239		25255	25803	1501

4-3 续表 6 continued

单位：人 (person)

地 区	Region	16.化学纤维制造业 16.Manufacture of Chemical Fiber	17.橡胶制品业 17.Manufacture of Rubber	18.塑料制品业 18.Manufacture of Plastic	19.非金属矿物制品业 19.Manufacture and Non-metallic Mineral Products	20.黑色金属冶炼及压延加工业 20.Manufacture and Processing of Ferrous Metals	21.有色金属冶炼及压延加工业 21.Manufacture and Processing of Non-ferrous Metals
总 计	**National Total**	**196747**	**373200**	**735964**	**1529332**	**1186201**	**573220**
北 京	Beijing	643	7929	17170	50057	56470	5196
天 津	Tianjin	384	12725	25775	14857	10027	2771
河 北	Hebei	1615	12033	16169	81099	115913	8228
山 西	Shanxi	119	2740	1420	31594	68814	34119
内蒙古	Inner Mongolia		344	843	25643	75036	19647
辽 宁	Liaoning	6871	15124	16687	44979	52877	23177
吉 林	Jilin	10116	964	6798	26743	26960	8099
黑龙江	Heilongjiang	1782	5937	9609	38022	19333	4254
上 海	Shanghai	1154	19994	57933	27022	34614	8705
江 苏	Jiangsu	38214	30015	52461	79884	72726	22663
浙 江	Zhejiang	46659	41427	94047	75176	22503	32573
安 徽	Anhui	4054	18432	11326	22801	60231	9437
福 建	Fujian	11692	52289	104246	107949	26187	16192
江 西	Jiangxi	4993	1378	5991	55604	55525	15616
山 东	Shandong	12602	64770	47723	150946	101441	15502
河 南	Henan	20832	12021	30853	122245	83059	65666
湖 北	Hubei	6081	2845	15804	44689	14302	13382
湖 南	Hunan	3649	6288	8613	65775	19277	46330
广 东	Guangdong	10011	40068	163454	130038	41504	28743
广 西	Guangxi	112	429	6402	38138	19571	16952
海 南	Hainan	950	917	1002	1107	492	6
重 庆	Chongqing	1066	3347	5666	35083	7397	13815
四 川	Sichuan	10846	4997	10794	105513	52056	20136
贵 州	Guizhou	135	8508	3225	29796	58422	28645
云 南	Yunnan	333	727	6616	42884	34545	61493
西 藏	Tibet				1606		
陕 西	Shaanxi		1016	3949	20241	18559	15210
甘 肃	Gansu		253	3662	27179	6812	13000
青 海	Qinghai				5087	10710	10938
宁 夏	Ningxia		4102	466	6959	4402	9690
新 疆	Xinjiang	1834	1581	7260	20616	16436	3035

4-3 续表 7 continued

单位：人 (person)

地 区	Region	22.金属制品业 22.Manufacture of Metal Products	23.通用设备制造业 23.Manufacture of General Purpose Machinery	24.专用设备制造业 24.Manufacture of Special Purpose Machinery	25.交通运输设备制造业 25.Manufacture of Transport Equipment	26.电气机械及器材制造业 26.Manufacture of Electrical Machinery and Equipment	27.通信设备、计算机及其他电子设备制造业 27.Manufacture of Communication Equipment, Computer and Other Electronic Equipment
总 计	**National Total**	**870755**	**1515162**	**1199679**	**1762574**	**1654580**	**2866681**
北 京	Beijing	35280	56546	62768	80182	40079	127414
天 津	Tianjin	26164	33456	29601	74697	41334	137834
河 北	Hebei	24756	39983	30689	57790	26836	13214
山 西	Shanxi	2823	18673	93121	19626	4156	1074
内蒙古	Inner Mongolia	3668	10635	34893	6684	1650	1933
辽 宁	Liaoning	28298	101753	70770	102424	63314	63050
吉 林	Jilin	4257	11423	15763	73843	8059	5565
黑龙江	Heilongjiang	8417	78569	24486	16222	24056	6654
上 海	Shanghai	55581	83961	61025	108188	85479	254973
江 苏	Jiangsu	109260	206564	112255	128416	193616	586422
浙 江	Zhejiang	112121	200139	75479	139708	278179	205069
安 徽	Anhui	13726	32564	16769	57117	44701	14527
福 建	Fujian	56607	35333	49635	61482	96624	162247
江 西	Jiangxi	9306	16131	13385	28637	12455	15540
山 东	Shandong	74690	157749	141681	144466	119580	166516
河 南	Henan	17798	67013	78133	49731	38296	20927
湖 北	Hubei	32368	55946	19981	151028	32193	34328
湖 南	Hunan	10970	37599	47377	55080	38947	18080
广 东	Guangdong	179333	81257	105934	155838	400351	923532
广 西	Guangxi	5670	17458	10136	27793	6458	3481
海 南	Hainan	945	76	855	4519	1601	618
重 庆	Chongqing	9587	22462	15719	117372	21257	4725
四 川	Sichuan	16506	59347	32864	37231	28465	41144
贵 州	Guizhou	7880	7905	760	18582	4461	6485
云 南	Yunnan	5561	14114	14767	11202	7363	1154
西 藏	Tibet						
陕 西	Shaanxi	7572	42471	21506	26460	19961	39296
甘 肃	Gansu	1775	6657	10700	3733	9070	8424
青 海	Qinghai	2024	4694	912	521	75	
宁 夏	Ningxia	4953	10924	5598	690	2352	7
新 疆	Xinjiang	2859	3760	2117	3312	3612	2448

4-3 续表 8 continued

单位：人 (person)

地 区	Region	28.仪器仪表及文化、办公用机械制造业 28.Manufacture of Measuring Instrument and Machinery for Cultural Activity and Office Work	29.工艺品及其他制造业 29.Manufacture of Artwork, Other Manufacture	30.废弃资源和废旧材料回收加工业 30.Recycling and Disposal of Waste	(四)电力、燃气及水的生产和供应业 IV.Production and Distribution of Electricity, Gas and Water	1.电力、热力的生产和供应业 1.Production and Supply of Electric Power and Heat Power	2.燃气生产和供应业 2.Production and Distribution of Gas	3.水的生产和供应业 3.Production and Distribution of Water
总 计	**National Total**	**591458**	**556373**	**14406**	**953824**	**774908**	**78880**	**100036**
北 京	Beijing	26378	11158	716	56066	43939	6684	5443
天 津	Tianjin	13628	15265	234	11783	7103	943	3737
河 北	Hebei	7706	8839	925	31972	28812	2049	1111
山 西	Shanxi	1207	2691	61	30861	28505	1451	905
内蒙古	Inner Mongolia	85	943	12	29439	27776		1663
辽 宁	Liaoning	24737	7856	125	57903	49945	4478	3480
吉 林	Jilin	5763	1396	355	22663	18481	2335	1847
黑龙江	Heilongjiang	12206	4812	43	35211	32258	903	2050
上 海	Shanghai	62231	13315	401	13703	9892	702	3109
江 苏	Jiangsu	81032	23571	800	53459	36882	9114	7463
浙 江	Zhejiang	48211	54896	2948	38484	26651	3177	8656
安 徽	Anhui	3465	769	246	31150	23806	3030	4314
福 建	Fujian	57663	150748	296	25852	22507	1101	2244
江 西	Jiangxi	4444	23942	167	19939	16626	1048	2265
山 东	Shandong	20151	67072	886	52035	39043	6409	6583
河 南	Henan	19069	25009	693	59649	50430	5209	4010
湖 北	Hubei	7773	3469	2639	30429	20773	2490	7166
湖 南	Hunan	5736	3560	558	29015	23614	2048	3353
广 东	Guangdong	131631	122627	1461	57554	41495	7613	8446
广 西	Guangxi	3389	4046	28	15223	13218	301	1704
海 南	Hainan	303	180	37	6579	5514	136	929
重 庆	Chongqing	8827	1743	28	38509	33464	1296	3749
四 川	Sichuan	5480	1435		68092	51392	8854	7846
贵 州	Guizhou	2185	344	86	11511	8707	2227	577
云 南	Yunnan	4732	1155	120	36732	33739	199	2794
西 藏	Tibet		40					
陕 西	Shaanxi	26896	2098	187	20629	16790	2964	875
甘 肃	Gansu	1246	2022	70	13056	12419	50	587
青 海	Qinghai	60	527	249	6691	6483	53	155
宁 夏	Ningxia	1692	193		11649	10614	312	723
新 疆	Xinjiang	3532	652	35	37986	34030	1704	2252

4-3 续表 9 continued

单位：人 (person)

地　区	Region	(五)建筑业 V.Construction	1.房屋和土木工程建筑业 1.Construction of Building and Civil Engineering	2.建筑安装业 2.Architectural Installation	3.建筑装饰业 3.Architectural Decoration	4.其他建筑业 4.Other Construction	(六)交通运输、仓储和邮政业 VI.Transport, Storage and Post	1.铁路运输业 1.Transport Via Railway
总　计	**National Total**	**5980210**	**5166005**	**473733**	**210595**	**129877**	**1664458**	**106333**
北　京	Beijing	243336	176611	34643	26167	5915	323906	37424
天　津	Tianjin	61891	31708	24236	2751	3196	44698	892
河　北	Hebei	151422	141334	7197	1680	1211	28657	1748
山　西	Shanxi	58105	51088	4313	1252	1452	17975	377
内蒙古	Inner Mongolia	106107	101464	2742	238	1663	13359	285
辽　宁	Liaoning	115316	87864	20905	5190	1357	39326	2496
吉　林	Jilin	62566	47828	10683	3364	691	25562	338
黑龙江	Heilongjiang	150314	110733	26516	9877	3188	17811	171
上　海	Shanghai	65023	45633	13426	4347	1617	196572	
江　苏	Jiangsu	273092	228108	27758	13335	3891	117627	1317
浙　江	Zhejiang	939064	862766	37425	15844	23029	79380	2925
安　徽	Anhui	171715	143233	17377	7716	3389	29951	3177
福　建	Fujian	276737	231749	16227	9541	19220	28337	1333
江　西	Jiangxi	55389	46488	7060	1141	700	10663	
山　东	Shandong	422726	377098	32935	8596	4097	82839	392
河　南	Henan	437729	373368	33805	16418	14138	33602	1745
湖　北	Hubei	342014	299306	24949	8140	9619	58317	479
湖　南	Hunan	376260	333513	25621	6296	10830	35375	2757
广　东	Guangdong	265786	204631	30779	28564	1812	229345	28623
广　西	Guangxi	116149	105817	7287	1370	1675	39664	4586
海　南	Hainan	6224	4652	632	830	110	15999	3480
重　庆	Chongqing	264847	241092	12830	6372	4553	37789	118
四　川	Sichuan	477414	440366	17979	14220	4849	47968	856
贵　州	Guizhou	71234	63256	3733	2486	1759	10973	
云　南	Yunnan	229473	202114	10713	11765	4881	34088	157
西　藏	Tibet	1505	1505				89	
陕　西	Shaanxi	52460	45627	5550	980	303	18094	10508
甘　肃	Gansu	69022	63289	4636	788	309	15425	149
青　海	Qinghai	11313	10442	488	353	30	4869	
宁　夏	Ningxia	18420	15404	2451	500	65	2130	
新　疆	Xinjiang	87557	77918	8837	474	328	24068	

4-3 续表 10 continued

单位：人 (person)

地 区	Region	2.道路运输业 2.Transport Via Road	3.城市公共交通业 3.Urban Public Traffic	4.水上运输业 4.Water Transport	5.航空运输业 5.Air Transport	6.管道运输业 6.Transport Via Pipeline	7.装卸搬运和其他运输服务业 7.Loading, Unloading Portage and Other Transport Services	8.仓储业 8.Storage
总 计	**National Total**	**478830**	**536283**	**207629**	**112766**	**4904**	**130405**	**62479**
北 京	Beijing	34726	174839	41	30922	125	25021	4546
天 津	Tianjin	4602	5293	6802	325	184	19906	6694
河 北	Hebei	12963	2160	5223	1177	660	3277	1382
山 西	Shanxi	10660	4456		2132		14	336
内蒙古	Inner Mongolia	5519	6576		67		758	154
辽 宁	Liaoning	8934	10961	6981	2734	1315	3254	2490
吉 林	Jilin	12211	10440	27	182	756	163	1431
黑龙江	Heilongjiang	8282	4542	42	1470		2422	882
上 海	Shanghai	15894	116788	30145	13242		11760	7640
江 苏	Jiangsu	44352	17043	38904	4262	174	7563	3646
浙 江	Zhejiang	40381	6161	11705	4209		8043	3959
安 徽	Anhui	12402	8636	3260	1112		258	1106
福 建	Fujian	6792	4664	3965	1875		7827	1806
江 西	Jiangxi	8339	847		1014		175	288
山 东	Shandong	34576	17147	16147	5079	151	3979	5160
河 南	Henan	22099	4981	332	1754		1512	1161
湖 北	Hubei	12509	24350	8778	5311		4022	2028
湖 南	Hunan	18167	9715	353	2236		1579	323
广 东	Guangdong	59061	34610	58465	14761	164	19443	12964
广 西	Guangxi	22155	9345	2417	12		323	803
海 南	Hainan	564	632	3656	7184		296	116
重 庆	Chongqing	16477	7925	9332	1092		2544	295
四 川	Sichuan	29400	11735	771	2871	744	1075	516
贵 州	Guizhou	5468	3005	64	462	19	505	460
云 南	Yunnan	13563	10709	219	3922		4370	1008
西 藏	Tibet	89						
陕 西	Shaanxi	4469	2450		53	54	106	413
甘 肃	Gansu	4654	10363					259
青 海	Qinghai	673	4000					196
宁 夏	Ningxia	2066	64					
新 疆	Xinjiang	6783	11846		3306	558	210	417

4-3 续表 11 continued

单位：人 (person)

地 区	Region	9.邮政业 9.Post	(七)信息传输、计算机服务和软件业 VII.Information Transmission, Computer Services and Software	1.电信和其他信息传输服务业 1.Telecom and Other Information Transmission Services	2.计算机服务业 2.Computer Services	3.软件业 3.Software Industry	(八)批发和零售业 VIII. Wholesale and Retail Trades	1.批发业 1.Wholesale Trade
总 计	**National Total**	**24829**	**867508**	**484735**	**121681**	**261092**	**2637800**	**1070710**
北 京	Beijing	16262	279120	65776	72196	141148	306376	136488
天 津	Tianjin		19561	12223	1472	5866	76695	36391
河 北	Hebei	67	20993	20294	203	496	76005	24224
山 西	Shanxi		8631	8205	174	252	34613	13305
内蒙古	Inner Mongolia		4826	4623	34	169	29121	8749
辽 宁	Liaoning	161	34722	18512	3723	12487	81659	30271
吉 林	Jilin	14	9388	5618	475	3295	51468	16611
黑龙江	Heilongjiang		15894	12525	1248	2121	106050	40077
上 海	Shanghai	1103	36145	14611	3947	17587	174704	64778
江 苏	Jiangsu	366	43079	35818	1526	5735	180446	69311
浙 江	Zhejiang	1997	56381	40875	3790	11716	169685	77394
安 徽	Anhui		10561	9473	142	946	55702	21228
福 建	Fujian	75	26536	23434	928	2174	57604	27887
江 西	Jiangxi		11320	9028	1338	954	19412	9594
山 东	Shandong	208	29145	23374	1683	4088	198237	65817
河 南	Henan	18	18826	17261	209	1356	123932	43961
湖 北	Hubei	840	15395	12768	694	1933	102737	26024
湖 南	Hunan	245	25323	21025	219	4079	67711	20434
广 东	Guangdong	1254	97415	40725	21181	35509	262005	132424
广 西	Guangxi	23	15407	14414	186	807	44515	19685
海 南	Hainan	71	3192	2625	163	404	11805	7210
重 庆	Chongqing	6	11479	10034	728	717	63157	28160
四 川	Sichuan		13091	11991	767	333	84743	37123
贵 州	Guizhou	990	13351	11990	890	471	48316	19972
云 南	Yunnan	140	16960	14666	1010	1284	75131	35644
西 藏	Tibet						592	230
陕 西	Shaanxi	41	14757	8121	2431	4205	54201	17685
甘 肃	Gansu		6157	5781	123	253	32283	13897
青 海	Qinghai		1623	1621	2		4128	1300
宁 夏	Ningxia		555	389	42	124	7792	2503
新 疆	Xinjiang	948	7675	6935	157	583	36975	22333

4-3 续表 12 continued

单位：人 (person)

地 区	Region	2.零售业 2.Retail Trade	(九)住宿和餐饮业 IX. Hotels and Catering Services	1.住宿业 1.Hotels	2.餐饮业 2.Catering Serveces	(十)金融业 X.Financial Intermediation	1.银行业 1.Bank
总 计	**National Total**	**1567090**	**1156626**	**634292**	**522334**	**1670427**	**671467**
北 京	Beijing	169888	181188	78932	102256	189124	73216
天 津	Tianjin	40304	26953	7055	19898	26724	6975
河 北	Hebei	51781	13397	6847	6550	54475	21110
山 西	Shanxi	21308	15774	8268	7506	31028	9720
内蒙古	Inner Mongolia	20372	11578	7229	4349	22135	11504
辽 宁	Liaoning	51388	44716	22923	21793	95926	43012
吉 林	Jilin	34857	14103	7430	6673	19263	10212
黑龙江	Heilongjiang	65973	13594	6921	6673	46680	15740
上 海	Shanghai	109926	62137	27237	34900	149758	48784
江 苏	Jiangsu	111135	67053	37001	30052	123916	56427
浙 江	Zhejiang	92291	84029	61548	22481	122060	60255
安 徽	Anhui	34474	17189	11661	5528	45105	17167
福 建	Fujian	29717	35452	22577	12875	41268	20584
江 西	Jiangxi	9818	7128	5804	1324	21627	14675
山 东	Shandong	132420	53315	25046	28269	146523	68470
河 南	Henan	79971	39170	22404	16766	64052	21548
湖 北	Hubei	76713	28819	14023	14796	50934	14187
湖 南	Hunan	47277	44929	29637	15292	66520	23362
广 东	Guangdong	129581	181445	84592	96853	122452	46842
广 西	Guangxi	24830	21834	16236	5598	18503	5865
海 南	Hainan	4595	26238	22526	3712	6963	4754
重 庆	Chongqing	34997	26041	15899	10142	51838	20608
四 川	Sichuan	47620	29393	17975	11418	45705	13351
贵 州	Guizhou	28344	16300	9693	6607	20204	10841
云 南	Yunnan	39487	38720	31880	6840	13212	6077
西 藏	Tibet	362	15		15	1146	
陕 西	Shaanxi	36516	28762	13137	15625	23146	8155
甘 肃	Gansu	18386	10126	7009	3117	21364	10062
青 海	Qinghai	2828	1680	1322	358	2315	172
宁 夏	Ningxia	5289	3602	2176	1426	7688	2656
新 疆	Xinjiang	14642	11946	9304	2642	18773	5136

4-3 续表 13 continued

单位：人 (person)

地区	Region	2.证券业 2.Security Activities	3.保险业 3.Insurance	4.其他金融活动 4.Other Financial Activities	(十一)房地产业 XI.Real Estate	#房地产开发经营 Development and Management of Real Estate	#物业管理 Property Management	#房地产中介服务 Agency Services for Real Estate
总计	**National Total**	**67651**	**904108**	**27201**	**1136230**	**578461**	**452540**	**65555**
北京	Beijing	9630	93289	12989	221776	64631	126389	15583
天津	Tianjin	969	18634	146	16815	7966	7229	1333
河北	Hebei	847	32456	62	10062	7273	2548	16
山西	Shanxi	1185	20009	114	5151	3471	1597	25
内蒙古	Inner Mongolia	325	10262	44	6261	4735	1377	70
辽宁	Liaoning	1684	50378	852	31084	17285	12383	511
吉林	Jilin	1296	7656	99	21372	9298	10333	988
黑龙江	Heilongjiang	346	30188	406	23215	14681	8085	219
上海	Shanghai	11351	86482	3141	63714	16936	31423	14158
江苏	Jiangsu	5965	60513	1011	39681	27665	10131	572
浙江	Zhejiang	3106	57716	983	63784	30450	28713	3203
安徽	Anhui	1529	26351	58	16280	8834	6826	429
福建	Fujian	1336	19242	106	51247	36102	14208	262
江西	Jiangxi	447	6499	6	10119	7414	2678	27
山东	Shandong	963	76082	1008	51779	39463	11100	714
河南	Henan	967	41016	521	46494	35336	9316	741
湖北	Hubei	3124	33216	407	21984	16354	4426	528
湖南	Hunan	1160	41486	512	48010	42405	4841	310
广东	Guangdong	14975	58043	2592	180597	41659	109725	19893
广西	Guangxi	1074	11500	64	18248	11334	5998	148
海南	Hainan	442	1726	41	12191	6106	5607	86
重庆	Chongqing	1537	29064	629	32040	20437	7653	2766
四川	Sichuan	1748	30023	583	37595	34008	3441	43
贵州	Guizhou	331	8643	389	33581	25398	7157	561
云南	Yunnan	553	6380	202	25362	15776	8030	1093
西藏	Tibet	291	855		45		45	
陕西	Shaanxi		14972	19	15204	12934	1135	271
甘肃	Gansu		11302		11672	10333	1305	18
青海	Qinghai	15	2100	28	1926	984	831	111
宁夏	Ningxia		4944	88	4021	1725	1784	410
新疆	Xinjiang	455	13081	101	14920	7468	6226	466

4-3 续表 14 continued

单位：人 (person)

地区 Region	(十二)租赁和商务服务业 XII.Leasing and Business Services	1.租赁业 1.Leasing	2.商务服务业 2.Business Services	(十三)科学研究、技术服务和地质勘查业 XIII.Scientific Research, Technical Services and Geological Prospecting	1.研究与试验发展 1.Research and Experimental Development	自然科学研究与试验发展 Research and Experimental Development on Physical Science	工程和技术研究与试验发展 Research and Experimental Development on Engineering and Technical Research
总 计 National Total	**923103**	**21278**	**901825**	**424977**	**46387**	**4936**	**30316**
北 京 Beijing	312034	5213	306821	160121	14453	1165	9214
天 津 Tianjin	14558	1046	13512	16933	1482	853	210
河 北 Hebei	7740	283	7457	4372	231		231
山 西 Shanxi	3397	77	3320	858	23		23
内蒙古 Inner Mongolia	4037	27	4010	2040	8		8
辽 宁 Liaoning	8736	377	8359	10551	2404	269	2050
吉 林 Jilin	8082	194	7888	7416	795	121	366
黑龙江 Heilongjiang	11881	298	11583	7934	212	10	78
上 海 Shanghai	68814	4834	63980	17110	2108	222	1431
江 苏 Jiangsu	36846	375	36471	20600	3932	558	2974
浙 江 Zhejiang	79168	524	78644	26876	1848	34	1037
安 徽 Anhui	11814	208	11606	2612	64		52
福 建 Fujian	23821	100	23721	5547	1408		485
江 西 Jiangxi	2060	25	2035	1026	378	40	332
山 东 Shandong	34939	1148	33791	10948	723	168	500
河 南 Henan	29883	1127	28756	7692	953	703	81
湖 北 Hubei	17488	495	16993	7721	455		343
湖 南 Hunan	14661	116	14545	5016	354	13	184
广 东 Guangdong	90040	1033	89007	48263	4388	56	3488
广 西 Guangxi	21371	33	21338	3587	846	276	48
海 南 Hainan	8504	517	7987	3428	785	296	13
重 庆 Chongqing	22263	616	21647	23146	469		124
四 川 Sichuan	10723	496	10227	5057	2078		1735
贵 州 Guizhou	13394	420	12974	4037	233	13	23
云 南 Yunnan	27443	854	26589	5108	939	117	573
西 藏 Tibet	1136		1136				
陕 西 Shaanxi	4978	115	4863	8494	4429		4356
甘 肃 Gansu	2638	181	2457	1672	134		129
青 海 Qinghai	1325	370	955	950	145		145
宁 夏 Ningxia	6382		6382	1428			
新 疆 Xinjiang	22947	176	22771	4434	110	22	83

4-3 续表 15 continued

单位：人 (person)

地 区	Region	农业科学研究与试验发展 Research and Experimental Development on Agricultural Science Research	医学研究与试验发展 Research and Experimental Development	社会人文科学研究与试验发展 Research and Experimental Development on Social Science and Humanities	2.专业技术服务业 Professional Technical Services	#气象服务 Weather Services	#地震服务 Earthquake Services
总 计	**National Total**	**2396**	**6780**	**1959**	**299625**	**964**	**387**
北 京	Beijing	540	3216	318	110853	218	158
天 津	Tianjin	19	400		9553	28	
河 北	Hebei				3937		
山 西	Shanxi				673		
内蒙古	Inner Mongolia				2014		139
辽 宁	Liaoning	46	8	31	6989	5	
吉 林	Jilin	66	242		6132		
黑龙江	Heilongjiang	75	49		5714	15	3
上 海	Shanghai		455		12729	44	
江 苏	Jiangsu	40	354	6	15317	9	
浙 江	Zhejiang	189	588		21946	69	
安 徽	Anhui		7	5	2432		
福 建	Fujian	456	467		3531		56
江 西	Jiangxi		6		354	23	
山 东	Shandong	18	37		9348	140	14
河 南	Henan	72	61	36	5255	8	13
湖 北	Hubei	70	42		6083		
湖 南	Hunan	133	24		4386	50	
广 东	Guangdong	314	509	21	36305	37	
广 西	Guangxi		63	459	2555		
海 南	Hainan	39	66	371	1756	53	
重 庆	Chongqing	30	132	183	11806	15	
四 川	Sichuan			343	2799	8	
贵 州	Guizhou	1	10	186	3469	2	
云 南	Yunnan	229	20		3562	6	
西 藏	Tibet						
陕 西	Shaanxi	49	24		3411		
甘 肃	Gansu	5			1361	205	4
青 海	Qinghai						
宁 夏	Ningxia				1428		
新 疆	Xinjiang	5			3927	29	

4-3 续表 16 continued

单位：人 (person)

地 区	Region	#海洋服务 Ocean Services	#测绘服务 Plotting Services	#技术检测 Technique Detection	#环境监测 Environmental Monitoring	#工程技术与规划管理 Engineering Technic & Programming Management	3.科技交流和推广服务业 3.Services of Science and Technology Exchanges and Promotion	4.地质勘查业 4.Geological Prospecting
总 计	**National Total**	**710**	**3216**	**19378**	**1463**	**190620**	**69185**	**9780**
北 京	Beijing	151	803	5688	457	51414	33426	1389
天 津	Tianjin	235	232	519		5172	1432	4466
河 北	Hebei			92		3503	77	127
山 西	Shanxi					651	162	
内蒙古	Inner Mongolia		21	93		1689	18	
辽 宁	Liaoning		48	599	190	4940	1078	80
吉 林	Jilin		133	150	21	5050	421	68
黑龙江	Heilongjiang		125	416	6	3426	1816	192
上 海	Shanghai		133	701	10	9017	2249	24
江 苏	Jiangsu		513	1023		12436	1333	18
浙 江	Zhejiang		258	1905	35	18608	2749	333
安 徽	Anhui		43	145	8	1401	116	
福 建	Fujian	4	19	117	25	3084	521	87
江 西	Jiangxi			113	122	72	294	
山 东	Shandong	46	70	393		8478	782	95
河 南	Henan		96	177	12	4179	967	517
湖 北	Hubei		192	1141		3560	889	294
湖 南	Hunan			541	2	3561	231	45
广 东	Guangdong	256	210	4069	358	22542	7456	114
广 西	Guangxi		15	58	137	1875	183	3
海 南	Hainan	18		210	2	1343	724	163
重 庆	Chongqing		18	122	50	8782	10604	267
四 川	Sichuan		30	73		2688	87	93
贵 州	Guizhou		48	507	28	2254	289	46
云 南	Yunnan		133	220		3015	438	169
西 藏	Tibet							
陕 西	Shaanxi		18	33		1952	356	298
甘 肃	Gansu					1152	162	15
青 海	Qinghai							805
宁 夏	Ningxia					1283		
新 疆	Xinjiang		58	273		3493	325	72

4-3 续表 17 continued

单位：人 (person)

地 区	Region	(十四)水利、环境和公共设施管理业 XIV.Management of Water Conservancy, Enviroment and Public Facilities	1.水利管理业 1.Management of Water Conservancy	2.环境管理业 2.Environmental Management	3.公共设施管理业 3.Management of Public Facilities	(十五)居民服务和其他服务业 XV.Services to Households and Other Services	1.居民服务业 1.Services to Households	2.其他服务业 2.Other Services
总 计	**National Total**	**135083**	**5584**	**39243**	**90256**	**197882**	**72822**	**125060**
北 京	Beijing	21962	821	9999	11142	63331	16611	46720
天 津	Tianjin	2300	18	612	1670	15324	1447	13877
河 北	Hebei	6612		1852	4760	1034	792	242
山 西	Shanxi	132	3	87	42	1069	467	602
内蒙古	Inner Mongolia	2529	330	789	1410	1071	705	366
辽 宁	Liaoning	3193		903	2290	4708	2241	2467
吉 林	Jilin	2706	147	599	1960	1318	439	879
黑龙江	Heilongjiang	4725	399	3812	514	2975	1341	1634
上 海	Shanghai	9819	82	3875	5862	20349	5726	14623
江 苏	Jiangsu	6679	406	1541	4732	2589	1626	963
浙 江	Zhejiang	10984	756	2213	8015	2885	1658	1227
安 徽	Anhui	4965	142	75	4748	479	171	308
福 建	Fujian	4307	75	1084	3148	3183	2240	943
江 西	Jiangxi	1571		53	1518	54	20	34
山 东	Shandong	6949	407	1871	4671	6794	1582	5212
河 南	Henan	2850	87	805	1958	4940	3571	1369
湖 北	Hubei	1702	486	193	1023	3269	1158	2111
湖 南	Hunan	4059	64	32	3963	2717	1769	948
广 东	Guangdong	18408	170	4746	13492	31141	13450	17691
广 西	Guangxi	1218		205	1013	3332	1215	2117
海 南	Hainan	2952	173	338	2441	569	515	54
重 庆	Chongqing	3393	377	1177	1839	4191	2452	1739
四 川	Sichuan	3221	70	960	2191	3216	1789	1427
贵 州	Guizhou	748	283	188	277	5566	3450	2116
云 南	Yunnan	3770		920	2850	2777	1735	1042
西 藏	Tibet							
陕 西	Shaanxi	1585	11	88	1486	7898	4122	3776
甘 肃	Gansu					236	9	227
青 海	Qinghai	94	35		59	197	177	20
宁 夏	Ningxia	83	83			208	103	105
新 疆	Xinjiang	1567	159	226	1182	462	241	221

4-3 续表 18 continued

单位：人 (person)

地区	Region	(十六)教育 XVI.Education	#初等教育 Junior Education	#中等教育 Secondary Education	#高等教育 Senior Education	(十七)卫生、社会保障和社会福利业 XVII.Health, Social Securities and Social Welfare	1.卫生 1.Health	2.社会保障业 2.Social Securities	3.社会福利业 3.Social Welfare
总　计	**National Total**	**236766**	**29396**	**82279**	**51140**	**109779**	**97946**	**8686**	**3147**
北　京	Beijing	47871	3009	6613	13190	13611	13042	69	500
天　津	Tianjin	664	49	253		425	277	148	
河　北	Hebei	650	182			676	676		
山　西	Shanxi	1282	96	671		384	224		160
内蒙古	Inner Mongolia	2824	648	1560	90	1323	1294		29
辽　宁	Liaoning	1146	101	654		3161	3047	53	61
吉　林	Jilin	3361		699	1409	2031	1722	2	307
黑龙江	Heilongjiang	1517	211	837		4205	4054	151	
上　海	Shanghai	11045	674	925	5663	6119	814	5220	85
江　苏	Jiangsu	8123	525	6116	365	15085	15025	21	39
浙　江	Zhejiang	20197	2920	10539	2190	5664	5208	169	287
安　徽	Anhui	3351	96	2153	105	3236	3220		16
福　建	Fujian	11111	335	5341	1752	5423	5370	53	
江　西	Jiangxi	5509	4133	1054		2317	2317		
山　东	Shandong	12291	1756	6064	837	6887	6639	15	233
河　南	Henan	26198	5257	10671	5038	9470	9295	12	163
湖　北	Hubei	7091	32	2046	4287	2055	2013	28	14
湖　南	Hunan	9303	570	5279	1642	3136	3085	18	33
广　东	Guangdong	19171	3459	4980	1524	9710	6784	2075	851
广　西	Guangxi	4898	979	1403	1448	2192	2077		115
海　南	Hainan	3879	592	2604	82	379	351		28
重　庆	Chongqing	8431	825	1739	3471	794	730	24	40
四　川	Sichuan	6738	522	4548	521	3499	3494		5
贵　州	Guizhou	4544	978	1443	92	2371	2371		
云　南	Yunnan	4229	323	1225	1029	3272	3054	37	181
西　藏	Tibet								
陕　西	Shaanxi	8532	483	1964	5874	1677	1086	591	
甘　肃	Gansu	446		423		124	124		
青　海	Qinghai	57	57			14	14		
宁　夏	Ningxia	585			455	16	16		
新　疆	Xinjiang	1722	584	475	76	523	523		

4-3 续表 19 continued

单位：人 (person)

地 区	Region	(十八)文化、体育和娱乐业 XVIII.Culture, Sports and Entertainment	1.新闻出版业 1.Journalism and Publishing Activities	2.广播、电视、电影和音像业 2.Broadcasting, Movies, Television and Audiovisual Activities	3.文化艺术业 3.Cultural and Art Activitries	4.体育 4.Sports Activities	5.娱乐业 5.Entertainment	(十九)公共管理和社会组织 XIX.Public Management and Social Organization	#群众社团、社会团体和宗教组织 Non-Governmental Organizations, Social Organizations, and Religion Organizations
总 计	**National Total**	**114531**	**18121**	**19572**	**8607**	**8012**	**60219**	**32637**	**12288**
北 京	Beijing	30122	3529	4860	4548	2252	14933	5187	5104
天 津	Tianjin	2004		91	19	312	1582		
河 北	Hebei	2046		636		133	1277		
山 西	Shanxi	109	29	51	16		13	6	6
内蒙古	Inner Mongolia	395	10	221			164		
辽 宁	Liaoning	3016	138	1091	11	107	1669	301	219
吉 林	Jilin	6155	4938	327	91	324	475	16	16
黑龙江	Heilongjiang	656		59	69		528		
上 海	Shanghai	7075	1704	2765	99	159	2348		
江 苏	Jiangsu	3873	1620	489	471	160	1133		
浙 江	Zhejiang	3771	313	449	549	251	2209	7307	426
安 徽	Anhui	432	50	201	51	38	92		
福 建	Fujian	4547	122	735	46	206	3438	380	380
江 西	Jiangxi	248		186			62	379	379
山 东	Shandong	2715	8	490	155	24	2038	12059	625
河 南	Henan	3465	1388	588	270	82	1137	2891	1361
湖 北	Hubei	3367	924	956	86	385	1016	23	23
湖 南	Hunan	3666	93	1671	197	293	1412	128	128
广 东	Guangdong	18699	1625	1304	585	2499	12686	326	309
广 西	Guangxi	2711		84	635	192	1800		
海 南	Hainan	2478	372	27	14	34	2031	162	162
重 庆	Chongqing	3174	763	740	328	164	1179	40	40
四 川	Sichuan	1358		801		130	427	39	14
贵 州	Guizhou	2233	121	132	35	22	1923	202	202
云 南	Yunnan	3328	20	305	151	109	2743	1045	943
西 藏	Tibet							1809	1809
陕 西	Shaanxi	2052		248	147	123	1534	17	17
甘 肃	Gansu	196		19		7	170	316	121
青 海	Qinghai	34			34				
宁 夏	Ningxia	22		22					
新 疆	Xinjiang	584	354	24		6	200	4	4

第五部分
Chapter Five

2007年全国户籍统计人口数据

Data from Household Registration in 2007

5-1 各地区总户数、总人口
Households and Population by Region

地 区	Region	总户数 (户) Number of Households (household)	总人口 (人) Total Population (person)	男 Male	女 Female	平均每户人数 (人/户) Average Family Size (person/household)	性别比 (女=100) Sex Ratio (Female=100)
全 国	**National Total**	**395743089**	**1308321261**	**673515816**	**634805445**	**3.31**	**106.10**
北 京	Beijing	4730187	12162468	6135189	6027279	2.57	101.79
天 津	Tianjin	3339522	9641374	4856646	4784728	2.89	101.50
河 北	Hebei	20543688	70315592	35839799	34475793	3.42	103.96
山 西	Shanxi	10947231	33923444	17457739	16465705	3.10	106.02
内蒙古	Inner Mongolia	7885384	24137474	12378947	11758527	3.06	105.28
辽 宁	Liaoning	14392972	42317050	21414950	20902100	2.94	102.45
吉 林	Jilin	8849381	26960574	13659066	13301508	3.05	102.69
黑龙江	Heilongjiang	12876484	38197615	19381341	18816274	2.97	103.00
上 海	Shanghai	5032891	13788616	6910848	6877768	2.74	100.48
江 苏	Jiangsu	23905543	73540810	37336670	36204140	3.08	103.13
浙 江	Zhejiang	15788506	46593398	23771243	22822155	2.95	104.16
安 徽	Anhui	19494194	66757129	34693764	32063365	3.42	108.20
福 建	Fujian	9708665	34406569	17719056	16687513	3.54	106.18
江 西	Jiangxi	13183032	45286615	23745269	21541346	3.44	110.23
山 东	Shandong	28603546	93455308	47392808	46062500	3.27	102.89
河 南	Henan	28514012	103630009	53553375	50076634	3.63	106.94
湖 北	Hubei	19128903	60849108	31540322	29308786	3.18	107.61
湖 南	Hunan	21236977	68801436	35832317	32969119	3.24	108.68
广 东	Guangdong	21788537	81560524	42044724	39515800	3.74	106.40
广 西	Guangxi	14155604	50613316	26648065	23965251	3.58	111.19
海 南	Hainan	2227660	8492566	4432038	4060528	3.81	109.15
重 庆	Chongqing	10569738	32353229	16811012	15542217	3.06	108.16
四 川	Sichuan	27915271	88151705	45664212	42487493	3.16	107.48
贵 州	Guizhou	10532316	39850386	20753414	19096972	3.78	108.67
云 南	Yunnan	12223237	43708069	22564595	21143474	3.58	106.72
西 藏	Tibet	622122	2735867	1369088	1366779	4.40	100.17
陕 西	Shaanxi	11117893	37827142	19639485	18187657	3.40	107.98
甘 肃	Gansu	7179379	26492398	13704505	12787893	3.69	107.17
青 海	Qinghai	1445497	5218135	2661694	2556441	3.61	104.12
宁 夏	Ningxia	1809807	6128965	3138565	2990400	3.39	104.95
新 疆	Xinjiang	5994910	20424370	10465070	9959300	3.41	105.08

5-2 各地区市总户数、总人口
Households and Population in Cities by Region

地 区	Region	总户数 (户) Number of Households (household)	总人口 (人) Total Population (person)	男 Male	女 Female	平均每户人数 (人/户) Average Family Size (person/household)	性别比 (女=100) Sex Ratio (Female=100)
全 国	**National Total**	**196104551**	**619256819**	**316279865**	**302976954**	**3.16**	**104.39**
北 京	Beijing	4406735	11453643	5777528	5676115	2.60	101.79
天 津	Tianjin	2790376	7912385	3976069	3936316	2.84	101.01
河 北	Hebei	7619489	25799739	13060756	12738983	3.39	102.53
山 西	Shanxi	4371614	13414132	6880450	6533682	3.07	105.31
内蒙古	Inner Mongolia	2879450	8589164	4351134	4238030	2.98	102.67
辽 宁	Liaoning	10427299	29949311	15076427	14872884	2.87	101.37
吉 林	Jilin	6199720	18567130	9363714	9203416	2.99	101.74
黑龙江	Heilongjiang	7888736	22836650	11526618	11310032	2.89	101.91
上 海	Shanghai	4741394	13091515	6566934	6524581	2.76	100.65
江 苏	Jiangsu	16617642	49604247	25032026	24572221	2.99	101.87
浙 江	Zhejiang	10724236	31334197	15877371	15456826	2.92	102.72
安 徽	Anhui	6698307	21946495	11326456	10620039	3.28	106.65
福 建	Fujian	5021057	17559733	8983399	8576334	3.50	104.75
江 西	Jiangxi	4529350	15195106	7974535	7220571	3.35	110.44
山 东	Shandong	16774284	53150191	26876312	26273879	3.17	102.29
河 南	Henan	10038256	35100499	17985823	17114676	3.50	105.09
湖 北	Hubei	12499737	39313294	20291493	19021801	3.15	106.67
湖 南	Hunan	7531841	23393703	12099249	11294454	3.11	107.13
广 东	Guangdong	15218419	55302648	28467699	26834949	3.63	106.08
广 西	Guangxi	5136331	17841298	9369940	8471358	3.47	110.61
海 南	Hainan	1389569	5225734	2705615	2520119	3.76	107.36
重 庆	Chongqing	5317957	15260234	7834460	7425774	2.87	105.50
四 川	Sichuan	10880613	32837283	16831591	16005692	3.02	105.16
贵 州	Guizhou	2778925	10118228	5211048	4907180	3.64	106.19
云 南	Yunnan	3135551	10078198	5163396	4914802	3.21	105.06
西 藏	Tibet	89187	284885	140736	144149	3.19	97.63
陕 西	Shaanxi	3912578	13224710	6802783	6421927	3.38	105.93
甘 肃	Gansu	2532463	8572337	4422188	4150149	3.38	106.55
青 海	Qinghai	330502	1057155	529984	527171	3.20	100.53
宁 夏	Ningxia	956396	3028913	1542430	1486483	3.17	103.76
新 疆	Xinjiang	2666537	8214062	4231701	3982361	3.08	106.26

5-3 各地区县总户数、总人口

Households and Population in Counties by Region

地 区	Region	总户数 (户) Number of Households (household)	总人口 (人) Total Population (person)	男 Male	女 Female	平均每户人数 (人/户) Average Family Size (person/household)	性别比 (女=100) Sex Ratio (Female=100)
全 国	**National Total**	**199638538**	**689064442**	**357235951**	**331828491**	**3.45**	**107.66**
北 京	Beijing	323452	708825	357661	351164	2.19	101.85
天 津	Tianjin	549146	1728989	880577	848412	3.15	103.79
河 北	Hebei	12924199	44515853	22779043	21736810	3.44	104.79
山 西	Shanxi	6575617	20509312	10577289	9932023	3.12	106.50
内蒙古	Inner Mongolia	5005934	15548310	8027813	7520497	3.11	106.75
辽 宁	Liaoning	3965673	12367739	6338523	6029216	3.12	105.13
吉 林	Jilin	2649661	8393444	4295352	4098092	3.17	104.81
黑龙江	Heilongjiang	4987748	15360965	7854723	7506242	3.08	104.64
上 海	Shanghai	291497	697101	343914	353187	2.39	97.37
江 苏	Jiangsu	7287901	23936563	12304644	11631919	3.28	105.78
浙 江	Zhejiang	5064270	15259201	7893872	7365329	3.01	107.18
安 徽	Anhui	12795887	44810634	23367308	21443326	3.50	108.97
福 建	Fujian	4687608	16846836	8735657	8111179	3.59	107.70
江 西	Jiangxi	8653682	30091509	15770734	14320775	3.48	110.12
山 东	Shandong	11829262	40305117	20516496	19788621	3.41	103.68
河 南	Henan	18475756	68529510	35567552	32961958	3.71	107.90
湖 北	Hubei	6629166	21535814	11248829	10286985	3.25	109.35
湖 南	Hunan	13705136	45407733	23733068	21674665	3.31	109.50
广 东	Guangdong	6570118	26257876	13577025	12680851	4.00	107.07
广 西	Guangxi	9019273	32772018	17278125	15493893	3.63	111.52
海 南	Hainan	838091	3266832	1726423	1540409	3.90	112.08
重 庆	Chongqing	5251781	17092995	8976552	8116443	3.25	110.60
四 川	Sichuan	17034658	55314422	28832621	26481801	3.25	108.88
贵 州	Guizhou	7753391	29732158	15542366	14189792	3.83	109.53
云 南	Yunnan	9087686	33629871	17401199	16228672	3.70	107.23
西 藏	Tibet	532935	2450982	1228352	1222630	4.60	100.47
陕 西	Shaanxi	7205315	24602432	12836702	11765730	3.41	109.10
甘 肃	Gansu	4646916	17920061	9282317	8637744	3.86	107.46
青 海	Qinghai	1114995	4160980	2131710	2029270	3.73	105.05
宁 夏	Ningxia	853411	3100052	1596135	1503917	3.63	106.13
新 疆	Xinjiang	3328373	12210308	6233369	5976939	3.67	104.29

5-4 各地区镇总户数、总人口
Households and Population in Towns by Region

地 区	Region	总户数 (户) Number of Households (household)	总人口 (人) Total Population (person)	男 Male	女 Female	平均每户人数 (人/户) Average Family Size (person/household)	性别比 (女=100) Sex Ratio (Female=100)
全 国	**National Total**	**229339052**	**762390822**	**393074076**	**369316746**	**3.32**	**106.43**
北 京	Beijing	1719244	3778536	1889206	1889330	2.20	99.99
天 津	Tianjin	1389157	4087967	2065032	2022935	2.94	102.08
河 北	Hebei	11015613	36647312	18707471	17939841	3.33	104.28
山 西	Shanxi	5454889	16374978	8441370	7933608	3.00	106.40
内蒙古	Inner Mongolia	4699295	14463408	7441086	7022322	3.08	105.96
辽 宁	Liaoning	5595364	17256905	8806006	8450899	3.08	104.20
吉 林	Jilin	4346638	13635591	6967890	6667701	3.14	104.50
黑龙江	Heilongjiang	5336870	16101627	8203727	7897900	3.02	103.87
上 海	Shanghai	2213028	5877289	2927666	2949623	2.66	99.26
江 苏	Jiangsu	18046426	55252509	28030617	27221892	3.06	102.97
浙 江	Zhejiang	9398083	28013027	14296141	13716886	2.98	104.22
安 徽	Anhui	13223403	45725154	23784199	21940955	3.46	108.40
福 建	Fujian	6122554	22176797	11412579	10764218	3.62	106.02
江 西	Jiangxi	7882950	26782601	14058041	12724560	3.40	110.48
山 东	Shandong	17857696	59253330	30088483	29164847	3.32	103.17
河 南	Henan	12675303	45377753	23485168	21892585	3.58	107.27
湖 北	Hubei	11083479	36775811	19091709	17684102	3.32	107.96
湖 南	Hunan	12397146	40279115	21008925	19270190	3.25	109.02
广 东	Guangdong	15967108	62780495	32323509	30456986	3.93	106.13
广 西	Guangxi	10156704	36188988	19139316	17049672	3.56	112.26
海 南	Hainan	1595105	6409977	3339925	3070052	4.02	108.79
重 庆	Chongqing	6752004	20792197	10860192	9932005	3.08	109.35
四 川	Sichuan	17629262	54294472	28078310	26216162	3.08	107.10
贵 州	Guizhou	6034823	22500394	11688316	10812078	3.73	108.10
云 南	Yunnan	7173908	25013805	12828363	12185442	3.49	105.28
西 藏	Tibet	214300	781703	389123	392580	3.65	99.12
陕 西	Shaanxi	6499760	21801132	11368576	10432556	3.35	108.97
甘 肃	Gansu	3402758	12351659	6398686	5952973	3.63	107.49
青 海	Qinghai	763488	2683275	1372617	1310658	3.51	104.73
宁 夏	Ningxia	862508	2942045	1515142	1426903	3.41	106.18
新 疆	Xinjiang	1830186	5990970	3066685	2924285	3.27	104.87

5-5 各地区非农业、农业人口

Non-agricultural and Agricultural Population by Region

单位：人 (person)

地 区	Region	总人口 Total Population	非农业人口 Non-agricultural 人口数 Population	非农业人口 Non-agricultural 比重(%) Proportion	农业人口 Agricultural 人口数 Population	农业人口 Agricultural 比重(%) Proportion
全 国	**National Total**	**1308321261**	**430767132**	**32.93**	**877554129**	**67.07**
北 京	Beijing	12162468	9313362	76.57	2849106	23.43
天 津	Tianjin	9641374	5824285	60.41	3817089	39.59
河 北	Hebei	70315592	21796320	31.00	48519272	69.00
山 西	Shanxi	33923444	10786564	31.80	23136880	68.20
内蒙古	Inner Mongolia	24137474	9742360	40.36	14395114	59.64
辽 宁	Liaoning	42317050	20759161	49.06	21557889	50.94
吉 林	Jilin	26960574	12158908	45.10	14801666	54.90
黑龙江	Heilongjiang	38197615	18418080	48.22	19779535	51.78
上 海	Shanghai	13788616	11969438	86.81	1819178	13.19
江 苏	Jiangsu	73540810	33637469	45.74	39903341	54.26
浙 江	Zhejiang	46593398	13511345	29.00	33082053	71.00
安 徽	Anhui	66757129	14673871	21.98	52083258	78.02
福 建	Fujian	34406569	11285364	32.80	23121205	67.20
江 西	Jiangxi	45286615	12090494	26.70	33196121	73.30
山 东	Shandong	93455308	34363543	36.77	59091765	63.23
河 南	Henan	103630009	22401647	21.62	81228362	78.38
湖 北	Hubei	60849108	23706062	38.96	37143046	61.04
湖 南	Hunan	68801436	15292296	22.23	53509140	77.77
广 东	Guangdong	81560524	42428467	52.02	39132057	47.98
广 西	Guangxi	50613316	9441316	18.65	41172000	81.35
海 南	Hainan	8492566	3278716	38.61	5213850	61.39
重 庆	Chongqing	32353229	8769721	27.11	23583508	72.89
四 川	Sichuan	88151705	21400210	24.28	66751495	75.72
贵 州	Guizhou	39850386	6389444	16.03	33460942	83.97
云 南	Yunnan	43708069	7259247	16.61	36448822	83.39
西 藏	Tibet	2735867	459189	16.78	2276678	83.22
陕 西	Shaanxi	37827142	10424925	27.56	27402217	72.44
甘 肃	Gansu	26492398	6525695	24.63	19966703	75.37
青 海	Qinghai	5218135	1563947	29.97	3654188	70.03
宁 夏	Ningxia	6128965	2247628	36.67	3881337	63.33
新 疆	Xinjiang	20424370	8848058	43.32	11576312	56.68

5-6 各地区市非农业、农业人口

Non-agricultural and Agricultural Population in Cities by Region

单位：人 (person)

地区	Region	总人口 Total Population	非农业人口 Non-agricultural 人口数 Population	非农业人口 Non-agricultural 比重(%) Proportion	农业人口 Agricultural 人口数 Population	农业人口 Agricultural 比重(%) Proportion
全　国	**National Total**	**619256819**	**316018610**	**51.03**	**303238209**	**48.97**
北　京	Beijing	11453643	9043277	78.96	2410366	21.04
天　津	Tianjin	7912385	5501809	69.53	2410576	30.47
河　北	Hebei	25799739	13538122	52.47	12261617	47.53
山　西	Shanxi	13414132	7472729	55.71	5941403	44.29
内蒙古	Inner Mongolia	8589164	5971461	69.52	2617703	30.48
辽　宁	Liaoning	29949311	18188271	60.73	11761040	39.27
吉　林	Jilin	18567130	9915111	53.40	8652019	46.60
黑龙江	Heilongjiang	22836650	13616312	59.62	9220338	40.38
上　海	Shanghai	13091515	11740534	89.68	1350981	10.32
江　苏	Jiangsu	49604247	26754733	53.94	22849514	46.06
浙　江	Zhejiang	31334197	10488512	33.47	20845685	66.53
安　徽	Anhui	21946495	9301141	42.38	12645354	57.62
福　建	Fujian	17559733	7572590	43.12	9987143	56.88
江　西	Jiangxi	15195106	6412530	42.20	8782576	57.80
山　东	Shandong	53150191	27620321	51.97	25529870	48.03
河　南	Henan	35100499	14184133	40.41	20916366	59.59
湖　北	Hubei	39313294	19365641	49.26	19947653	50.74
湖　南	Hunan	23393703	9093212	38.87	14300491	61.13
广　东	Guangdong	55302648	36684771	66.33	18617877	33.67
广　西	Guangxi	17841298	5557171	31.15	12284127	68.85
海　南	Hainan	5225734	2195796	42.02	3029938	57.98
重　庆	Chongqing	15260234	6176633	40.48	9083601	59.52
四　川	Sichuan	32837283	12635565	38.48	20201718	61.52
贵　州	Guizhou	10118228	3720149	36.77	6398079	63.23
云　南	Yunnan	10078198	3841810	38.12	6236388	61.88
西　藏	Tibet	284885	200652	70.43	84233	29.57
陕　西	Shaanxi	13224710	6676850	50.49	6547860	49.51
甘　肃	Gansu	8572337	4406577	51.40	4165760	48.60
青　海	Qinghai	1057155	857247	81.09	199908	18.91
宁　夏	Ningxia	3028913	1696255	56.00	1332658	44.00
新　疆	Xinjiang	8214062	5588695	68.04	2625367	31.96

5-7 各地区县非农业、农业人口

Non-agricultural and Agricultural Population in Counties by Region

单位：人 (person)

地 区	Region	总人口 Total Population	非农业人口 Non-agricultural		农业人口 Agricultural	
			人口数 Population	比重(%) Proportion	人口数 Population	比重(%) Proportion
全 国	**National Total**	**689064442**	**114748522**	**16.65**	**574315920**	**83.35**
北 京	Beijing	708825	270085	38.10	438740	61.90
天 津	Tianjin	1728989	322476	18.65	1406513	81.35
河 北	Hebei	44515853	8258198	18.55	36257655	81.45
山 西	Shanxi	20509312	3313835	16.16	17195477	83.84
内蒙古	Inner Mongolia	15548310	3770899	24.25	11777411	75.75
辽 宁	Liaoning	12367739	2570890	20.79	9796849	79.21
吉 林	Jilin	8393444	2243797	26.73	6149647	73.27
黑龙江	Heilongjiang	15360965	4801768	31.26	10559197	68.74
上 海	Shanghai	697101	228904	32.84	468197	67.16
江 苏	Jiangsu	23936563	6882736	28.75	17053827	71.25
浙 江	Zhejiang	15259201	3022833	19.81	12236368	80.19
安 徽	Anhui	44810634	5372730	11.99	39437904	88.01
福 建	Fujian	16846836	3712774	22.04	13134062	77.96
江 西	Jiangxi	30091509	5677964	18.87	24413545	81.13
山 东	Shandong	40305117	6743222	16.73	33561895	83.27
河 南	Henan	68529510	8217514	11.99	60311996	88.01
湖 北	Hubei	21535814	4340421	20.15	17195393	79.85
湖 南	Hunan	45407733	6199084	13.65	39208649	86.35
广 东	Guangdong	26257876	5743696	21.87	20514180	78.13
广 西	Guangxi	32772018	3884145	11.85	28887873	88.15
海 南	Hainan	3266832	1082920	33.15	2183912	66.85
重 庆	Chongqing	17092995	2593088	15.17	14499907	84.83
四 川	Sichuan	55314422	8764645	15.85	46549777	84.15
贵 州	Guizhou	29732158	2669295	8.98	27062863	91.02
云 南	Yunnan	33629871	3417437	10.16	30212434	89.84
西 藏	Tibet	2450982	258537	10.55	2192445	89.45
陕 西	Shaanxi	24602432	3748075	15.23	20854357	84.77
甘 肃	Gansu	17920061	2119118	11.83	15800943	88.17
青 海	Qinghai	4160980	706700	16.98	3454280	83.02
宁 夏	Ningxia	3100052	551373	17.79	2548679	82.21
新 疆	Xinjiang	12210308	3259363	26.69	8950945	73.31

5-8 各地区镇非农业、农业人口

Non-agricultural and Agricultural Population in Towns by Region

单位：人 (person)

地 区	Region	总人口 Total Population	非农业人口 Non-agricultural		农业人口 Agricultural	
			人口数 Population	比重(%) Proportion	人口数 Population	比重(%) Proportion
全 国	**National Total**	**762390822**	**173858369**	**22.80**	**588532453**	**77.20**
北 京	Beijing	3778536	1325983	35.09	2452553	64.91
天 津	Tianjin	4087967	850201	20.80	3237766	79.20
河 北	Hebei	36647312	10461776	28.55	26185536	71.45
山 西	Shanxi	16374978	3639321	22.22	12735657	77.78
内蒙古	Inner Mongolia	14463408	4492204	31.06	9971204	68.94
辽 宁	Liaoning	17256905	3452180	20.00	13804725	80.00
吉 林	Jilin	13635591	3560276	26.11	10075315	73.89
黑龙江	Heilongjiang	16101627	5488034	34.08	10613593	65.92
上 海	Shanghai	5877289	4166048	70.88	1711241	29.12
江 苏	Jiangsu	55252509	19208863	34.77	36043646	65.23
浙 江	Zhejiang	28013027	4711068	16.82	23301959	83.18
安 徽	Anhui	45725154	6531514	14.28	39193640	85.72
福 建	Fujian	22176797	4828439	21.77	17348358	78.23
江 西	Jiangxi	26782601	6156514	22.99	20626087	77.01
山 东	Shandong	59253330	9485025	16.01	49768305	83.99
河 南	Henan	45377753	8321057	18.34	37056696	81.66
湖 北	Hubei	36775811	7678350	20.88	29097461	79.12
湖 南	Hunan	40279115	6726046	16.70	33553069	83.30
广 东	Guangdong	62780495	22581303	35.97	40199192	64.03
广 西	Guangxi	36188988	5292834	14.63	30896154	85.37
海 南	Hainan	6409977	1461431	22.80	4948546	77.20
重 庆	Chongqing	20792197	3281021	15.78	17511176	84.22
四 川	Sichuan	54294472	11651290	21.46	42643182	78.54
贵 州	Guizhou	22500394	3033378	13.48	19467016	86.52
云 南	Yunnan	·25013805	4125992	16.49	20887813	83.51
西 藏	Tibet	781703	199215	25.48	582488	74.52
陕 西	Shaanxi	21801132	4141727	19.00	17659405	81.00
甘 肃	Gansu	12351659	2609173	21.12	9742486	78.88
青 海	Qinghai	2683275	713507	26.59	1969768	73.41
宁 夏	Ningxia	2942045	679240	23.09	2262805	76.91
新 疆	Xinjiang	5990970	3005359	50.16	2985611	49.84

5-9 按总人口排序的市及人口数

Cities and Population by Size of Total Population

单位：人 (person)

组 别 城市个数	Group City	人 数 Population	组 别 城市个数	Group City	人 数 Population
全国	**National Total**	**619256819**	贵阳市	Guiyang	2140871
400万以上	**over 4 million**	**97164572**	兰州市	Lanzhou	2080344
重庆市	Chongqing	15260234	莆田市	Putian	2070402
上海市	Shanghai	13091515	乌鲁木齐市	Urumqi	2026236
北京市	Beijing	11453643	**100万—200万**	**from 1 million to 2 million**	**196302181**
武汉市	Wuhan	8282137	合肥市	Hefei	1983930
天津市	Tianjin	7912385	阜阳市	Fuyang	1978673
广州市	Guangzhou	6367621	临沂市	Linyi	1958664
西安市	Xi'an	5491938	南充市	Nanchong	1913257
南京市	Nanjing	5343864	徐州市	Xuzhou	1884283
沈阳市	Shenyang	5048558	福州市	Fuzhou	1859203
成都市	Chengdu	5027062	六安市	Liuan	1827552
汕头市	Shantou	4935832	吉林市	Jilin	1823007
哈尔滨市	Harbin	4754753	贵港市	Guigang	1822660
杭州市	Hangzhou	4195030	烟台市	Yantai	1800064
200万—400万	**from 2 million to 4 million**	**68351420**	南阳市	Nanyang	1796582
佛山市	Foshan	3610800	宿州市	Suzhou	1784907
长春市	Changchun	3581301	桂平市	Guiping	1748194
济南市	Jinan	3527135	东莞市	Dongguan	1712593
唐山市	Tangshan	3036002	天门市	Tianmen	1691318
大连市	Dalian	2934251	陆丰市	Lufeng	1688536
淄博市	Zibo	2774503	邳州市	Pizhou	1686638
太原市	Taiyuan	2767925	高州市	Gaozhou	1677953
淮安市	Huaian	2765128	厦门市	Xiamen	1672356
青岛市	Qingdao	2755472	商丘市	Shangqiu	1670366
郑州市	Zhengzhou	2695881	淮南市	Huainan	1658813
南宁市	Nanning	2597687	滕州市	Tengzhou	1647356
石家庄市	Shijiazhuang	2377283	邓州市	Dengzhou	1617566
无锡市	Wuxi	2359210	随州市	Suizhou	1613069
苏州市	Suzhou	2353019	泰安市	Taian	1603126
昆明市	Kunming	2334276	廉江市	Lianjiang	1601037
常州市	Changzhou	2247187	雷州市	Leizhou	1595576
普宁市	Puning	2226017	盐城市	Yancheng	1586560
南昌市	Nanchang	2215263	宿迁市	Suqian	1567411
长沙市	Changsha	2187488	洛阳市	Luoyang	1551560
襄樊市	Xiangfan	2182883	兴化市	Xinghua	1539223
宁波市	Ningbo	2181864	潍坊市	Weifang	1536286
深圳市	Shenzhen	2168453	化州市	Huazhou	1531891
枣庄市	Zaozhuang	2154539	海口市	Haikou	1529352

5-9 续表 1 continued

单位：人 (person)

组　别 城市个数	Group City	人　数 Population	组　别 城市个数	Group City	人　数 Population
台州市	Taizhou	1515551	天水市	Tianshui	1260227
亳州市	Bozhou	1515101	项城市	Xiangcheng	1254398
大同市	Datong	1514105	莱芜市	Laiwu	1253491
遂宁市	Suining	1501728	广安市	Guang'an	1252127
仙桃市	Xiantao	1501463	通州市	Tongzhou	1248888
南安市	Nan'an	1488518	宜昌市	Yichang	1239691
自贡市	Zigong	1484234	禹州市	Yuzhou	1233284
湛江市	Zhanjiang	1478328	福清市	Fuqing	1231288
鞍山市	Anshan	1473545	惠州市	Huizhou	1222786
包头市	Baotou	1468201	日照市	Rizhao	1220185
菏泽市	Heze	1460471	江阴市	Jiangyin	1197703
永城市	Yongcheng	1457860	乐清市	Yueqing	1195852
邯郸市	Handan	1456381	赤峰市	Chifeng	1189840
中山市	Zhongshan	1451454	绵阳市	Mianyang	1189433
泸州市	Luzhou	1438966	扬州市	Yangzhou	1180587
简阳市	Jianyang	1431107	定州市	Dingzhou	1177369
齐齐哈尔市	Qiqihar	1427275	温岭市	Wenling	1165583
宣威市	Xuanwei	1426181	瑞安市	Ruian	1160499
温州市	Wenzhou	1423625	麻城市	Macheng	1159074
信阳市	Xinyang	1418620	东台市	Dongtai	1152266
如皋市	Rugao	1410146	乐山市	Leshan	1151472
内江市	Neijiang	1406273	呼和浩特市	Hohhot	1144173
常德市	Changde	1405365	兴宁市	Xingning	1142296
抚顺市	Fushun	1400745	罗定市	Luoding	1140840
新泰市	Xintai	1367108	临海市	Linhai	1138195
平度市	Pingdu	1365297	涟源市	Lianyuan	1136784
浏阳市	Liuyang	1363979	邹城市	Zoucheng	1135913
毕节市	Bijie	1362376	海城市	Haicheng	1134065
江门市	Jiangmen	1355782	荆州市	Jingzhou	1126400
漯河市	Luohe	1349030	启东市	Qidong	1118431
信宜市	Xinyi	1333839	即墨市	Jimo	1111898
丰城市	Fengcheng	1333260	永州市	Yongzhou	1109691
巴中市	Bazhong	1332929	六盘水市	Liupanshui	1102882
益阳市	Yiyang	1295112	汉川市	Hanchuan	1098859
耒阳市	Leiyang	1291691	枣阳市	Zaoyang	1098300
大庆市	Daqing	1281861	阳春市	Yangchun	1092502
钦州市	Qinzhou	1280207	济宁市	Jining	1090595
榆树市	Yushu	1275721	英德市	Yingde	1087695
北流市	Beiliu	1271525	湖州市	Huzhou	1084124
泰兴市	Taixing	1267296	抚州市	Fuzhou	1082145
茂名市	Maoming	1264491	淮北市	Huaibei	1075278

5-9 续表 2 continued

单位：人 (person)

组　别 城市个数	Group City	人　数 Population	组　别 城市个数	Group City	人　数 Population
诸城市	Zhucheng	1073627	肥城市	Feicheng	966265
资阳市	Ziyang	1072573	本溪市	Benxi	958754
鄂州市	Ezhou	1070140	衡阳市	Hengyang	957710
公主岭市	Gongzhuling	1069104	珠海市	Zhuhai	956874
江都市	Jiangdu	1069008	渭南市	Weinan	943949
常熟市	Changshu	1061410	玉林市	Yulin	934580
保定市	Baoding	1060783	孝感市	Xiaogan	934203
宜兴市	Yixing	1060463	洪湖市	Honghu	930518
诸暨市	Zhuji	1060030	肇东市	Zhaodong	930255
安阳市	Anyang	1058294	广水市	Guangshui	929217
吴川市	Wuchuan	1053948	大冶市	Daye	924248
安丘市	Anqiu	1053545	金华市	Jinhua	922508
岳阳市	Yueyang	1051556	庄河市	Zhuanghe	921496
晋江市	Jinjiang	1044525	蚌埠市	Bengbu	921149
聊城市	Liaocheng	1043631	广元市	Guangyuan	918379
钟祥市	Zhongxiang	1034937	锦州市	Jinzhou	917490
咸阳市	Xianyang	1029096	湘乡市	Xiangxiang	912551
慈溪市	Cixi	1027203	韶关市	Shaoguan	911951
林州市	Linzhou	1026659	芜湖市	Wuhu	903378
瓦房店市	Wafangdian	1025262	青州市	Qingzhou	900750
泉州市	Quanzhou	1024349	张家港市	Zhangjiagang	893039
来宾市	Laibin	1023076	绥化市	Suihua	892233
宜春市	Yichun	1021362	鸡西市	Jixi	889628
寿光市	Shouguang	1021167	姜堰市	Jiangyan	888160
醴陵市	Liling	1019610	张家口市	Zhangjiakou	884962
柳州市	Liuzhou	1018375	常宁市	Changning	882502
汝州市	Ruzhou	1011486	江油市	Jiangyou	878575
儋州市	Danzhou	1009334	高密市	Gaomi	874071
海门市	Haimen	1006475	巢湖市	Chaohu	873596
章丘市	Zhangqiu	1003756	营口市	Yingkou	873229
潜江市	Qianjiang	1002265	保山市	Baoshan	872547
新乡市	Xinxiang	1001714	南通市	Nantong	872523
80万—100万	**from 800 thousand to 1 million**	**73560970**	莱阳市	Laiyang	872100
武威市	Wuwei	998550	西宁市	Xining	871032
平顶山市	Pingdingshan	992586	阆中市	Langzhong	870708
新沂市	Xinyi	991087	利川市	Lichuan	868782
台山市	Taishan	983016	银川市	Yinchuan	860821
五常市	Wuchang	979527	莱州市	Laizhou	860166
安康市	Ankang	979189	偃师市	Yanshi	854938
葫芦岛市	Huludao	975926	新密市	Xinmi	850992
贺州市	Hezhou	967194	岑溪市	Cenxi	847916

5-9 续表 3 continued

单位：人 (person)

组　别 城市个数	Group City	人　数 Population
宣城市	Xuancheng	846209
萍乡市	Pingxiang	843183
开封市	Kaifeng	842267
松滋市	Songzi	841783
眉山市	Meishan	840909
海伦市	Hailun	838040
遵义市	Zunyi	836756
乐平市	Leping	832142
安顺市	Anshun	831078
余姚市	Yuyao	829217
东营市	Dongying	827640
高邮市	Gaoyou	827152
胶南市	Jiaonan	826733
普兰店市	Pulandian	826619
佳木斯市	Kiamusze	825090
焦作市	Jiaozuo	824583
南康市	Nankang	824540
通辽市	Tongliao	822075
新余市	Xinyu	821919
嘉兴市	Jiaxing	819824
德惠市	Dehui	818326
增城市	Zengcheng	818030
衢州市	Quzhou	814557
双城市	Shuangcheng	813497
伊春市	Yichun	812551
任丘市	Renqiu	809915
临汾市	Linfen	808997
高安市	Gaoan	808035
巩义市	Gongyi	807720
东阳市	Dongyang	807599
丹阳市	Danyang	806142
秦皇岛市	Qinhuangdao	806009
昭通市	Zhaotong	802693
辉县市	Huixian	802241
牡丹江市	Mudanjiang	801079
50万—80万	**from 500 thousand to 800 thousand**	**118495932**
龙海市	Longhai	796323
株洲市	Zhuzhou	795346
彭州市	Pengzhou	794711
吴江市	Wujiang	793172
恩施市	Enshi	792918
胶州市	Jiaozhou	792241
宜宾市	Yibin	791131
廊坊市	Langfang	790955
宝鸡市	Baoji	788792
河间市	Hejian	788625
阜新市	Fuxin	780351
兴义市	Xingyi	779570
武冈市	Wugang	776950
溧阳市	Liyang	776259
上虞市	Shangyu	772831
丹东市	Dandong	764770
界首市	Jieshou	761969
桂林市	Guilin	756933
藁城市	Gaocheng	756371
铜川市	Tongchuan	753873
镇江市	Zhenjiang	751597
桐城市	Tongcheng	748870
沅江市	Yuanjiang	748538
武穴市	Wuxue	747258
灵宝市	Lingbao	742679
高要市	Gaoyao	741992
长葛市	Zhangge	741951
安庆市	Anqing	741045
武安市	Wuan	740996
临清市	Linqing	735670
嵊州市	Shengzhou	733727
讷河市	Nehe	732190
盖州市	Gaizhou	730308
汨罗市	Miluo	729255
莱西市	Laixi	728269
大丰市	Dafeng	727386
辽阳市	Liaoyang	725078
大石桥市	Dashiqiao	721333
湘潭市	Xiangtan	718842
义乌市	Yiwu	716285
连云港市	Lianyungang	715569
遵化市	Zunhua	708698
九台市	Jiutai	704223
新民市	Xinmin	702836
长治市	Changzhi	702329
荆门市	Jingmen	700581

5-9 续表 4 continued

单位：人 (person)

组　别 城市个数	Group City	人　数 Population	组　别 城市个数	Group City	人　数 Population
迁安市	Qian'an	699031	石河子市	Shihezi	636090
舟山市	Zhoushan	694469	东港市	Donggang	636083
攀枝花市	Panzhihua	686474	荥阳市	Xingyang	634633
开平市	Kaiping	683171	龙口市	Longkou	634368
揭阳市	Jieyang	683008	宜州市	Yizhou	633976
乐陵市	Leling	681727	瑞金市	Ruijin	632621
郴州市	Chenzhou	681480	威海市	Weihai	631856
昌邑市	Changyi	680592	滨州市	Binzhou	631073
昆山市	Kunshan	679846	仁怀市	Renhuai	629688
曲靖市	Qujing	679535	驻马店市	Zhumadian	629269
鹤岗市	Hegang	679429	栖霞市	Qixia	627457
阳泉市	Yangquan	672142	朔州市	Shuozhou	624640
济源市	Jiyuan	671538	马鞍山市	Maanshan	624315
桐乡市	Tongxiang	667003	天长市	Tianchang	624042
海阳市	Haiyang	666516	福安市	Fuan	622567
登封市	Dengfeng	665818	安陆市	Anlu	622124
崇州市	Chongzhou	665572	涿州市	Zhuozhou	618985
长乐市	Changle	664983	梅河口市	Meihekou	618690
靖江市	Jingjiang	664768	北票市	Beipiao	617236
荣成市	Rongcheng	664746	尚志市	Shangzhi	614024
新郑市	Xinzheng	664492	兖州市	Yanzhou	613539
舒兰市	Shulan	659473	辛集市	Xinji	610821
应城市	Yingcheng	658712	都江堰市	Dujiangyan	608969
邵阳市	Shaoyang	658359	大理市	Dali	608386
兰溪市	Lanxi	658245	四平市	Siping	605874
石首市	Shishou	658040	西昌市	Xichang	604492
阳江市	Yangjiang	653790	九江市	Jiujiang	602983
运城市	Yuncheng	651784	仪征市	Yizheng	597068
邛崃市	Qionglai	650635	盘锦市	Panjin	594405
池州市	Chizhou	650025	咸宁市	Xianning	594191
绍兴市	Shaoxing	649855	德州市	Dezhou	593944
德阳市	Deyang	649685	广汉市	Guanghan	593673
海宁市	Haining	648694	白山市	Baishan	592790
明光市	Mingguang	648352	开原市	Kaiyuan	590888
泰州市	Taizhou	647582	万源市	Wanyuan	589974
凌源市	Lingyuan	644630	赣州市	Ganzhou	589713
濮阳市	Puyang	642722	凤城市	Fengcheng	589014
曲阜市	Qufu	640783	高碑店市	Gaobeidian	588269
文登市	Wendeng	640665	江山市	Jiangshan	586697
富阳市	Fuyang	640090	霸州市	Bazhou	583368
黄石市	Huangshi	636777	万宁市	Wanning	582610

5-9 续表 5 continued

单位：人 (person)

组　别 城市个数	Group City	人　数 Population	组　别 城市个数	Group City	人　数 Population
邢台市	Xingtai	581763	忻州市	Xinzhou	518248
北海市	Beihai	581511	承德市	Chengde	517080
句容市	Jurong	578722	禹城市	Yucheng	516848
贵溪市	Guixi	576594	绵竹市	Mianzhu	513579
凌海市	Linghai	576143	灯塔市	Dengta	513538
兴平市	Xingping	575408	白城市	Baicheng	512571
乳山市	Rushan	573286	张掖市	Zhangye	512484
福鼎市	Fuding	570548	赤壁市	Chibi	510746
深州市	Shenzhou	569908	建德市	Jiande	510424
晋中市	Jinzhong	568325	沧州市	Cangzhou	510217
招远市	Zhaoyuan	565539	三河市	Sanhe	508821
泊头市	Botou	565391	黄骅市	Huanghua	508296
宜城市	Yicheng	564526	周口市	Zhoukou	508111
文昌市	Wenchang	560353	楚雄市	Chuxiong	505372
永康市	Yongkang	560329	枝江市	Zhijiang	504919
陇南市	Longnan	559049	洪江市	Hongjiang	504076
清远市	Qingyuan	554874	朝阳市	Chaoyang	503871
兴城市	Xingcheng	552180	固原市	Guyuan	502217
商洛市	Shangluo	550574	**30万—50万**	**from 300 thousand to 500 thousand**	**49801641**
临河市	Linhe	550563	恩平市	Enping	499614
金坛市	Jintan	550391	双鸭山市	Shuangyashan	499506
鹤壁市	Hebi	549200	防城港市	Fangchenggang	498472
从化市	Conghua	549136	张家界市	Zhangjiajie	497957
汉中市	Hanzhong	544439	肇庆市	Zhaoqing	496840
漳州市	Zhangzhou	543874	清镇市	Qingzhen	496156
磐石市	Panshi	540751	丹江口市	Danjiangkou	495165
樟树市	Zhangshu	537356	临湘市	Linxiang	495011
三亚市	Sanya	535215	梧州市	Wuzhou	492306
吉安市	Ji'an	534939	汕尾市	Shanwei	491766
松原市	Songyuan	533096	平凉市	Pingliang	490108
北镇市	Beizhen	530645	卫辉市	Weihui	490054
老河口市	Laohekou	527598	南平市	Nanping	488407
七台河市	Qitaihe	527498	白银市	Baiyin	486017
滁州市	Chuzhou	527418	榆林市	Yulin	485642
临安市	Lin'an	526411	当阳市	Dangyang	485531
晋州市	Jinzhou	524400	都匀市	Duyun	483759
十堰市	Shiyan	522004	平湖市	Pinghu	483651
建瓯市	Jian'ou	521864	敦化市	Dunhua	483348
乐昌市	Lechang	521420	沁阳市	Qinyang	483179
连州市	Lianzhou	520720	沙河市	Shahe	481147
安达市	Anda	518314	奉化市	Fenghua	480324

5-9 续表 6 continued

单位：人 (person)

组　别 城市个数	Group City	人　数 Population	组　别 城市个数	Group City	人　数 Population
辽源市	Liaoyuan	477464	永济市	Yongji	430105
琼海市	Qionghai	476412	宁安市	Ning'an	425072
高平市	Gaoping	475512	哈密市	Hami	423781
凯里市	Kaili	475103	大安市	Da'an	421197
原平市	Yuanping	474490	东方市	Dongfang	419350
龙岩市	Longyan	473722	双辽市	Shuangliao	413627
库尔勒市	Korla	472147	玉溪市	Yuxi	411813
北安市	Beian	471158	汾阳市	Fenyang	411623
新乐市	Xinle	469005	达州市	Dazhou	408288
衡水市	Hengshui	468876	许昌市	Xuchang	404547
定西市	Dingxi	465082	安国市	Anguo	401842
太仓市	Taicang	463825	宜都市	Yidu	394125
南雄市	Nanxiong	463299	韩城市	Hancheng	390160
南宫市	Nangong	461309	个旧市	Gejiu	389985
富锦市	Fujin	458702	介休市	Jiexiu	389102
桦甸市	Huadian	455881	铁力市	Tieli	387020
蛟河市	Jiaohe	454951	上饶市	Shangrao	384521
通化市	Tonghua	454343	景洪市	Jinghong	384309
孝义市	Xiaoyi	453679	酒泉市	Jiuquan	382581
阿克苏市	Aksu	452388	牙克石市	Yakeshi	381858
景德镇市	Jingdezhen	449586	宁国市	Ningguo	380888
石嘴山市	Shizuishan	448069	河津市	Hejin	380817
伊宁市	Yining	445944	丽水市	Lishui	380043
蓬莱市	Penglai	445518	孟州市	Mengzhou	374631
铁岭市	Tieling	445034	鹿泉市	Luquan	371625
喀什市	Kashar	440074	资兴市	Zixing	369813
铜陵市	Tongling	439090	黄冈市	Huanggang	368792
乌海市	Wuhai	438626	铜仁市	Tongren	366918
娄底市	Loudi	438361	五大连池市	Wudalianchi	366312
洮南市	Taonan	436469	冀州市	Jizhou	365236
延吉市	Yanji	436375	吴忠市	Wuzhong	363973
瑞昌市	Ruichang	435460	鹤山市	Heshan	362185
四会市	Sihui	435007	中卫市	Zhongwei	358265
峨眉山市	Emeishan	434990	冷水江市	Lengshuijiang	356201
海林市	Hailin	434852	潞西市	Luxi	354712
扎兰屯市	Zhalantun	432237	华蓥市	Huaying	353618
密山市	Mishan	432229	怀化市	Huaihua	351020
延安市	Yan'an	432058	雅安市	Yaan	350987
黄山市	Huangshan	431895	昌吉市	Changji	347818
宁德市	Ningde	431682	潮州市	Chaozhou	347061
什邡市	Shifang	430773	崇左市	Chongzuo	345338

5-9 续表 7 continued

单位：人 (person)

组 别 城市个数	Group City	人 数 Population
庆阳市	Qingyang	343816
建阳市	Jianyang	337565
百色市	Baise	336995
丰镇市	Fengzhen	336749
晋城市	Jincheng	328272
舞钢市	Wugang	326018
穆棱市	Muling	325029
河池市	Hechi	321660
永安市	Yong'an	321554
福泉市	Fuquan	313874
德兴市	Dexing	312022
石狮市	Shishi	311947
梅州市	Meizhou	310836
奎屯市	Kuitun	307583
邵武市	Shaowu	300925
10万—30万	**from 100 thousand to 300 thousand**	**15052756**
赤水市	Chishui	299197
集宁市	Jining	298887
霍州市	Huozhou	298669
虎林市	Hulin	293760
乌兰浩特市	Wulanhot	293220
河源市	Heyuan	290634
吉首市	Jishou	290477
临沧市	Lincang	288307
三门峡市	Sanmenxia	287850
云浮市	Yunfu	287154
龙泉市	Longquan	283858
三明市	Sanming	283141
和田市	Hotan	281958
扬中市	Yangzhong	274763
漳平市	Zhangping	274254
吐鲁番市	Turpan	269152
安宁市	Anning	267667
克拉玛依市	Karamay	267174
吕梁市	Lvliang	266093
开远市	Kaiyuan	265202
津市市	Jinshi	264299
青铜峡市	Qingtongxia	263961
呼伦贝尔市	Hulunbuir	263005
华阴市	Huayin	259592
博乐市	Bole	259557
鄂尔多斯市	Erdos	243429
调兵山市	Diaobingshan	241028
侯马市	Houma	240589
龙井市	Longjing	240500
灵武市	Lingwu	231607
阿勒泰市	Altai	229957
武夷山市	Wuyishan	225736
集安市	Ji'an	225408
阿图什市	Artux	225054
珲春市	Hunchun	218978
潞城市	Lucheng	218955
临夏市	Linxia	218782
古交市	Gujiao	217731
乌苏市	Wusu	215430
思茅市	Simao	213035
和龙市	Helong	205818
鹰潭市	Yingtan	201787
金昌市	Jinchang	198401
米泉市	Miquan	196800
黑河市	Heihe	191440
拉萨市	Lhasa	181991
嘉峪关市	Jiayuguan	181384
临江市	Linjiang	175823
同江市	Tongjiang	171580
玉门市	Yumen	166881
阿拉尔市	Alar	166544
阜康市	Fukang	166183
义马市	Yima	165180
根河市	Genhe	164912
锡林浩特市	Xilinhot	163796
塔城市	Tacheng	163606
满洲里市	Manzhouli	163441
井冈山市	Jinggangshan	155675
丽江市	Lijiang	153023
图木舒克市	Tumushuke	147804
敦煌市	Dunhuang	139404
合山市	Heshan	138385
图们市	Tumen	132021
瑞丽市	Ruili	121155
格尔木市	Golmud	117683
东兴市	Dongxing	116461
五指山市	Wuzhishan	113108
凭祥市	Pingxiang	107847
韶山市	Shaoshan	103679
日喀则市	Shigatse	102894
10万以下	**below 100 thousand**	**527347**
合作市	Hezuo	89227
额尔古纳市	Erguna	85051
霍林郭勒市	Huolingol	76268
五家渠市	Wujiaqu	72782
德令哈市	Delingha	68440
绥芬河市	Suifenhe	62746
阿尔山市	Arxan	48003
二连浩特市	Erlianhot	24830

5-10 按非农业人口排序的市及人口数

Cities and Population by Size of Non-agricultural Population

单位：人 (person)

组 别 城市名称	Group City	人 数 Population	组 别 城市名称	Group City	人 数 Population
全 国	**National Total**	**316018610**	湛江市	Zhanjiang	1478328
400万以上	**over 4 million**	**60739063**	临沂市	Linyi	1404005
上海市	Shanghai	11740534	江门市	Jiangmen	1355782
北京市	Beijing	9043277	南宁市	Nanning	1334705
武汉市	Wuhan	8258336	鞍山市	Anshan	1300347
广州市	Guangzhou	6367621	烟台市	Yantai	1298747
重庆市	Chongqing	6176633	宁波市	Ningbo	1291974
天津市	Tianjin	5501809	吉林市	Jilin	1283292
汕头市	Shantou	4935832	茂名市	Maoming	1264491
南京市	Nanjing	4563347	抚顺市	Fushun	1257631
沈阳市	Shenyang	4151674	邯郸市	Handan	1245674
200万—400万	**from 2 million to 4 million**	**39454390**	惠州市	Huizhou	1222786
成都市	Chengdu	3957956	包头市	Baotou	1217969
佛山市	Foshan	3610800	常州市	Changzhou	1177475
济南市	Jinan	3527135	大同市	Datong	1173357
哈尔滨市	Harbin	3443735	宿迁市	Suqian	1169358
西安市	Xi'an	3269176	厦门市	Xiamen	1141606
青岛市	Qingdao	2755472	齐齐哈尔市	Qiqihar	1116363
杭州市	Hangzhou	2693039	潍坊市	Weifang	1110886
大连市	Dalian	2546056	洛阳市	Luoyang	1110879
长春市	Zhangchun	2541654	淮安市	Huai'an	1089857
石家庄市	Shijiazhuang	2377283	聊城市	Liaocheng	1043631
太原市	Taiyuan	2321514	大庆市	Daqing	1025389
无锡市	Wuxi	2220399	**80万—100万**	**from 800 thousand to 1 million**	**14226744**
深圳市	Shenzhen	2168453	淮南市	Huainan	970146
郑州市	Zhengzhou	2021718	珠海市	Zhuhai	956874
100万—200万	**from 1 million to 2 million**	**48107718**	保定市	Baoding	936932
兰州市	Lanzhou	1846158	大冶市	Daye	924248
长沙市	Zhangsha	1835561	海口市	Haikou	914807
南昌市	Nanchang	1748413	韶关市	Shaoguan	911951
昆明市	Kunming	1734320	芜湖市	Wuhu	903378
唐山市	Tangshan	1703230	柳州市	Liuzhou	900686
合肥市	Hefei	1663770	商丘市	Shangqiu	894848
乌鲁木齐市	Urumqi	1624891	襄樊市	Xiangfan	894791
徐州市	Xuzhou	1615638	南通市	Nantong	872366
淄博市	Zibo	1565022	呼和浩特市	Hohhot	866652
福州市	Fuzhou	1553229	本溪市	Benxi	842200
苏州市	Suzhou	1553012	枣庄市	Zaozhuang	821607
贵阳市	Guiyang	1549942	扬州市	Yangzhou	809249

5-10 续表 1 continued

单位：人 (person)

组别 城市名称	Group City	人数 Population	组别 城市名称	Group City	人数 Population
秦皇岛市	Qinhuangdao	806009	辽阳市	Liaoyang	605947
50万—80万	**from 500 thousand to 800 thousand**	**41788595**	泰州市	Taizhou	601986
伊春市	Yichun	779400	丹东市	Dandong	599856
平顶山市	Pingdingshan	766245	日照市	Rizhao	598307
淮北市	Huaibei	765842	株洲市	Zhuzhou	596590
盐城市	Yancheng	765762	开封市	Kaifeng	595424
中山市	Zhongshan	763035	镇江市	Zhenjiang	588607
东莞市	Dongguan	740232	岳阳市	Yueyang	586276
银川市	Yinchuan	739575	湘潭市	Xiangtan	583954
锦州市	Jinzhou	737551	南充市	Nanchong	583445
鸡西市	Jixi	736290	邢台市	Xingtai	581763
张家口市	Zhangjiakou	736080	连云港市	Lianyungang	577142
西宁市	Xining	722065	济宁市	Jining	566799
新乡市	Xinxiang	721244	宝鸡市	Baoji	556157
宜昌市	Yichang	712621	南阳市	Nanyang	555701
安阳市	Anyang	703658	清远市	Qingyuan	554874
阜新市	Fuxin	691496	四平市	Siping	549341
揭阳市	Jieyang	683008	长治市	Changzhi	548015
营口市	Yingkou	682201	盘锦市	Panjin	539403
昆山市	Kunshan	679846	赤峰市	Chifeng	538432
泰安市	Taian	679001	阳泉市	Yangquan	534361
菏泽市	Heze	678139	攀枝花市	Panzhihua	533657
衡阳市	Hengyang	675492	葫芦岛市	Huludao	530939
牡丹江市	Mudanjiang	661134	石河子市	Danhezi	526088
温州市	Wenzhou	658286	常德市	Changde	525661
普宁市	Puning	658141	宜兴市	Yixing	522145
阳江市	Yangjiang	653790	马鞍山市	Maanshan	511739
东营市	Dongying	653268	**30万—50万**	**from 300 thousand to 500 thousand**	**45673777**
陆丰市	Lufeng	649721	常熟市	Changshu	497258
蚌埠市	Bengbu	648949	肇庆市	Zhaoqing	496840
焦作市	Jiaozuo	645607	滨州市	Binzhou	493990
荆州市	Jingzhou	644181	如皋市	Rugao	492492
黄石市	Huangshi	634037	汕尾市	Shanwei	491766
绵阳市	Mianyang	633483	高州市	Gaozhou	490807
泉州市	Quanzhou	627972	莱芜市	Laiwu	485315
天水市	Tianshui	618047	沧州市	Cangzhou	483492
自贡市	Zigong	612410	即墨市	Jimo	483422
桂林市	Guilin	611986	寿光市	Shouguang	476893
咸阳市	Xianyang	610517	十堰市	Shiyan	475464
鹤岗市	Hegang	609652	九江市	Jiujiang	474323
佳木斯市	Kiamusze	606022	海门市	Haimen	474213

5-10 续表 2 continued

单位：人 (person)

组 别 城市名称	Group City	人 数 Population	组 别 城市名称	Group City	人 数 Population
阜阳市	Fuyang	469807	渭南市	Weinan	386788
威海市	Weihai	469419	铜川市	Tongchuan	386590
廊坊市	Langfang	468551	辽源市	Liaoyuan	386393
绍兴市	Shaoxing	468147	嘉兴市	Jiaxing	385867
安庆市	Anqing	466831	胶南市	Jiaonan	383035
诸城市	Zhucheng	466720	罗定市	Luoding	381336
白山市	Baishan	461991	遂宁市	Suining	377915
泸州市	Luzhou	459039	承德市	Chengde	376541
乐山市	Leshan	458834	赣州市	Ganzhou	376405
江阴市	Jiangyin	458480	晋江市	Jinjiang	370570
双鸭山市	Shuangyashan	454959	黄冈市	Huanggang	368792
漯河市	Luohe	452728	鹤壁市	Hebi	367649
信阳市	Xinyang	450313	牙克石市	Yakeshi	367166
泰兴市	Taixing	450098	七台河市	Qitaihe	365849
通辽市	Tongliao	442612	景德镇市	Jingdezhen	365353
萍乡市	Pingxiang	439587	南安市	Nan'an	363763
乌海市	Wuhai	438298	临汾市	Linfen	362166
六盘水市	Liupanshui	437317	任丘市	Renqiu	361824
邳州市	Pizhou	430628	铁岭市	Tieling	361667
平度市	Pingdu	428117	宜宾市	Yibin	358492
通州市	Tongzhou	427726	莱州市	Laizhou	357198
遵义市	Zunyi	425055	石嘴山市	Danzuishan	356697
湖州市	Huzhou	420038	漳州市	Zhangzhou	354280
德州市	Dezhou	418693	信宜市	Xinyi	349725
张家港市	Zhangjiagang	417266	荆门市	Jingmen	348653
东台市	Dongtai	415240	廉江市	Lianjiang	347745
鄂州市	Ezhou	411196	潮州市	Chaozhou	347061
濮阳市	Puyang	410979	内江市	Neijiang	346381
仙桃市	Xiantao	407947	溧阳市	Liyang	341235
莆田市	Putian	407119	益阳市	Yiyang	340572
儋州市	Danzhou	405479	朝阳市	Chaoyang	339646
许昌市	Xuchang	404547	瓦房店市	Wafangdian	336354
邵阳市	Shaoyang	401599	孝感市	Xiaogan	335885
宿州市	Suzhou	400405	六安市	Liuan	331307
通化市	Tonghua	396411	松原市	Songyuan	331105
邹城市	Zoucheng	395985	靖江市	Jingjiang	330999
新泰市	Xintai	394737	增城市	Zengcheng	330291
延吉市	Yanji	392144	兴化市	Xinghua	330081
滕州市	Tengzhou	391320	公主岭市	Gongzhuling	329740
辉县市	Huixian	388656	郴州市	Chenzhou	328535
铜陵市	Tongling	388350	丰城市	Fengcheng	328365

5-10 续表 3 continued

单位：人 (person)

组别 城市名称	Group City	人数 Population	组别 城市名称	Group City	人数 Population
随州市	Suizhou	327442	梧州市	Wuzhou	284562
德阳市	Deyang	324766	金坛市	Jintan	281559
新余市	Xinyu	323067	高密市	Gaomi	281064
兴宁市	Xingning	319644	北海市	Beihai	278277
抚州市	Fuzhou	318665	铁力市	Tieli	277651
莱西市	Laixi	317882	定州市	Dingzhou	277521
永州市	Yongzhou	317823	奎屯市	Kuitun	277358
荣成市	Rongcheng	316718	北安市	Beian	275779
青州市	Qingzhou	316131	安丘市	Anqiu	275278
江都市	Jiangdu	313588	舟山市	Zhoushan	272317
金华市	Jinhua	313511	娄底市	Loudi	271876
龙岩市	Longyan	310918	肇东市	Zhaodong	271562
梅州市	Meizhou	310836	台山市	Taishan	270816
白银市	Baiyin	309103	三亚市	Sanya	268439
广元市	Guangyuan	308810	衢州市	Quzhou	267477
衡水市	Hengshui	307102	句容市	Jurong	266528
潜江市	Qianjiang	304904	敦化市	Dunhua	266450
龙口市	Longkou	302359	驻马店市	Zhumadian	265877
台州市	Taizhou	301733	晋城市	Jincheng	265840
晋中市	Jinzhong	301530	宜春市	Yichun	265438
雷州市	Leizhou	301202	克拉玛依市	Karamay	262336
库尔勒市	Korla	300251	肥城市	Feicheng	262279
临清市	Linqing	300133	南平市	Nanping	261640
10万—30万	**from 100 thousand to 300 thousand**	**61424937**	梅河口市	Meihekou	260667
吴川市	Wuchuan	299970	吴江市	Wujiang	259732
麻城市	Macheng	299122	喀什市	Kashar	259052
伊宁市	Yining	298691	武穴市	Wuxue	257657
阳春市	Yangchun	298655	彭州市	Pengzhou	255089
老河口市	Laohekou	295377	集宁市	Jining	254601
莱阳市	Laiyang	292387	海林市	Hailin	253817
应城市	Yingcheng	291728	汉中市	Hanzhong	252957
海城市	Haicheng	291560	天门市	Tianmen	252130
眉山市	Meishan	290855	乐昌市	Lechang	251826
章丘市	Zhangqiu	290695	咸宁市	Xianning	251391
河源市	Heyuan	290634	曲靖市	Qujing	250851
胶州市	Jiaozhou	290236	化州市	Huazhou	250792
哈密市	Hami	289429	达州市	Dazhou	250775
绥化市	Suihua	289084	文登市	Wendeng	250493
白城市	Baicheng	288697	临河市	Linhe	248180
姜堰市	Jiangyan	288496	开平市	Kaiping	246056
云浮市	Yunfu	287154	呼伦贝尔市	Hulunbuir	245394

5-10 续表 4 continued

单位：人 (person)

组 别 城市名称	Group City	人 数 Population	组 别 城市名称	Group City	人 数 Population
江油市	Jiangyou	245290	项城市	Xiangcheng	208990
周口市	Zhoukou	245203	北票市	Beipiao	208916
滁州市	Chuzhou	245196	藁城市	Gaocheng	208714
英德市	Yingde	244858	仪征市	Yizheng	208561
巴中市	Bazhong	244333	三明市	Sanming	207807
汉川市	Hanchuan	244014	上饶市	Shangrao	207488
贵港市	Guigang	243992	孝义市	Xiaoyi	206174
阿克苏市	Arksu	243962	钦州市	Qinzhou	206007
尚志市	Shangzhi	242458	瑞安市	Rui'an	205841
霸州市	Bazhou	241737	耒阳市	Leiyang	205564
怀化市	Huaihua	237865	昌邑市	Changyi	204104
从化市	Conghua	237540	大石桥市	Dashiqiao	203501
广安市	Guang'an	236273	五大连池市	Wudalianchi	202567
长乐市	Changle	236226	恩施市	Enshi	202398
武安市	Wu'an	235169	资阳市	Ziyang	201734
吉安市	Ji'an	232530	太仓市	Taicang	201640
上虞市	Shangyu	231679	福清市	Fuqing	199345
普兰店市	Pulandian	231594	登封市	Dengfeng	199264
运城市	Yuncheng	230477	丹阳市	Danyang	199105
乌兰浩特市	Wulanhot	228772	禹州市	Yuzhou	198429
辛集市	Xinji	228736	福鼎市	Fuding	198391
宜城市	Yicheng	227185	舒兰市	Shulan	198382
巢湖市	Chaohu	225795	亳州市	Bozhou	198209
海宁市	Haining	224829	西昌市	Xichang	197945
五常市	Wuchang	223141	高邮市	Gaoyou	197214
三门峡市	Sanmenxia	223041	韩城市	Hancheng	196718
昌吉市	Changji	222462	黄山市	Huangshan	195565
安顺市	Anshun	220538	涿州市	Zhuozhou	195336
钟祥市	Zhongxiang	217482	榆树市	Yushu	195260
义乌市	Yiwu	217251	桦甸市	Huadian	195029
个旧市	Gejiu	216910	新沂市	Xinyi	194137
武威市	Wuwei	216480	高安市	Gaoan	193972
延安市	Yan'an	215996	阆中市	Langzhong	192692
玉林市	Yulin	215798	招远市	Zhaoyuan	192332
海阳市	Haiyang	215677	济源市	Jiyuan	192258
大理市	Dali	214236	大丰市	Dafeng	191411
四会市	Sihui	213946	忻州市	Xinzhou	190201
安康市	Ankang	212361	温岭市	Wenling	189860
丹江口市	Danjiangkou	212194	安达市	Anda	189567
启东市	Qidong	211422	张掖市	Zhangye	188395
简阳市	Jianyang	210344	乐平市	Leping	187709

5-10 续表 5 continued

单位：人 (person)

组别 城市名称	Group City	人数 Population	组别 城市名称	Group City	人数 Population
永城市	Yongcheng	187624	扎兰屯市	Zhalantun	167945
沅江市	Yuanjiang	187499	毕节市	Bijie	167824
新密市	Xinmi	187326	桂平市	Guiping	167391
冷水江市	Lengshuijiang	187173	来宾市	Laibin	167097
虎林市	Hulin	187097	宣城市	Xuancheng	165041
庄河市	Zhuanghe	185855	泊头市	Botou	164995
朔州市	Shuozhou	185806	根河市	Genhe	164839
邛崃市	Qionglai	184586	海伦市	Hailun	164700
密山市	Mishan	182490	河间市	Hejian	164181
曲阜市	Qufu	182483	拉萨市	Lhasa	164031
枣阳市	Zaoyang	182175	兖州市	Yanzhou	163340
富锦市	Fujin	181961	满洲里市	Manzhouli	163254
九台市	Jiutai	180589	赤壁市	Chibi	162627
凤城市	Fengcheng	179190	桐乡市	Tongxiang	162465
盖州市	Gaizhou	178828	邓州市	Dengzhou	162455
调兵山市	Diaobingshan	178634	天长市	Tianchang	162310
乐陵市	Leling	178214	常宁市	Changning	161747
新郑市	Xinzheng	177313	禹城市	Yucheng	161717
凯里市	Kaili	176340	涟源市	Lianyuan	161589
洪湖市	Honghu	176270	嘉峪关市	Jiayuguan	161101
余姚市	Yuyao	176195	黄骅市	Huanghua	160939
磐石市	Panshi	175497	巩义市	Gongyi	160298
恩平市	Enping	174645	建瓯市	Jian'ou	159550
蓬莱市	Penglai	174248	长葛市	Zhangge	159398
都匀市	Duyun	174203	龙海市	Longhai	159305
蛟河市	Jiaohe	173794	平凉市	Pingliang	159207
平湖市	Pinghu	173775	樟树市	Zhangshu	158942
万宁市	Wanning	173663	商洛市	Shangluo	157332
林州市	Linzhou	173169	景洪市	Jinghong	156388
吴忠市	Wuzhong	172941	酒泉市	Jiuquan	155711
慈溪市	Cixi	172597	博乐市	Bole	155145
三河市	Sanhe	172030	珲春市	Hunchun	155081
广水市	Guangshui	171768	贺州市	Hezhou	154954
福安市	Fuan	171532	洮南市	Taonan	154367
永安市	Yong'an	171192	乳山市	Rushan	153880
都江堰市	Dujiangyan	171048	诸暨市	Zhuji	153573
汨罗市	Miluo	170122	松滋市	Songzi	153093
榆林市	Yulin	170018	防城港市	Fangchenggang	153021
崇州市	Chongzhou	169582	金昌市	Jinchang	152805
双城市	Shuangcheng	168619	石首市	Shishou	152400
鄂尔多斯市	Erdos	168578	栖霞市	Qixia	151808

5-10 续表 6 continued

单位：人 (person)

组 别 城市名称	Group City	人 数 Population	组 别 城市名称	Group City	人 数 Population
楚雄市	Chuxiong	150801	兴城市	Xingcheng	132446
峨眉山市	Emeishan	150619	义马市	Yima	131478
张家界市	Zhangjiajie	150517	东港市	Donggang	131074
吕梁市	Lvliang	149912	资兴市	Zixing	130066
阿勒泰市	Altai	149361	安陆市	Anlu	129609
醴陵市	Liling	148923	临湘市	Linxiang	128679
浏阳市	Liuyang	148822	吉首市	Jishou	128130
临海市	Linhai	148757	和龙市	Helong	127807
嵊州市	Shengzhou	148279	铜仁市	Tongren	127265
鹤山市	Heshan	147329	宁德市	Ningde	127232
宁安市	Ning'an	146825	保山市	Baoshan	127164
大安市	Daan	146549	丽水市	Lishui	127000
雅安市	Yaan	146508	侯马市	Houma	126260
德惠市	Dehui	146050	百色市	Baise	126178
琼海市	Qionghai	145490	富阳市	Fuyang	125594
安宁市	Anning	144477	湘乡市	Xiangxiang	125478
界首市	Jieshou	143674	建德市	Jiande	125462
华阴市	Huayin	142274	原平市	Yuanping	124748
双辽市	Shuangliao	141994	兰溪市	Lanxi	123977
宣威市	Xuanwei	141449	高碑店市	Gaobeidian	123875
开原市	Kaiyuan	141269	兴义市	Xingyi	123503
锡林浩特市	Xilinhot	141189	乐清市	Yueqing	123292
新民市	Xinmin	141020	洪江市	Hongjiang	123243
古交市	Gujiao	140858	建阳市	Jianyang	122951
鹰潭市	Yingtan	140083	德兴市	Dexing	122946
东阳市	Dongyang	139516	当阳市	Dangyang	122583
龙井市	Longjing	139471	和田市	Hotan	122380
池州市	Chizhou	139336	迁安市	Qian'an	122123
讷河市	Nehe	139291	文昌市	Wenchang	121568
广汉市	Guanghan	138546	津市市	Jinshi	121567
凌源市	Lingyuan	138349	灵宝市	Lingbao	121054
北流市	Beiliu	137178	明光市	Mingguang	120542
玉溪市	Yuxi	137139	陇南市	Longnan	120309
南康市	Nankang	136986	新乐市	Xinle	120138
邵武市	Shaowu	136604	昭通市	Zhaotong	120112
枝江市	Zhijiang	136188	兴平市	Xingping	119966
穆棱市	Muling	135666	卫辉市	Weihui	119836
岑溪市	Cenxi	134984	贵溪市	Guixi	119582
图木舒克市	Tumushuke	134656	高要市	Gaoyao	119570
黑河市	Heihe	134420	瑞金市	Ruijin	117858
中卫市	Zhongwei	133657	凌海市	Linghai	117641

5-10 续表 7 continued

单位：人 (person)

组 别 城市名称	Group City	人 数 Population
临夏市	Linxia	117560
南雄市	Nanxiong	117156
阿拉尔市	Alar	116978
沙河市	Shahe	116586
河池市	Hechi	116264
霍州市	Huozhou	113660
瑞昌市	Ruichang	112783
绵竹市	Mianzhu	112700
介休市	Jiexiu	112619
荥阳市	Xingyang	112133
汝州市	Ruzhou	111045
临安市	Lin'an	110080
临江市	Linjiang	110063
东方市	Dongfang	109936
桐城市	Tongcheng	109514
北镇市	Beizhen	108820
灵武市	Lingwu	107546
偃师市	Yanshi	106902
遵化市	Zunhua	106739
图们市	Tumen	106276
清镇市	Qingzhen	106236
固原市	Guyuan	105906
宜都市	Yidu	105825
开远市	Kaiyuan	105808
塔城市	Tacheng	104423
宜州市	Yizhou	104039
奉化市	Fenghua	103705
武夷山市	Wuyishan	103333
深州市	Shenzhou	102777
庆阳市	Qingyang	101156
石狮市	Shishi	100674
10万以下	**below 100 thousand**	**4603386**
舞钢市	Wugang	99383
河津市	Hejin	99259
同江市	Tongjiang	98742
米泉市	Miquan	97413
灯塔市	Dengta	96606
阜康市	Fukang	96279
武冈市	Wugang	96189
江山市	Jiangshan	95912
华蓥市	Huaying	94634
格尔木市	Golmud	94195
万源市	Wanyuan	94193
永康市	Yongkang	93722
沁阳市	Qinyang	93547
什邡市	Shifang	92631
丰镇市	Fengzhen	91659
连州市	Lianzhou	90852
思茅市	Simao	90783
鹿泉市	Luquan	90377
安国市	Anguo	89770
崇左市	Chongzuo	88350
漳平市	Zhangping	87351
永济市	Yongji	86953
定西市	Dingxi	86706
吐鲁番市	Turpan	85384
汾阳市	Fenyang	84373
玉门市	Yumen	83732
南宫市	Nangong	82263
晋州市	Jinzhou	81474
集安市	Ji'an	81017
青铜峡市	Qingtongxia	79933
潞西市	Luxi	78786
额尔古纳市	Erguna	78453
仁怀市	Renhuai	78444
乌苏市	Wusu	77390
霍林郭勒市	Huolinguole	76268
宁国市	Ningguo	75435
阿图什市	Artux	73966
利川市	Lichuan	73928
赤水市	Chishui	72058
五家渠市	Wujiaqu	70800
高平市	Gaoping	70561
扬中市	Yangzhong	69435
丽江市	Lijiang	68996
冀州市	Jizhou	68161
福泉市	Fuquan	61424
合山市	Heshan	59151
孟州市	Mengzhou	57914
临沧市	Lincang	56890
五指山市	Wuzhishan	56414
绥芬河市	Suifenhe	52082
合作市	Hezuo	50253
阿尔山市	Arxan	48003
瑞丽市	Ruili	46700
潞城市	Lucheng	44085
龙泉市	Longquan	42762
井冈山市	Jinggangshan	42035
德令哈市	Delingha	40987
东兴市	Dongxing	40345
敦煌市	Dunhuang	39854
日喀则市	Shigatse	36621
凭祥市	Pingxiang	32206
二连浩特市	Erenhot	23197
韶山市	Shaoshan	16100

第六部分
Chapter Six

2007年全国计划生育统计人口数据

Data from Family Planning Statistics in 2007

6-1 各地区分孩次计划生育率与上年同期比较

Family Planning Rate Compared with That of Last Year by Birth Order and Region

单位：% (%)

地 区	Region	计生率 Family Planning Rate	与上年对比 Compared with That of Last Year	一孩计生率 Family Planning Rate of First Birth	与上年对比 Compared with That of Last Year	二孩计生率 Family Planning Rate of Second Birth	与上年对比 Compared with That of Last Year	多孩计生率 Family Planning Rate of Third Birth & Over	与上年对比 Compared with That of Last Year
全 国	**National**	**92.89**	**0.26**	**98.77**	**0.03**	**79.89**	**-0.22**	**41.22**	**2.19**
北 京	Beijing	95.87	-0.78	99.20	-0.09	76.08	**-2.42**	22.71	-0.03
天 津	Tianjin	99.02	0.08	99.97	-0.03	95.17	-0.09		
河 北	Hebei	91.98	-1.74	99.07	-0.33	79.47	-3.60	37.83	-7.78
山 西	Shanxi	87.14	-1.44	99.36	-0.20	61.24	-1.28	32.79	8.28
内蒙古	Inner Mongolia	97.43	-1.79	99.25	-0.63	92.22	-5.06	75.12	-15.17
辽 宁	Liaoning	98.99	-0.17	99.81	-0.06	96.96	-0.72	56.85	-4.54
吉 林	Jilin	93.81	-0.19	96.49	-0.04	87.65	-2.43	29.70	11.00
黑龙江	Heilongjiang	95.29	-0.17	97.20	-0.26	89.52	-0.93	24.32	0.28
上 海	Shanghai	96.04	-0.33	98.27	-0.12	88.18	-0.33	43.19	-8.11
江 苏	Jiangsu	96.83	-1.41	99.14	-0.42	81.58	-6.53	79.37	-4.65
浙 江	Zhejiang	95.14	-0.08	98.92	0.06	85.69	-0.80	37.30	-5.31
安 徽	Anhui	91.16	-0.06	96.57	-0.45	81.06	-0.02		
福 建	Fujian	92.98	-0.99	98.10	-0.32	80.91	-2.29	28.78	-5.26
江 西	Jiangxi	85.17	-1.79	98.45	-0.57	65.10	0.77	9.27	-11.47
山 东	Shandong	98.83	-0.16	99.95		96.36	-0.68		
河 南	Henan	96.93	0.02	99.69	-0.01	87.29	0.43	98.40	1.33
湖 北	Hubei	96.22	-0.15	99.78	0.35	85.31	-2.48	58.96	1.96
湖 南	Hunan	95.28	0.05	99.31	-0.01	86.03	-0.57	1.17	0.61
广 东	Guangdong	90.36	0.84	98.91	0.46	70.68	1.86	14.70	0.67
广 西	Guangxi	80.94	8.43	95.41	2.76	64.21	13.35	2.87	0.96
海 南	Hainan	94.01	-2.49	98.10	-1.18	95.57	-1.92	40.59	-8.49
重 庆	Chongqing	75.66	-15.27	98.67	-0.77	44.54	-30.90	12.22	-12.28
四 川	Sichuan	87.91	4.00	99.36	0.65	57.85	6.77	54.21	4.93
贵 州	Guizhou	90.04	-2.93	96.68	-2.19	84.49	-3.64	11.81	-1.54
云 南	Yunnan	96.43	0.54	98.35	-0.11	95.04	0.19	35.49	11.82
西 藏	Tibet								
陕 西	Shaanxi	98.03	0.04	99.62	0.46	93.12	-1.54	62.07	20.00
甘 肃	Gansu	88.95	0.38	99.04	-0.16	74.84	5.09	40.88	-1.06
青 海	Qinghai	94.31	1.35	98.35	-0.06	89.90	2.61	76.75	11.20
宁 夏	Ningxia	91.54	1.93	99.61	-0.08	83.70	4.49	52.98	4.07
新 疆	Xinjiang	99.84	0.15	99.99	0.02	99.87	0.25	99.17	0.61

6-2 各地区已婚育龄妇女领证情况及避孕率与上年同期比较
Married Women at Childbearing Ages with One-child Certificate and Contraception Rate Compared with That of Last Year by Region

单位：人、%　　(person,%)

地　区	Region	已婚育龄妇女人数 Married Women at Childbearing Ages	与上年对比 Compared with That of Last Year	领证人数 Number of Women with Certificates	与上年对比 Compared with That of Last Year	领证率 Proportion	与上年对比 Compared with That of Last Year	已婚育龄妇女避孕率 Contraception Rate of Married Women at Childbearing Ages	与上年对比 Compared with That of Last Year
全 国	**National**	**260786546**	**1860546**	**58298883**	**736020**	**22.36**	**0.12**	**89.74**	**-0.12**
北 京	Beijing	2538532	62143	931574	-35982	36.70	-2.37	87.75	-0.97
天 津	Tianjin	1837480.702	-56217	574574	-43787	31.27	-1.38	85.81	0.33
河 北	Hebei	13805938	191770	2177070	-8891	15.77	-0.29	90.29	-0.07
山 西	Shanxi	6496011	10035	807454	-135552	12.43	-2.11	89.48	-0.05
内蒙古	Inner Mongolia	5168392	441075	776556	22551	15.03	-0.92	91.46	-1.31
辽 宁	Liaoning	8253358	-66801	3037968	-12284	36.81	0.15	89.53	-0.19
吉 林	Jilin	5614452	-109729	1626568	-130975	28.97	-1.73	91.34	-0.12
黑龙江	Heilongjiang	7831844	-68239	3512830	303634	44.85	4.23	93.21	0.07
上 海	Shanghai	3380871	118186	771500	-36907	22.82	-1.96	86.24	-0.84
江 苏	Jiangsu	15414955	-190157	4832279	-204537	31.35	-0.93	90.53	-0.21
浙 江	Zhejiang	10146679	-48600	2806095	109163	27.66	1.20	90.20	0.03
安 徽	Anhui	13922956	440242	1944936	49398	13.97	-0.09	91.30	-0.37
福 建	Fujian	7706384	209299	1746377	53619	22.66	0.08	84.01	-0.72
江 西	Jiangxi	9217760	197057	1802468	213162	19.55	1.94	93.78	0.25
山 东	Shandong	18742516	-126831	7473016	90366	39.87	0.75	90.01	-0.09
河 南	Henan	20480247	158596	2898812	13748	14.15	-0.04	90.64	-0.59
湖 北	Hubei	11573259	113050	1721685	21784	14.88	0.04	89.47	-0.08
湖 南	Hunan	13598879	61986	1931247	267674	14.20	1.91	92.18	0.38
广 东	Guangdong	17437093	759646	2161616	46082	12.40	-0.29	87.89	-0.12
广 西	Guangxi	9278954	179751	783159	99180	8.44	0.92	85.96	0.53
海 南	Hainan	1529056	17442	55800	-5056	3.65	-0.38	82.76	-0.96
重 庆	Chongqing	6379188	111854	1988764	-43490	31.18	-1.25	90.89	-0.49
四 川	Sichuan	17139381	-123683	7250124	98075	42.30	0.87	89.91	0.30
贵 州	Guizhou	6300950	-670855	657761	16669	10.44	1.24	90.13	-0.68
云 南	Yunnan	8301643	54471	1393953	67348	16.79	0.71	88.08	-0.22
西 藏	Tibet	690785	2451	51098	26570	7.40	3.83	75.50	0.61
陕 西	Shaanxi	6692968	34438	1027629	-155164	15.35	-2.41	91.67	0.91
甘 肃	Gansu	5259131	29103	641728	4877	12.20	0.03	89.18	-0.50
青 海	Qinghai	1112498	3314	116903	6783	10.51	0.58	87.29	-0.69
宁 夏	Ningxia	1192461	37222	121201	7106	10.16	0.29	90.79	0.26
新 疆	Xinjiang	3741924	88527	676138	30856	18.07	0.41	81.70	1.82

6-3　各地区采用各种节育措施人数

Contraception User by Method and Region

单位：人　　(person)

地　区	Region	合计 Total	男性绝育 Male Sterilization	女性绝育 Female Sterilization	宫内节育器 IUD	皮下埋植 Implant	口服及注射避孕药 Pill/Injection	避孕套 Condom	外用药 Diaphragm	其他 Others
全　国	**National**	**234028388**	**14365182**	**75480860**	**122385664**	**768699**	**2860390**	**17278471**	**490173**	**398949**
北　京	Beijing	2227638	5534	94112	987311	4480	92288	1026536	6195	11182
天　津	Tianjin	1576672	3072	157472	872970	2835	35822	497176	4119	3206
河　北	Hebei	12465020	693250	4811399	6012708	15229	118240	784261	9686	20247
山　西	Shanxi	5812832	34241	2576494	3053682	12936	64629	49806	10511	10533
内蒙古	Inner Mongolia	4727145	9441	1287698	2941404	19286	52796	413293	1431	1796
辽　宁	Liaoning	7389123	1957	635481	5847510	20297	78538	789219	12937	3184
吉　林	Jilin	5128418	400	850849	3720433	31856	52979	464641	3865	3395
黑龙江	Heilongjiang	7299994	3319	1354288	5403134	20432	63276	440658	7332	7555
上　海	Shanghai	2915696	7369	83363	1992295	3886	94075	658997	18223	57488
江　苏	Jiangsu	13954656	349228	2321331	9743436	21929	277215	1189947	46271	5299
浙　江	Zhejiang	9152111	45144	2690525	4937817	15467	140163	1293039	20742	9214
安　徽	Anhui	12711093	420264	5979879	5728182	36938	134902	377117	3261	30550
福　建	Fujian	6474469	419920	2987434	2561753	17206	63578	394768	20070	9740
江　西	Jiangxi	8644308	32348	4858085	3175002	10449	59736	477769	19405	11514
山　东	Shandong	16869878	1758737	3596844	9617679	59840	34537	1784444	11910	5887
河　南	Henan	18563658	2488848	8195139	6919586	69453	72729	782634	17942	17327
湖　北	Hubei	10354960	453164	3871085	5204006	30115	223162	561730	11698	
湖　南	Hunan	12535398	589163	5409878	5421512	37191	38092	1006530	32143	889
广　东	Guangdong	15326279	1680784	6891629	5066055	7844	79957	1554611	18017	27382
广　西	Guangxi	7976517	929282	3093044	3354987	7416	159312	363081	63699	5696
海　南	Hainan	1265517	16667	739362	446107	815	4473	52786	2996	2311
重　庆	Chongqing	5798195	841048	209426	4330998	20252	84581	301211	9910	769
四　川	Sichuan	15410199	2134553	599431	11500637	101707	205433	738998	21739	107701
贵　州	Guizhou	5678799	941839	2779682	1808036	20834	19761	94658	6716	7273
云　南	Yunnan	7311717	310456	2142479	4424418	20598	159437	224889	17779	11661
西　藏	Tibet	521538	174	53826	166901	65191	163753	47215	20819	3659
陕　西	Shaanxi	6135434	168673	3071276	2497587	36859	101258	237965	19924	1892
甘　肃	Gansu	4690304	6142	3080650	1428648	30820	33176	99011	9879	1978
青　海	Qinghai	971105	1384	410493	443993	4922	56412	45816	6018	2067
宁　夏	Ningxia	1082676	412	383262	534388	6477	36484	118422	1816	1415
新　疆	Xinjiang	3057039	18369	264944	2242489	15139	59596	407243	33120	16139

6-4 各地区采用各种节育措施人数与上年同期比较
Contraception User Compared with That of Last Year by Method and Region

单位：人 (person)

地区	Region	合计 Total	男性绝育 Male Sterilization	女性绝育 Female Sterilization	宫内节育器 IUD	皮下埋植 Implant	口服及注射避孕药 Pill/Injection	避孕套 Condom	外用药 Diaphragm	其他 Others
全国	**National**	**1371867**	**-907097**	**-1623648**	**2917094**	**-50833**	**-375067**	**1466434**	**-16717**	**-38299**
北京	Beijing	30571	-989	-9827	-59757	-385	-13487	116851	-554	-1281
天津	Tianjin	-41904	-386	-17595	-17765	-711	-6398	5139	-2026	-2162
河北	Hebei	163890	-27660	-191884	401005	1339	-17183	208	-3475	1540
山西	Shanxi	5515	-3236	-207897	212784	-1167	7422	-6040	2426	1223
内蒙古	Inner Mongolia	341684	1143	-17139	268643	-172	2966	86408	-22	-143
辽宁	Liaoning	-75340	-699	-81885	-19668	-2476	-8668	37327	767	-38
吉林	Jilin	-107157	-19	-95744	54510	-16832	-36124	-13635	-1034	1721
黑龙江	Heilongjiang	-58095	-438	-112816	40465	-2580	-6022	21342	574	1380
上海	Shanghai	74652	281	9382	12263	125	-12484	73324	968	-9207
江苏	Jiangsu	-204138	-29374	-133669	-129593	-1645	-38237	129198	-1098	280
浙江	Zhejiang	-40376	-5507	-161962	49158	-22	-22238	101674	-998	-481
安徽	Anhui	351716	-10820	56476	246763	1447	-11453	70207	37	-941
福建	Fujian	121769	-12741	-52298	183372	-433	-42402	46724	1744	-2197
江西	Jiangxi	206989	-1659	87556	108204	-1146	-8399	31154	26	-8747
山东	Shandong	-131921	-193404	-208818	177707	-3522	-8774	108838	-1855	-2093
河南	Henan	23247	-23180	-34336	91475	-8109	-17038	25851	-10554	-862
湖北	Hubei	92295	-24599	-135691	212723	1021	-10411	49083	169	
湖南	Hunan	108603	-59395	-73666	78516	-1850	-5731	169321	2948	-1540
广东	Guangdong	648364	-1186	66740	318867	675	-9843	271761	-1864	3214
广西	Guangxi	202861	-18212	99702	137186	-402	-13237	-130	122	-2168
海南	Hainan	-56	-646	1090	1160	-113	-1065	461	-697	-246
重庆	Chongqing	70939	-70184	-15919	111656	-1102	2146	43862	302	178
四川	Sichuan	-58790	-254825	-40344	225639	-978	-2455	30493	-3784	-12536
贵州	Guizhou	-651916	-136179	-282633	-173118	-5354	-9487	-42024	-1085	-2036
云南	Yunnan	29538	-19788	-24899	69085	998	-7707	10876	-92	1065
西藏	Tibet	6016	-11	-21034	45151	-2396	-42460	20701	8625	-2560
陕西	Shaanxi	92172	-11833	-14624	101761	934	-2630	22713	-3849	-300
甘肃	Gansu	-236	-132	-5074	9459	-6323	-5098	7248	-493	177
青海	Qinghai	-4762	-46	-640	12941	110	-19666	2739	-53	-147
宁夏	Ningxia	36855	28	3409	19514	-295	-749	14940	-297	305
新疆	Xinjiang	138882	-1401	-7609	126988	531	-8155	29820	-1595	303

6-5　各地区采取各种避孕措施分布

Distribution of Contraception Method by Region

单位：%　　　　(%)

地　区	Region	男性绝育 Male Sterilization	女性绝育 Female Sterilization	宫内节育器 IUD	皮下埋植 Implant	口服及注射避孕药 Pill/Injection	避孕套 Condom	外用药 Diaphragm	其他 Others
全　国	**National**	**6.14**	**32.25**	**52.30**	**0.33**	**1.22**	**7.38**	**0.21**	**0.17**
北　京	Beijing	0.25	4.22	44.32	0.20	4.14	46.08	0.28	0.50
天　津	Tianjin	0.19	9.99	55.37	0.18	2.27	31.53	0.26	0.20
河　北	Hebei	5.56	38.60	48.24	0.12	0.95	6.29	0.08	0.16
山　西	Shanxi	0.59	44.32	52.53	0.22	1.11	0.86	0.18	0.18
内蒙古	Inner Mongolia	0.20	27.24	62.22	0.41	1.12	8.74	0.03	0.04
辽　宁	Liaoning	0.03	8.60	79.14	0.27	1.06	10.68	0.18	0.04
吉　林	Jilin	0.01	16.59	72.55	0.62	1.03	9.06	0.08	0.07
黑龙江	Heilongjiang	0.05	18.55	74.02	0.28	0.87	6.04	0.10	0.10
上　海	Shanghai	0.25	2.86	68.33	0.13	3.23	22.60	0.62	1.97
江　苏	Jiangsu	2.50	16.63	69.82	0.16	1.99	8.53	0.33	0.04
浙　江	Zhejiang	0.49	29.40	53.95	0.17	1.53	14.13	0.23	0.10
安　徽	Anhui	3.31	47.04	45.06	0.29	1.06	2.97	0.03	0.24
福　建	Fujian	6.49	46.14	39.57	0.27	0.98	6.10	0.31	0.15
江　西	Jiangxi	0.37	56.20	36.73	0.12	0.69	5.53	0.22	0.13
山　东	Shandong	10.43	21.32	57.01	0.35	0.20	10.58	0.07	0.03
河　南	Henan	13.41	44.15	37.27	0.37	0.39	4.22	0.10	0.09
湖　北	Hubei	4.38	37.38	50.26	0.29	2.16	5.42	0.11	
湖　南	Hunan	4.70	43.16	43.25	0.30	0.30	8.03	0.26	0.01
广　东	Guangdong	10.97	44.97	33.05	0.05	0.52	10.14	0.12	0.18
广　西	Guangxi	11.65	38.78	42.06	0.09	2.00	4.55	0.80	0.07
海　南	Hainan	1.32	58.42	35.25	0.06	0.35	4.17	0.24	0.18
重　庆	Chongqing	14.51	3.61	74.70	0.35	1.46	5.19	0.17	0.01
四　川	Sichuan	13.85	3.89	74.63	0.66	1.33	4.80	0.14	0.70
贵　州	Guizhou	16.59	48.95	31.84	0.37	0.35	1.67	0.12	0.13
云　南	Yunnan	4.25	29.30	60.51	0.28	2.18	3.08	0.24	0.16
西　藏	Tibet	0.03	10.32	32.00	12.50	31.40	9.05	3.99	0.70
陕　西	Shaanxi	2.75	50.06	40.71	0.60	1.65	3.88	0.32	0.03
甘　肃	Gansu	0.13	65.68	30.46	0.66	0.71	2.11	0.21	0.04
青　海	Qinghai	0.14	42.27	45.72	0.51	5.81	4.72	0.62	0.21
宁　夏	Ningxia	0.04	35.40	49.36	0.60	3.37	10.94	0.17	0.13
新　疆	Xinjiang	0.60	8.67	73.35	0.50	1.95	13.32	1.08	0.53

6-6 各地区采取各种避孕措施分布与上年同期对比
Distribution of Contraception Method Compared with That of Last Year by Region

单位：% (%)

地　区	Region	男性绝育 Male Sterilization	女性绝育 Female Sterilization	宫内节育器 IUD	皮下埋植 Implant	口服及注射避孕药 Pill/Injection	避孕套 Condom	外用药 Diaphragm	其他 Others
全 国	**National**	**-0.43**	**-0.89**	**0.95**	**-0.02**	**-0.17**	**0.59**	**-0.01**	**-0.02**
北　京	Beijing	-0.05	-0.51	-3.34	-0.02	-0.67	4.68	-0.03	-0.07
天　津	Tianjin	-0.02	-0.83	0.34	-0.04	-0.34	1.13	-0.12	-0.13
河　北	Hebei	-0.30	-2.07	2.62	0.01	-0.15	-0.08	-0.03	0.01
山　西	Shanxi	-0.06	-3.62	3.61	-0.02	0.13	-0.10	0.04	0.02
内蒙古	Inner Mongolia	0.01	-2.51	1.28	-0.04	-0.02	1.29		-0.01
辽　宁	Liaoning	-0.01	-1.01	0.54	-0.03	-0.11	0.61	0.01	
吉　林	Jilin		-1.49	2.53	-0.31	-0.67	-0.07	-0.02	0.03
黑龙江	Heilongjiang	-0.01	-1.39	1.13	-0.03	-0.07	0.34	0.01	0.02
上　海	Shanghai		0.26	-1.36		-0.52	1.99	0.02	-0.38
江　苏	Jiangsu	-0.17	-0.70	0.09	-0.01	-0.24	1.04		
浙　江	Zhejiang	-0.06	-1.63	0.77		-0.24	1.17	-0.01	
安　徽	Anhui	-0.18	-0.88	0.71		-0.12	0.48		-0.01
福　建	Fujian	-0.32	-1.71	2.13	-0.01	-0.69	0.62	0.02	-0.04
江　西	Jiangxi	-0.03	-0.34	0.38	-0.02	-0.12	0.23	-0.01	-0.11
山　东	Shandong	-1.06	-1.06	1.49	-0.02	-0.05	0.72	-0.01	-0.01
河　南	Henan	-0.14	-0.24	0.45	-0.04	-0.09	0.13	-0.06	
湖　北	Hubei	-0.28	-1.66	1.62	0.01	-0.12	0.43		
湖　南	Hunan	-0.52	-0.97	0.25	-0.02	-0.05	1.29	0.02	-0.01
广　东	Guangdong	-0.49	-1.53	0.71		-0.09	1.40	-0.02	0.01
广　西	Guangxi	-0.54	0.27	0.67	-0.01	-0.22	-0.12	-0.02	-0.03
海　南	Hainan	-0.05	0.09	0.09	-0.01	-0.08	0.04	-0.06	-0.02
重　庆	Chongqing	-1.41	-0.32	1.02	-0.02	0.02	0.70		
四　川	Sichuan	-1.59	-0.25	1.74		-0.01	0.22	-0.02	-0.08
贵　州	Guizhou	-0.44	0.58	0.54	-0.05	-0.11	-0.49		-0.02
云　南	Yunnan	-0.29	-0.46	0.70	0.01	-0.11	0.14		0.01
西　藏	Tibet		-4.20	8.38	-0.61	-8.60	3.91	1.63	-0.50
陕　西	Shaanxi	-0.24	-1.01	1.06	0.01	-0.07	0.32	-0.07	-0.01
甘　肃	Gansu		-0.10	0.20	-0.13	-0.11	0.15	-0.01	
青　海	Qinghai		0.14	1.55	0.01	-1.99	0.30		-0.01
宁　夏	Ningxia		-0.92	0.13	-0.05	-0.19	1.04	-0.03	0.02
新　疆	Xinjiang	-0.08	-0.67	0.86	-0.01	-0.37	0.39	-0.11	-0.01

6-7 各地区实施各种节育手术的例数

Number of Birth Control Operations by Region

单位：例 (case)

地区	Region	合计 Total	男性绝育 Male Sterilization	女性绝育 Female Sterilization	放置宫内节育器 Place IUD	取出宫内节育器 Take Out IUD	人工流产 Induced	皮下埋植 Implant
全国	**National**	**16605073**	**266501**	**2241634**	**10276462**	**2146772**	**1575045**	**98659**
北京	Beijing	54170	4194	1765	14146	16011	17165	889
天津	Tianjin	54498	3	895	32966	10759	9850	25
河北	Hebei	1036524	15714	92181	761823	99489	64921	2396
山西	Shanxi	390683	392	60343	305143	17757	6913	135
内蒙古	Inner Mongolia	312611	106	15343	215494	63907	15552	2209
辽宁	Liaoning	380085	5	809	208462	108994	59882	1933
吉林	Jilin	253104	8	3445	175150	40751	31461	2289
黑龙江	Heilongjiang	208752	3	2339	161762	30444	13233	971
上海	Shanghai	306610		3317	71162	130493	101005	633
江苏	Jiangsu	1056915	1648	27843	605164	245242	175509	1509
浙江	Zhejiang	633908	470	53401	361179	120535	96174	2149
安徽	Anhui	961579	6979	207869	547884	76907	114106	7834
福建	Fujian	553447	13234	89961	329536	64051	54334	2331
江西	Jiangxi	713481	456	204257	410830	38887	58119	932
山东	Shandong	1061621	29654	88756	700606	173916	63584	5105
河南	Henan	1146752	34585	196030	755713	74000	77518	8906
湖北	Hubei	679437	7540	83018	469161	54813	61322	3583
湖南	Hunan	938301	3412	183912	558168	91201	98109	3499
广东	Guangdong	1315242	50352	250704	777265	127178	108459	1284
广西	Guangxi	874767	41230	217666	453350	82798	78726	997
海南	Hainan	74095	303	32964	33879	3468	3456	25
重庆	Chongqing	371903	3406	1712	329607	13132	23348	698
四川	Sichuan	845256	9787	17281	618756	86863	97574	14995
贵州	Guizhou	496456	32011	126736	283684	28458	22385	3182
云南	Yunnan	652429	10031	79713	389693	116684	52894	3414
西藏	Tibet	25059	3	1702	6664	1914	2880	11896
陕西	Shaanxi	380265	817	68454	233761	59467	11816	5950
甘肃	Gansu	296381	95	92933	140817	44518	12591	5427
青海	Qinghai	57998	27	11922	34533	7811	3007	698
宁夏	Ningxia	105680	1	18218	57822	23383	5453	803
新疆	Xinjiang	367064	35	6145	232282	92941	33699	1962

6-8 各地区实施各种节育手术例数与上年同期对比
Number of Birth Control Operations Compared with That of Last Year by Region

单位: 例 (case)

地区	Region	合计 Total	男性绝育 Male Sterilization	女性绝育 Female Sterilization	放置宫内节育器 Place IUD	取出宫内节育器 Take Out IUD	人工流产 Induced	皮下埋植 Implant
全国	**National**	**631419**	**22046**	**240178**	**447881**	**-108136**	**43011**	**-13561**
北京	Beijing	1991	4124	1131	-1855	-1264	-674	529
天津	Tianjin	-10805	1	-102	1931	-4466	-8155	-14
河北	Hebei	-44517	1483	-8794	26974	-17824	-46757	401
山西	Shanxi	25734	-271	4008	31431	-8326	-1075	-33
内蒙古	Inner Mongolia	27636	33	5754	11137	9043	1694	-25
辽宁	Liaoning	134	-3	-12	-4939	3072	3506	-1490
吉林	Jilin	-4819	-6	-1112	-4018	-189	711	-205
黑龙江	Heilongjiang	-17433	-4	-272	-12848	-4015	-63	-231
上海	Shanghai	4797		766	-4416	-3016	11582	-119
江苏	Jiangsu	71745	540	11785	65341	-13167	7532	-286
浙江	Zhejiang	-5503	106	6277	-7181	-5575	783	87
安徽	Anhui	25196	834	-3670	16526	2840	7940	726
福建	Fujian	74262	4137	15148	41074	1818	10217	1868
江西	Jiangxi	124973	193	61167	60146	-4109	7614	-38
山东	Shandong	-32935	1343	11775	-26161	-19640	-57	-195
河南	Henan	154065	4299	21205	106643	9047	12076	795
湖北	Hubei	-12302	1132	-1050	-7902	-6145	6143	-4480
湖南	Hunan	-65534	-1001	-15276	-38186	-6999	-1802	-2270
广东	Guangdong	114198	-2270	18615	84303	704	12659	187
广西	Guangxi	217376	14929	108283	60011	-939	34554	538
海南	Hainan	651	43	-801	1894	-158	-320	-7
重庆	Chongqing	74991	800	246	81773	244	-7951	-121
四川	Sichuan	27903	-486	-810	23040	-90	2626	3623
贵州	Guizhou	-40192	-2012	-4866	-21104	-4927	-6925	-358
云南	Yunnan	-90655	-6080	-10299	-54643	-16030	-3602	-1
西藏	Tibet	-4290		-487	-1175	6	-32	-2602
陕西	Shaanxi	19642	145	9298	10921	-377	-571	226
甘肃	Gansu	-617	10	12453	-2712	-7879	766	-3255
青海	Qinghai	1531	16	269	-95	784	324	233
宁夏	Ningxia	599	-2	-1527	3624	-1382	-3	-111
新疆	Xinjiang	-6403	13	1076	8347	-9177	-6392	-270

第七部分
Chapter Seven

世界部分国家及地区人口和就业统计数据

Population and Employment Data of Selected Countries and Territories of the World

一、世界部分国家人口和就业统计数据

I. Population and Employment Data of Selected Countries of the World

7-1 年中人口数
Population (mid-year)

单位:百万 (millions)

国　家	Country	2002	2003	2004	2005	2006	2007
世界总计	**Total**	**6134.1**	**6211.1**	**6377.6**	**6464.7**	**6540.3**	**6615.9**
亚洲	**Asia**						
中国	China	1294.4	1304.2	1313.3	1315.8	1323.6	1331.4
阿富汗	Afghanistan	23.3	23.9	24.9	29.9	31.1	32.3
孟加拉国	Bangladeshi	143.4	146.7	149.7	141.8	144.4	147.1
缅甸	Burma	49.0	49.5	50.1	50.5	51.0	
柬埔寨	Cambodia	13.8	14.1	14.6	14.1	14.4	14.6
印度	India	1041.1	1065.5	1081.2	1103.4	1119.5	1135.6
印度尼西亚	Indonesia	217.5	219.9	222.6	222.8	225.5	228.1
伊朗	Iran	72.4	68.9	69.8	69.5	70.3	71.2
伊拉克	Iraq	24.2	25.2	25.9	28.8	29.6	30.3
日本	Japan	127.5	127.7	127.8	128.1	128.2	128.3
约旦	Jordan	5.2	5.5	5.6	5.7	5.8	6.0
朝鲜	Korea D.P.Rep.	22.6	22.7	22.8	22.5	22.6	22.7
韩国	Korea Rep.	47.4	47.7	48.0	47.8	48.0	48.1
科威特	Kuweit	2.0	2.5	2.6	2.7	2.8	2.8
老挝	Laos	5.5	5.7	5.8	5.9	6.1	6.2
黎巴嫩	Lebanon	3.6	3.7	3.7	3.6	3.6	3.7
马来西亚	Malaysia	23.0	24.4	24.9	25.3	25.8	26.2
蒙古	Mongolia	2.6	2.6	2.6	2.6	2.7	2.7
尼泊尔	Nepal	24.2	25.2	25.7	27.1	27.7	28.2
巴基斯坦	Pakistan	148.7	153.6	157.3	157.9	161.2	164.6
菲律宾	Philippines	78.6	80.0	81.4	83.1	84.5	85.9
沙特阿拉伯	Saudi Arabia	21.7	24.2	24.9	24.6	25.2	25.8
新加坡	Singapore	4.2	4.3	4.3	4.3	4.4	4.4
斯里兰卡	Sri Lanka	19.3	19.1	19.2	20.7	20.9	21.1
叙利亚	Syrian Arab Rep.	17.0	17.8	18.2	19.0	19.5	20.0
泰国	Thailand	64.3	62.8	63.5	64.2	64.8	65.3
土耳其	Turkey	68.6	71.3	72.3	73.2	74.2	75.2
越南	Viet Nam	80.2	81.4	82.5	84.2	85.3	86.4
也门	Yemen	19.9	20.0	20.7	21.0	21.6	22.3
欧洲	**Europe**						
阿尔巴尼亚	Albania	3.2	3.2	3.2	3.1	3.1	3.2
奥地利	Austria	8.1	8.1	8.1	8.2	8.2	8.2
保加利亚	Bulgaria	7.8	7.9	7.8	7.7	7.7	7.6
捷克共和国	Czech Rep.	10.3	10.2	10.2	10.2	10.2	10.2
丹麦	Danmark	5.3	5.4	5.4	5.4	5.4	5.5
芬兰	Finland	5.2	5.2	5.2	5.2	5.3	5.3
法国	France	59.7	60.1	60.4	60.5	60.7	60.9
德国	Germany	82.0	82.5	82.5	82.7	82.7	82.7
希腊	Greece	10.6	11.0	11.0	11.1	11.1	11.2
匈牙利	Hungary	9.9	9.9	9.8	10.1	10.1	10.0
意大利	Italy	57.4	60.1	57.3	58.1	68.1	58.2
荷兰	Netherlands	16.0	16.1	16.2	16.3	16.4	
挪威	Norway	4.5	4.5	4.6	4.6	4.6	4.7
波兰	Poland	38.5	38.6	38.6	38.5	38.5	38.5
葡萄牙	Portugal	10.0	10.1	10.1	10.5	10.5	10.6
罗马尼亚	Romania	22.3	22.3	22.3	21.7	21.6	21.5
西班牙	Spain	39.9	41.1	41.1	43.1	43.3	43.6
瑞士	Switzerland	7.2	7.2	7.2	7.3	7.3	7.3
英国	United Kingdom	59.7	59.3	59.4	59.7	59.8	60.0
俄罗斯	Russia	143.8	143.2	142.4	143.2	142.5	141.9

资料来源：《世界人口状况》联合国人口基金编。
Sources: UNFPA, State of World Population 2002-2007.

7-1 续表 continued

单位:百万 (millions)

国家	Country	2002	2003	2004	2005	2006	2007
非洲	**Africa**						
阿尔及利亚	Algeria	31.4	31.8	32.3	32.9	33.4	33.9
安哥拉	Angola	13.9	13.6	14.1	15.9	16.4	16.9
布隆迪	Burundi	6.7	6.8	7.1	7.5	7.8	8.1
中非共和国	Central African Rep.	3.8	3.9	3.9	4.0	4.1	4.2
刚果共和国	Congo. Republic of	3.2	3.7	3.8	4.0	4.1	4.2
埃及	Egypt	70.3	71.9	73.4	74.0	75.4	76.9
埃塞俄比亚	Ethiopia	66.0	70.7	72.4	77.4	79.3	81.2
加蓬	Gabon	1.3	1.3	1.4	1.4	1.4	1.4
加纳	Ghana	20.2	20.9	21.4	22.1	22.6	23.0
几内亚	Guinea	8.4	8.5	8.6	9.4	9.6	9.8
肯尼亚	Kenya	31.9	32.0	32.4	34.3	35.1	36.0
利比亚	Libyan Arab Jamahiriya	5.5	5.6	5.7	5.9	6.0	6.1
利比里亚	Liberia	3.3	3.4	3.5	3.3	3.4	3.5
马达加斯加	Madagascar	16.9	17.4	17.9	18.6	19.1	19.6
马里	Mali	12.0	13.0	13.4	13.5	13.9	14.3
毛里塔尼亚	Mauritania	2.8	2.9	3.0	3.1	3.2	3.2
摩洛哥	Morocco	31.0	30.6	31.1	31.5	31.9	32.4
莫桑比克	Mozambique	19.0	18.9	19.2	19.8	20.2	20.5
尼日利亚	Nigeria	120.0	124.0	127.1	131.5	134.4	137.2
卢旺达	Rwanda	8.1	8.4	8.5	9.0	9.2	9.4
索马里	Somalia	9.6	9.9	10.3	8.2	8.5	8.8
南非	South Africa	44.2	45.0	45.2	47.4	47.6	47.7
苏丹	Sudan	32.6	33.6	34.3	36.2	37.0	37.8
突尼斯	Tunisia	9.7	9.8	9.9	10.1	10.2	10.3
乌干达	Uganda	24.8	25.8	26.7	28.8	29.9	30.9
喀麦隆	Cameroon	15.5	16.0	16.3	16.3	16.6	16.9
坦桑尼亚	Tanzania	36.8	37.0	37.7	38.3	39.0	39.7
赞比亚	Zambia	10.9	10.8	10.9	13.0	11.9	12.1
大洋洲	**Oceania**						
澳大利亚	Australia	19.3	19.7	19.9	20.2	20.4	20.6
新西兰	New Zealand	3.8	3.9	3.9	4.0	4.1	4.1
北美洲	**North America**						
加拿大	Canada	31.3	31.5	31.7	32.3	32.6	32.9
美国	United States	288.5	294.0	297.0	298.2	301.0	303.9
拉丁美洲	**Latin America**						
阿根廷	Argentina	37.9	38.4	38.9	38.7	39.1	39.5
玻利维亚	Bolivia	8.7	8.8	9.0	9.2	9.4	9.5
巴西	Brazil	174.7	178.5	180.7	186.4	188.9	191.3
智利	Chile	15.6	15.8	16.0	16.3	16.5	16.6
哥伦比亚	Colombia	43.5	44.2	44.9	45.6	46.3	47.0
古巴	Cuba	11.3	11.3	11.3	11.3	11.3	11.3
多米尼加共和国	Dominican Republic	8.6	8.7	8.9	8.9	9.0	9.1
厄瓜多尔	Ecuador	13.1	13.0	13.2	13.2	13.4	13.6
危地马拉	Guatemala	12.0	12.3	12.7	12.6	12.9	13.2
墨西哥	Mexico	101.8	103.5	104.9	107.0	108.3	109.6
巴拿马	Panama	2.9	3.1	3.2	3.2	3.3	3.3
巴拉圭	Paraguay	5.8	5.9	6.0	6.2	6.3	6.4
秘鲁	Peru	26.5	27.2	27.6	28.0	28.4	28.8
波多黎各	Porto rico	4.0	3.9	3.9	4.0	4.0	4.0
乌拉圭	Uruguay	3.4	3.4	3.4	3.5	3.5	3.5
委内瑞拉	Venezuela	25.1	25.7	26.2	26.7	27.2	27.7

7-2 人口出生率、死亡率、自然增长率
Crude Birth Rate, Crude Death Rate and Rate of Natural Increase

国 家	Country	出生率 Crude Birth Rate(‰)	死亡率 Crude Death Rate(‰)	自然增长率 Rate of Natural Increase(%)
美 国	United States	14	8	0.6
日 本	Japan	9	9	
德 国	Germany	8	10	-0.2
英 国	United Kingdom	12	10	0.3
法 国	France	13	9	0.4
意 大 利	Italy	10	9	-0.0
加 拿 大	Canada	11	7	0.3
澳 大利 亚	Australia	13	6	0.6
波 兰	Poland	10	10	-0.0
匈 牙 利	Hungary	10	13	-0.3
罗 马尼 亚	Romania	10	12	-0.2
保 加利 亚	Bulgaria	10	15	-0.5
印 度	India	24	8	1.6
印度尼西亚	Indonesia	21	7	1.4
巴 基斯 坦	Pakistan	31	8	2.3
孟 加拉 国	Bangladesh	27	8	1.9
泰 国	Thailand	14	7	0.7
菲 律 宾	Philippines	27	5	2.1
马 来西 亚	Malaysia	23	5	1.8
韩 国	Korea Rep.	9	5	0.4
新 加 坡	Singapore	10	4	0.6
伊 朗	Iran	18	6	1.2
土 耳 其	Turkey	19	6	1.2
尼 日利 亚	Nigeria	43	18	2.5
埃 及	Egypt	27	6	2.1
埃塞俄比亚	Ethiopia	40	15	2.5
坦 桑尼 亚	Tanzania	40	15	2.6
肯 尼 亚	Kenya	40	12	2.8
巴 西	Brazil	21	6	1.4
墨 西 哥	Mexico	21	5	1.7
阿 根 廷	Argentina	19	8	1.2
哥 伦比 亚	Colombia	20	6	1.5

资料来源：《2007年世界人口数据表》美国人口咨询局编。
Sources: Population Reference Bureau of United States, 2007 World Population Data Sheet.

7-3 人口年龄构成
Population by Age

单位：% (%)

国 家	Country	0-14岁 Aged 0-14	15-64岁 Aged 15-64	65岁及以上 Aged 65 and Over
美 国	United States	20	68	12
日 本	Japan	14	65	21
德 国	Germany	14	67	19
英 国	United Kingdom	18	66	16
法 国	France	18	66	16
意 大 利	Italy	14	66	20
加 拿 大	Canada	18	69	13
澳 大利 亚	Australia	20	67	13
波 兰	Poland	16	71	13
匈 牙 利	Hungary	15	69	16
罗 马尼 亚	Romania	16	69	15
保 加利 亚	Bulgaria	13	70	17
印 度	India	33	62	5
印度尼西亚	Indonesia	28	66	6
巴 基斯 坦	Pakistan	40	56	4
孟 加拉 国	Bangladesh	33	63	4
泰 国	Thailand	23	70	7
菲 律 宾	Philippines	35	61	4
马 来西 亚	Malaysia	33	63	4
韩 国	Korea Rep.	18	72	10
新 加 坡	Singapore	19	73	8
伊 朗	Iran	29	66	5
土 耳 其	Turkey	28	66	6
尼 日利 亚	Nigeria	45	52	3
埃 及	Egypt	33	62	5
埃塞俄比亚	Ethiopia	43	54	3
坦 桑尼 亚	Tanzania	44	53	3
肯 尼 亚	Kenya	42	56	2
巴 西	Brazil	28	66	6
墨 西 哥	Mexico	32	62	6
阿 根 廷	Argentina	27	63	10
哥 伦比 亚	Colombia	30	65	5

资料来源：《2007年世界人口数据表》美国人口咨询局编。
Sources: Population Reference Bureau of United States, 2007 World Population Data Sheet.

7-4 人口、社会和经济指标

国 家	Country	婴儿死亡率 Infant Mortality(‰)	预期寿命(岁) Life Expectancy(years) 男 Male	女 Female	五岁以下儿童死亡率（‰） Under 5 Mortality 男 Male	女 Female	总和生育率 Total Fertility Rate (2007)
美 国	United States	7	75.1	80.5	8	8	2.04
日 本	Japan	3	79.1	86.3	5	4	1.36
德 国	Germany	4	76.3	82.1	5	5	1.34
英 国	United Kingdom	5	76.6	81.2	6	6	1.66
法 国	France	4	76.5	83.4	6	5	1.86
意大利	Italy	5	77.4	83.5	6	6	1.37
加拿大	Canada	5	78.1	83.0	6	6	1.47
澳大利亚	Australia	5	78.4	83.4	6	5	1.75
波 兰	Poland	8	71.1	79.0	10	9	1.23
匈牙利	Hungary	8	69.7	77.7	11	9	1.28
罗马尼亚	Romania	16	68.6	75.7	23	17	1.25
印 度	India	60	63.0	66.5	84	88	2.79
印度尼西亚	Indonesia	35	66.7	70.2	46	37	2.22
巴基斯坦	Pakistan	71	64.4	64.7	95	106	3.77
孟加拉国	Bangladesh	50	63.7	65.6	65	64	2.98
泰 国	Thailand	17	68.2	74.8	26	16	1.87
菲律宾	Philippines	24	69.3	73.7	33	22	2.87
马来西亚	Malaysia	9	71.8	76.4	12	10	2.65
韩 国	Korea Rep.	3	74.4	81.8	5	5	1.19
新加坡	Singapore	3	77.5	81.2	4	4	1.30
土耳其	Turkey	37	67.3	72.0	47	37	2.32
尼日利亚	Nigeria	109	43.9	44.1	193	185	5.38
埃 及	Egypt	31	68.8	73.3	38	31	3.02
埃塞俄比亚	Ethiopia	92	47.5	49.3	164	149	5.47
坦桑尼亚	Tanzania	104	46.1	46.6	169	153	4.51
肯尼亚	Kenya	64	50.5	48.7	115	99	4.97
巴 西	Brazil	24	68.0	75.6	34	26	2.25
墨西哥	Mexico	17	73.6	78.5	22	18	2.17
阿根廷	Argentina	13	71.5	79.0	17	14	2.25
哥伦比亚	Colombia	22	70.3	76.2	30	26	2.48

资料来源：《世界人口状况-2007》联合国人口基金编。
Sources: UNFPA, State of World Population 2007.

Demographic, Social and Economic Indicators

文盲率(15岁以上) % Illiterate (.>15 years)		平均人口增长率 Avg. Pop. Growth Rate (%) (2005-2010)	城市人口增长率 Urban Growth Rate (2005-2010)	城市人口比重 (%) % Urban (2007)	人口/每公顷耕地 Pop./Ha. Arable and Perm. Crop Land	人均国民生产总值 GNI per capita ppp$ (2005)
男 Male	女 Female					
		0.9	1.3	81	0.0	41950
		0.1	0.4	66	0.9	31410
		0.0	0.1	75	0.1	29210
		0.3	0.4	90	0.2	32690
		0.3	0.6	77	0.1	30540
1	2	0.0	0.2	68	0.2	28840
		0.9	1.0	80	0.0	32220
		1.0	1.2	89	0.0	30610
		-0.1	0.2	62	0.5	13490
		-0.3	0.3	67	0.2	16940
2	4	-0.4	0.0	54	0.3	8940
27	52	1.4	2.3	29	3.3	3460
6	13	1.1	3.3	50	2.7	3720
37	64	2.1	3.3	36	3.8	2350
		1.8	3.5	26	9.2	2090
5	9	0.8	1.8	33	1.7	8440
7	7	1.6	2.8	64	2.8	5300
8	15	1.7	2.9	69	0.5	10320
		0.3	0.6	81	1.9	21850
3	11	1.2	1.2	100	2.5	29780
5	20	1.3	2.0	68	0.8	8420
		2.1	3.7	50	1.1	1040
17	41	1.8	2.3	43	7.3	4440
		2.3	4.0	16	4.9	1000
22	38	1.8	3.5	25	5.6	730
22	30	2.6	3.9	21	4.5	1170
12	11	1.3	1.8	85	0.4	8230
8	10	1.1	1.5	77	0.8	10030
3	3	1.0	1.2	90	0.1	13920
7	7	1.4	1.8	73	2.2	7420

7-5 全部就业人数

Employed Persons

单位:千人 (1000 persons)

国 家	Country	1999	2000	2001	2002	2003	2004	2005	2006
阿根廷	Argentina	8285.2	8261.7	8143.4	8016.1	8956.2	9415.0	9638.7	10040.5
澳大利亚	Australia	8720.2	8951.3	9063.0	9248.0	9459.2	9636.3	9957.3	10153.8
巴 西	Brazil	71676.0		75458.0	78958.9	80163.5	84596.3		
加拿大	Canada	14406.7	14764.2	14946.2	15310.4	15672.3	15947.0	16169.7	16484.3
埃 及	Egypt	16750.2	17203.3	17556.7	17856.2	18118.6	18717.4	19341.7	
法 国	France	22672.1	23261.5	23759.0	23942.0	24690.8	24784.0	24919.4	
德 国	Germany	36402.0	36604.0	36816.0	36536.0	36172.0	35659.0	36566.0	37322.0
匈牙利	Hungary	3811.5	3849.1	3859.5	3870.6	3921.9	3900.4	3901.5	3930.1
印 度	India		368966.1						
印度尼西亚	Indonesia	88816.9	89837.7	90807.4	91647.2	90784.9	93722.0	94948.1	95177.1
意大利	Italy	20864.0	21225.0	21634.0	21922.0	22133.0	22404.0	22563.0	22988.0
日 本	Japan	64620.0	64460.0	64120.0	63300.0	63160.0	63290.0	63560.0	63820.0
韩 国	Korea Rep.	20281.0	21156.0	21572.0	22169.0	22139.0	22557.0	22856.0	23151.0
马来西亚	Malaysia	8837.8	9321.7	9357.0	9542.6	9869.7	9979.5	10045.4	10275.4
墨西哥	Mexico	37600.3	38202.6	38254.8	39173.5	39499.9	40975.5	40791.8	42197.8
荷 兰	Netherlands	7601.0	7733.0	7830.0	7867.0	7830.0	7782.0	7878.0	
新西兰	New Zealand	1750.3	1779.0	1823.4	1876.8	1921.0	2017.1	2072.9	2117.2
挪 威	Norway	2259.0	2269.0	2278.0	2286.0	2269.0	2276.0	2289.0	2362.0
巴基斯坦	Pakistan	37296.0	36847.0	37481.0	38882.0	39852.0	42009.0	42916.0	46952.0
菲律宾	Philippines	27762.0	27775.0	30085.0	30251.0	31553.0	31741.0	32875.0	33188.0
葡萄牙	Portugal	4921.6	5032.9	5121.7	5145.6	5127.7	5127.5	5122.6	5159.5
罗马尼亚	Romania	10775.7	10763.8	10696.9	9234.2	9222.5	9157.6	9146.6	9313.3
俄罗斯	Russia	62945.0	65070.0	65123.0	66659.0	66432.0	67275.0	68169.0	68834.0
新加坡	Singapore	1518.3		1582.5	1573.7	1605.4	1632.1		1796.7
瑞 典	Sweden	4068.0	4159.0	4239.0	4244.0	4234.0	4213.0	4263.0	4341.0
泰 国	Thailand	32087.1	33001.0	33483.7	34262.9	34677.1	35711.6	36302.4	36344.5
英 国	United Kingdom	27442.3	27792.5	28225.4	28414.5	27820.8	28008.4	28165.6	
美 国	United States	133488.0	135208.0	135073.0	136485.0	137736.0	139252.0	141730.0	144427.0

资料来源:《2007年国际劳工统计年鉴》(下表同)。
Sources:ILO 2007 Yearbook of Labour Statistics. The same applies to the tables following.

7-6　全部女性就业人数
Female Employed Persons

单位:千人　　　　(1000 persons)

国　家	Country	1999	2000	2001	2002	2003	2004	2005	2006
阿根廷	Argentina	3313.8	3319.8	3310.9	3362.5	3805.3	3968.0	4081.4	4253.8
澳大利亚	Australia	3802.6	3945.3	4027.9	4113.4	4232.0	4298.3	4470.9	4572.3
巴　西	Brazil	28864.0		30711.0	32624.6	33228.4	35354.3		
加拿大	Canada	6609.6	6790.4	6910.3	7126.0	7324.2	7466.4	7575.0	7757.2
埃　及	Egypt	3139.2	3244.8	3195.6	3305.5	3466.9	3781.0	3749.0	
法　国	France	10121.9	10417.9	10654.0	10839.0	11182.2	11304.4	11423.7	
德　国	Germany	15743.0	15924.0	16187.0	16200.0	16176.0	15978.0	16432.0	16860.0
匈牙利	Hungary	1708.4	1726.7	1728.9	1758.1	1795.4	1783.1	1785.4	1792.7
印　度	India		106481.9						
印度尼西亚	Indonesia	33908.3	34398.6	33676.0	33064.0	30876.0	33140.5	34209.5	33312.8
意大利	Italy	7533.0	7764.0	8060.0	8236.0	8365.0	8783.0	8825.0	9049.0
日　本	Japan	26320.0	26300.0	26290.0	25940.0	25970.0	26160.0	26330.0	26520.0
韩　国	Korea Rep.	8303.0	8769.0	8991.0	9225.0	9108.0	9364.0	9526.0	9706.0
马来西亚	Malaysia	2986.6	3235.5	3301.1	3400.8	3546.1	3589.1	3574.8	3656.8
墨西哥	Mexico	12659.6	13086.9	13068.5	13591.9	13576.5	14557.2	14938.7	15599.9
荷　兰	Netherlands	3241.0	3322.0	3395.0	3434.0	3460.0	3477.0	3514.0	
新西兰	New Zealand	793.7	806.3	829.5	851.7	875.9	922.3	954.5	974.4
挪　威	Norway	1050.0	1057.0	1064.0	1076.0	1071.0	1074.0	1078.0	1111.0
巴基斯坦	Pakistan	5197.0	5159.0	5248.0	5693.0	5835.0	7106.0	7243.0	9144.0
菲律宾	Philippines	10631.0	10516.0	11751.0	11811.0	12055.0	11905.0	12670.0	12766.0
葡萄牙	Portugal	2201.1	2255.7	2302.0	2320.9	2330.9	2338.6	2357.2	2369.8
罗马尼亚	Romania	4976.6	4991.6	4977.6	4202.6	4165.8	4177.6	4135.4	4239.3
俄罗斯	Russia	30375.0	31496.0	31619.0	32645.0	32605.0	33094.0	33620.0	34149.0
新加坡	Singapore	606.2		644.0	636.0	656.6	671.3		760.2
瑞　典	Sweden	1946.0	1992.0	2036.0	2047.0	2043.0	2027.0	2038.0	2067.0
泰　国	Thailand	14365.9	14836.1	15012.7	15390.8	15595.6	16012.8	16832.1	16706.3
英　国	United Kingdom	12303.9	12456.6	12662.9	12810.1	12847.4	12970.7	13104.2	
美　国	United States	62042.0	62915.0	62992.0	63582.0	64404.0	64728.0	65757.0	66925.0

7-7 第一产业就业人数
Employed Persons in Primary Industry

单位:千人 (1000 persons)

国家	Country	1999	2000	2001	2002	2003	2004	2005	2006
阿根廷	Argentina	61.7	55.4	67.6	78.3	124.2	108.9	107.2	81.9
澳大利亚	Australia	433.0	443.5	437.5	411.9	372.7	362.9	362.8	355.7
巴西	Brazil	17372.0		15534.0	16276.5	16568.2	17733.8		
加拿大	Canada	515.7	487.4	422.9	425.5	435.9	425.0	439.6	435.9
埃及	Egypt	4807.0	5097.2	5010.6	4913.8	5411.3	5958.2	5974.0	
法国	France					1070.2	996.5	953.1	
德国	Germany	1026.0	988.0	942.0	923.0	895.0	832.0	868.0	843.0
匈牙利	Hungary	270.4	251.7	239.4	240.9	215.2	204.9	194.0	190.8
印度尼西亚	Indonesia	38378.1	40545.9	39743.9	40633.6	42001.4	40608.0	41814.2	42323.2
意大利	Italy	1134.0	1120.0	1126.0	1096.0	1075.0	990.0	947.0	982.0
日本	Japan	3350.0	3260.0	3130.0	2960.0	2930.0	2860.0	2820.0	2720.0
韩国	Korea Rep.	2349.0	2243.0	2148.0	2069.0	1950.0	1825.0	1815.3	1784.5
马来西亚	Malaysia	1623.7	1711.8	1415.9	1424.5	1408.2	1452.6	1470.4	1503.5
墨西哥	Mexico	7300.1	6705.0	6742.3	6877.0	6494.4	6606.5	6059.9	6033.0
荷兰	Netherlands	230.0	239.0	223.0	230.0	214.0	236.0	234.0	
新西兰	New Zealand	164.2	154.2	165.4	164.9	156.7	151.6	148.0	150.9
挪威	Norway	102.0	93.0	89.0	86.0	83.0	79.0	75.0	77.0
巴基斯坦	Pakistan	17623.0	17841.0	18148.0	16366.0	16774.0	18084.0	18431.0	20364.0
菲律宾	Philippines	10503.0	10401.0	11253.0	11311.0	11741.0	11785.0	12171.0	12166.0
葡萄牙	Portugal	621.9	635.3	652.6	636.9	642.1	618.1	606.2	603.9
罗马尼亚	Romania	4499.3	4606.6	4526.8	3361.4	3292.4	2896.2	2939.3	2840.3
俄罗斯	Russia	9446.0	9431.0	7844.0	7557.0	7230.0	6832.0	6935.0	6861.0
新加坡	Singapore	13.8		14.1	13.3	13.8	13.7		22.5
瑞典	Sweden	103.0	98.0	96.0	91.0	89.0	90.0	86.0	86.0
泰国	Thailand	15563.5	16095.5	15409.0	15799.3	15561.5	15115.4	15448.6	15315.3
英国	United Kingdom	424.6	425.9	391.3	392.6	348.2	356.2	383.7	
美国	United States	3416.0	3457.0	3277.0	3479.0	2275.0	2232.0	2197.0	2206.0

注：新加坡以上数据为农林牧渔业、采矿业、电力煤气及水的供应业以及其他行业的总和。
Note: Data from Singapore are the total of agriculture, hunting and forestry, mining and quarrying, electricity, gas and water supply and not classifiable by economic activity.

7-8 第二产业就业人数
Employed Persons in Secondary Industry

单位:千人 (1000 persons)

国家	Country	1999	2000	2001	2002	2003	2004	2005	2006
阿根廷	Argentina	1955.5	1873.4	1786.9	1616.4	1939.3	2169.3	2262.5	2379.2
澳大利亚	Australia	1858.1	1946.1	1893.9	1940.9	1988.4	2044.0	2100.4	2155.1
巴西	Brazil	13805.0		15066.0	16862.3	16742.6	17757.1		
加拿大	Canada	3220.5	3327.4	3353.4	3446.0	3482.1	3556.2	3555.8	3625.4
埃及	Egypt	3782.2	3663.4	3733.1	3672.1	3578.6	3735.1	4153.8	
法国	France					6157.4	6094.7	6064.6	
德国	Germany	12150.0	12102.0	11934.0	11656.0	11265.0	10986.0	10870.0	11035.0
匈牙利	Hungary	1296.1	1298.4	1321.0	1319.9	1305.9	1280.5	1264.0	1269.4
印度尼西亚	Indonesia	15845.2	15720.9	15923.7	17194.0	15919.3	16876.2	17065.1	17106.3
意大利	Italy	6749.0	6767.0	6840.0	6932.0	7019.0	6869.0	6941.0	6927.0
日本	Japan	20460.0	20130.0	19550.0	18790.0	18480.0	17960.0	17750.0	17890.0
韩国	Korea Rep.	5563.0	5954.0	5928.0	6057.0	6114.0	6198.0	6136.9	6096.2
马来西亚	Malaysia	2801.5	3000.1	3097.9	3052.1	3160.6	3006.4	2986.4	3109.1
墨西哥	Mexico	9657.2	10287.9	9930.9	9752.0	9851.6	10179.5	10473.1	10881.6
荷兰	Netherlands	1628.0	1612.0	1636.0	1589.0	1535.0	1563.0	1556.0	
新西兰	New Zealand	400.8	412.2	414.8	425.0	429.1	457.8	456.2	472.9
挪威	Norway	496.0	490.0	492.0	495.0	486.0	473.0	475.0	490.0
巴基斯坦	Pakistan	6382.0	6644.0	6758.0	8072.0	8274.0	8529.0	8693.0	9730.0
菲律宾	Philippines	4501.0	4444.0	4682.0	4669.0	4948.0	4880.0	4883.0	4898.0
葡萄牙	Portugal	1689.1	1733.7	1728.8	1727.7	1652.8	1595.9	1566.7	1577.2
罗马尼亚	Romania	2971.7	2816.2	2803.7	2723.6	2750.3	2856.1	2775.8	2853.3
俄罗斯	Russia	17724.0	18487.0	19147.0	19688.0	20189.0	20014.0	20304.0	20189.0
新加坡	Singapore	438.2		407.8	395.5	401.3	390.9		396.7
瑞典	Sweden	1022.0	1021.0	1008.0	981.0	962.0	954.0	939.0	956.0
泰国	Thailand	5890.1	6276.2	6300.2	6791.6	6845.2	7325.3	7350.0	7499.4
英国	United Kingdom	7103.5	7036.5	6993.5	6834.0	6467.0	6208.1	6203.8	
美国	United States	31090.0	31341.0	30526.0	29800.0	28758.0	28959.0	29250.0	29999.0

注：新加坡以上数据为制造业和建筑业的总和。

Note: Data from Singapore are the total of manufacture and construction.

7-9 第三产业就业人数
Employed Persons in Tertiary Industry

单位:千人 (1000 persons)

国家	Country	1999	2000	2001	2002	2003	2004	2005	2006
阿根廷	Argentina	6267.9	6333.0	6288.9	6321.4	6892.7	7136.7	7269.0	7579.4
澳大利亚	Australia	6429.1	6561.7	6731.6	6895.2	7098.1	7229.4	7494.1	7643.1
巴西	Brazil	40499.0		44858.0	45820.1	46852.7	49105.4		
加拿大	Canada	10670.5	10949.4	11169.9	11438.9	11754.3	11965.8	12174.3	12423.0
埃及	Egypt	8161.0	8442.7	8813.0	9270.3	9128.7	9024.1	9213.9	
法国	France					17463.2	17692.8	17901.7	
德国	Germany	23226.0	23514.0	23940.0	23957.0	24012.0	23841.0	24828.0	25444.0
匈牙利	Hungary	2245.0	2299.0	2299.1	2309.8	2400.8	2415.0	2443.5	2469.9
印度尼西亚	Indonesia	34593.6	33571.0	35139.8	33819.5	32864.1	36237.8	36068.8	35747.6
意大利	Italy	12981.0	13338.0	13668.0	13894.0	14039.0	14545.0	14675.0	15079.0
日本	Japan	40810.0	41070.0	41440.0	41550.0	41750.0	42470.0	42990.0	43210.0
韩国	Korea Rep.	12369.0	12959.0	13496.0	14043.0	14075.0	14534.0	14903.9	15270.1
马来西亚	Malaysia	4412.6	4609.8	4843.2	5066.0	5300.9	5520.5	5588.6	5662.8
墨西哥	Mexico	20643.0	21209.7	21581.6	22544.5	23153.9	24189.5	24258.8	25283.2
荷兰	Netherlands	5743.0	5882.0	5971.0	6048.0	6081.0	5983.0	6088.0	
新西兰	New Zealand	1185.3	1212.6	1243.2	1286.9	1335.2	1407.7	1468.7	1493.4
挪威	Norway	1661.0	1686.0	1697.0	1705.0	1700.0	1724.0	1739.0	1795.0
巴基斯坦	Pakistan	13291.0	12362.0	12575.0	14444.0	14804.0	15396.0	15692.0	16858.0
菲律宾	Philippines	12758.0	12930.0	14150.0	14271.0	14864.0	15076.0	15821.0	16124.0
葡萄牙	Portugal	2610.6	2663.9	2740.3	2781.0	2832.8	2913.5	2949.7	2978.4
罗马尼亚	Romania	3304.7	3340.9	3366.4	3149.2	3179.9	3405.3	3431.5	3619.7
俄罗斯	Russia	35775.0	37152.0	38132.0	39414.0	39013.0	40429.0	40930.0	41784.0
新加坡	Singapore	1066.3		1160.6	1164.9	1190.3	1227.5		1377.5
瑞典	Sweden	2943.0	3040.0	3135.0	3172.0	3183.0	3169.0	3238.0	3299.0
泰国	Thailand	10633.5	10629.3	11774.5	11672.0	12270.4	13270.9	13503.8	13529.9
英国	United Kingdom	19914.2	20330.2	20840.6	21188.0	21005.5	21444.2	21578.2	
美国	United States	98982.0	100410.0	101270.0	103206.0	106703.0	108061.0	110283.0	112222.0

7-10 失业人数
Unemployed Persons

单位:千人 (1000 persons)

国家	Country	1999	2000	2001	2002	2003	2004	2005	2006
阿根廷	Argentina	1359.6	1460.9	1709.8	1955.8	1633.0	1361.6	1141.5	1049.2
澳大利亚	Australia	654.9	607.5	667.1	636.9	607.4	570.6	535.0	525.6
巴西	Brazil	7639.1		7853.4	7958.5	8640.0	8263.8		
加拿大	Canada	1181.6	1082.8	1163.6	1268.9	1286.2	1235.3	1172.8	1108.4
埃及	Egypt	1480.5	1698.0	1783.0	2020.6	2240.7	2153.9	2450.0	
法国	France	3014.3	2604.0	2305.0	2407.0	2682.0	2734.0	2717.0	
德国	Germany	3503.0	3127.0	3150.0	3486.0	4023.0	4388.0	4583.0	4279.0
匈牙利	Hungary	284.7	262.5	232.9	238.8	244.5	252.9	303.9	316.8
印度	India		16634.0						
印度尼西亚	Indonesia	6030.3	5813.2	8005.0	9132.1	9531.1	10251.4	10854.3	11104.7
意大利	Italy	2669.0	2495.0	2267.0	2163.0	2096.0	1960.0	1889.0	1673.0
日本	Japan	3170.0	3190.0	3400.0	3590.0	3500.0	3130.0	2940.0	2750.0
韩国	Korea Rep.	1353.0	979.0	899.0	752.0	818.0	860.0	887.0	827.0
马来西亚	Malaysia	313.7	286.9	342.4	343.6	369.8			
墨西哥	Mexico	962.9	1003.0	1001.0	1152.4	1204.1	1555.5	1482.5	1377.7
荷兰	Netherlands	277.0	231.0	221.0	259.0	357.0	419.0	430.0	
新西兰	New Zealand	127.8	113.4	102.3	102.5	93.9	82.0	79.3	82.6
挪威	Norway	75.0	81.0	84.0	92.0	107.0	106.0	111.0	84.0
巴基斯坦	Pakistan	2334.0	3127.0	3181.0	3506.0	3594.0	3499.0	3566.0	3103.0
菲律宾	Philippines	2931.0	3133.0	3269.0	3423.0	3567.0	3888.0	2619.0	2620.0
葡萄牙	Portugal	225.8	205.5	213.5	270.5	342.3	365.0	422.3	427.8
罗马尼亚	Romania	789.9	821.2	750.0	845.3	691.8	799.5	704.5	728.4
俄罗斯	Russia	9436.0	7700.0	6424.0	5698.0	5959.0	5675.0	5263.0	5312.0
新加坡	Singapore	77.5		61.9	94.2	101.0	101.3		84.2
瑞典	Sweden	241.0	203.0	175.0	176.0	217.0	246.0	270.0	246.0
泰国	Thailand	985.7	812.6	896.3	616.3	543.7	548.9	495.8	449.9
英国	United Kingdom	1751.7	1619.1	1412.9	1519.4	1414.0	1361.0	1351.6	
美国	United States	5880.0	5655.0	6742.0	8378.0	8774.0	8149.0	7591.0	7001.0

7-11 制造业平均工资
Average Wage in Manufacturing

国家	Country	单位	unit	2000	2001	2002	2003	2004	2005	2006
阿根廷	Argentina (A)	比索/小时	P./h.	4.27	4.33	4.46	5.06	6.3	7.63	9.72
澳大利亚	Australia (B)	澳元/小时	$A/h.	18.16		20.45		22.77		25.36
巴西	Brazil (B)	里亚尔/月	R./m.	763.11	844.61	901.85				
加拿大	Canada (A)	元/小时	C$/h.	18.25	18.61	19.16	19.73	20.25	20.63	20.73
	(B)	元/周	C$/w.	795.44	807.98	831.64	842.6	858.91	883.5	903.94
埃及	Egypt (A)1	镑/周	P/w.	125	136	147	150	162		
法国	France (B)	欧元/月	Euros/m.	1477	1506.9	1562.7				
德国	Germany (A)	欧元/小时	Euros/h.	27.78	14.42	14.72	15.09	15.4	15.6	15.74
匈牙利	Hungary (B)	福林/月	F./m.	88551	101700	114297	124770	136992	147234	158662
印度	India (A)	卢比/月	R./m.	1280.8	1893.2	1158.6	1078.9	1731.8		
印度尼西亚	Indonesia (A)	1000卢比/周	R./w.	98	129.2					
意大利	Italy (A)	小时工资率	R.T./h.	113.1	101.4	104.2	106.9	110	113	116.7
	(C)		R.T./h.	114.4	101.6	104.5	107.2	110.7	113.5	117.3
日本	Japan (B)	日元/月	Yen/m.	293100	297500	296400	296500			
韩国	Korea Rep. (B)	1000元/月	Won/m.	1601.5	1702.4	1907	2074	2279.724	2458.022	2594.8
马来西亚	Malaysia (B)	林吉特/月	M$/m.	1387.76	1530.73					
墨西哥	Mexico (B)	比索/小时	Mex$/h.	15.27	17.75	17.98	19.38			
荷兰	Netherlands (B)	欧元/小时	Euros/h.	34.42	16.52	17.14	17.78	18.24	18.5	
新西兰	New Zealand (B)	新元/小时	NZ$/h.	16.99	17.39	18	18.82	19.29	19.58	
挪威	Norway (A)	克郎/月	NKr/m.	23388	24426	25991	26944	27920	28908	30162
巴基斯坦	Pakistan (B)	卢比/月	PRs/m.	2980.97	3002.23	4113.74				
菲律宾	Philippines (B)	日工资率	P/d.		230.74	234.33	237.72	236.65	252.77	275.34
葡萄牙	Portugal (B)	欧元/月	Euros/m.	126923	133939	705	775	806	837	
罗马尼亚	Romania (B)	列伊/月	Lei/m.	2535223	3734701	4632583	5804147	7196971	829	
新加坡	Singapore (B)	元/月	S$/m.	3036	3117	3154	3265	3350	3495	3618
瑞典	Sweden (A)	克朗/小时	SKr/h.	111.3	114.9	118.2	122	126.1	129.9	133.8
泰国	Thailand (B)	铢/月	B/m.		6064.6	6795.3	6432.2			
英国	United Kingdom (B)	英镑/小时	£/h.	9.96	10.53	11.02	11.43			
美国	United States (A)	美元/小时	USD/h.	14.37	14.83	15.3				

注：1)(A) 工人工资。
(B) 全部雇员工资。
(C) 管理人员工资。
2)2001年以前为马克。
3)指数。2000年=100,以前年份以1995年为100。

Note:a)(A) Wage earners.
(B) All employees.
(C) Salaried employees.
b)Prior to 2001:DEM.
c)Indices.Year 2000=100.Before 2000: 1995=100.

7-12 消费价格指数
Consumer Price Indices

(2000年=100) (Year of 2000=100)

国　家	Country	1999	2000	2001	2002	2003	2004	2005	2006
阿根廷	Argentina	100.9	100.0	98.9	124.5	141.3	147.5	161.7	179.4
澳大利亚	Australia	95.7	100.0	104.4	107.6	110.5	113.1	116.1	120.2
巴西	Brazil	93.4	100.0	106.8	115.9	132.9	141.7	151.4	157.8
加拿大	Canada	97.4	100.0	102.6	104.8	107.8	109.8	112.2	114.4
埃及	Egypt	97.4	100.0	102.2	105.0	109.5	127.4	133.7	143.9
法国	France	98.3	100.0	101.7	103.6	105.8	108.0	109.9	111.8
德国	Germany	98.1	100.0	102.0	103.4	104.5	106.2	108.3	110.1
匈牙利	Hungary	91.1	100.0	109.2	115.0	120.3	128.5	133.1	138.3
印度	India	99.0	100.0	100.0	102.6	106.8	109.8	113.4	121.2
印度尼西亚	Indonesia	96.4	100.0	111.5	124.7	133.0	141.3	156.0	176.5
意大利	Italy	97.5	100.0	102.8	105.4	108.2	110.5	112.4	114.7
日本	Japan	100.7	100.0	99.3	98.4	98.1	98.1	97.8	98.1
韩国	Korea Rep.	97.8	100.0	104.1	106.9	110.7	114.7	117.8	120.4
马来西亚	Malaysia	98.5	100.0	101.4	103.2	104.4	105.9	109.1	113.0
墨西哥	Mexico	91.3	100.0	106.4	111.7	116.8	122.3	127.2	131.8
荷兰	Netherlands	97.5	100.0	104.2	107.6	109.9	111.2	113.1	114.4
新西兰	New Zealand	97.5	100.0	102.6	105.4	107.2	109.7	113.0	116.8
挪威	Norway	97.0	100.0	103.0	104.4	106.9	107.4	109.1	111.6
巴基斯坦	Pakistan	95.8	100.0	103.2	107.4	110.5	118.7	129.5	139.7
菲律宾	Philippines	95.9	100.0	106.8	110.1	113.9	120.6	129.8	137.9
葡萄牙	Portugal	97.2	100.0	104.3	108.0	111.6	114.2	116.7	120.4
罗马尼亚	Romania	68.6	100.0	134.5	164.8	189.9	212.5	231.7	246.9
俄罗斯	Russia	82.8	100.0	121.5	140.6	159.9	177.3	199.7	219.1
新加坡	Singapore	98.7	100.0	101.0	100.6	101.1	102.8	103.2	104.2
瑞典	Sweden	99.1	100.0	102.4	104.6	106.6	107.0	107.5	109.0
泰国	Thailand	98.5	100.0	101.6	102.3	104.1	107.0	111.8	117.0
英国	United Kingdom	97.1	100.0	101.8	103.5	106.5	109.6	112.7	116.3
美国	United States	96.7	100.0	102.8	104.5	106.9	109.7	113.4	117.1

二、香港特别行政区人口和就业统计数据

II. Population and Employment Data of Hong Kong Special Administrative Region

7-13 人口主要指标
Main Indicators of Population

项　目	Item	2002	2003	2004	2005	2006
年中人口（万人）	Mid-year Population(10 000 persons)	674.4	673.1	678.3	681.3	685.7
粗出生率（‰）	Crude Birth Rate (‰)	7.1	7.0	7.3	8.4	9.6
粗死亡率（‰）	Crude Death Rate (‰)	5.1	5.5	5.4	5.7	5.5
婴儿死亡率（‰）	Infant Mortality Rate (‰)	2.3	2.3	2.7	2.3	1.8
自然增长率（‰）	Rate of Natural Increase (‰)	2.1	1.5	1.9	2.7	4.1
总和生育率①	Total Fertility Rate①	941	901	922	959	984
登记结婚数（对）	Registered Marriages (couple)	32070	35439	41376	43018	50328
登记离婚数（对）	Divorce Decrees (couple)	12943	13829	15604	14873	17424
出生时平均预期寿命(年)	Expectation of Life at Birth (years)					
男	Male	78.5	78.5	79.0	78.8	79.4
女	Female	84.5	84.4	84.8	84.6	85.5

注：1)政府统计处在2006年7月至8月期间进行的中期人口统计提供一个基准，用作修订自2001年人口普查以来编制的人口数字。
2)①各年总和生育率均是用没有包括女性外籍家庭佣工的人口作分母编制。

Notes :a) The Population By-census conducted by the Census and Statistics Department in July to August 2006 provides a benchmark for revising the population figures compiled since the 2001 Population Census.

b)①Total fertility rate of each individual year has been compiled using a population denominator which has excluded female foreign domestic helpers.

7-14 分行业全部就业人数
Employed Persons by Sector

单位:千人 (1000 persons)

行业	Sector	2000	2001	2002	2003	2004	2005	2006
总 计	**Total**	**3207.3**	**3251.3**	**3220.3**	**3197.4**	**3276.5**	**3340.8**	**3411.6**
农林牧渔业	Agriculture,Hunting, Forestry and Fishing	9.3	6.9	9.4	7.1	8.4	8.8	8.3
制造业	Manufacturing	333.7	324.1	287.0	268.3	231.2	223.5	217.7
电力、天然气及水	Electricity,Gas and Water	16.6	15.6	15.0	16.1	14.6	15.0	14.6
建筑业	Construction	301.7	288.8	283.1	260.1	262.0	262.9	271.5
批发零售和餐饮、旅馆业	Wholesale and Retail Trade and Restaurants and Hotels	981.7	981.4	978.1	985.0	1063.5	1094.0	1108.6
交通运输和仓储业	Transport,Storage and Communication	356.6	352.2	342.4	342.7	354.6	356.4	368.7
金融保险、房地产和商业服务	Financing,Insurance,Real Estate and Business Services	452.7	482.7	477 8	471.7	482.2	505.6	526.1
团体、社会和个人服务	Community,Social and Personal Services	754.7	799.2	826.1	845.9	859.7	874.0	896.2
男	**Male**	**1854.5**	**1846.7**	**1794.8**	**1767.0**	**1801.8**	**1823.6**	**1845.8**
农林牧渔业	Agriculture,Hunting, Forestry and Fishing	6.3	4.9	6.3	4.7	5.8	6.0	5.3
制造业	Manufacturing	213.3	208.6	180.7	175.0	146.8	146.6	140.7
电力、天然气及水	Electricity,Gas and Water	14.7	13.4	13.1	13.6	12.4	12.6	12.2
建筑业	Construction	282.7	268.2	261.5	239.9	242.2	243.9	252.3
批发零售和餐饮、旅馆业	Wholesale and Retail Trade and Restaurants and Hotels	503.5	500.7	492.5	499.7	536.3	547.2	549
交通运输和仓储业	Transport,Storage and Communication	284.0	279.1	269.9	267.0	279.3	277.6	285.9
金融保险、房地产和商业服务	Financing,Insurance,Real Estate and Business Services	270.6	284.4	285.4	280.1	285.2	299.7	308.3
团体、社会和个人服务	Community,Social and Personal Services	279.0	287.2	285.1	286.8	293.5	289.6	292
女	**Female**	**1352.8**	**1404.6**	**1425.4**	**1430.4**	**1474.7**	**1517.2**	**1565.8**
农林牧渔业	Agriculture,Hunting, Forestry and Fishing	3.0	2.0	3.1	2.5	2.6	2.8	3
制造业	Manufacturing	120.4	115.6	106.3	93.4	84.4	77.0	77
电力、天然气及水	Electricity,Gas and Water	1.8	2.3	2.9	2.5	2.2	2.4	2.3
建筑业	Construction	19.1	20.6	21.6	20.2	19.8	19.0	19.2
批发零售和餐饮、旅馆业	Wholesale and Retail Trade and Restaurants and Hotels	478.1	480.7	485.6	485.3	527.2	546.8	559.5
交通运输和仓储业	Transport,Storage and Communication	72.6	73.1	72.5	75.7	75.2	78.8	82.8
金融保险、房地产和商业服务	Financing,Insurance,Real Estate and Business Services	182.0	198.3	192.4	191.6	197.0	205.9	217.8
团体、社会和个人服务	Community,Social and Personal Services	475.7	512.0	541.0	559.1	566.3	584.4	604.2

7-15 分职业全部就业人数
Employed Persons by Occupation

单位:千人 (1000 persons)

职业	Occupation	2000	2001	2002	2003	2004	2005	2006
总 计	**Total**	**3207.3**	**3251.3**	**3220.3**	**3197.4**	**3276.5**	**3340.8**	**3411.6**
立法者高级官员和和管理人员	Legislators,Senior Officials and Managers	233.3	278.4	302.6	273.3	282.4	314.8	341.7
专业人员	Professionals	182.7	198.1	198.0	204.5	212.4	230.2	231.8
技术和辅助专业人员	Technicians and Associate Professionals	549.8	573.7	574.3	586.0	611.9	617.0	653.4
职员	Clerks	588.0	558.4	535.1	527.3	542.3	544.0	531.1
服务人员和商店与市场销售人员	Service Workers and Shop and and Market Sales Workers	461.5	474.3	468.7	481.1	513.6	524.9	514.7
农渔业技术人员	Skilled Agricultural and Fishery Workers	8.9	6.5	9.0	7.1	7.9	7.8	7.1
手艺人和有关行业工人	Craft and Related Trade Workers	332.7	306.4	286.4	269.3	265.8	265.4	261.9
设备和机械操作工、装配工	Plant and Machine Operators and Assemblers	263.4	248.8	236.0	232.8	232.9	224.3	224.3
简单劳动职业人员	Elementary Occupations	586.9	606.7	610.1	616.0	607.2	612.4	645.4
男	**Male**	**1854.5**	**1846.7**	**1794.8**	**1767.0**	**1801.8**	**1823.6**	**1845.8**
立法者高级官员和和管理人员	Legislators,Senior Officials and Managers	176.8	207.1	225.1	201.9	206.4	230.6	242.1
专业人员	Professionals	123.7	133.5	129.5	134.0	137.2	152.5	147.8
技术和辅助专业人员	Technicians and Associate Professionals	330.5	341.5	335.8	345.6	355.4	354.6	364.4
职员	Clerks	162.0	152.1	138.2	132.8	144.9	144.2	142.5
服务人员和商店与市场销售人员	Service Workers and Shop and and Market Sales Workers	256.4	254.2	243.8	250.3	256.7	255.2	251.5
农渔业技术人员	Skilled Agricultural and Fishery Workers	6.2	4.7	6.2	4.7	5.7	5.3	4.7
手艺人和有关行业工人	Craft and Related Trade Workers	323.0	296.6	274.8	258.9	254.0	255.4	252.8
设备和机械操作工、装配工	Plant and Machine Operators and Assemblers	226.6	214.4	206.0	204.2	206.6	201.1	202.6
简单劳动职业人员	Elementary Occupations	249.4	242.6	235.4	234.5	234.8	224.8	237.2
女	**Female**	**1352.8**	**1404.6**	**1425.4**	**1430.4**	**1474.7**	**1517.2**	**1565.8**
立法者高级官员和和管理人员	Legislators,Senior Officials and Managers	56.5	71.4	77.4	71.4	76.0	84.3	99.6
专业人员	Professionals	59.0	64.6	68.6	70.5	75.2	77.7	84
技术和辅助专业人员	Technicians and Associate Professionals	219.3	232.2	238.5	240.4	256.4	262.5	289.1
职员	Clerks	426.0	406.3	397.0	394.5	397.4	399.8	388.6
服务人员和商店与市场销售人员	Service Workers and Shop and and Market Sales Workers	205.1	220.1	224.9	230.8	256.9	269.7	263.2
农渔业技术人员	Skilled Agricultural and Fishery Workers	2.7	1.8	2.8	2.4	2.2	2.5	2.4
手艺人和有关行业工人	Craft and Related Trade Workers	9.8	9.8	11.6	10.4	11.8	10.0	9.1
设备和机械操作工、装配工	Plant and Machine Operators and Assemblers	36.9	34.3	29.9	28.6	26.3	23.2	21.7
简单劳动职业人员	Elementary Occupations	337.6	364.1	374.7	381.5	372.4	387.6	408.1

7-16 按年龄分组的失业人数
Unemployed Persons by Age Group

单位:千人 (1000 persons)

年龄组 Age Group	2000	2001	2002	2003	2004	2005	2006
总 计 Total	**166.9**	**174.6**	**253.8**	**275.1**	**239.4**	**197.3**	**170.9**
15-19	18.3	16.7	22.6	20.9	17.7	13.7	13
20-24	27.4	29.1	36.7	37.5	30.4	28.5	27.3
25-29	20.6	20.9	27.7	29.6	22.4	19.2	16.8
30-34	16.9	17.6	26.2	28.8	22.3	17.5	15.6
35-39	16.8	19.0	29.6	31.6	25.5	19.0	17
40-44	19.6	23.0	34.1	37.5	32.2	25.8	19
45-49	18.7	20.8	31.3	36.8	35.3	29.3	25.2
50-54	16.2	16.2	25.5	29.8	28.6	24.1	19.9
55-59	8.9	7.9	14.1	17.6	18.4	15.8	14
60-64	3.0	2.6	4.4	4.1	5.3	3.8	2.7
65+	0.4	0.6	1.5	0.9	1.3	0.6	
男 Male	**109.6**	**118.2**	**163.7**	**179.9**	**151.6**	**127.1**	**110.2**
15-19	10.1	9.8	13.8	12.3	10.5	8.4	7.9
20-24	15.1	17.1	22.0	23.8	19.2	17.6	16
25-29	12.2	13.5	17.7	19.3	14.4	12.1	10.7
30-34	10.2	11.1	15.5	17.3	12.9	10.7	9.7
35-39	10.9	12.7	18.6	18.7	14.8	11.0	10
40-44	14.0	16.1	21.6	23.8	18.4	14.7	11.4
45-49	12.8	15.6	20.3	24.2	22.5	19.9	16.5
50-54	13.0	12.7	17.9	21.7	18.9	17.0	14.5
55-59	8.0	6.9	11.4	14.4	14.2	11.9	10.5
60-64	2.7	2.4	3.6	3.6	4.7	3.3	2.6
65+	0.4		1.3	0.9	1.2	0.6	
女 Female	**57.3**	**56.4**	**90.0**	**95.2**	**887.8**	**70.2**	**60.7**
15-19	8.2	7.1	9.0	8.6	7.1	5.3	5.2
20-24	12.2	11.9	14.7	13.7	11.2	10.8	11.2
25-29	8.4	7.4	10.0	10.3	8.1	7.1	6
30-34	6.7	6.5	10.7	11.4	9.5	6.8	5.8
35-39	5.9	6.4	11.1	12.8	10.7	8.0	7
40-44	5.6	6.9	12.6	13.7	13.9	11.2	7.6
45-49	5.9	5.2	11.0	12.7	12.8	9.3	8.7
50-54	3.3	3.5	7.6	8.1	9.8	7.1	5.4
55-59	0.9	1.1	2.7	3.3	4.2	4.0	3.5
60-64	0.3		0.5	0.5	0.6	0.5	

7-17 按失业前行业分的失业人数

Unemployed Persons by Sector (Prior to Unemployment)

单位: 千人 (1000 persons)

行业	Sector	1998	1999	2000	2001	2002	2003	2004	2005	2006
总计	**Total**	**154.1**	**207.5**	**166.9**	**174.6**	**253.8**	**275.1**	**239.4**	**197.3**	**170.9**
农林牧渔业	Agriculture,Hunting, Forestry and Fishing	0.2	0.4	0.3		0.5				
制造业	Manufacturing	22.0	27.1	19.0	18.1	22.6	22.3	17.5	15.0	11.5
电力、天然气及水	Electricity,Gas and Water	0.2	0.2	0.2						
建筑业	Construction	28.2	41.1	34.3	35.0	53.2	61.0	49.9	39.0	33.9
批发零售和餐饮、旅馆业	Wholesale and Retail Trade and Restaurants and Hotels	49.3	64.3	54.5	57.0	83.0	88.1	75.6	63.3	55.5
交通运输和仓储业	Transport,Storage and Communication	13.3	19.0	14.8	16.0	19.6	24.0	19.6	17.9	15.2
金融保险、房地产和商业服务	Financing,Insurance,Real Estate and Business Services	12.1	15.0	12.1	15.1	23.2	25.7	22.8	18.3	16.6
团体、社会和个人服务	Community,Social and Personal Services	12.0	16.3	14.0	16.8	26.9	30.2	29.7	23.2	19.0
初次失业	Unemployed for the First Time	16.7	23.9	17.6	16.1	24.6	23.2	23.5	20.0	18.7
男	**Male**	**101.2**	**140.6**	**109.6**	**118.2**	**163.7**	**179.9**	**151.6**	**127.1**	**110.2**
农林牧渔业	Agriculture,Hunting, Forestry and Fishing	0.2	0.3	0.3						
制造业	Manufacturing	14.2	18.5	12.8	12.3	14.0	14.5	10.9	9.4	7.0
电力、天然气及水	Electricity,Gas and Water	0.2	0.2	0.1						
建筑业	Construction	27.1	39.9	33.3	34.0	51.7	58.6	47.4	37.7	32.6
批发零售和餐饮、旅馆业	Wholesale and Retail Trade and Restaurants and Hotels	26.6	34.9	28.4	30.9	43.4	45.4	37.6	33.5	28.5
交通运输和仓储业	Transport,Storage and Communication	11.3	16.0	12.5	13.9	16.2	20.4	16.9	15.2	13.2
金融保险、房地产和商业服务	Financing,Insurance,Real Estate and Business Services	7.0	10.0	7.4	10.0	15.3	16.9	15.6	12.6	11.3
团体、社会和个人服务	Community,Social and Personal Services	6.5	9.0	6.7	8.6	12.3	13.6	13.2	9.3	8.2
初次失业	Unemployed for the First Time	8.0	11.7	8.2	8.3	10.4	10.0	9.6	9.1	8.9
女	**Female**	**52.9**	**66.9**	**57.3**	**56.4**	**90.0**	**95.2**	**87.8**	**70.2**	**60.7**
农林牧渔业	Agriculture,Hunting, Forestry and Fishing		0.1							
制造业	Manufacturing	7.8	8.6	6.3	5.9	8.6	7.8	6.6	5.5	4.5
建筑业	Construction	1.1	1.2	1.0	1.1	1.6	2.5	2.5	1.3	1.2
批发零售和餐饮、旅馆业	Wholesale and Retail Trade and Restaurants and Hotels	22.6	29.4	26.2	26.1	39.5	42.7	38.0	29.9	27.0
交通运输和仓储业	Transport,Storage and Communication	2.0	3.0	2.3	2.1	3.4	3.6	2.7	2.7	2.0
金融保险、房地产和商业服务	Financing,Insurance,Real Estate and Business Services	5.1	5.0	4.7	5.1	7.9	8.7	7.3	5.7	5.4
团体、社会和个人服务	Community,Social and Personal Services	5.5	7.3	7.3	8.2	14.6	16.6	16.5	14.0	10.8
初次失业	Unemployed for the First Time	8.7	12.2	9.4	7.8	14.3	13.2	13.9	11.0	9.8

7-18 按失业前职业分的失业人数

Unemployed Persons by Occupation (Prior to Unemployment)

单位:千人 (1000 persons)

职业	Occupation	2000	2001	2002	2003	2004	2005	2006
总计	**Total**	**166.9**	**174.6**	**253.8**	**275.1**	**239.4**	**197.3**	**170.9**
立法者高级官员和和管理人员	Legislators,Senior Officials and Managers	3.9	5.2	8.3	6.7	5.3	6.1	4.5
专业人员	Professionals	2.1	3.8	4.8	5.0	4.6	4.1	3.2
技术和辅助专业人员	Technicians and Associate Professionals	13.4	17.1	25.7	26.6	22.3	18.0	17.0
职员	Clerks	21.3	21.4	30.0	30.0	25.5	22.5	19.6
服务人员和商店与市场销售人员	Service Workers and Shop and and Market Sales Workers	34.1	33.3	47.3	55.5	47.0	38.9	33.2
农渔业技术人员	Skilled Agricultural and Fishery Workers	0.3						
手艺人和有关行业工人	Craft and Related Trade Workers	32.5	46.8	51.6	41.0	31.7	27.4	27.4
设备和机械操作工、装配工	Plant and Machine Operators and Assemblers	11.5	12.1	14.9	17.6	15.2	11.7	9.9
简单劳动职业人员	Elementary Occupations	30.3	33.7	51.0	58.6	54.7	43.8	37.2
初次失业	Unemployed for the First Time	17.6	16.1	24.6	23.2	23.5	20.0	18.7
男	**Male**	**109.6**	**118.2**	**163.7**	**179.9**	**151.6**	**127.1**	**110.2**
立法者高级官员和和管理人员	Legislators,Senior Officials and Managers	3.1	4.3	6.7	5.0	4.2	4.9	3.3
专业人员	Professionals	1.5	2.7	3.5	3.6	3.1	2.9	2.4
技术和辅助专业人员	Technicians and Associate Professionals	9.0	11.4	18.0	18.5	15.2	12.0	11.1
职员	Clerks	6.6	7.1	9.0	8.7	8.4	7.2	6.6
服务人员和商店与市场销售人员	Service Workers and Shop and and Market Sales Workers	17.2	16.9	22.8	28.2	22.4	20.1	17.0
农渔业技术人员	Skilled Agricultural and Fishery Workers	0.2						
手艺人和有关行业工人	Craft and Related Trade Workers	31.5	31.2	45.8	50.7	39.9	31.1	26.9
设备和机械操作工、装配工	Plant and Machine Operators and Assemblers	9.2	9.6	11.3	14.1	12.2	9.3	7.9
简单劳动职业人员	Elementary Occupations	23.1	26.6	35.9	40.9	36.5	30.3	25.9
初次失业	Unemployed for the First Time	8.2	8.3	10.4	10.0	9.6	9.1	8.9
女	**Female**	**57.3**	**56.4**	**90.0**	**95.2**	**87.8**	**70.2**	**60.7**
立法者高级官员和和管理人员	Legislators,Senior Officials and Managers	0.8	0.9	1.6	1.8	1.2	1.3	1.2
专业人员	Professionals	0.6	1.0	1.3	1.4	1.5	1.2	0.8
技术和辅助专业人员	Technicians and Associate Professionals	4.4	5.7	7.7	8.1	7.0	6.0	5.9
职员	Clerks	14.7	14.3	21.0	21.4	17.1	15.2	13.1
服务人员和商店与市场销售人员	Service Workers and Shop and and Market Sales Workers	16.9	16.4	24.5	27.3	24.7	18.8	16.2
农渔业技术人员	Skilled Agricultural and Fishery Workers							
手艺人和有关行业工人	Craft and Related Trade Workers	1.0	0.6	1.0	0.9	1.1	0.6	
设备和机械操作工、装配工	Plant and Machine Operators and Assemblers	2.3	2.5	3.6	3.5	3.0	2.4	2.0
简单劳动职业人员	Elementary Occupations	7.2	7.1	15.1	17.6	18.2	13.4	11.2
初次失业	Unemployed for the First Time	9.4	7.8	14.3	13.2	13.9	11.0	9.8

7-19 非农行业工人日工资率

Daily Wages of Workers in Non-agricultural Sectors

单位: 元/日 (dollars/per day)

分组	Group	2000	2001	2002	2003	2004	2005	2006
总计	**Total**	**397.5**	**412.5**	**401.3**	**408.5**	**398.6**	**370.0**	**419.6**
制造业	Manufacturing	335.4	342.6	326.1	322.2	324.3	279.0	321.7
交通运输和仓储业	Transport,Storage and Communication	504.9	507.7	508.6	496.5	491.3	503.7	507.0
金融保险、房地产和商业服务	Financing,Insurance,Real Estate and Business Services	437.3	455.1	432.8	426.0	417.6	417.1	432.0
团体、社会和个人服务	Community,Social and Personal Services	531.4	549.9	524.6	518.4	525.8	500.4	518.9
男	**Male**	**475.5**	**480.8**	**476.0**	**469.2**	**451.4**	**397.3**	**482.4**
制造业	Manufacturing	428.8	428.5	419.2	406.1	380.4	282.4	420.8
交通运输和仓储业	Transport,Storage and Communication	507.5	511.1	510.5	497.4	491.9	504.4	507.6
金融保险、房地产和商业服务	Financing,Insurance,Real Estate and Business Services	437.1	462.7	432.8	426.1	417.7	417.1	432.0
团体、社会和个人服务	Community,Social and Personal Services	531.4	549.9	524.6	518.4	525.8	500.4	518.9
女	**Female**	**283.2**	**291.0**	**277.8**	**274.4**	**289.8**	**287.0**	**269.9**
制造业	Manufacturing	278.1	280.6	268.2	262.7	280.0	273.8	256.9

7-20 非农行业管理人员月工资率
Monthly Wages of Managers in Non-agricultural Sectors

单位: 元/月 (dollars/per month)

分组	Group	2000	2001	2002	2003	2004	2005	2006
总　计	**Total**	**11573.7**	**11449.0**	**11069.8**	**10854.3**	**10534.6**	**10671.1**	**10985.1**
制造业	Manufacturing	11869.7	12133.1	11950.7	11508.8	11498.1	11622.0	11972.4
批发零售和餐饮、旅馆业	Wholesale and Retail Trade and Restaurants and Hotels	11959.3	12046.4	11745.0	11580.8	11385.1	11704.9	11912.6
交通运输和仓储业	Transport,Storage and Communication	12799.8	13191.6	13381.7	13037.2	12711.3	13303.6	12772.8
金融保险、房地产和商业服务	Financing,Insurance,Real Estate and Business Services	11429.4	11311.8	10571.8	10645.4	9830.9	9815.3	10239.3
团体、社会和个人服务	Community,Social and Personal Services	6749.6	6405.7	6179.2	5972.9	6053.4	5934.3	6000.3
男	**Male**	**12105.3**	**11905.0**	**11619.0**	**11269.8**	**11025.0**	**11016.0**	**11391.9**
制造业	Manufacturing	12697.1	12929.7	12810.2	12082.7	11880.7	12248.6	12483.3
批发零售和餐饮、旅馆业	Wholesale and Retail Trade and Restaurants and Hotels	12938.5	13076.3	12867.8	12526.3	12299.3	12599.4	12856.4
交通运输和仓储业	Transport,Storage and Communication	13509.9	13768.4	14296.0	14056.1	13586.5	14032.0	13524.7
金融保险、房地产和商业服务	Financing,Insurance,Real Estate and Business Services	10547.5	10438.2	9606.4	9703.1	9110.3	8988.4	9422.4
团体、社会和个人服务	Community,Social and Personal Services	7649.5	7162.9	6993.0	6479.7	6536.4	6444.1	6493.3
女	**Female**	**11011.9**	**10969.3**	**10518.2**	**10445.8**	**10052.4**	**10319.5**	**10596.5**
制造业	Manufacturing	11101.4	11395.0	11123.2	11021.1	11139.3	11015.0	11552.3
批发零售和餐饮、旅馆业	Wholesale and Retail Trade and Restaurants and Hotels	11115.0	11204.5	10852.0	10836.7	10640.6	10998.1	11192.9
交通运输和仓储业	Transport,Storage and Communication	11634.8	12274.2	12059.8	11657.0	11538.6	12212.3	11721.8
金融保险、房地产和商业服务	Financing,Insurance,Real Estate and Business Services	13107.7	13054.8	12554.1	12319.7	11320.0	11579.2	11803.6
团体、社会和个人服务	Community,Social and Personal Services	6061.8	5886.2	5688.7	5517.7	5791.8	5576.3	5686.5

7-21 非农行业周工作小时

Weekly Working Hours in Non-agricultural Sectors

单位:小时／周 (hours/per week)

行业	Sector	2000	2001	2002	2003	2004	2005	2006
总 计	**Total**	**46.6**	**46.5**	**46.9**	**46.7**	**47.1**	**47.0**	**45.4**
采掘业	Mining and Quarrying	48.2	48.2	48.9	53.4	50.9	56.3	
制造业	Manufacturing	45.3	45.4	45.6	45.4	46.5	46.4	45.5
电力、天然气及水	Electricity,Gas and Water	43.3	42.5	42.5	42.3	42.6	42.5	42.4
建筑业	Construction	41.9	41.9	41.5	41.4	42.6	42.6	42.1
批发零售和餐饮、旅馆业	Wholesale and Retail Trade and Restaurants and Hotels	48.2	48.0	48.6	48.5	48.7	48.3	47.4
交通运输和仓储业	Transport,Storage and Communication	47.1	46.9	47.5	47.1	48.0	47.6	47.3
金融保险、房地产和商业服务	Financing,Insurance,Real Estate and Business Services	46.4	46.0	46.8	46.7	47.0	47.1	46.4
团体、社会和个人服务	Community,Social and Personal Services	47.0	47.2	47.1	46.5	46.4	46.9	46.3
男	**Male**	**47.2**	**47.1**	**47.5**	**47.4**	**48.0**	**47.8**	**47.1**
采掘业	Mining and Quarrying	48.4	48.2	54.9	51.7	50.9	57.7	
制造业	Manufacturing	46.8	47.1	47.4	47.1	48.3	48.1	47.2
电力、天然气及水	Electricity,Gas and Water	43.7	42.7	42.7	42.9	42.9	42.7	42.6
建筑业	Construction	41.9	41.8	41.4	41.3	42.6	42.6	42.1
批发零售和餐饮、旅馆业	Wholesale and Retail Trade and Restaurants and Hotels	50.2	50.0	50.9	50.8	51.0	50.6	49.3
交通运输和仓储业	Transport,Storage and Communication	48.3	48.2	48.9	48.5	49.4	49.2	48.9
金融保险、房地产和商业服务	Financing,Insurance,Real Estate and Business Services	48.4	48.2	49.1	49.0	49.1	49.1	48.3
团体、社会和个人服务	Community,Social and Personal Services	45.6	45.1	44.7	44.4	44.5	44.4	44.3
女	**Female**	**45.7**	**45.8**	**46.1**	**45.8**	**46.0**	**46.0**	**45.5**
采掘业	Mining and Quarrying	45.0		35.0	60.0		46.0	
制造业	Manufacturing	42.4	42.3	42.6	42.3	43.5	43.1	42.4
电力、天然气及水	Electricity,Gas and Water	40.0	41.2	41.5	39.6	41.1	41.2	41.4
建筑业	Construction	41.8	42.4	42.3	41.5	42.1	42.4	41.8
批发零售和餐饮、旅馆业	Wholesale and Retail Trade and Restaurants and Hotels	46.0	45.9	46.4	46.2	46.4	46.1	45.5
交通运输和仓储业	Transport,Storage and Communication	42.4	41.7	42.2	41.9	42.7	42.1	41.8
金融保险、房地产和商业服务	Financing,Insurance,Real Estate and Business Services	43.5	42.8	43.4	43.5	43.9	44.2	43.6
团体、社会和个人服务	Community,Social and Personal Services	47.7	48.4	48.3	47.6	47.3	47.5	47.2

7-22 分行业职业伤害情况

Occupational Injuries by Sector

项　　目	Item	1999	2000	2001	2002	2003	2004	2005
一、伤亡人数(人)	**Total (fatal and non fatal,person)**	**58841**	**58092**	**53719**	**47023**	**42022**	**44025**	**44267**
农林牧渔业	Agriculture,Hunting, Forestry and Fishing	107	90	145	158	155	166	148
采掘业	Mining and Quarrying	14	8	11	7	1	2	2
制造业	Manufacturing	6792	6985	5979	5104	4004	4258	4110
电力、天然气及水	Electricity,Gas and Water	61	70	70	43	59	54	65
建筑业	Construction	14174	12038	9324	6369	4546	3918	3667
批发零售和餐饮、旅馆业	Wholesale and Retail Trade and Restaurants and Hotels	17272	17642	16934	14762	13059	14224	13926
交通运输和仓储业	Transport,Storage and Communication	5694	5620	5114	4712	4119	4640	4924
金融保险、房地产和商业服务	Financing,Insurance,Real Estate and Business Services	3933	4339	4522	4353	4494	5129	5276
团体、社会和个人服务	Community,Social and Personal Services	10708	11247	11596	11489	11565	11604	12136
其 他	Activities not Adepuately Defined	86	53	24	26	20	30	13
1、受伤人数	**Non fatal**	**58606**	**57893**	**53543**	**46813**	**41851**	**43838**	**44080**
农林牧渔业	Agriculture,Hunting, Forestry and Fishing	106	90	145	157	155	164	147
采掘业	Mining and Quarrying	14	7	11	7	1	2	2
制造业	Manufacturing	6752	6950	5953	5088	3985	4229	4096
电力、天然气及水	Electricity,Gas and Water	61	70	68	43	58	53	65
建筑业	Construction	14110	11991	9282	6322	4513	3896	3626
批发零售和餐饮、旅馆业	Wholesale and Retail Trade and Restaurants and Hotels	17263	17626	16922	14743	13049	14205	13911
交通运输和仓储业	Transport,Storage and Communication	5653	5595	5077	4675	4093	4613	4891
金融保险、房地产和商业服务	Financing,Insurance,Real Estate and Business Services	3891	4296	4484	4298	4454	5080	5224
团体、社会和个人服务	Community,Social and Personal Services	10670	11215	11577	11454	11523	11566	12105
其 他	Activities not Adepuately Defined	86	53	24	26	20	30	13
2、死亡人数	**Fatal**	**235**	**199**	**176**	**210**	**171**	**187**	**187**
农林牧渔业	Agriculture,Hunting, Forestry and Fishing	1			1		2	1
采掘业	Mining and Quarrying		1					
制造业	Manufacturing	40	35	26	16	19	29	14
电力、天然气及水	Electricity,Gas and Water			2		1	1	
建筑业	Construction	64	47	42	47	33	22	41
批发零售和餐饮、旅馆业	Wholesale and Retail Trade and Restaurants and Hotels	9	16	12	19	10	19	15
交通运输和仓储业	Transport,Storage and Communication	41	25	37	37	26	27	33
金融保险、房地产和商业服务	Financing,Insurance,Real Estate and Business Services	42	43	38	55	40	49	52
团体、社会和个人服务	Community,Social and Personal Services	38	32	19	35	42	38	31

7-22 续表 continued

项　　目	Item	1999	2000	2001	2002	2003	2004	2005
二、每10万人死亡率	**Rates of Fatal Injuries per 100,000 employees**	**9.7**	**8**	**7.1**	**8.6**	**7.2**	**7.7**	**7.5**
采掘业	Mining and Quarrying		429.2					
制造业	Manufacturing	16.1	15.1	12.7	8.3	11	17.3	8.5
电力、天然气及水	Electricity,Gas and Water			24.3		12	12.2	
建筑业	Construction	90.2	59	52.3	64.2	51.5	34.6	69.2
批发零售和餐饮、旅馆业	Wholesale and Retail Trade and Restaurants and Hotels	0.9	1.6	1.2	1.9	1	1.9	1.5
交通运输和仓储业	Transport,Storage and Communication	23.5	14	20.2	20.5	15.1	15.1	18
金融保险、房地产和商业服务	Financing,Insurance,Real Estate and Business Services	10.3	10	8.7	12.8	9.5	11.2	11.4
团体、社会和个人服　务	Community,Social and Personal Services	7.2	6	3.4	6.2	7.3	6.5	5.2
三、损失工日数(日)	**Days Lost**	**540454**	**530250**	**535225**	**490849**	**411677**	**420929**	**408423**
农林牧渔业	Agriculture,Hunting, Forestry and Fishing	1214	1032	1166	2087	2218	2339	1316
采掘业	Mining and Quarrying	259	97	69	91	13	5	
制造业	Manufacturing	64291	64853	66794	62070	45889	45841	45061
电力、天然气及水	Electricity,Gas and Water	337	580	281	628	548	423	503
建筑业	Construction	175510	152240	137632	105439	72946	58987	50364
批发零售和餐饮、旅馆业	Wholesale and Retail Trade and Restaurants and Hotels	132412	135024	141612	131085	110248	122486	118944
交通运输和仓储业	Transport,Storage and Communication	54141	56710	56851	55822	49546	50574	52181
金融保险、房地产和商业服务	Financing,Insurance,Real Estate and Business Services	33197	38666	42077	41633	42942	47872	48674
团体、社会和个人服　务	Community,Social and Personal Services	79096	81050	88745	91995	87329	92405	91368
其　他	Activities not Adepuately Defined							13

7-23　消费价格指数
Consumer Prices Indices

2000年=100　　(year of 2000=100)

项　　目	Item	1998	1999	2000	2001	2002	2003	2004	2005	2006
总指数	General Indices	108.1	103.8	100.0	98.4	95.4	93.0	92.6	93.6	95.5
总指数(不含住房)1	General Indices (excl. shelter)	166.8	161.2	100.0	99.0	97.1	95.5	96.8	98.0	98.8
食品指数	Food Indices	104.1	102.2	100.0	99.2	97.1	95.7	96.7	98.4	100.1
用电及燃料指数1	Fuel and Light Indices	144.7	144.1	100.0	98.0	91.3	92.5	103.1	107.3	109.6
服装指数1	Clothing Indices	177.4	140.9	100.0	95.4	96.1	93.6	99.6	101.5	102.5
租金指数	Rent Indices	234.9	221.9	100.0	97.0	91.4	87.0	82.5	82.5	86.4

注：2000年以前数字以1990年为100。
Note: Data before 2000: year of 1990=100.

三、澳门特别行政区人口和就业统计数据

III. Population and Employment Data of Macao Special Administrative Region

7-24 人口主要指标①
Main Demographic Indicator①

项 目	Item	2002	2003	2004	2005	2006
年中人口估计（万人）	Mid-year Estimates of Population (10 000 persons)	43.8	44.4	45.5	47.3	49.9
出生率（‰）	Crude Birth Rate (‰)	7.2	7.2	7.3	7.8	8.1
死亡率（‰）	Crude Death Rate (‰)	3.2	3.3	3.4	3.4	3.1
婴儿死亡率（‰）	Infant Mortality Rate (‰)	3.5	0.6	3.0	3.3	2.7
自然增长率（‰）	Natural Growth Rate (‰)	4.0	3.9	3.9	4.3	5.0
总和生育率	Total Fertility Rate	0.8	0.8	0.9	0.9	1.0
登记结婚数（宗）	Number of Registered Marriages (case)	1209	1309	1737	1734	2100
离婚数目（宗）	Number of Registered Divorces (case)	385	440	475	573	592
		1998-2001	1999-2002	2000-2003	2001-2004	2002-2005
出生时平均预期寿命(岁)	Life Expectancy at Birth (years)	78.9	79.0	79.2	79.3	79.4
男	Male	77.2	77.3	77.4	77.5	77.6
女	Female	81.5	81.8	82.0	82.1	82.3

注：1)①根据2006中期人口统计资料，2002至2005年之出生率、死亡率等人口指标相继调整。

Notes: a)①According to the results of by-census 2006, demographic indicators of birth, mortality, etc. for years 2002 to 2005 are revised accordingly.

7-25 分行业全部就业人数
Employed Persons by Sector

单位:千人 (1000 persons)

行业	Sector	2003	2004	2005	2006
总 计	**Total**	**205.4**	**219.1**	**237.5**	**265.1**
农林牧渔业	Agriculture,Huntung,Forestry and Fishing	0.6	0.7	0.3	0.5
采矿业	Mining anf Quarrying				
制造业	Manufacturing	37.7	36.1	35.3	29.5
电力、煤气及水的供应业	Electricity, Gas, and Water Supply	1.3	1.1	1.2	0.9
建筑业	Construction	16.4	18.1	22.9	31.1
批发零售及修理业	Wholesale and Retail Trade; Repair of Motor Vehicles, Motorcycles and Personal and Household Goods	33.2	35.2	35.3	36.4
旅馆及餐饮业	Hotels and Restaurants	22.4	24.1	24.9	30
运输、仓储及通信业	Transport,Storageand Communications	14.4	15.0	14.8	16.8
金融保险业	Financial Intermediation	6.3	6.2	6.6	6.9
房地产业	Real Estate, Renting and Business Activities	12.0	12.6	14.3	16.3
公共管理与防务、义务社会保障业	Public Administration and Defence; Compulsory Social Security	18.1	18.1	18.8	20.3
教育	Education	9.8	10.6	10.3	11.3
卫生与社会工作	Health and Social Work	4.7	5.0	5.3	5.4
其他社区、社会和个人服务工作	Other Community, Social and Personal Service Activities	23.9	31.3	40.8	52.5
家庭服务业	Private Households with Employed Persons	4.3	5.0	6.2	6.9
享有治外法权的组织机构	Extra-territorial Organizations and Bodies	0.1	0.1	0.2	0.1
其他	Other	0.2	0.1	0.1	0.1
男	**Male**	**108.3**	**115.2**	**124.3**	**141.6**
农林牧渔业	Agriculture,Huntung,Forestry and Fishing	0.4	0.4	0.2	0.3
采矿业	Mining anf Quarrying				
制造业	Manufacturing	11.8	11.4	11.8	10.5
电力、煤气及水的供应业	Electricity, Gas, and Water Supply	1.0	0.9	1.0	0.8
建筑业	Construction	14.8	16.1	20.5	27.8
批发零售及修理业	Wholesale and Retail Trade; Repair of Motor Vehicles, Motorcycles and Personal and Household Goods	17.4	18.6	18.5	17.8
旅馆及餐饮业	Hotels and Restaurants	11.8	11.9	11.5	14.6
运输、仓储及通信业	Transport,Storageand Communications	10.6	11.2	11.0	12
金融保险业	Financial Intermediation	2.6	2.6	2.8	2.9
房地产业	Real Estate, Renting and Business Activities	7.7	8.1	9.0	9.9
公共管理与防务、义务社会保障业	Public Administration and Defence; Compulsory Social Security	12.5	12.6	12.6	14.0
教育	Education	3.1	3.3	3.0	3.7
卫生与社会工作	Health and Social Work	1.5	1.5	1.4	1.4
其他社区、社会和个人服务工作	Other Community, Social and Personal Service Activities	12.8	16.3	20.5	25.6
家庭服务业	Private Households with Employed Persons	0.2	0.4	0.3	0.3
享有治外法权的组织机构	Extra-territorial Organizations and Bodies	0.1		0.1	
其他	Other	0.1		0.1	
女	**Female**	**97.1**	**103.9**	**113.2**	**123.5**
农林牧渔业	Agriculture,Huntung,Forestry and Fishing	0.1	0.2	0.2	0.3
制造业	Manufacturing	25.9	24.7	23.5	19.1
电力、煤气及水的供应业	Electricity, Gas, and Water Supply	0.3	0.2	0.2	0.1
建筑业	Construction	1.6	2.0	2.5	3.2
批发零售及修理业	Wholesale and Retail Trade; Repair of Motor Vehicles, Motorcycles and Personal and Household Goods	15.7	16.7	16.8	18.6
旅馆及餐饮业	Hotels and Restaurants	10.7	12.2	13.4	15.4
运输、仓储及通信业	Transport,Storageand Communications	3.9	3.8	3.8	4.8
金融保险业	Financial Intermediation	3.7	3.6	3.8	4.0
房地产业	Real Estate, Renting and Business Activities	4.3	4.5	5.3	6.4
公共管理与防务、	Public Administration and Defence;	5.6	5.5	6.2	6.4
义务社会保障业	Compulsory Social Security	6.7	7.2	7.4	7.7
教育	Education				
卫生与社会工作	Health and Social Work	3.2	3.6	3.9	4.1
其他社区、社会和个人服务工作	Other Community, Social and Personal Service Activities	11.1	15.0	20.2	26.9
家庭服务业	Private Households with Employed Persons	4.1	4.6	5.9	6.6
享有治外法权的组织机构	Extra-territorial Organizations and Bodies			0.1	0.1
其他	Other	0.1	0.1		

7-26 分职业全部就业人数
Employed Persons by Occupation

单位:千人 (1000 persons)

职业	Occupation	2001	2002	2003	2004	2005	2006
总计	**Total**	**205.0**	**204.9**	**205.4**	**219.1**	**237.5**	**265.1**
立法者高级官员和和管理人员	Legislators,Senior Officials and Managers	10.7	12.2	12.2	13.5	15.8	17.0
专业人员	Professionals	6.2	6.9	7.8	7.8	7.5	9.4
技术和辅助专业人员	Technicians and Associate Professionals	17.4	18.9	19.3	20.4	21.4	23.5
职员	Clerks	37.3	36.2	39.0	44.7	51.1	60.8
服务人员和商店与市场销售人员	Service Workers and Shop and and Market Sales Workers	40.7	43.4	40.8	45.3	48.5	54.8
农渔业技术人员	Skilled Agricultural and Fishery Workers	1.3	1.3	1.9	1.9	1.2	1.4
手艺人和有关行业工人	Craft and Related Trade Workers	25.1	23.0	22.7	23.0	24.8	27.9
设备和机械操作工、装配工	Plant and Machine Operators and Assemblers	30.0	27.7	25.3	25.8	26.7	25.3
简单劳动职业人员	Elementary Occupations	36.3	35.3	36.4	36.8	40.4	44.9
男	**Male**	**108.0**	**106.4**	**108.3**	**115.2**	**124.3**	**141.6**
立法者高级官员和和管理人员	Legislators,Senior Officials and Managers	8.5	9.4	9.5	10.6	11.8	12.8
专业人员	Professionals	3.6	4.0	4.5	4.4	4.2	5.4
技术和辅助专业人员	Technicians and Associate Professionals	9.3	10.1	10.1	10.3	10.6	12.0
职员	Clerks	14.1	12.6	13.3	15.2	19.1	23.3
服务人员和商店与市场销售人员	Service Workers and Shop and and Market Sales Workers	22.6	24.4	22.5	25.0	25.8	28.2
农渔业技术人员	Skilled Agricultural and Fishery Workers	1.1	1.0	1.6	1.5	1.0	1.1
手艺人和有关行业工人	Craft and Related Trade Workers	20.5	18.5	18.8	19.8	21.4	25.9
设备和机械操作工、装配工	Plant and Machine Operators and Assemblers	11.2	10.3	10.6	11.5	12.6	14.1
简单劳动职业人员	Elementary Occupations	17.4	16.0	17.5	16.9	17.8	18.8
女	**Female**	**96.9**	**98.5**	**97.1**	**103.9**	**113.2**	**123.5**
立法者高级官员和和管理人员	Legislators,Senior Officials and Managers	2.2	2.8	2.7	2.9	4.2	4.2
专业人员	Professionals	2.6	2.9	3.2	3.4	3.3	4.0
技术和辅助专业人员	Technicians and Associate Professionals	8.2	8.8	9.2	10.2	10.8	11.5
职员	Clerks	23.3	23.5	25.8	29.6	32.0	37.5
服务人员和商店与市场销售人员	Service Workers and Shop and and Market Sales Workers	18.1	19.0	18.4	20.3	22.7	26.6
农渔业技术人员	Skilled Agricultural and Fishery Workers	0.2	0.3	0.3	0.4	0.2	0.4
手艺人和有关行业工人	Craft and Related Trade Workers	4.7	4.5	3.8	3.2	3.4	2.0
设备和机械操作工、装配工	Plant and Machine Operators and Assemblers	18.9	17.5	14.8	14.2	14.1	11.2
简单劳动职业人员	Elementary Occupations	18.9	19.3	18.9	19.9	22.6	26.2

7-27 按年龄分组的失业人数

Unemployed Persons by Age Group

单位:千人 (1000 persons)

年龄分组 Age Group	1998	1999	2000	2001	2002	2003	2004	2005	2006
总 计 Total	**9.5**	**13.2**	**14.2**	**14.0**	**13.7**	**13.1**	**11.2**	**10.3**	**10.4**
14-19	1.1	1.4	1.1	1.1	1.2	1.1	1.0	1.1	0.9
20-24	1.5	1.8	1.7	1.6	1.6	1.9	1.8	1.5	1.7
25-29	1.0	1.3	1.3	1.4	1.2	1.2	1.1	1.0	1.0
30-34	1.2	1.5	1.6	1.3	1.2	1.1	1.0	0.7	0.7
35-39	1.4	2.0	2.4	2.1	1.9	1.4	1.2	1.1	1.1
40-44	1.3	2.4	2.9	2.9	2.6	2.2	1.6	1.4	1.5
45-49	0.8	1.4	1.8	2.1	2.1	2.3	1.7	1.7	1.5
50-54	0.7	0.8	1.1	1.0	1.0	1.3	1.1	1.1	1.1
55-59	0.3	0.4	0.3	0.4	0.6	0.6	0.6	0.6	0.6
60-64	0.1	0.2	0.1	0.1	0.2	0.1	0.1	0.2	0.2
65+		0.1	0.1						
男 Male	**6.4**	**9.1**	**9.8**	**9.5**	**9.1**	**8.3**	**6.8**	**5.8**	**5.6**
14-19	0.7	0.9	0.7	0.7	0.8	0.7	0.7	0.6	0.6
20-24	0.9	1.1	1.0	1.0	0.9	1.2	1.0	0.9	0.9
25-29	0.6	0.7	0.8	0.9	0.8	0.8	0.7	0.5	0.6
30-34	0.8	1.0	0.9	0.8	0.7	0.6	0.6	0.5	0.4
35-39	1.0	1.3	1.6	1.2	1.1	0.6	0.6	0.4	0.4
40-44	0.9	1.8	2.2	1.9	1.9	1.4	1.1	0.6	0.6
45-49	0.6	1.1	1.3	1.7	1.5	1.5	1.0	0.9	0.8
50-54	0.5	0.7	0.9	0.9	0.7	0.9	0.7	0.7	0.7
55-59	0.2	0.3	0.2	0.3	0.4	0.5	0.4	0.4	0.4
60-64	0.1	0.1	0.1	0.1	0.2	0.1	0.1	0.1	0.1
65+		0.1	0.1						
女 Female	**3.1**	**4.2**	**4.4**	**4.5**	**4.6**	**4.8**	**4.4**	**4.5**	**4.8**
14-19	0.4	0.5	0.4	0.4	0.4	0.4	0.3	0.4	0.3
20-24	0.6	0.7	0.7	0.6	0.7	0.7	0.8	0.6	0.8
25-29	0.4	0.6	0.5	0.5	0.4	0.5	0.5	0.4	0.4
30-34	0.4	0.5	0.7	0.5	0.5	0.5	0.4	0.2	0.3
35-39	0.4	0.7	0.8	1.0	0.8	0.7	0.6	0.6	0.7
40-44	0.4	0.6	0.7	0.9	0.8	0.8	0.5	0.9	0.9
45-49	0.2	0.3	0.5	0.4	0.6	0.8	0.7	0.8	0.7
50-54	0.2	0.1	0.2	0.1	0.3	0.3	0.4	0.4	0.5
55-59	0.1	0.1	0.1	0.1	0.1	0.1	0.2	0.1	0.2
60-64		0.1						0.1	0.1

7-28 按失业前行业分的失业人数

Unemployed Persons by Sector (Prior to Unemployment)

单位: 千人 (1000 persons)

行业	Sector	2003	2004	2005	2006
总计	**Total**	**13.1**	**11.2**	**10.3**	**10.4**
农林牧渔业	Agriculture,Huntung,Forestry and Fishing			0.1	
制造业	Manufacturing	2.4	2.0	1.9	1.6
建筑业	Construction	2.2	1.3	1.2	1.4
批发零售及修理业	Wholesale and Retail Trade; Repair of Motor Vehicles, Motorcycles and Personal and Household Goods	2.0	1.9	1.5	1.5
旅馆及餐饮业	Hotels and Restaurants	2.4	2.1	1.4	1.7
运输、仓储及通信业	Transport,Storageand Communications	0.6	0.5	0.5	0.5
金融保险业	Financial Intermediation	0.1	0.1		0.1
房地产业	Real Estate, Renting and Business Activities	0.7	0.4	0.5	0.6
公共管理与防务、义务社会保障业	Public Administration and Defence; Compulsory Social Security	0.2		0.1	
教育	Education	0.2	0.2	0.2	0.2
卫生与社会工作	Health and Social Work	0.1	0.1	0.2	0.1
其他社区、社会和个人服务工作	Other Community, Social and Personal Service Activities	1.0	1.1	1.2	1.4
家庭服务业	Private Households with Employed Persons	0.2	0.1	0.2	0.1
初次失业	Uemployed Persons without Previous Work Experience	1.1	1.2	1.3	1.1
男	**Male**	**8.3**	**6.8**	**5.8**	**5.6**
制造业	Manufacturing	1.0	0.9	0.6	0.6
建筑业	Construction	2.1	1.3	1.1	1.2
批发零售及修理业	Wholesale and Retail Trade; Repair of Motor Vehicles, Motorcycles and Personal and Household Goods	1.0	0.9	0.8	0.6
旅馆及餐饮业	Hotels and Restaurants	1.7	1.4	0.8	0.9
运输、仓储及通信业	Transport,Storageand Communications	0.5	0.4	0.4	0.3
金融保险业	Financial Intermediation		0.1		0.1
房地产业	Real Estate, Renting and Business Activities	0.5	0.4	0.4	0.4
公共管理与防务、义务社会保障业	Public Administration and Defence; Compulsory Social Security	0.1			
教育	Education	0.1		0.1	0.1
家庭服务业	Private Households with Employed Persons	0.5	0.6	0.8	0.8
初次失业	Uemployed Persons without Previous Work Experience	0.7	0.8	0.7	0.6
女	**Female**	**4.8**	**4.4**	**4.5**	**4.8**
制造业	Manufacturing	1.4	1.1	1.3	1.1
建筑业	Construction	0.1		0.1	0.2
批发零售及修理业	Wholesale and Retail Trade; Repair of Motor Vehicles, Motorcycles and Personal and Household Goods	0.9	1.0	0.7	0.9
旅馆及餐饮业	Hotels and Restaurants	0.7	0.7	0.7	0.8
运输、仓储及通信业	Transport,Storageand Communications	0.1	0.1	0.1	0.1
金融保险业	Financial Intermediation	0.1			
房地产业	Real Estate, Renting and Business Activities	0.2	0.1	0.1	0.1
教育	Education	0.1	0.1	0.1	0.2
卫生与社会工作	Health and Social Work	0.1	0.1	0.2	0.1
其他社区、社会和个人服务工作	Other Community, Social and Personal Service Activities	0.5	0.5	0.5	0.6
家庭服务业	Private Households with Employed Persons	0.2	0.1	0.1	0.1
初次失业	Uemployed Persons without Previous Work Experience	0.4	0.5	0.6	0.5

7-29 按失业前职业分的失业人数

Unemployed Persons by Occupation (Prior to Unemployment)

单位:千人 (1000 persons)

职业	Occupation	2000	2001	2002	2003	2004	2005	2006
总计	**Total**	**14.2**	**14.0**	**13.7**	**13.1**	**11.2**	**10.3**	**10.4**
立法者高级官员和和管理人员	Legislators,Senior Officials and Managers	0.3	0.3	0.4	0.4	0.3	0.4	0.2
专业人员	Professionals	0.1	0.1			0.1	0.1	0.2
技术和辅助专业人员	Technicians and Associate Professionals	0.5	0.4	0.5	0.3	0.5	0.2	0.4
职员	Clerks	1.5	1.8	1.5	1.7	1.4	1.3	1.5
服务人员和商店与市场销售人员	Service Workers and Shop and and Market Sales Workers	2.7	3.0	3.0	3.0	3.2	2.4	2.9
农渔业技术人员	Skilled Agricultural and Fishery Workers				0.1		0.1	0.1
手艺人和有关行业工人	Craft and Related Trade Workers	4.1	3.3	3.0	2.2	1.3	1.2	1.3
设备和机械操作工、装配工	Plant and Machine Operators and Assemblers	1.1	1.4	1.6	1.2	1.1	1.2	0.9
简单劳动职业人员	Elementary Occupations	2.8	2.8	2.5	3.0	2.1	2.1	1.8
初次失业	Unemployed for the First Time	1.0	1.0	1.1	1.1	1.2	1.3	1.1
男	**Male**	**9.8**	**9.5**	**9.1**	**8.3**	**6.8**	**5.8**	**5.6**
立法者高级官员和和管理人员	Legislators,Senior Officials and Managers	0.2	0.2	0.4	0.3	0.2	0.3	0.1
专业人员	Professionals	0.1	0.1					0.1
技术和辅助专业人员	Technicians and Associate Professionals	0.3	0.3	0.3	0.2	0.3	0.2	0.2
职员	Clerks	0.5	0.7	0.6	0.7	0.5	0.5	0.6
服务人员和商店与市场销售人员	Service Workers and Shop and and Market Sales Workers	1.6	1.7	1.5	1.7	1.9	1.3	1.5
农渔业技术人员	Skilled Agricultural and Fishery Workers						0.1	
手艺人和有关行业工人	Craft and Related Trade Workers	3.9	3.1	2.8	2.0	1.0	0.9	1.0
设备和机械操作工、装配工	Plant and Machine Operators and Assemblers	0.7	0.8	0.9	0.5	0.6	0.5	0.4
简单劳动职业人员	Elementary Occupations	1.8	1.9	1.7	2.1	1.5	1.2	0.9
初次失业	Unemployed for the First Time	0.6	0.6	0.8	0.7	0.8	0.7	0.6
女	**Female**	**4.4**	**4.5**	**4.6**	**4.8**	**4.4**	**4.5**	**4.8**
立法者高级官员和和管理人员	Legislators,Senior Officials and Managers				0.1		0.1	0.1
专业人员	Professionals					0.1		0.1
技术和辅助专业人员	Technicians and Associate Professionals	0.2	0.1	0.1	0.1	0.2	0.1	0.1
职员	Clerks	1.0	1.1	0.9	1.0	0.8	0.8	0.9
服务人员和商店与市场销售人员	Service Workers and Shop and and Market Sales Workers	1.2	1.3	1.4	1.3	1.3	1.1	1.4
手艺人和有关行业工人	Craft and Related Trade Workers	0.2	0.2	0.2	0.2	0.3	0.2	0.2
设备和机械操作工、装配工	Plant and Machine Operators and Assemblers	0.4	0.6	0.7	0.7	0.6	0.7	0.5
简单劳动职业人员	Elementary Occupations	1.0	0.8	0.8	0.9	0.6	0.9	0.9
初次失业	Unemployed for the First Time	0.4	0.3	0.4	0.4	0.5	0.6	0.5

7-30 非农行业平均工资
Average Wages by Non-agricultural Sectors

单位:澳元/月 (Patacas/month)

行　业	Sector	2003	2004	2005	2006
总　计	**Total**	**4801**	**5167**	**5773**	**6701**
采 矿 业	Mining and Quarrying	13591	11751	6251	7642
制 造 业	Manufacturing	2834	2983	3101	3140
电力、煤气及水的供应业	Electricity, Gas, and Water Supply	11010	11546	12969	13417
建 筑 业	Construction	4593	4967	5922	7521
批发零售及修理业	Wholesale and Retail Trade; Repair of Motor Vehicles, Motorcycles and Personal and Household Goods	4355	4550	4888	5576
旅馆及餐饮业	Hotels and Restaurants	4074	4272	4468	4885
运输、仓储及通信业	Transport,Storageand Communications	5802	5958	6455	6924
金融保险业	Financial Intermediation	8588	8159	8691	8825
房地产业	Real Estate, Renting and Business Activities	3700	3712	4198	4675
公共管理与防务、义务社会保障业	Public Administration and Defence; Compulsory Social Security	14019	13895	14521	14793
教 育	Education	9084	8975	9503	9636
卫生与社会工作	Health and Social Work	7904	9669	9705	8029
其他社区、社会和个人服务工作	Other Community, Social and Personal Service Activities	6466	7080	7837	9537
家庭服务业	Private Households with Employed Persons	2752	2674	2609	2543
男	**Male**	**5736**	**5979**	**6820**	**7713**
采 矿 业	Mining and Quarrying	13591	11751	6251	7642
制 造 业	Manufacturing	4363	4829	4765	5462
电力、煤气及水的供应业	Electricity, Gas, and Water Supply	10563	11492	14278	14116
建 筑 业	Construction	4569	4970	5994	7646
批发零售及修理业	Wholesale and Retail Trade; Repair of Motor Vehicles, Motorcycles and Personal and Household Goods	4809	4904	5724	5964
旅馆及餐饮业	Hotels and Restaurants	4879	5079	5630	6311
运输、仓储及通信业	Transport,Storageand Communications	5847	5903	6559	7097
金融保险业	Financial Intermediation	9726	8800	9670	9548
房地产业	Real Estate, Renting and Business Activities	3776	3736	4285	4610
公共管理与防务、义务社会保障业	Public Administration and Defence; Compulsory Social Security	13709	13666	13921	14599
教 育	Education	9673	9758	9956	9977
卫生与社会工作	Health and Social Work	8972	11836	11295	9329
其他社区、社会和个人服务工作	Other Community, Social and Personal Service Activities	6668	7241	7924	9654
家庭服务业	Private Households with Employed Persons	3501	3615	4801	5568
女	**Female**	**3887**	**4210**	**4559**	**5194**
制 造 业	Manufacturing	2542	2652	2795	2698
电力、煤气及水的供应业	Electricity, Gas, and Water Supply	11501	11848	8267	12167
建 筑 业	Construction	4904	4945	5414	5750
批发零售及修理业	Wholesale and Retail Trade; Repair of Motor Vehicles, Motorcycles and Personal and Household Goods	3808	3926	4324	4821
旅馆及餐饮业	Hotels and Restaurants	3573	3732	3915	4313
运输、仓储及通信业	Transport,Storageand Communications	5687	6391	5905	6578
金融保险业	Financial Intermediation	7633	7768	8006	8624
房地产业	Real Estate, Renting and Business Activities	3513	3656	4024	4743
公共管理与防务、义务社会保障业	Public Administration and Defence; Compulsory Social Security	15280	14791	15898	15902
教 育	Education	8875	8597	8771	8995
卫生与社会工作	Health and Social Work	7064	8485	8910	7853
其他社区、社会和个人服务工作	Other Community, Social and Personal Service Activities	5944	6880	7739	8708
家庭服务业	Private Households with Employed Persons	2735	2646	2582	2500

7-31 非农行业周工作小时
Weekly Working Hours in Non-agricultural Sectors

单位:小时/周 (hours/per week)

行业	Sector	2003	2004	2005	2006
总计	**Total**	**47.3**	**48.0**	**47.5**	**47.1**
采矿业	Mining and Quarrying	47.0	56.5	52.0	54.4
制造业	Manufacturing	47.2	47.4	47.5	47.2
电力、煤气及水的供应业	Electricity, Gas, and Water Supply	41.7	41.9	42.4	42.7
建筑业	Construction	45.2	46.2	46.6	47.1
批发零售及修理业	Wholesale and Retail Trade; Repair of Motor Vehicles, Motorcycles and Personal and Household Goods	52.1	54.2	49.4	48.9
旅馆及餐饮业	Hotels and Restaurants	53.0	54.1	51.5	49.8
运输、仓储及通信业	Transport,Storageand Communications	47.1	47.6	47.3	47.0
金融保险业	Financial Intermediation	43.0	44.2	43.3	43.2
房地产业	Real Estate, Renting and Business Activities	52.0	52.7	48.8	48.4
公共管理与防务、义务社会保障业	Public Administration and Defence; Compulsory Social Security	39.0	39.6	39.2	39.1
教育	Education	40.6	41.3	42.2	41.7
卫生与社会工作	Health and Social Work	43.4	44.5	43.3	44.3
其他社区、社会和个人服务工作	Other Community, Social and Personal Service Activities	52.3	53.4	49.1	47.4
家庭服务业	Private Households with Employed Persons	56.1	58.5	48.9	51.5
男	**Male**	**47.5**	**48.3**	**47.7**	**47.3**
采矿业	Mining and Quarrying	47.0	56.5	52.0	54.4
制造业	Manufacturing	47.4	47.8	48.0	47.7
电力、煤气及水的供应业	Electricity, Gas, and Water Supply	42.2	42.1	42.5	42.8
建筑业	Construction	45.2	46.3	46.6	47.2
批发零售及修理业	Wholesale and Retail Trade; Repair of Motor Vehicles, Motorcycles and Personal and Household Goods	53.5	55.1	50.2	49.2
旅馆及餐饮业	Hotels and Restaurants	53.0	54.5	51.8	49.6
运输、仓储及通信业	Transport,Storageand Communications	47.7	48.3	48.1	47.8
金融保险业	Financial Intermediation	43.0	44.2	43.6	43.2
房地产业	Real Estate, Renting and Business Activities	60 2	60.6	54.1	52.8
公共管理与防务、义务社会保障业	Public Administration and Defence; Compulsory Social Security	39.7	40.4	40.2	40.0
教育	Education	40.6	41.0	41.8	41.6
卫生与社会工作	Health and Social Work	44.5	45.3	42.8	42.8
其他社区、社会和个人服务工作	Other Community, Social and Personal Service Activities	52.8	54.5	49.2	47.5
家庭服务业	Private Households with Employed Persons	56.5	64.6	56.0	55.1
女	**Female**	**47.1**	**47.7**	**47.3**	**46.9**
制造业	Manufacturing	47.1	47.3	47.2	46.9
电力、煤气及水的供应业	Electricity, Gas, and Water Supply	40.3	40.8	42.2	35.5
建筑业	Construction	45.2	45.3	46.4	46.3
批发零售及修理业	Wholesale and Retail Trade; Repair of Motor Vehicles, Motorcycles and Personal and Household Goods	50.8	52.9	48.9	48.7
旅馆及餐饮业	Hotels and Restaurants	53.0	53.7	51.3	50.0
运输、仓储及通信业	Transport,Storageand Communications	45.6	45.9	45.6	45.1
金融保险业	Financial Intermediation	43.0	44.3	43.1	43.2
房地产业	Real Estate, Renting and Business Activities	46.8	47.0	46.9	46.8
公共管理与防务、义务社会保障业	Public Administration and Defence; Compulsory Social Security	37.8	38.2	38.0	38.0
教育	Education	40.6	41.4	42.4	41.7
卫生与社会工作	Health and Social Work	43.0	44.1	43.5	44.8
其他社区、社会和个人服务工作	Other Community, Social and Personal Service Activities	51.8	52.0	49.0	47.3
家庭服务业	Private Households with Employed Persons	56.0	56.9	48.8	51.3

7-32 分行业职业伤害情况
Occupational Injuries by Sector

项　　目	Item	2003	2004	2005	2006
一、伤亡人数(人)	**Total（fatal and non fatal, person)**	**4102**	**4605**	**4956**	**2779**
农林牧渔业	Agriculture,Huntung,Forestry and Fishing	7	2	4	
制 造 业	Manufacturing	793	753	650	333
电力、煤气及水的供应业	Electricity, Gas, and Water Supply	15	26	8	1
建 筑 业	Construction	518	741	861	672
批发零售及修理业	Wholesale and Retail Trade; Repair of Motor Vehicles, Motorcycles and Personal and Household Goods	488	539	594	321
旅馆及餐饮业	Hotels and Restaurants	872	900	1005	787
运输、仓储及通信业	Transport,Storageand Communications	253	307	343	141
金融保险业	Financial Intermediation	34	34	34	12
房地产业	Real Estate, Renting and Business Activities	189	234	273	131
公共管理与防务、义务社会保障业	Public Administration and Defence; Compulsory Social Security	84	88	105	34
教 育	Education	135	168	159	39
卫生与社会工作	Health and Social Work	28	43	62	42
其他社区、社会和个人服务工作	Other Community, Social and Personal Service Activities	658	749	811	241
家庭服务业	Private Households with Employed Persons	28	21	47	25
1、受伤人数	**Non fatal**	**4093**	**4603**	**4941**	**2773**
农林牧渔业	Agriculture,Huntung,Forestry and Fishing	7	2	4	
制 造 业	Manufacturing	792	753	649	333
电力、煤气及水的供应业	Electricity, Gas, and Water Supply	15	26	8	1
建 筑 业	Construction	512	739	849	667
批发零售及修理业	Wholesale and Retail Trade; Repair of Motor Vehicles, Motorcycles and Personal and Household Goods	488	539	594	321
旅馆及餐饮业	Hotels and Restaurants	872	900	1005	787
运输、仓储及通信业	Transport,Storageand Communications	251	307	343	141
金融保险业	Financial Intermediation	34	34	34	12
房地产业	Real Estate, Renting and Business Activities	189	234	273	131
公共管理与防务、义务社会保障业	Public Administration and Defence; Compulsory Social Security	84	88	105	34
教 育	Education	135	168	159	39
卫生与社会工作	Health and Social Work	28	43	62	42
其他社区、社会和个人服务工作	Other Community, Social and Personal Service Activities	658	749	809	240
家庭服务业	Private Households with Employed Persons	28	21	47	25

7-32 续表 continued

项 目	Item	2003	2004	2005	2006
2、死亡人数	**Fatal**	**9**	**2**	**15**	**6**
制 造 业	Manufacturing	1		1	
电力、煤气及水的供应业	Electricity, Gas, and Water Supply				
建 筑 业	Construction	6	2	12	5
旅馆及餐饮业	Hotels and Restaurants				
运输、仓储及通信业	Transport,Storageand Communications	2			
房地产业	Real Estate, Renting and Business Activities				
其他社区、社会和个人服务工作	Other Community, Social and Personal Service Activities			2	1
二、损失工日数(日)	**Days lost**	**24686**	**26477**	**27384**	**35886**
农林牧渔业	Agriculture,Huntung,Forestry and Fishing	64		4	
制 造 业	Manufacturing	4055	3941	2711	3980
电力、煤气及水的供应业	Electricity, Gas, and Water Supply	12	20	5	16
建 筑 业	Construction	6886	6703	9553	12602
批发零售及修理业	Wholesale and Retail Trade; Repair of Motor Vehicles, Motorcycles and Personal and Household Goods	2604	3067	2926	3297
旅馆及餐饮业	Hotels and Restaurants	4349	5015	5126	7564
运输、仓储及通信业	Transport,Storageand Communications	1219	1510	1546	2401
金融保险业	Financial Intermediation	66	43	179	45
房地产业	Real Estate, Renting and Business Activities	1553	1078	1416	1753
公共管理与防务、义务社会保障业	Public Administration and Defence; Compulsory Social Security	85	113	270	263
教 育	Education	346	631	513	472
卫生与社会工作	Health and Social Work	252	164	569	743
其他社区、社会和个人服务工作	Other Community, Social and Personal Service Activities	3063	4182	2486	2637
家庭服务业	Private Households with Employed Persons	132	10	80	113

7-33 消费价格指数
Consumer Price Indices

(2000年=100) (year of 2000=100)

项 目	Item	1997	1998	1999	2000	2001	2002	2003	2004	2005	2006
总指数	General Indices	157.6	157.9	101.6	100.0	98.0	95.4	93.9	94.9	99.0	104.1
总指数(不含住房)	General Indices(excl. shelter)	104.3	104.5	101.2	100.0	98.1	95.6	94.2	95.5	99.2	102.7
食品指数	Food Indices	105.5	106.2	101.5	100.0	98.6	96.5	95.2	97.4	101.3	105.0
用电及燃料指数	Fuel and Light Indices	98.0	97.4	95.3	100.0	100.6	95.0	98.5	99.9	110.9	119.9
服装指数	Clothing Indices	107.0	108.1	105.8	100.0	95.3	85.5	74.9	77.4	76.7	73.1
租金指数	Rent Indices		106.6	103.1	100.0	97.4	94.8	92.7	92.1	98.1	112.0

四、台湾省人口和就业统计数据

IV. Population and Employment Data of Taiwan Province

7-34 台湾省面积及人口主要指标
Main Indicators of Area and Population

项　　目	Item	2002	2003	2004	2005	2006
土地面积（万平方公里）	Area (10 000 sq.km)	3.6	3.6	3.6	3.6	3.6
户籍登记人口数（万人）	Year-end Population (10 000 persons)	2252.1	2260.5	2268.9	2277.0	2287.7
男	Male	1148.5	1151.5	1154.2	1156.2	1159.2
女	Female	1103.5	1108.9	1114.8	1120.8	1128.5
粗出生率　（‰）	Crude Birth Rate (‰)	11.02	10.06	9.56	9.06	8.96
粗死亡率　（‰）	Crude Death Rate (‰)	5.7	5.8	6.0	6.1	6.0
婴儿死亡率　（‰）	Infant Mortality Rate (‰)	6.77	6.41	6.20	5.99	5.78
一般生育率　（‰）	Fertility Rate (‰)	39	36	34	33	33
人口自然增加率　（‰）	Natural Population Growth Rate (‰)	5.29	4.27	3.59	2.92	3.01
结婚率　（对/千人）	Marriage Rate (couple/1000 persons)	7.69	7.60	5.80	6.21	6.25
离婚率　（对/千人）	Divorce Rate (couple/1000 persons)	2.73	2.87	2.77	2.75	2.83
期望寿命　（岁）	Life Expectancy at Birth (years)					
男	Male	72.45	73.34	73.58	73.82	74.05
女	Female	78.39	79.33	79.63	79.92	80.21
人口的年龄分配　（%）	Age-specific Distribution (%)					
0-14岁	0-14	20.42	19.83	19.34	18.70	18.12
15-64岁	15-64	70.56	70.94	71.19	71.56	71.88
65岁及以上	65 and Over	9.02	9.24	9.48	9.74	10.00
性别比　（女=100）	Sex Ratio (female=100)	104.08	103.84	103.53	103.16	102.72
人口密度(人/平方公里)	Population Density (persons/sq.km)	622.3	624.6	627.0	629.2	632.2

资源来源：台湾省《主计月报》。
Source: Monthly Statistics Bulletin, Taiwan Province.

7-35 分行业全部就业人数

Employed Persons by Sector

单位:千人 (1000 persons)

行业	Sector	2002	2003	2004	2005
总计	**Total**	**9454**	**9573**	**9786**	**9942**
农林牧渔业	Agriculture,Huntung,Forestry and Fishing	709	696	642	591
采矿业	Mining anf Quarrying	9	8	7	7
制造业	Manufacturing	2563	2590	2671	2726
电力、煤气及水的供应业	Electricity, Gas, and Water Supply	35	35	35	34
建筑业	Construction	725	702	732	791
批发零售及修理业	Wholesale and Retail Trade; Repair of Motor Vehicles, Motorcycles and Personal and Household Goods	1693	1698	1727	1727
旅馆及餐饮业	Hotels and Restaurants	575	585	602	629
运输、仓储及通信业	Transport,Storageand Communications	477	484	489	480
金融保险业	Financial Intermediation	378	376	386	404
房地产业	Real Estate, Renting and Business Activities	60	66	74	80
公共管理与防务、义务社会保障业	Public Administration and Defence; Compulsory Social Security	329	369	373	351
教育	Education	487	512	533	551
卫生与社会工作	Health and Social Work	279	289	305	322
其他社区、社会和个人服务工作	Other Community, Social and Personal Service Activities	850	879	908	923
家庭服务业	Private Households with Employed Persons				
享有治外法权的组织机构	Extra-territorial Organizations and Bodies				
其他	Other	285	284	302	326

7-36 失业人数和失业率

Unemployed Persons and Unemployment Rate

单位:千人，% (1000,%)

项目	Item	1998	1999	2000	2001	2002	2003	2004	2005
总计	**Total**	**257**	**283**	**293**	**450**	**515**	**503**	**454**	**428**
男	Men	169	188	197	302	348	326	288	259
女	Women	88	95	96	148	167	177	166	169
失业率	**Rates, total**	**2.69**	**2.92**	**2.99**	**4.57**	**5.17**	**4.99**	**4.44**	**4.13**
男	Men	2.93	3.23	3.36	5.16	5.91	5.51		
女	Women	2.33	2.46	2.44	3.71	4.1	4.25		

7-37 非农行业工人月工资率

Monthly Wages of Workers in Non-agricultural Sectors

单位: 新台币元/月 (New dollar/per month)

行 业	Sector	2004	2005	2006
采 矿 业	Mining and Quarrying	45297	45983	49574
制 造 业	Manufacturing	40611	41751	42293
电力、煤气及水的供应业	Electricity, Gas, and Water Supply	90711	89264	95664
建 筑 业	Construction	37921	38455	39175
批发零售及修理业	Wholesale and Retail Trade; Repair of Motor Vehicles,	40129	40033	40028
	Motorcycles and Personal and Household Goods			
旅馆及餐饮业	Hotels and Restaurants	25141	25578	25482
运输、仓储及通信业	Transport,Storageand Communications	51704	53793	53313
金融保险业	Financial Intermediation	66743	65097	69132
房地产业	Real Estate, Renting and Business Activities	40006	39129	38213
卫生与社会工作	Health and Social Work	55638	55918	55735
男	**Male**			
采 矿 业	Mining and Quarrying	48942	50122	54571
制 造 业	Manufacturing	46891	48022	48567
电力、煤气及水的供应业	Electricity, Gas, and Water Supply	93735	91898	98326
建 筑 业	Construction	39834	40340	41030
批发零售及修理业	Wholesale and Retail Trade; Repair of Motor Vehicles,	44401	43744	43412
	Motorcycles and Personal and Household Goods			
旅馆及餐饮业	Hotels and Restaurants	27762	28420	28011
运输、仓储及通信业	Transport,Storageand Communications	54553	57184	56717
金融保险业	Financial Intermediation	73704	72091	75306
房地产业	Real Estate, Renting and Business Activities	43856	42205	40784
卫生与社会工作	Health and Social Work	94619	92979	93066
女	**Female**			
采 矿 业	Mining and Quarrying	29692	29678	32063
制 造 业	Manufacturing	31711	32784	33386
电力、煤气及水的供应业	Electricity, Gas, and Water Supply	73631	74507	80821
建 筑 业	Construction	28975	29893	30643
批发零售及修理业	Wholesale and Retail Trade; Repair of Motor Vehicles,	36120	36497	36813
	Motorcycles and Personal and Household Goods	23297	23610	23723
旅馆及餐饮业	Hotels and Restaurants			
运输、仓储及通信业	Transport,Storageand Communications	45353	46499	46017
金融保险业	Financial Intermediation	62294	72097	65342
房地产业	Real Estate, Renting and Business Activities	34503	34786	34659
卫生与社会工作	Health and Social Work	44829	45843	45854

7-38 非农行业月工作小时
Monthly Working Hours in Non-agricultural Sectors

单位:小时/月　　　　(hours/per month)

行业	Sector	2004	2005	2006
采矿业	Mining and Quarrying	185.3	182.2	184.1
制造业	Manufacturing	190.7	188.8	187.3
电力、煤气及水的供应业	Electricity, Gas, and Water Supply	171.7	170.3	170.5
建筑业	Construction	177.2	177.7	178.0
批发零售及修理业	Wholesale and Retail Trade; Repair of Motor Vehicles, Motorcycles and Personal and Household Goods	180.1	177.6	175.3
旅馆及餐饮业	Hotels and Restaurants	169.7	174.6	174.4
运输、仓储及通信业	Transport,Storageand Communications	180.2	178.6	177.9
金融保险业	Financial Intermediation	169.1	168.0	168.6
房地产业	Real Estate, Renting and Business Activities	183.8	184.1	181.9
卫生与社会工作	Health and Social Work	176.2	175.9	175.3
男	**Male**			
采矿业	Mining and Quarrying	186.1	183.1	184.7
制造业	Manufacturing	193.0	190.6	189.3
电力、煤气及水的供应业	Electricity, Gas, and Water Supply	172.0	170.7	170.9
建筑业	Construction	178.1	178.2	179.0
批发零售及修理业	Wholesale and Retail Trade; Repair of Motor Vehicles, Motorcycles and Personal and Household Goods	180.4	177.6	175.1
旅馆及餐饮业	Hotels and Restaurants	169.5	173.6	174.4
运输、仓储及通信业	Transport,Storageand Communications	183.8	182.0	181.3
金融保险业	Financial Intermediation	171.4	169.8	169.8
房地产业	Real Estate, Renting and Business Activities	185.8	187.4	186.0
卫生与社会工作	Health and Social Work	176.0	176.5	175.7
女	**Female**			
采矿业	Mining and Quarrying	182.4	179.1	182.2
制造业	Manufacturing	187.4	186.2	184.6
电力、煤气及水的供应业	Electricity, Gas, and Water Supply	169.5	167.8	168.0
建筑业	Construction	173.2	174.6	173.6
批发零售及修理业	Wholesale and Retail Trade; Repair of Motor Vehicles, Motorcycles and Personal and Household Goods	179.8	177.7	175.4
旅馆及餐饮业	Hotels and Restaurants	169.8	175.4	174.3
运输、仓储及通信业	Transport,Storageand Communications	172.2	171.1	170.2
金融保险业	Financial Intermediation	167.7	166.9	167.8
房地产业	Real Estate, Renting and Business Activities	181.1	179.5	176.4
卫生与社会工作	Health and Social Work	176.2	175.9	175.1

7-39 分行业职业伤害情况

Occupational Injuries by Sector

项　目	Item	2002	2003	2004	2005
一、伤亡人数(人)	**Total (fatal and non fatal,person)**	**36326**	**36488**	**38155**	**37348**
农林牧渔业	Agriculture,Hunting, Forestry and Fishing	508	501	500	400
采掘业	Mining and Quarrying	51	37	34	39
制造业	Manufacturing	17866	17779	18324	17580
电力、天然气及水	Electricity,Gas and Water	37	20	32	25
建筑业	Construction	8826	8857	9148	8900
批发零售和餐饮、旅馆业	Wholesale and Retail Trade and Restaurants and Hotels	4625	4868	5284	5519
交通运输和仓储业	Transport,Storage and Communication	1760	1713	1812	1806
金融保险、房地产和商业服务	Financing,Insurance,Real Estate and Business Services	496	546	603	621
团体、社会和个人服务	Community,Social and Personal Services	2157	2167	2418	2458
1.受伤人数	**Non fatal**	**35819**	**36087**	**37789**	**36966**
农林牧渔业	Agriculture,Hunting, Forestry and Fishing	432	437	443	361
采掘业	Mining and Quarrying	48	34	32	38
制造业	Manufacturing	17707	17669	18240	17474
电力、天然气及水	Electricity,Gas and Water	34	16	27	21
建筑业	Construction	8698	8739	9059	8782
批发零售和餐饮、旅馆业	Wholesale and Retail Trade and Restaurants and Hotels	4576	4836	5245	5482
交通运输和仓储业	Transport,Storage and Communication	1715	1677	1778	1765
金融保险、房地产和商业服务	Financing,Insurance,Real Estate and Business Services	477	535	588	606
团体、社会和个人服务	Community,Social and Personal Services	2132	2144	2377	2437
2.死亡人数	**Fatal**	**507**	**401**	**366**	**382**
农林牧渔业	Agriculture,Hunting, Forestry and Fishing	76	64	57	39
采掘业	Mining and Quarrying	3	3	2	1
制造业	Manufacturing	159	110	84	106
电力、天然气及水	Electricity,Gas and Water	3	4	5	4
建筑业	Construction	128	118	89	118
批发零售和餐饮、旅馆业	Wholesale and Retail Trade and Restaurants and Hotels	49	32	39	37
交通运输和仓储业	Transport,Storage and Communication	45	36	34	41
金融保险、房地产和商业服务	Financing,Insurance,Real Estate and Business Services	19	11	15	15
团体、社会和个人服务	Community,Social and Personal Services	25	23	41	21

7-39 续表 continued

项 目	Item	2002	2003	2004	2005
二、每10万人死亡率	**Rates of Fatal Injuries per 100,000 employees**	**6.5**	**5.0**	**4.4**	**4.5**
农林牧渔业	Agriculture,Hunting, Forestry and Fishing	21.7	17.8	15.7	10.7
采掘业	Mining and Quarrying	48.9	52.4	35.6	19.0
制造业	Manufacturing	5.9	4.1	3.0	3.8
电力、天然气及水	Electricity,Gas and Water	10.4	13.9	17.7	14.2
建筑业	Construction	18.8	17.5	13.1	17.2
批发零售和餐饮、旅馆业	Wholesale and Retail Trade and Restaurants and Hotels	3.2	2.0	2.3	2.1
交通运输和仓储业	Transport,Storage and Communication	8.9	7.2	6.7	7.9
金融保险、房地产和商业服务	Financing,Insurance,Real Estate and Business Services	**6.4**	**4.8**	**4.3**	**4.9**
团体、社会和个人服务	Community,Social and Personal Services	1.7	1.5	2.6	1.3
三、每10万人受伤率	**Rates of Non Fatal Injuries per 100,000 employees**	**455.8**	**445.3**	**453.0**	**432.8**
农林牧渔业	Agriculture,Hunting, Forestry and Fishing	121.5	120.7	122.3	99.4
采掘业	Mining and Quarrying	819.6	611.9	580.6	739.1
制造业	Manufacturing	655.7	643.6	648.9	625.1
电力、天然气及水	Electricity,Gas and Water	118.7	55.8	96.3	14.2
建筑业	Construction	1281.3	1295.5	1327.4	1262.2
批发零售和餐饮、旅馆业	Wholesale and Retail Trade and Restaurants and Hotels	306.2	309.5	317.0	314.7
交通运输和仓储业	Transport,Storage and Communication	339.6	337.9	354.3	343.3
金融保险、房地产和商业服务	Financing,Insurance,Real Estate and Business Services	68.1	72.5	75.6	73.7
团体、社会和个人服务	Community,Social and Personal Services	153.3	143.7	156.3	154.6

7-40 消费价格指数
Consumer Prices Indices

2000年=100 (year of 2000=100)

项 目	Item	1997	1998	1999	2000	2001	2002	2003	2004	2005	2006
总指数	General Indices	97.0	98.6	98.8	100.0	100.0	99.8	99.5	101.1	103.5	104.1
食品指数	Food Indices	96.1	100.3	99.8	100.0	99.0	98.8	98.7	103.1	110.7	110.0
用电及燃料指数	Fuel and Light Indices	98.4	98.2	96.5	100.0	100.3	99.3	100.2	101.5	103.3	107.3
服装指数	Clothing Indices	106.5	101.1	99.7	100.0	98.3	98.9	100.3	103.4	103.3	100.8
租金指数	Rent Indices	97.9	99.3	99.9	100.0	99.9	99.0	98.0	97.3	97.3	97.5

第八部分

Chapter Eight

2007年人口变动和劳动力调查制度说明及主要统计指标解释

Explanatory Notes on Main Statistical Indicators

一、总 说 明

(一) 调查目的

为了准确、及时地掌握全国和各省（自治区、直辖市）人口变动以及人口计划执行情况，准确地反映城乡劳动力资源、就业和失业人口的总量和结构情况，为国家和省级人民政府制定国民经济和社会发展计划，掌握人口增长情况提供可靠的人口数据，及时为政府准确判断就业形势，制定和调整就业政策，改进宏观调控提供依据，根据国办发[1992]57 号文件和国办发[2004]72 号文件的要求，特进行 2007 年人口变动情况调查，并同时进行 2007 年第 4 季度劳动力调查。

(二) 调查对象和登记原则

本次调查对象为抽中调查小区内具有中华人民共和国国籍的人。调查以户为单位进行，既调查家庭户，也调查集体户。应在抽中调查小区内各户登记的人包括：①2007 年 10 月 31 日晚居住在本户的人；②户口在本户，2007 年 10 月 31 日晚未居住在本户的人。

应在本户登记的人分成以下几种类型：

1. 本户常住人口

(1)住本户,户口在本乡、镇、街道的人（含户口在本户，外出不满半年的人）;

(2)住本户半年以上，户口在外乡、镇、街道的人；

(3)住本户不满半年，户口在外乡、镇、街道，离开户口登记地半年以上的人；

(4)住本户，户口待定的人。

2. 本户户籍外出人口

户口在本户，离开本乡、镇、街道半年以上的人。

3. 本户暂住人口

暂住本户，户口在外乡、镇、街道，离开户口登记地不满半年的人。

不同类型的人，分别在《人口变动和劳动力调查表》中不同的部分进行登记。

抽中调查小区内的 2006 年 11 月 1 日至 2007 年 10 月 31 日死亡的人口要登记《死亡人口调查表》。

(三) 调查项目

《人口变动和劳动力调查表》

1. 按户填报的项目有：

户编号、户别、应在本户登记的人数、本户常住人口数、本户户籍人口中外出半年以上人数、暂住本户，户口在外乡、镇、街道，离开户口登记地不满半年的人数、本户 2006 年 11 月 1 日至 2007 年 10 月 31 日出生人口、本户 2006 年 11 月 1 日至 2007 年 10 月 31 日死亡人口共 8 个项目。

2. 按人填报的项目有：

本户常住人口情况：姓名、与户主关系、性别、出生年月、民族、户口登记地状况、离开户口登记地原因、户口性质、2006 年 11 月 1 日常住地、是否识字、受教育程度、学业完成情况、婚姻状况、2006 年 11 月 1 日至 2007 年 10 月 31 日生育情况、是否工作、工作单位类型、就业身份、签订劳动合同情况、未工作原因、是否寻找工作、当前能否工作、未找工作或不能工作的原因、行业、职业、参加社会保险情况、目前的主要生活来源共 26 个项目；

本户户籍外出人口情况：姓名、性别、出生年月、户口性质、受教育程度、外出地状况、外出原因、外出时间；

本户暂住人口情况：姓名、性别、出生年月、户口登记地；

《死亡人口调查表》

填报的项目有户编号、姓名、性别、出生年月、死亡月份。

（四）调查标准时间

本次调查的标准时间为 2007 年 11 月 1 日 0 时。

（五）抽样方法

以全国为总体，各省（自治区、直辖市）为子总体，按照多阶段、分层、整群、概率比例的方法进行抽样设计，在 2006 年建立的样本轮换框中，按照人口变动和劳动力谓查样本按比例轮换的要求选取本次调查的样本，调查小区为最终样本单位。全国约调查 12000 个调查小区，约 120 万人，其中城镇 50 万人左右、乡村 70 万人左右，每省为 3-4 万人；第 4 季度劳动力调查样本点与人口变动调查的样本点相同。

此次调查的调查小区样本由国家统一抽取下发。

（六）调查的组织实施

1. *组织方式*。2007 年第 4 季度劳动力调查与 2007 年人口变动调查结合进行，采用《人口变动和劳动力调查表》同时收集人口变动和劳动力调查的信息。

2. *组织领导*。本次调查在当地政府的领导下，以统计部门为主组织实施，并在基层组织的协助下，派人到抽中的调查小区，进行入户登记。各级统计部门要积极争取有关部门的支持和配合，确保调查数据质量。

3. *调查指导员、调查员的选聘、培训与管理*。调查指导员、调查员的选调工作由县级统计机构负责。调查员主要从政府统计系统和基层组织人员中选调，也可从社会招聘，应尽可能保持调查员队伍的稳定。各级统计机构要加强对调查员的培训，应尽可能减少培训层次，以提高培训效果。各级统计机构要加强对调查员工作的监督检查。

4. *调查的宣传工作*。为使调查工作顺利进行，各级统计部门和调查工作人员要向调查样本点所在地政府领导做好宣传工作，讲明抽样调查的意义，特别要讲清抽样调查数据对本地、县、乡、村没有代表性，不作为考核本地、县、乡、村人口、就业计划完成情况和政绩的依据，以取得他们的理解和支持。同时还要做好群众的宣传工作，使他们解除思想顾虑，如实反映情况。

5. *调查摸底、入户登记与复查工作*。在充分做好调查摸底工作的基础上，进行入户登记工作。入户登记完毕后，要采取议查和个别访问的方法认真进行复查。

6. *调查表编码*。调查表编码分专项编码和非专项编码两部分，非专项编码由调查员在登记、复查、逻辑审核无误后进行，专项编码由县级统计机构组织经过培训的专项编码员集中进行。

7. *调查表的报送*。调查员在完成登记、复查、编码工作后，要将调查表以调查小区为单位收集，将填写好的调查小区封面放在本小区《人口变动和劳动力调查表》前面，《死亡人口调查表》放在最后，一起装入包装袋后，统一报县级统计机构。县级统计机构报送调查表方式由各省（自治区、直辖市）统计局根据需要确定。

（七）事后质量抽查

为了准确地掌握全国人口变动调查和劳动力调查的调查误差，各省（自治区、直辖市）在基层调查登记工作结束后，要按照调查制度的规定，立即进行事后质量抽查工作。事后质量抽查结果只用于评估全国调查的质量。

（八）数据处理与资料管理

1．国家统计局人口和就业统计司负责数据录入程序和汇总程序的编制和下发。

2．调查数据的录入工作由各省（自治区、直辖市）统计局人口（社科）处按照规定的格式和要求，组织实施。

3．各省（自治区、直辖市）统计局人口（社科）处要在规定的时间内，做好有关资料的报送工作：

⑴摸底数据。2007 年 11 月 2 日前，将调查摸底数据（常住人口、出生人口、死亡人口、妇女待产人数）报国家统计局人口和就业统计司专项调查处。

⑵调查小区所属村（居委会、社区）有关数据。2007 年 11 月 2 日前，将调查小区所属村（居委会、社区）有关情况（2006 年年底常住人口数、2006 年 11 月 1 日以来出生人口和死亡人口数）报国家统计局人口和就业统计司专项调查处。

⑶快速汇总数据。2007 年 11 月 13 日前，将调查登记的 11 月 1 日的常住人口、出生人口、死亡人口和妇女待产人数以电子邮件或传真方式报国家统计局人口和就业统计司专项调查处。

⑷调查原始数据。2007 年 12 月 10 日前，以电子邮件方式报国家统计局人口和就业统计司专项调查处。

（5）事后质量抽查表。2007 年 11 月 25 日前，将审核无误的事后质量抽查表寄送到国家统计局人口和就业统计司专项调查处。

4．全国数据由国家统计局人口和就业统计司负责汇总，各省（自治区、直辖市）的数据要按照国家统一的部署和安排进行汇总。调查数据需经国家统计局审定后方可使用。

5．报送推算的主要数据。各省（自治区、直辖市）对 2007 年年底本地常住人口总量；出生率、死亡率；城镇人口比重；0-14 岁、15-64 岁、65 岁及以上三个年龄段的常住人口数做初步推算，于 2007 年 12 月 28 日前将初步测算结果及测算方法的简要说明通过电子邮件或传真的方式报送国家统计局人口和就业统计司专项调查处。

6．数据处理完成后，调查表和原始数据由各省（自治区、直辖市）统计局人口（社科）处负责管理。

（九）调查工作要求

1．为了保证调查工作的顺利进行，各级统计机构要切实加强对调查工作的管理。要建立调查工作的质量责任制，明确各项工作要求，对整个调查工作的全过程进行质量监督。

2．为了保证全国调查数据的范围、分类和计算方法的统一性，各地区必须严格执行调查制度的规定。遇到特殊情况要向上级有关部门请示，不得按照个人的理解擅自处理。

3．调查员要对其所负责的调查小区的数据质量负责，如果发现调查数据有不实的情况，必须返工重做。

4．调查员、调查指导员以及各级统计机构及其工作人员都要按照《统计法》的规定，对调查结果、特别是被调查户的情况保守秘密，不得向调查机构以外的任何单位和个人泄漏。

5．各省（自治区、直辖市）统计局人口（社科）处要在 2008 年 3 月 1 日前，将本次调查的工作总结报国家统计局人口和就业统计司。

二、调查表式

人口变动和劳动力调查表

（2007 年）

根据《**中华人民共和国统计法**》的规定，公民有义务提供国家统计调查所需的情况；我们对您提供的信息负有保密义务。

表　　号：R 1 0 1 表
制表机关：国 家 统 计 局
文　　号：国统字[2007] 118 号
有效期至：2 0 0 8 年 6 月

应在本户登记的人：

（一）2007 年 10 月 31 日晚居住在本户的人；

（二）户口在本户，2007 年 10 月 31 日晚未居住在本户的人。

包括：

● **本户常住人口**

1. 住本户，户口在本乡、镇、街道的人；
2. 住本户半年以上，户口在外乡、镇、街道的人；
3. 住本户不满半年，户口在外乡、镇、街道，离开户口登记地半年以上的人；
4. 住本户，户口待定的人。

● **本户户籍外出人口**

户口在本户，离开本乡、镇、街道半年以上的人。

● **本户暂住人口**

暂住本户，户口在外乡、镇、街道，离开户口登记地不满半年的人。

本户地址：________县（市、区）________乡（镇、街道）________村（居）委会_______调查小区

本户基本情况

H1. 户编号	H2. 户别	H3. 应在本户登记的人数	H4. 本户常住人口数
□□□	1. 家庭户 2. 集体户 □	______人 □□	______人 □□
H5. 本户户籍人口中外出半年以上人数	H6. 暂住本户，户口在外乡镇街道，离开户口登记地不满半年的人数	H7. 本户 2006 年 11 月 1 日至 2007 年 10 月 31 日出生人口	H8. 本户 2006 年 11 月 1 日至 2007 年 10 月 31 日死亡人口
____人 □□	____人 □□	男___人 女___人 □ □	男___人 女___人 □ □

申报人（签字）：　　　　**调查员（签字）：**　　　　**填报日期：2007 年 11 月　　日**

本户常住人口情况

本户第__人

每个人都填报						
R1. 姓名	R2. 与户主关系	R3. 性别	R4. 出生年月	R5. 民族	R6. 户口登记地状况	
	0. 户主 1. 配偶 2. 子女 3. 父母 4. 岳父母或公婆 5. 祖父母 6. 媳婿 7. 孙子女 8. 兄弟姐妹 9. 其他	1. 男 2. 女	____年 ____月	____族	1. 住本户，户口在本乡镇街道→R8 2. 住本户半年以上，户口在外乡镇街道 3. 住本户不满半年，户口在外乡镇街道，离开户口登记地半年以上 （2、3→右列） 4. 住本户，户口待定→R9	1.本县（市）其他乡 2.本县（市）其他镇 3.本县（市）其他街道 4.本市区其他乡 5.本市区其他镇 6.本市区其他街道 7.本地（市）其他县（市、区） 8.本省其他地（市） ____地（市） 9. 外省： ____省

每个人都填报		2006年11月前出生者填报	2001年11月前出生者填报	
R7. 离开户口登记地原因	R8. 户口性质	R9. 一年前常住地	R10. 是否识字	R11. 受教育程度
1. 务工经商 2. 工作调动 3. 分配录用 4. 学习培训 5. 拆迁搬家 6. 婚姻嫁娶 7. 随迁家属 8. 投亲靠友 9. 其他	1. 农业户口 2. 非农业户口	1. 本乡镇街道 2. 本县（市、区）其他乡镇街道 3. 本地（市）其他县（市、区） 4. 本省其他地（市） ____地（市） 5. 省外： ____省	1. 是 2. 否	1. 未上过学→R13 2. 小学 3. 初中 4. 高中 5. 大学专科 6. 大学本科 7. 研究生

2001年11月前出生者填报	1992年11月前出生者填报	1956年11月至1992年11月前出生的妇女填报	
R12. 学业完成情况	R13. 婚姻状况	R14. 2006年11月1日至2007年10月31日生育情况	
1. 在校 2. 毕业 3. 肄业 4. 辍学 5. 其他	1. 未婚 →R15 2. 初婚有配偶 3. 再婚有配偶 4. 离婚 5. 丧偶	1. 未生育 →R15 2. 有生育 生育月份：____月 婴儿性别：1. 男 2. 女 属于第____胎	（12个月内生育两个以上孩子的第二个孩子的状况） 生育月份：____月 婴儿性别：1. 男 2. 女

1991 年 11 月前出生者填报

R15. 您 10 月 25 日至 10 月 31 日是否为取得收入而工作了 1 小时以上?

1. 是
   上周工作时间
   ______小时
2. 在职正休假、学习、临时停工或季节性歇业
3. 未做任何工作→R19

R16. 您目前的工作单位或经营活动属于以下哪种类型?

1. 土地承包者→R23
2. 机关团体事业单位 } →R18
3. 国有及国有控股企业 } →R18
4. 集体企业 } →R18
5. 个体工商户
6. 私营企业
7. 外商、港澳台投资企业
8. 其他类型单位
9. 其他

R17. 您目前的就业身份属于以下哪一类?

1. 雇员
2. 雇主 } →R23
3. 自营劳动者 } →R23
4. 家庭帮工 } →R23

R18. 您是否与用人单位或雇主签订了劳动合同?

1. 是，已签有固定期限合同
   期限______个月
2. 是，已签无固定期限（长期）合同
3. 否

（1—3 }→R23）

R19. 您10月25日至10月31日未工作是什么原因?

1. 在校学习 →结束
2. 丧失劳动能力 →R25
3. 毕业后未工作
4. 因单位原因失去原工作
5. 因本人原因失去原工作
6. 承包土地被征用
7. 离退休
8. 料理家务
9. 其他

R20. 近三个月内您采取过哪种方式寻找工作?

1. 在职业介绍机构登记
2. 委托亲友找工作
3. 应答或刊登广告
4. 参加招聘会
5. 为自己经营做准备
6. 其他
7. 未找过工作→R22

R21. 如有适合的工作您能否在两周内去工作?

1. 能
   连续未工作时间
   ______月→R23
2. 不能

R22. 您不能在两周内工作或未找工作是什么原因?

1. 照顾家庭
2. 身体不好
3. 正在参加培训
4. 没有适合的工作
5. 不想工作
6. 刚失去工作还未找
7. 刚毕业还未找
8. 其他

（1—8 }→R25）

R23. 您 10 月 25 日至 10 月 31 日或失去工作前在什么单位工作?（行业）

1. 详细单位名称
   ______
   单位的主要产品或从事的主要业务
   ______
2. 从未工作

R24. 您 10 月 25 日至 10 月 31 日或失去工作前做什么具体工作?（职业）

1. 从事的具体工作
   ______
2. 从未工作

R25. 您参加了下列几项社会保险吗?

基本养老保险	失业保险	基本医疗保险
1. 参加	1. 参加	1. 参加
2. 未参加	2. 未参加	2. 未参加

R26. 您目前主要靠什么生活?

1. 劳动收入
2. 离退休金、养老金
3. 失业保险金
4. 最低生活保障金
5. 下岗生活费
6. 内退生活费
7. 原有积蓄
8. 出租房屋
9. 家庭其他成员供养
10. 其他

（不够填写时另加附页，粘贴在调查表最后）

本户户籍外出人口情况

（户口在本户，离开本乡、镇、街道半年以上的人登记）

W1. 姓名	W2. 性别	W3. 出生年月	W4. 户口性质	W5. 受教育程度	W6. 外出地状况	W7. 外出原因	W8. 外出时间
	1. 男 2. 女	______年 ______月	1. 农业户口 2. 非农业户口	1. 未上过学 2. 小学 3. 初中 4. 高中 5. 大学专科 6. 大学本科 7. 研究生	1. 本县（市、区）其他乡镇街道 2. 本地（市）其他县（市、区） 3. 本省其他地（市） 4. 省外：______地（市） ______省	1. 务工经商 2. 工作调动 3. 分配录用 4. 学习培训 5. 拆迁搬家 6. 婚姻嫁娶 7. 随迁家属 8. 投亲靠友 9. 其他	1. 半年以上不满一年 2. 一年以上
	1. 男 2. 女	______年 ______月	1. 农业户口 2. 非农业户口	1. 未上过学 2. 小学 3. 初中 4. 高中 5. 大学专科 6. 大学本科 7. 研究生	1. 本县（市、区）其他乡镇街道 2. 本地（市）其他县（市、区） 3. 本省其他地（市） 4. 省外：______地（市） ______省	1. 务工经商 2. 工作调动 3. 分配录用 4. 学习培训 5. 拆迁搬家 6. 婚姻嫁娶 7. 随迁家属 8. 投亲靠友 9. 其他	1. 半年以上不满一年 2. 一年以上
	1. 男 2. 女	______年 ______月	1. 农业户口 2. 非农业户口	1. 未上过学 2. 小学 3. 初中 4. 高中 5. 大学专科 6. 大学本科 7. 研究生	1. 本县（市、区）其他乡镇街道 2. 本地（市）其他县（市、区） 3. 本省其他地（市） 4. 省外：______地（市） ______省	1. 务工经商 2. 工作调动 3. 分配录用 4. 学习培训 5. 拆迁搬家 6. 婚姻嫁娶 7. 随迁家属 8. 投亲靠友 9. 其他	1. 半年以上不满一年 2. 一年以上

（不够填写时另加附页，粘贴在调查表最后）

本户暂住人口情况

（暂住本户，户口在外乡、镇、街道，离开户口登记地不满半年的人登记）

Z1. 姓名	Z2. 性别	Z3. 出生年月	Z4. 户口登记地
	1. 男 2. 女	____年 ____月	1. 本县（市、区）其他乡镇街道 2. 本地（市）其他县（市、区） 3. 本省其他地（市） 4. 外省：____省
	1. 男 2. 女	____年 ____月	1. 本县（市、区）其他乡镇街道 2. 本地（市）其他县（市、区） 3. 本省其他地（市） 4. 外省：____省
	1. 男 2. 女	____年 ____月	1. 本县（市、区）其他乡镇街道 2. 本地（市）其他县（市、区） 3. 本省其他地（市） 4. 外省：____省
	1. 男 2. 女	____年 ____月	1. 本县（市、区）其他乡镇街道 2. 本地（市）其他县（市、区） 3. 本省其他地（市） 4. 外省：____省
	1. 男 2. 女	____年 ____月	1. 本县（市、区）其他乡镇街道 2. 本地（市）其他县（市、区） 3. 本省其他地（市） 4. 外省：____省
	1. 男 2. 女	____年 ____月	1. 本县（市、区）其他乡镇街道 2. 本地（市）其他县（市、区） 3. 本省其他地（市） 4. 外省：____省

（不够填写时另加附页，粘贴在调查表最后）

死亡人口调查表

（2006 年 11 月 1 日至 2007 年 10 月 31 日死亡的人登记）

表　　号：R 1 0 2 表
制表机关：国 家 统 计 局
文　　号：国统字[2007] 118 号
有效期至：2 0 0 8 年 6 月

地址：________县（市、区）________乡（镇、街道）________村（居）委会________调查小区

S1. 户编号	S2. 姓名	S3. 性别	S4. 出生年月	S5. 死亡月份
□□□	□□	1. 男 2. 女 □	______年 ______月 □□□□ □□	______月 □□
□□□	□□	1. 男 2. 女 □	______年 ______月 □□□□ □□	______月 □□
□□□	□□	1. 男 2. 女 □	______年 ______月 □□□□ □□	______月 □□
□□□	□□	1. 男 2. 女 □	______年 ______月 □□□□ □□	______月 □□
□□□	□□	1. 男 2. 女 □	______年 ______月 □□□□ □□	______月 □□
□□□	□□	1. 男 2. 女 □	______年 ______月 □□□□ □□	______月 □□

调查员（签字）：

三、主要统计指标解释

人口数 指一定时点、一定地区范围内有生命的个人总和。年度统计的年末人口数指每年12月31日24时的人口数。年度统计的全国人口总数内未包括香港、澳门特别行政区和台湾省以及海外华侨人数。

城镇人口和乡村人口 城镇人口是指居住在城镇范围内的全部常住人口；乡村人口是除上述人口以外的全部人口。

出生率(又称粗出生率) 指在一定时期内(通常为一年)一定地区的出生人数与同期内平均人数(或期中人数)之比，用千分率表示。本资料中的出生率指年出生率，其计算公式为：

$$\text{出生率}=\frac{\text{年出生人数}}{\text{年平均人口}}\times 1000\text{‰}$$

式中：出生人数指活产婴儿，即胎儿脱离母体时(不管怀孕月数)，有过呼吸或其他生命现象。年平均人数指年初、年底人口数的平均数，也可用年中人口数代替。

死亡率(又称粗死亡率) 指在一定时期内(通常为一年)一定地区的死亡人数与同期内平均人数(或期中人数)之比，用千分率表示。本资料中的死亡率指年死亡率，其计算公式为：

$$\text{死亡率}=\frac{\text{年死亡人数}}{\text{年平均人口}}\times 1000\text{‰}$$

人口自然增长率 指在一定时期内(通常为一年)人口自然增加数(出生人数减死亡人数)与该时期内平均人数(或期中人数)之比，用千分率表示。计算公式为：

$$\begin{aligned}\text{人口自然增长率}&=\frac{(\text{本年出生人数}-\text{本年死亡人数})}{\text{年平均人数}}\times 1000\text{‰}\\&=\text{人口出生率}-\text{人口死亡率}\end{aligned}$$

总抚养比 也称总负担系数。指人口总体中非劳动年龄人口数与劳动年龄人口数之比。通常用百分比表示。说明每100名劳动年龄人口大致要负担多少名非劳动年龄人口。用于从人口角度反映人口与经济发展的基本关系。计算公式为：

$$GDR=\frac{(P_{0-14}+P_{65+})}{P_{15-64}}\times 100\%$$

其中：GDR为总抚养比；

P_{0-14}为0-14岁少年儿童人口数；

P_{65+}为65岁及65岁以上的老年人口数；

P_{15-64}为15-64岁劳动年龄人口数。

老年人口抚养比 也称老年人口抚养系数。指某一人口中老年人口数与劳动年龄人口数之比。通常用百分比表示。用以表明每100名劳动年龄人口要负担多少名老年人。老年人口抚养比是从经济角度反映人口老化社会后果的指标之一。计算公式为：

$$ODR = \frac{P_{65+}}{P_{15-64}} \times 100\%$$

其中：ODR为老年人口抚养比；

P_{65+}为65岁及65岁以上的老年人口数；

P_{15-64}为15-64岁的劳动年龄人口数。

少年儿童抚养比 也称少年儿童抚养系数。指某一人口中少年儿童人口数与劳动年龄人口数之比。通常用百分比表示。以反映每100名劳动年龄人口要负担多少名少年儿童。计算公式为：

$$CDR = \frac{P_{0-14}}{P_{15-64}} \times 100\%$$

其中：CDR为少年儿童抚养比；

P_{0-14}为0-14岁少年儿童人口数；

P_{15-64}为 15-64 岁劳动年龄人口数。

16 岁以上人口 16 岁以上人口相当于劳动年龄人口。我国《劳动法》规定："禁止招用不足 16 周岁的未成年人参加社会劳动"，即规定了我国劳动年龄人口的下限。参照目前市场经济国家的一些做法，没有设置劳动年龄人口的上限，主要因为不管年龄多大，只要有劳动能力，都有可能对劳动力市场构成影响。由于丧失劳动能力的人口不易界定，且占 16 岁以上人口的比重较小，这部分人口没有扣除。因此，劳动年龄人口一般就指 16 岁以上人口，包括经济活动人口和非经济活动人口。

经济活动人口 即通常意义上的劳动力，指 16 周岁及以上，有劳动能力，参加或要求参加社会经济活动的人口，包括就业人员和失业人员。

非经济活动人口 指在 16 周岁及以上，未参加且不要求参加社会经济活动的人口。

就业人员 指在 16 周岁及以上，从事一定社会劳动并取得劳动报酬或经营收入的人员。

城镇单位就业人员 指在各级国家机关、政党机关、社会团体及企业、事业单位中工作，取得工资或其他形式劳动报酬的全部人员，包括在岗职工和其他就业人员，不包括离开本单位仍保留劳动关系的职工。

职工 指在国有、城镇集体、联营、股份制、外商和港、澳、台投资、其他单位及其附属机构工作，并由其支付工资的各类人员。不包括下列人员：（1）乡镇企业就业人员；（2）私营企业就业人员；（3）城镇个体劳动者；（4）离休、退休、退职人员；（5）再就业的离、退休人员；（6）民办教师；（7）在城镇单位中工作的外方及港、澳、台人员；（8）其他按有关规定不列入职工统计范围的人员。（1998 年以后的数据均为在岗职工数据，其他相关指标如职工工资总额，职工平均工资等指标也从 1998 年按此口径进行了相应调整）。

在岗职工 指在本单位工作并由单位支付工资的人员，以及有工作岗位，但由于学习、病伤产假等原因暂未工作，仍由单位支付工资的人员。

其他就业人员 各单位其他就业人员是指劳动统计制度规定不作职工统计，但实际参加各单位生产或工作并取得劳动报酬的人员。包括：再就业的离退休人员、民办教师以及在各单位中工作的外方人员和港、澳、台方人员。但不包括在各单位中工作并领取劳动报酬的在校学生。

城镇私营和个体就业人员 城镇私营就业人员指在工商管理部门注册登记，其经营地址设在县城关镇（含县城关镇）以上的私营企业就业人员，包括私营企业投资者和雇工。城镇个体就业人员指在工商管理部门注册登记，并持有城镇户口或在城镇长期居住，经批准从事个体工商经营的就业人员，包括个体经营者和在个体工商户劳动的家庭帮工和雇工。

国有单位 指资产归国家所有的经济组织。包括按《中华人民共和国企业法人登记管理条例》规定登记注册的非公司制的经济组织，以及中央、地方各级国家机关、事业单位和社会团体。

集体单位 指生产资料归集体所有，并按《中华人民共和国企业法人登记管理条例》规定登记注册的经济组织。

其他单位 包括股份合作单位、联营单位、有限责任公司、股份有限公司、港澳台商投资单位以及外商投资单位等其他登记注册类型单位。

三次产业 三产业的划分是世界上较为常用的产业结构分类，但各国的划分不尽一致。我国的三次产业划分是：

第一产业指农、林、牧、渔业。

第二产业指采矿业，制造业，电力、燃气及水的生产和供应业，建筑业。

第三产业指除第一、二产业以外的其他行业。

城镇登记失业人员 是指有非农业户口，在劳动年龄(16 周岁至退休年龄)内，有劳动能力，无业而要求就业，并在当地就业服务机构进行求职登记的人员。不包括：(1)正在就读的学生和等待就学的人员；(2)已经达到国家规定的退休年龄或虽未达到国家规定的退休年龄但已经办理了退休(含离休)、退职手续的人员；(3)其他不符合失业定义的人员。

城镇登记失业率 城镇登记失业人员与城镇单位就业人员（扣除使用的农村劳动力、聘用的离退休人员、港澳台及外方人员）、城镇单位中的不在岗职工、城镇私营业主、个体户主、城镇私营企业和个体就业人员、城镇登记失业人员之和的比。计算公式为：

$$城镇登记失业率=\frac{城镇登记失业人数}{(城镇单位就业人员-使用的农村劳动力-聘用的离退休人员-聘用的港澳台及外方人员)+不在岗职工+城镇私营业主+城镇个体户主+城镇私营企业及个体就业人员+城镇登记失业人数}\times100\%$$

劳动报酬 指各单位在一定时期内直接支付给本单位全部就业人员的劳动报酬总额。包括职工工资总额和其他就业人员劳动报酬总额。

工资总额 指各单位在一定时期内直接支付给本单位全部职工的劳动报酬总额。工资总额的计算原则应以直接支付给职工的全部劳动报酬为根据。各单位支付给职工的劳动报酬以及其他根据有关规定支付的工资，不论是计入成本的还是不计入成本的，不论是以货币形式支付的还是以实物形式支付的，均应列入工资总额的计算范围。工资总额包括计时工资、计件工资、奖金、津贴和补贴工资、加班加点工资、特别情况下支付的工资等。

平均工资 指企业、事业、机关单位的职工在一定时期内平均每人所得的货币工资额。它表明一定时期职工工资收入的高低程度，是反映职工工资水平的主要指标。计算公式为：

$$平均工资=\frac{报告期实际支付的全部职工工资总额}{报告期全部职工平均人数}$$

平均工资指数 指报告期职工平均工资与基期职工平均工资的比率，是反映不同时期职工货币工资水平变动情况的相对数，它表明报告期平均工资比基期平均工资提高或降低的程度。计算公式为：

$$平均工资指数=\frac{报告期职工平均工资}{基期职工平均工资}\times100\%$$

平均实际工资指数 职工平均实际工资指扣除物价变动因素后的职工平均工资。职工平均实际工资指数是反映实际工资变动情况的相对数，表明职工实际工资水平提高或降低的程度。计算公式为：

$$平均实际工资指数=\frac{报告期职工平均工资指数}{报告期城镇居民消费价格指数}\times100\%$$

Explanatory Notes on Main Statistical Indicators

Total Population refer to the total number of people alive at a certain point of time within a given area. The annual statistics on total population is taken at midnight, the 31st of December, not including residents in Hong Kong SAR, Macao SAR, Taiwan Province and overseas Chinese national residing abroad.

Urban Population and Rural Population Urban population refer to all people residing in cities and towns, while rural population refer to population other than urban population.

Birth Rate (or Crude Birth Rate) refers to the ratio of the number of births to the average population (or mid-period population) during a certain period of time (usually a year), expressed in per thousand. Birth rate in the yearbook refers to annual birth rate. The following formula is used:

$$\text{Birth Rate} = \frac{\text{Number of Births in the Year}}{\text{Annual Average Number of Population}} \times 1000‰$$

Where: Number of births refers to live births, i.e. when a baby has breathed or showed any vital phenomena regardless of the length of pregnancy.

Annual average number of population is the average of the number of population at the beginning of the year and that at the end of the year. Sometimes it is substituted by the mid-year population.

Death Rate (or Crude Death Rate) refers to the ratio of the number of deaths to the average population (or mid-period population) during a certain period of time (usually a year), expressed in per thousand. Death rate in the yearbook refers to annual death rate. The following formula is used:

$$\text{Death Rate} = \frac{\text{Number of Deaths in the Year}}{\text{Annual Average Number of Population}} \times 1000‰$$

Natural Growth Rate of Population refers to the ratio of natural increase in population (number of births minus number of deaths) in a certain period of time (usually a year) to the average population (or mid-period population) of the same period, expressed in per thousand. The following formula is applied:

$$\text{Natural Growth Rate of Population} = \frac{(\text{Number of Births} - \text{Number of Deaths})}{\text{Annual Average Number of Population}} \times 1000‰$$
$$= \text{Birth Rate} - \text{Death Rate}$$

Gross Dependency Ratio also called gross dependency coefficient, refers to the ratio of non-working-age population to the working-age population, express in percent. Describing in general the number of non-working-age population that every 100 people at working ages will take care of, this indicator reflects the basic relation between population and economic development from the demographic perspective. The gross dependency ratio is calculated with the following formula:

$$GDR = \frac{P_{0\text{-}14} + P_{65}}{P_{15-64}} \times 100\%$$

Where: GDR is the gross dependency ratio,

$P_{0\text{-}14}$ is the population of children aged 0-14,

P_{65+} is the elderly population aged 65 and over,

$P_{15\text{-}64}$ is the working-age population aged 15-64.

Old Dependency Ratio also called old dependency coefficient, refers to the ratio of the elderly population to the working-age population, express in percent. It describes the number of the elderly population that every 100 people at working ages will take care of. Old dependency ratio is one of the indicators reflecting the social implication of population aging from the economic perspective. The old dependency ratio is calculated with the following formula:

$$ODR = \frac{P_{65+}}{P_{15-64}} \times 100\%$$

Where: ODR is the old dependency ratio,

P_{65+} is the elderly population aged 65 and over,

P_{15-64} is the working-age population aged 15-64.

Children Dependency Ratio also called children dependency coefficient, refers to the ratio of the children population to the working-age population, express in percent. It describes the number of children population that every 100 people at working ages will take care of. The children dependency ratio is calculated with the following formula:

$$CDR = \frac{P_{0-14}}{P_{15-64}} \times 100\%$$

Where: CDR is the children dependency ratio,

P_{0-14} is the children population aged 0-14,

P_{15-64} is the working-age population aged 15-64.

Population Aged 16 and Over is equal to labor age population. *China Labor Act* prescribes that 'no employer shall be allowed to recruit juveniles under the age of 16', which regulated the lower limit of labor age. Taking into consideration of the experiences in some market economy countries, the Labor Act does not set the upper limit of labor age because a person who has ability to work may affect the labor market no matter how old he/she is. Persons who lost labor ability are not deducted from labor age population because they are not easy to be identified and their proportion to population aged 16 and over is small. So labor age population commonly refers to the population aged 16 and over, including *Economically Active Population* and *Economically Inactive Population*.

Economically Active Population (also know as the labor force) refers to the population aged 16 and over who are capable to work, are participating in or willing to participate in economic activities, including *Employed Persons* and *Unemployed Persons.*

Economically Inactive Population refers to the population aged 16 and over who are not participating in and not willing to participant in economic activities.

Employed Persons refer to persons aged 16 and over who are engaged in gainful employment and thus receive remuneration payment or earn business income.

Urban Unit Employed Persons refer to all persons working in government agencies of various levels, political and party organizations, social organizations, enterprises and institutions, and receiving wages or other forms of payment. They include Fully Employed Staff and Workers and Other Employed Persons, but exclude staff and workers who have left their working units while keeping their labour contracts (employment relation) unchanged.

Staff and Workers refer to persons working in, and receive payment from units of state ownership, collective ownership, joint ownership, share holding ownership, foreign ownership, and ownership by entrepreneurs from Hong Kong, Macao, and Taiwan, and other types of ownership and their affiliated units. They do not include 1) persons employed in township enterprises, 2) persons employed in private enterprises, 3) urban self-employed persons, 4) retirees, 5) re-employed retirees, 6) non-state-paid teachers, 7) foreigners and persons from Hong Kong,

Macao and Taiwan who work in urban units, and 8) other persons not to be included by relevant regulations. (Data since 1998 refer to fully employed staff and workers. Other related statistics indicators, such as total wage bill and average wage are adjusted since 1998 accordingly).

Fully Employed Staff and Workers refer to persons who work in, and receive wages from their working units, including persons who have their work posts but are temporarily absent from work for reasons of study or on sick, injury or maternal leave and still receive wages from their working units.

Other Employed Persons refer to persons who are not counted as Staff and Workers in statistics according to the labor statistical regulation, but actually work in and receive earnings from their working units. They include re-employed retirees, non-state-paid teachers, foreigners and Chinese compatriots from Hong Kong, Macao, and Taiwan working in various units, but exclude enrolled students who work in and receive earnings from various units.

Persons Employed in Private Enterprises and Self-Employed Individuals in Urban Areas Persons employed in private enterprises refer to the persons employed (including investors and employees) in private enterprises which have been registered at the departments of industrial and commercial administration for which the business operation are situated at a county town (i.e. a town where the county government is located), or at urban areas with administrative hierarchy higher than a county town. The self-employed individuals in urban areas refer to persons who hold the certificates of residence in urban areas or have resided in the urban areas for a long time and have been registered at the departments of industrial and commercial administration and approved to be engaged in individual industrial or commercial business, including self-employed persons as well as helpers and hired laborers who work in individual households.

State-owned Units refer to economic units whose assets are owned by the state, including non-corporation units registered according to *Regulation of the People's Republic of China on the Registration of Enterprises and Corporations*, state organs, institutions and social organizations at the central and local levels.

Collective-Owned Units refer to economic units registered according to *Regulation of the People's Republic of China on the Registration of Enterprises and Corporations* where the means of production are collectively owned.

Units of Other Types of Ownership refer to units registered with other types of ownership, including cooperative units, joint ownership units, limited liability companies, share holding corporations, units invested by entrepreneurs from Hong Kong, Macao, and Taiwan, and foreign-invested units.

Three Industries Classification of economic activities into three branches of industries is a common practice in the world, although the grouping varies to some extent from country to country. In China economic activities are categorized into following industries:

Primary Industry refers to agriculture, forestry, animal husbandry and fishery.

Secondary Industry refers to mining and quarrying, manufacturing, production and supply of electricity, water and gas, and construction.

Tertiary Industry refers to all other economic activities not included in primary or secondary industry.

Registered Unemployed Persons in Urban Areas refer to the persons with non-agricultural household registration at working ages (16 years old to retirement age), who are capable of work, unemployed and willing to work, and have been registered at the local employment service agencies to apply for a job. Excluded from this category are: 1) enrolled students and persons waiting for school enrollment, 2) persons at or above state retirement age or persons under state retirement age who have completed retirement procedures, 3) other persons not qualified for the definition of unemployment.

Registered Unemployment Rate in Urban Areas refers to the ratio of the number of the registered unemployed persons to the sum of the number of persons employed in various urban units (minus the employed rural labour force, re-employed retirees, and Hong Kong, Macao, Taiwan or foreign employees), laid-off staff and workers in urban units, owners of private enterprises in urban areas, self-employed individuals in urban areas, employees of private enterprises in urban areas, employees of self-employed individuals in urban areas, and the registered unemployed persons in urban areas. The formula is as follows:

$$\begin{array}{c}\text{Registered Unemployment}\\ \text{Rate in Urban Area}\end{array} = \frac{\text{Number of Registered Urban Unemployed Persons}}{\begin{array}{l}\text{(Number of Persons Employed in Urban Units} - \text{Employed Rural}\\ \text{Labor Force} - \text{Re-employed Retirees} - \text{Hong Kong, Macao, Taiwan}\\ \text{or Foreign Employees)} + \text{Laid-off Staff and Workers} + \text{Owners of}\\ \text{Urban Private Enterprises} + \text{Urban Self-employed Individuals} +\\ \text{Employees of Urban Private Enterprises} + \text{Employees of}\\ \text{Urban Self-Employed Individuals} + \text{Registerd Unemployed}\\ \text{Persons in Urban Areas}\end{array}} \times 100\%$$

Earnins refer to total remuneration payment to all employees in various units in urban area during a certain period of time, including total wage bill of staff and workers and earnings of other employed persons.

Total Wage Bill refers to the total remuneration payment to staff and workers in various units during a certain period of time. The calculation of total wage bill is based on the total remuneration payment to the staff and workers. Therefore, all the wages and salaries and other payments to staff and workers are included in the total wage bill regardless of sources, reckoning the cost of production or not, category, listing as items of premium taxation or not, and forms, paying in cash or in kind.

Average Wage refers to the average wage in money terms per person during a certain period of time for staff and workers in enterprises, institutions, and government agencies, which reflects the general level of wage income during a certain period of time and is calculated as follows:

$$\text{Average Wage} = \frac{\text{Total Wage Bill of Staff and Workers at Reference Time}}{\text{Average Number of Staff and Workers at Reference Time}}$$

Average Wage Indices refer to the ratio of average wage of staff and workers in the reporting period to that in the base period, which reflects the change of wage of staff and workers at the different period. It is calculated as follows:

$$\text{Average Wage Indices} = \frac{\text{Average Wage of Staff and Workers at Reference Time}}{\text{Average Wage of Staff and Workers at Base Period}} \times 100\%$$

Average Real Wage Indices Average real wage of staff and workers refers to the average wage of staff and workers after removing the effects of the price changes, and average real wage indices of staff and workers refer to the change of real wage, which reflects the relative increasing or decreasing level of real wage of staff and workers, and is calculated as follows:

$$\text{Average Real Wage Indices} = \frac{\text{Average Wage Indices of Staff and Workers at Referece Time}}{\text{Urban Consumer Price Indices at Reference Time}} \times 100\%$$